Ruy Barraco Mármol

Jesús

sin

Pablo de Tarso

&

Cristianismo Fiel a Jesús

Reconocimientos

En primer lugar quiero agradecer a Dios. Quiero agradecer al Padre, al Hijo, y al Espíritu Santo, por otorgarme el privilegio de escribir este libro, y por todo lo que este libro significa y dice. En segundo lugar, quiero agradecer la ayuda que las siguientes personas me brindaron al tiempo de escribir este libro: A mi esposa, Gabriela Bursa, por todo el apoyo y la ayuda que me dio; por toda la virtud, el amor y la felicidad que mostró; y por su duro trabajo; a mis hijos Eliseo Barraco Mármol y Constantino Barraco Mármol, que entendieron la necesidad que yo tenía de escribir este libro y aceptaron mi total dedicación; a mi hermana María Virginia Barraco Mármol, a su esposo y a sus hijos, que nos abrieron su hogar, a los fines de que este libro pueda ser escrito de la mejor manera posible; a mi madre, Virginia Lee Edwards, quien me ayudó con la versión en Inglés y con la edición del libro; y a mi padre, Mario Domingo Barraco Mármol, quien murió en el año 2006 y me dio personalmente una educación cristiana y un gran amor por Jesús y por la verdad.

Datos Biográficos del Autor

Hay determinados libros en los que por razón de su objeto el lector justificadamente puede tener más interés en conocer información personal del autor. Pienso que éste es uno de ellos. Por ese motivo, aportaré algunos datos biográficos de mi vida.

Soy nacido en el año 1972, en Washington D.C., Estados Unidos de América (E.E.U.U.). Fui bautizado en la Iglesia Saint Matthew de la misma ciudad. Cuando tenía seis años, luego del divorcio de mis padres, mi padre Mario Domingo Barraco Mármol, y mis hermanas María, Consuelo y yo nos mudamos a la República Argentina.

Mi padre nació en el año 1932 en la Provincia de Córdoba República Argentina, y murió en el año 2006. Antes de contraer matrimonio con mi madre, Virginia L. Edwards, cursó estudios sacerdotales en el Seminario Mayor de Nuestra Señora de Loreto en Córdoba, Argentina, y en la Pontificia Universidad Gregoriana de Roma, Italia, donde se graduó de licenciado en filosofía. De él heredé una educación cristiana y una buena biblioteca religiosa, política y filosófica.

Fui criado Católico Apostólico Romano. Tuve mi primera comunión en la Iglesia Compañía de Jesús, y recibí la confirmación en la Iglesia del colegio Católico Padre Claret. Cursé mis estudios secundarios en el Colegio Nacional de Monserrat, tradicional colegio humanista tricentenario, donde se enseña latín y griego entre otros idiomas. Con posterioridad, estudié derecho en la Universidad Nacional de Córdoba, Facultad de Derecho y Ciencias Sociales. Me casé en el año 2001 y tengo dos hijos. Ejercí la profesión de abogado desde que me recibí en el año 1999, hasta junio de 2008: todo en la Provincia de Córdoba, República Argentina. A fines de Junio de 2008 me mudé a Texas, en los Estados Unidos de América.

Mi abuelo paterno, Rodolfo Barraco Mármol, nació en el año 1900, en la ciudad de Rosario, provincia de Santa fe, República Argentina. Fue juez federal de Córdoba, Río Cuarto y Bell Ville; todas ciudades de la República Argentina. Su esposa, mi abuela materna, fue Cándida Rosa Aguirre Cámara, nacida en 1901, en la ciudad de Córdoba, Provincia de Córdoba, República Argentina.

Mi abuelo materno, Joseph C. Edwards, nació en 1909, en la ciudad de Springfield, Missouri, Estados Unidos de América. Fue cardiólogo, graduado de la Universidad de Harvard en 1934. Durante la segunda guerra mundial sirvió en Italia, Francia, África del Norte y participó en el D-Day, el famoso desembarco de las tropas aliadas en Normandía. Su esposa, mi abuela materna, fue Virginia Anne Moser, nacida en 1914, en la ciudad de Saint Louis, Missouri, Estados Unidos de América.

Este es el segundo libro que he escrito. Inicialmente lo publiqué en inglés bajo el título "Gotcha Saint Paul" y luego bajo el título "Faithful to Jesus Christianity – and the Truth about the Apostle Paul".[1]

El primer libro que escribí se titula "Protección de la Vida e Igualdad Prenatal del Hombre en la República Argentina."[2] También he escrito otro libro en inglés que se titula "The Victory of the Word of God - and the Faithful to Jesus Reformation of the Christian Church"[3],

[1] Barraco Mármol, Ruy "*Faithful to Jesus Christianity & the Truth about the Apostle Paul*", (USA: Createspace, 2010).

[2] Barraco Mármol, Ruy "*Protección de la Vida e Igualdad Prenatal del Hombre en la República Argentina*", (USA: Createspace, 2010).

que espero seguidamente poder escribir en español.

Prefacio

A pesar de haber leído los cuatro evangelios en numerosas oportunidades, como la gran mayoría de los cristianos, nunca había leído en forma completa, detenida, libre y crítica, el libro de los Hechos de los Apóstoles y las Epístolas de Pablo. Muchas veces, lecturas de pasajes de las Epístolas de Pablo me habían dejado serias dudas, pero nunca me había detenido a estudiarlas.

Entre las enseñanzas que me habían dejado con serias dudas están las que se refieren a la mujer, que dicen, por ejemplo, que la mujer debe estar sometida en todo al hombre; que debe llevar un velo en la cabeza en señal de sumisión y por razón de los ángeles; y que prohíben a la mujer enseñar y tener autoridad sobre el hombre. También están las que se refieren a la autoridad civil, que dicen que todas las autoridades han sido instituidas por Dios, que las autoridades civiles son sirvientes de Dios para ejecutar la ira o justicia de Dios sobre el que hace el mal, y que dicen que los que hacen el bien no tienen motivos para temer a la autoridad. Asimismo, me habían dejado muchas dudas las enseñanzas que mandan a los cristianos a someterse a autoridades eclesiásticas y las que mandan a los cristianos a juzgar a los hombres que se llaman hermanos y que se encuentran dentro de la Iglesia.

---

[3] Barraco Mármol, Ruy "*The Victory of the Word of God & the Faithful to Jesus Reformation of the Christian Church*", (USA: Createspace, 2013).

Pero la sana confianza que se me enseñó a tener en la Biblia, y que aún conservo en su cristiana medida, me permitió convivir con estas dudas, hasta que estudié las epístolas mencionadas. Este libro es el resultado de ese estudio, el cual me condujo a descubrir y ver con claridad una verdad fundamental: que nuestro presente y nuestro futuro dependen de que los cristianos nos alimentemos de la palabra de Jesús que se encuentra en los Evangelios, libre de la doctrina de Pablo de Tarso, que se encuentra en sus epístolas.

Más allá de ello, quiero decir que me siento enormemente agradecido de todos los ministros y personas que ayudan al mundo con la fe. Tengo un alto concepto y aprecio por la Iglesia Católica, por sus autoridades y por sus fieles; como también tengo un alto concepto y aprecio por todas las demás iglesias, autoridades y fieles que viven y difunden las verdades esenciales del cristianismo.[4]

---

[4] Es muy importante el amor y el respeto entre los hombres. Y los cristianos tenemos una especial obligación de amarnos y respetarnos mutuamente, sin importar a que Iglesia Cristiana pertenezcamos. El Evangelio según San Lucas, traducción de Felipe Scío de San Miguel (Felipe Scío), dice: "*10:26 Y él le dijo ¿En la ley qué hay escrito? ¿cómo lees? 10:27 Él respondiendo dijo: Amarás al Señor tu Dios de todo corazón, y de toda tu alma, y de todas tus fuerzas, y de todo tu entendimiento, y a tu prójimo como a ti mismo. 10:28 Y le dijo: Bien has respondido: haz eso, y vivirás. 10:29 Mas él queriéndose justificar a sí mismo dijo a Jesús: ¿Y quién es mi prójimo? 10:30 Y Jesús, tomando la palabra, dijo: Un hombre bajaba de Jerusalén a Jericó, y dio en manos de unos ladrones, los cuales le despojaron: y después de haberle herido, lo dejaron medio muerto, y se fueron. 10:31 Aconteció pues, que pasaba por el mismo camino un sacerdote, y cuando le vio, pasó de largo. 10:32 Y asimismo un levita, llegando cerca de aquel lugar, y viéndole pasó también de largo. 10:33 Mas un samaritano que iba su camino, se llegó cerca de él: y cuando le vio, se movió a compasión. 10:34 Y acercándose le vendó las heridas, echando en ellas aceite y vino; y poniéndolo sobre su bestia, lo llevó a una venta, y tuvo cuidado de él. 10:35 Y otro día*

Metodología

He procurado hacer este trabajo en la forma más simple posible. Y he intentado razonar principalmente sobre la Biblia, para que no sea necesario recurrir a otros documentos para constatar la corrección de los razonamientos y la veracidad de las premisas y conclusiones que contiene.

Debido a que he intentado razonar sobre la Biblia, he realizado muchas citas de la Biblia. Y he usado como Biblia base para estas citas a la traducción al español elaborada por Felipe Scío de San Miguel. Éste fue un español, de la escuela de los escolapios, nacido en 1738, que tradujo la Biblia Vulgata Latina al español por encargo del rey Carlos III, y fue nombrado obispo por el Papa Pío VI, aunque murió pocos días después de su

---

sacó dos denarios, y los dio al mesonero, y le dijo: Cuídamele; y cuanto gastares de más, yo te lo daré cuando vuelva. 10:36 ¿Cuál de estos tres te parece que fue el prójimo de aquel, que dio en manos de los ladrones? 10:37 Aquel, respondió el doctor, que usó con él de misericordia. Pues ve, le dijo entonces Jesús, y haz tú lo mismo." Yo creo que aquí Jesús nos enseña que debemos amar, como a nosotros mismos, a quien es misericordioso como el buen samaritano; independientemente de que religión profese; y pienso que si ese es el caso incluso respecto de aquellos que no son cristianos, con más razón debemos amar a quienes son cristianos, y son misericordiosos como el buen samaritano, independientemente de la Iglesia Cristiana a la que pertenezcan. Dice el Evangelio según San Lucas (Felipe Scío): *"9:49 Entonces Juan, tomando la palabra, dijo: Maestro, hemos visto a uno lanzar demonios en tu nombre, pero se lo hemos vedado; porque no anda con nosotros en tu seguimiento. 9:50 Díjole Jesús: no se lo prohibáis; porque quien no está contra vosotros, por vosotros está."* Aquí Jesús nos enseña que estaba por él, alguien que no caminaba con él y los apóstoles. Si ello enseñaba Jesús en aquel tiempo, como podemos nosotros juzgar a los cristianos que no caminan con nosotros, en nuestros tiempos, en nuestra Iglesia, como que no están por Jesús, por el solo hecho de que no caminan con nosotros.

nombramiento. La traducción que él realizó fue impresa con la autorización de la Iglesia Católica Romana, y es una traducción que respeta mucho el texto de la Biblia.

La Vulgata Latina, que esta Biblia traduce, es una versión de la Biblia en Latín elaborada a finales del siglo IV por Jerónimo de Estridón, conocido como San Jerónimo. Fue realizada por encargo del Papa Dámaso I, y fue objeto de una importante revisión por orden del Papa Clemente. En el Concilio de Trento, la Iglesia Católica Romana dispuso que la Vulgata Latina de San Jerónimo, revisada por orden del Papa Clemente, conocida como Biblia Vulgata Clementina, sea tenida por auténtica, y que sea la Biblia de uso oficial en la Iglesia Católica Romana. Y esta Biblia lo fue, hasta la elaboración de la Nova Vulgata, que fue primeramente publicada en 1979.

Seleccioné la traducción de Felipe Scío de San Miguel para usar como Biblia base para las citas de este libro, porque la mayoría de la población cristiana de habla española es Católica Romana o con raíces en la Iglesia Católica Romana, y es la mejor traducción Católica Romana al español, que he tenido oportunidad de conocer, que entiendo está en el dominio público y puede ser reproducida libremente y sin limitaciones, es decir sin ningún problema de derecho de propiedad intelectual.[5]

Hoy las Biblias en español, católicas y no católicas, en

---

[5] Debido a la antigüedad de la traducción y a los efectos de facilitar su lectura he actualizado la escritura de algunas palabras. Por ejemplo, allí donde esta Biblia lee (phariseos) he escrito (fariseos). También he procurado seguir las reglas de acentuación del idioma español de nuestros tiempos.

cuanto al Nuevo Testamento, no contienen traducciones de la Vulgata Latina, sino traducciones directas del texto en griego. Este fue el idioma en el que fueron escritos sus libros, con excepción del Evangelio según San Mateo, que habría sido escrito originalmente en arameo, aunque no habría sido conservado en ese idioma. Sus más antiguas copias se conservan también en griego, idioma al que habría sido traducido poco tiempo después de su composición. Es decir que el griego es el idioma de las más antiguas copias manuscritas de todos los libros del Nuevo Testamento.

Por ello, considerando que la traducción de Felipe Scío de San Miguel que escogí, no fue elaborada en cuanto al Nuevo Testamento directamente desde el idioma griego; y teniendo en cuenta que esta obra que he escrito naturalmente no se dirige sólo a los cristianos de la Iglesia Católica Romana, sino que va dirigida a todos los cristianos y no cristianos por igual; he trabajado asimismo con otras cuatro Biblias en español, que traducen el Nuevo Testamento directamente desde el griego. Dos de estas son católicas y dos no lo son. Y cuando he encontrado discrepancias entre ellas, que he juzgado relevantes, las he tenido en cuenta en mis análisis. Esas cuatro Biblias con las que también trabajé son: La Biblia Libro del Pueblo de Dios, la Nueva Biblia de Jerusalén, la Biblia de las Américas y la Biblia Reina-Valera, según revisión de 1960.

La Biblia Libro del Pueblo de Dios es la Biblia que usa el Vaticano en su sitio oficial de internet para la versión en español. Es una traducción hecha por argentinos. La

Nueva Biblia de Jerusalén es otra traducción católica al español muy respetada. La Biblia de las Américas es una traducción realizada por un equipo latinoamericano de cristianos evangélicos. Y la Biblia Reina-Valera es una traducción realizada por Casiodoro de Reina en 1569, primeramente revisada por Cipriano de Valera en 1602, que fue revisada en el año 1960, y que fue y todavía es muy usada entre los cristianos no católicos de habla española.

He trabajado a su vez con el texto latino de la Biblia Vulgata Clementina de San Jerónimo, y con los textos griegos de la obra "Novum Testamentum Graece et Latine" de Augustinus Merk[6], que fue publicada con la autorización de la Iglesia Católica Romana, y de la obra "Greek-English New Testament" de Nestle-Aland.[7] Para el Antiguo Testamento he trabajado con el texto griego de la obra, "The Septuagint with Apocrypha" de Brenton[8], y de la obra "Septuaginta" de Rahlfs Hanhart[9].

---

[6] Merk, Augustinus, *"Novum Testamentum Graece et Latine"*, septiman editionem (Roma: Ex Typographia Pío X, 1951).

[7] NESTLE – ALAND, "*Greek-English New Testament*', in the tradition of Eberhard Nestle and Erwin Nestle, edited by Barbara and Kurt Aland, Johannes Karavidopoulos, Carlo M. Martini, Bruce M. Metzger – English Text 2nd Edition of the Revised Standard Version – The critical apparatuses prepared and edited together with the Institute for New Testament Textual Research, Munter/Westphalia by Barbara and Kurt Aland (Stuttgart: Deutsche Bibelgesellschaft, 1981).

[8] Brenton, Lancelot Charles Lee, "*The Septuagint with Apocrypha*: Greek and English", (U.S.A.: Hendrickson Publishers, 2009), originally published by Samuel Bagster & Sons, Ltd., London 1951.

[9] Rahlfs-Hanhart, *"Septuaginta"*, editio altera, revised edition, (Sttutgart:

Y me he asistido también con otras varias traducciones y versiones en inglés, y con otras obras, como la traducción del Pentateuco al español directamente del texto griego, de la obra "La Biblia Griega Septuaginta", de Natalio Fernández Marcos y María Victoria Spottorno Díaz-Caro. También he usado entre otras obras, algunas Biblias comentadas escritas por catedráticos de la Iglesia Católica Romana, como la obra "Biblia Comentada" de los Profesores de Salamanca,[10] y la obra "Sagrada Escritura", de los Profesores de la Compañía de Jesús.[11]

He incluido numerosas notas al pie. De ellas, muchas son transcripciones de la Biblia para facilitar la evaluación de la seriedad de mi trabajo. Aunque otras son citas que tienen otros objetos. Yo recomiendo leer primero el libro sin leer las citas, a no ser que se dude de alguna afirmación, o alguna en particular despierte interés. Pero también recomiendo enfáticamente que eventualmente se lean todas las citas, a los fines de verificar la veracidad y la precisión de las afirmaciones que realizo, y para aprovechar la valiosa información que está incluida en algunas, entre otras razones.

Esta es una obra que va dirigida principalmente y va a encantar a cristianos sencillos, que son los que aman la

---

Deutsche Bibelgesellschaft, 2006).

[10] La obra *"Biblia Comentada"*, de los Profesores de Salamanca, (Madrid: La Editorial Católica S.A., MCMLXXI).

[11] La obra "*La Sagrada Escritura*", de los Profesores de la Compañía de Jesús, (Madrid: La Editorial, Católica S.A., MCMLXII).

verdad pura y simple como es; los que aman la libertad de pensamiento, y los que tienen fe en la razón y conocimiento de la fe que Dios nos dio. Es una obra que va dirigida principalmente y va a encantar a personas de respuestas directas, que aman los Evangelios, y la palabra de Jesús, y que va a explicar muchos de los errores que cometió la Iglesia Católica en particular y la Iglesia Cristiana en general. Es una obra que va a expresar el sentir y el pensar de muchos cristianos.

Aun más, espero que sea una obra que colabore con la reforma que el cristianismo y el mundo necesitan, que potencie el cristianismo de los que ya son cristianos, y que atraiga al cristianismo verdadero a muchos que están alejados por vicios de las Iglesias Cristianas. Y espero que interese a otros que nunca le prestaron atención.

- Parte I -

Prólogo

¡Qué difícil imaginar a un mundo sin fe...! Jesús dice y pregunta en el Evangelio según San Lucas (Felipe Scío): *"18:8 … Mas cuando viniere el Hijo del hombre, ¿pensáis que hallará fe en la tierra?"*

Es muy difícil imaginar a un mundo sin fe en Jesús… Sin embargo, les quiero pedir ahora, por un momento, que cierren los ojos y traten de imaginar a un mundo sin fe en Jesús. Y que luego imaginen un mundo en el que la Iglesia Cristiana, en lugar de enseñar la palabra que Jesús enseñó a los doce apóstoles, y de construir su doctrina en base a ella, esté enseñando una doctrina construida en parte sobre la base de las palabras de Jesús, y en parte sobre la base de las palabras de otro hombre; de un hombre que vino después que Jesús, aduciendo falsamente que a él se le había aparecido Jesús, y que Jesús hablaba en él. Imaginen que Jesús y su pasión estuvieran siendo usados para enseñar la doctrina de este otro hombre. E imaginen que ustedes están viviendo en ese mundo y que tienen la oportunidad de hacer algo para que el Cristianismo vuelva a la pura palabra de Jesús; para hacer volver al Cristianismo a la palabra de Jesús tal como él la expresó a los doce apóstoles, que él escogió, preparó y acreditó públicamente, y que se encuentra preservada en los Evangelios. Y pregúntense a sí mismos: ¿Qué harían ustedes en ese mundo? ¿Advertirían la diferencia y el error? ¿Le prestarían atención? ¿Estarían entre los que se mantienen en la palabra de Jesús, y promueven un Cristianismo fiel a Jesús?, ¿o dejarían las cosas como están?...

Ahora abran los ojos..., lean este libro..., y permítanse ver que así es el mundo en el que estamos viviendo hoy.

Después de que Jesús ascendió a los cielos para estar con el Padre hasta la Venida del Hijo del Hombre, que es su Segunda Venida, Pablo de Tarso se unió a la Iglesia, diciendo que había visto a Jesús, luego de su Ascensión, y que Jesús le había hablado.[12] Y luego, Pablo de Tarso diría que Jesús lo nombró apóstol de los gentiles y que Jesús hablaba en él. Y en algún momento del desarrollo de la Iglesia, la Iglesia Cristiana comenzó a enseñar las palabras de Pablo de Tarso, preservadas en sus epístolas, como si fueran palabras de Dios, de igual autoridad que las palabras que Cristo habló personalmente a los doce apóstoles.

En este libro fundamentaré estas afirmaciones y explicaré entre otras cosas como ello constituye un error; que los cristianos debemos nutrirnos y mantenernos en la palabra que Jesús habló a sus doce apóstoles, preservada en los Evangelios: y como nuestra salvación personal y el bien del mundo dependen de ello.

Para hacerlo, comenzaré con una introducción que tiene por objeto repasar algunos hechos acerca de las vidas de Jesús y de Pablo de Tarso, y además explicar con más detalles el contenido y el fin de este libro. Les deseo

---

[12] El libro de los Hechos de los Apóstoles (Felipe Scío) dice: "*9:27 Entonces Bernabé tomándolo consigo, lo llevó a los apóstoles, y les contó cómo había visto al Señor en el camino, y que le había hablado, y como después había predicado en Damasco libremente en el nombre de Jesús.*"

que la paz del Señor esté con ustedes en la lectura de éste libro, y que el Espíritu Santo les de fuerza y entendimiento.

CAPÍTULO I. INTRODUCCIÓN

Muchas veces se dice que la realidad supera con creces a los sueños y hasta a la ficción. Con respecto a ninguna realidad es más cierta esta afirmación que con respecto a Jesús.

Superando ampliamente cualquier sueño, cualquier ficción, y ello a pesar de haber sido previamente anunciado y profetizado, Dios se hizo hombre, para venir al mundo con signos, con pruebas, a darnos muy buenas noticias, a anunciarnos el Reino de Dios,[13] la vida después de la muerte,[14] a traer esperanza,[15] a darnos conocimiento de salvación mediante el perdón de nuestros pecados,[16] y a predicar y a hacer que se

---

[13] El Evangelio según San Lucas (Felipe Scío) dice: "*4:43 Él les dijo: A las otras ciudades es menester también que yo anuncie el reino de Dios: pues para esto he sido enviado.*"

[14] El Evangelio según San Mateo (Felipe Scío) dice: "*22:31 Y de la resurrección de los muertos, ¿no habéis leído las palabras, que Dios os dice: 22:32 Yo soy el Dios de Abraham, y el Dios de Isaac, y el Dios de Jacob? No es Dios de muertos, sino de vivos.*"

[15] El Evangelio según San Mateo (Felipe Scío) dice: "*12:21 y las gentes esperarán en su nombre.*"

[16] El Evangelio según San Lucas (Felipe Scío) dice: "*1:76 Y tú, niño, profeta del Altísimo serás llamado: porque irás ante la faz del señor, para aparejar sus caminos. 1:77 Para dar conocimiento de salud a su pueblo, para la remisión de los pecados.*" La Biblia Libro del Pueblo de Dios, en lugar de "para la remisión de los pecados",

predique la palabra de Dios en su nombre a toda las naciones del mundo, para que los hombres nos arrepintamos, nos convirtamos y seamos salvados.[17]

Fue concebido por una joven, la virgen María,[18]

---

dice "mediante el perdón de los pecados."

[17] El Evangelio según San Lucas (Felipe Scío) dice: "*24:46 Y les dijo: Así está escrito, y así era menester, que el Cristo padeciese, y resucitase al tercero día de entre los muertos, 24:47 y que se predicase en su nombre penitencia y remisión de pecados a todas las naciones, comenzando de Jerusalén.*"

[18] Acerca de la virginidad de la virgen María. El Evangelio según San Lucas (Felipe Scío) dice: "*1:26 Y al sexto mes el ángel Gabriel fue enviado de Dios a una ciudad de Galilea, llamada Nazaret, 1:27 A una virgen desposada con un varón, que se llamaba José, de la casa de David, y el nombre de la Virgen era María.*" El Evangelio según San Lucas (Felipe Scío) dice: "*1:34 Y dijo María al ángel: ¿Cómo será esto, porque no conozco varón?*" Los Evangelios dicen que María era virgen y la respuesta de María que dice 'no conozco a varón' implica que ella era virgen. El libro del profeta Isaías contiene una profecía mesiánica que dice que una virgen concebirá y parirá a un hijo. Así enseña el Evangelio según San Mateo (Felipe Scío) que dice: "*1:22 Más todo esto fue hecho para que se cumpliese lo que habló el Señor por el Profeta, que dice: 1:23 He aquí la Virgen concebirá, y parirá hijo: y llamarán su hombre Emmanuel, que quiere decir: Con nosotros Dios.*" El libro del profeta Isaías, (Felipe Scío) dice: "*7:14: Por eso el mismo Señor os dará una señal. He aquí que concebirá una virgen, y parirá un Hijo, y será llamado su nombre Emmanuel.*" Ha sido discutido si el texto hebreo de la profecía dice virgen o joven. El hecho de que el Evangelio según San Mateo dice que la profecía dice virgen debería ser suficiente para resolver la disputa para un cristiano. Al margen, el texto hebreo fue traducido al griego, por lo menos dos siglos antes de Cristo. Esa traducción se denomina Septuaginta o Versión Griega de los Setenta y muchas veces se la escribe LXX. Esta es la Biblia cuyas citas coinciden mejor con las citas que Jesús hizo del Antiguo Testamento conservadas en los Evangelios, y es la Biblia que usaron con más frecuencia los evangelistas y los primeros escritores de la Iglesia Cristiana. Es la Biblia que la Iglesia Cristiana preservó y usó durante los primeros cuatro siglos de existencia, y que todavía usa la Iglesia Católica de Oriente. El texto griego de la Septuaginta dice 'virgen.' Es decir, que por lo menos doscientos años antes de Cristo, quienes tradujeron la Biblia entendieron que el texto hebreo decía virgen. La palabra del texto griego del Evangelio según San Lucas traducida como "virgen" es παρθενος (parthenos), que significa soltera, virgen, joven

descendiente de David,[19] desposada con José. Se le dio el nombre de Jesús. Su lugar de nacimiento fue Belén de Judea,[20] y vivió en forma privada hasta aproximadamente

---

mujer. Esta misma palabra es utilizada en la Biblia (Versión Griega de los Setenta), libro Génesis, versículo 24:16, con el significado de virgen. En mi opinión la palabra es correctamente y acertadamente traducida como virgen. Además, parece que esta señal anunciada por el profeta Isaías debía constituir algo extraordinario, sobrenatural. Una virgen concibiendo y dando a luz a un hijo era algo sobrenatural. Una joven mujer haciendo lo mismo no lo era. Por otra parte, es más creíble que un hombre tiene por padre a Dios si ha sido concebido por una mujer virgen. Por tal razón hace sentido que Dios haya decidido que sea una mujer virgen quien iba a concebir y encarnar a su hijo, Jesús, y que esto haya sido parte de la profecía. El texto griego de la Septuaginta lo he tomado de la obra de Brenton, Lancelot, "*The Septuagint with Apocrypha*", Greek and English, ob. cit., y de la obra de Rahlfs-Hanhart, "*Sepatuaginta*". El texto de la Septuaginta es por lo menos de tanto valor como el texto hebreo masorético a la hora de dar testimonio del texto hebreo original.

[19] El libro del profeta Isaías (Felipe Scío) dice: "*11:1 Y saldrá una vara de la raíz de Jesé, y de su raíz subirá una flor. 11:2 Y reposará sobre él el espíritu del Señor: espíritu de sabiduría, y de entendimiento; espíritu de consejo, y de fortaleza; espíritu de ciencia, y de piedad. 11:3 Y le llamará el espíritu del temor del Señor: no juzgará según vista de ojos, ni argüirá por oído de orejas, 11:4 Sino que juzgará a los pobres con justicia, y reprehenderá con equidad en defensa de los mansos de la tierra; y herirá la tierra con la vara de su boca y con el espíritu de sus labios matará al impío. 11:5 Y la justicia será cíngulo de sus lomos; y la fe ceñidor de sus riñones. 1:6 Habitará el lobo con el cordero; y el pardo se echará con el cabrito; el becerro, y el león, y la oveja andarán juntos, y un niño pequeñito los conducirá. 11:7 El becerro, y el oso serán apacentados juntos; y sus crías juntamente descansarán; y el león comerá paja como el buey. 11:8 Y el niño de teta se divertirá sobre la cueva del áspid; y el destetado meterá su mano en la caverna del basilisco. 11:9 No dañarán, ni matarán en todo mi santo monte: porque la tierra está llena de la ciencia del Señor, así como las aguas del mar, que la cubren.*"

[20] El libro del profeta Miqueas (Felipe Scío) dice: "*5:1 Ahora serás destruida, hija de ladrón: cerco pusieron sobre nosotros, con varas herirán la mejilla del juez de Israel. 5:2 Y tú, Bethlehem Ephrata, pequeña eres entre los millares de Judá: de ti me saldrá que sea dominador en Israel, y la salida de él desde el principio, desde los días de la eternidad. 5:3 Por esto los abandonará hasta el tiempo en que partirá aquella que ha de parir: y las reliquias de sus hermanos se reunirán con los hijos de Israel. 5:4 Y él estará firme, y pastoreará en la fortaleza del Señor, en la sublimidad del nombre del*

los 30 años.[21] A partir de esa edad y hasta los 33, desarrolló su vida pública de signos, prodigios y prédica, enseñándonos que es Dios,[22] hecho hombre,[23] el Mesías o Cristo profetizado desde mucho tiempo atrás.[24]

En esta última etapa de alrededor de 3 años, la etapa pública de su vida, personalmente preparó discípulos, especialmente doce elegidos entre ellos, los doce apóstoles,[25] a quienes mandó para dar testimonio a todas

---

Señor su Dios: y se convertirán: porque ahora será engrandecido hasta los términos de la tierra."

[21] El Evangelio según San Lucas, versículo 3:23.

[22] El Evangelio según San Juan (Felipe Scío) dice: "*8:57 Y los Judíos le dijeron: ¿Aún no tienes cincuenta años, y has visto a Abraham? 8:58 Jesús le dijo: En verdad, en verdad os digo, que antes de que Abraham fuese, yo soy.*" Esta es una de las muchas formas mediante las cuales Jesús nos enseñó que era Dios. El libro Éxodo (Felipe Scío) dice: "*3:13 Dijo Moisés a Dios: He aquí que yo iré a los hijos de Israel, y les diré: El Dios de vuestros padres me ha enviado a vosotros. Si me dijeren: ¿Cuál es su nombre? ¿Qué les responderé? 3:14 Dijo Dios a Moisés: Yo soy el que soy. De este modo, dijo, dirás a los hijos de Israel: El que es, me ha enviado a vosotros.*" Otra de las oportunidades en que Jesús nos hizo saber ello constan en el Evangelio según San Juan (Felipe Scío) que dice: "*10:30 Yo y el Padre somos una cosa.*"

[23] El Evangelio según San Lucas (Felipe Scío) dice: "*24:39 Ved mis manos y mis pies, que yo mismo soy: palpad y ved: que el espíritu no tiene carne ni huesos, como veis que yo tengo.*"

[24] El Evangelio según San Juan (Felipe Scío) dice: "*4:25 La mujer le dijo: Yo sé que viene el Mesías que se llama Cristo; y cuando viniere él, nos declarará todas las cosas. 4:26 Jesús le dijo: Yo soy, que hablo contigo.*"

[25] La lista del nombre de los apóstoles es: Pedro, originariamente llamado Simón, Andrés, Santiago, Juan, Felipe, Bartolomé también llamado Natanael, Tomas, Mateo también llamado Levi, Santiago de Alfeo, Judas también llamado Tadeo, Simón y Judas Iscariote.

las naciones del mundo de sus anuncios, de su prédica, y de las demás pruebas y prodigios que realizó. Ellos son los testigos que nos dejó Cristo en la tierra, y fueron los primeros ministros de la Iglesia Cristiana fundada por Cristo.

Y si bien Cristo, durante su vida terrenal, vivió muchos momentos hermosos y maravillosos, no vino a

---

[26] Del mismo modo en que muchos judíos rechazaron a Cristo en el comienzo del Cristianismo, el rechazo ha continuado en alguna medida en todas las naciones del mundo. Todavía, el mensaje de Cristo no es bienvenido por la gente de este mundo, que quiere continuar siendo de este mundo. Entre esas personas hay gente de todas las naciones, de todas las creencias, hijos de cristianos, ex cristianos, y hasta personas que se llaman a sí mismas cristianas pero eligen vivir ignorando a Cristo.

[27] El Evangelio según San Mateo (Felipe Scío) dice: "*14:9 Y el rey se entristeció: mas por juramento, y por los que estaban con él a la mesa, se la mandó dar. 14:10 Y envió, e hizo degollar a Juan en la cárcel. 14:11 Y fue traída su cabeza en un plato, dada a la muchacha, y ella la llevó a su madre. 14:12 Y vinieron sus discípulos, y tomaron su cuerpo, y lo enterraron: y fueron a dar la nueva a Jesús. 14:13 Y cuando lo oyó Jesús se retiró de allí en un barco a un lugar desierto apartado: y habiendo oído las gentes, lo siguieron a pie de las ciudades. 14:14 Y cuando salió, vio una grande multitud de gente, y tuvo de ellos compasión, y sanó los enfermos de ellos. 14:15 Y venida la tarde, se llegaron a él sus discípulos, y le dijeron: Desierto es ese lugar, y la hora ya es pasada: despacha a las gentes, para que pasando a las aldeas, se compren que comer. 14:16 Y les dijo Jesús: No tienen necesidad de irse: dadles vosotros de comer. 14:17 Le respondieron: No tenemos aquí sino cinco panes, y dos peces. 14:18 Jesús les dijo: Traédmelos acá. 14:19 Y habiendo mandado a la gente, que se recostase sobre el heno, tomó los cinco panes y los dos peces, y alzando los ojos al cielo, bendijo, y partió los panes, y los dio a los discípulos, los discípulos a las gentes. 14:20 Y comieron todos, y se saciaron. Y alzaron las sobras, doce cestos llenos de pedazos. 14:21 Y el número de los que comieron fue cinco mil hombres, sin contar mujeres, y niños.*" Yo creo que Cristo experimentó una gran tristeza en este momento, y sintió gran compasión por los discípulos de Juan Bautista. Y que esto lo movió a llevar adelante este tan trascendente y significativo signo de la multiplicación de los panes, que seguramente les trajo gran consuelo a los discípulos de Juan Bautista, y renovó sus esperanzas y su fe.

un viaje de placer. El vino a servir; no a ser servido. El consagró su vida a nuestro servicio, viviendo en pobreza, castidad, y pureza. Y su mensaje no sería bien recibido por muchos judíos, principalmente por quienes eran integrantes de la jerarquía judía.[26] Por ello, para cumplir sus objetivos, debió llevar adelante una inestimablemente exigente y cara labor. Cristo, para salvación de los hombres, tuvo que sufrir durante su vida la prematura muerte de José, su padre de crianza, la decapitación de su primo, Juan Bautista,[27] y vivir muchos sufrimientos de otros parientes, amigos y otras personas. Tuvo que soportar odio, desprecio, rechazo, humillaciones, insultos, burlas, tortura, y hasta tuvo que dar su vida para nuestra salvación.[28] Y tuvo que hacerlo enfrentándose a una flagelación. Tuvo que permitir que uno de sus elegidos lo traicionara, Judas Iscariote, y que otras personas que lo tenían como enemigo sin ninguna razón, lo clavaran vivo a una cruz, hasta la muerte, y en la presencia de su propia madre.[29] Tristeza al punto de morir, es la forma como se describe la tristeza que sintió

[28] El Evangelio según San Marcos (Felipe Scío) dice: "*15:29 Y los que pasaban, blasfemaban de él, moviendo sus cabezas, y diciendo: Ah, el que derribas el templo de Dios, y en tres días lo reedificas: 15:30 Sálvate a ti mismo, y desciende de la cruz. 15:31 Y de esta manera, escarneciéndole también los príncipes de los sacerdotes con los escribas, decían unos a otros: A otros salvó, a sí mismo no puede salvar.*"

[29] El Evangelio según San Mateo (Felipe Scío) dice: "*26:24 El Hijo del hombre va ciertamente, como está escrito de él: pero ay de aquel hombre por quien será entregado el Hijo del hombre: más le valiera a aquel hombre no haber nacido. 26:25 Y respondiendo Judas, que lo entregó, dijo: ¿Soy yo por ventura, Maestro? Dícele: Tú lo has dicho.*"

Cristo poco antes de la Pasión; y todo ello siendo Dios, que realmente no es un detalle menor.[30] Esto de verdad supera ampliamente cualquier ficción o imaginación humana. Esto verdaderamente es amor.

Y su misión fue completada. Cristo cumplió su misión. Todo fue cumplido nos confirma Cristo en la cruz antes de expirar.[31] Y todo fue cumplido conforme estaba profetizado. Desde ese momento no requerimos los hombres de un nuevo nombre, o esperar a otro hombre, para alcanzar salvación.[32] Y su prédica no requiere ni admite complemento, ni sustitución.[33]

Luego de ser matado, al tercer día, resucitó, se apareció a sus discípulos, les dio poder para perdonar y

---

[30] El Evangelio según San Mateo (Felipe Scío) dice: "*26:38 Y entonces les dijo: Triste está mi alma hasta la muerte: Esperad aquí, y velad conmigo. 26:39 Y habiendo dado algunos pasos, se postró sobre su rostro, e hizo oración, y dijo: Padre mío, si es posible, pase de mí este cáliz. Mas no como yo quiero, sino como tú.*"

[31] En el Evangelio según San Juan (Felipe Scío) se testifica que Cristo en la cruz antes de expirar dice: "*19:28 Después de esto sabiendo Jesús, que todas las cosas eran ya cumplidas, para que se cumpliese la Escritura, dijo: Sed tengo. 19:29 Había allí un vaso lleno de vinagre. Y ellos poniendo alrededor de un hisopo una esponja empapada en vinagre, se la aplicaron a la boca. 19:30 Y luego que Jesús tomó el vinagre, dijo: Consumado es. E inclinando la cabeza, dio el espíritu.*"

[32] En el Libro de los Hechos de los Apóstoles (Felipe Scío) se dice: "*4:12 Y no hay salud en ningún otro. Porque no hay otro nombre debajo del cielo, dado a los hombres, en que nos sea necesario ser salvos.*"

[33] El Evangelio según San Juan (Felipe Scío) dice: "*15:15 No os llamaré ya siervos, porque el siervo no sabe lo que hace su señor. Mas a vosotros os he llamado amigos: porque os he hecho conocer todas las cosas, que he oído de mi Padre.*" El Evangelio según San Juan (Felipe Scío) dice: "*24:35 El cielo y la tierra pasarán, mas mis palabras no pasarán.*"

retener los pecados,[34] y les fortaleció el conocimiento de su palabra.[35] Y además les prometió que, a los que creyeran, señales milagrosas los acompañarían,[36] y les dijo que esperaran en Jerusalén la Promesa del Padre: el Espíritu Santo.[37]

Con posterioridad, Jesús ascendió a los cielos, para estar con el Padre hasta la Segunda Venida.[38] La cuestión de la Ascensión de Jesús y su próxima venida son muy importantes. Los Evangelios enseñan que Jesús luego de su Ascensión estaría con el Padre hasta la Segunda Venida, lo cual significa que no se aparecería a nadie hasta la Segunda Venida. El Evangelio según San Mateo (Felipe Scío) dice: *"24:23 Entonces si alguno os dijere: Mirad, el*

---

[34] El Evangelio de San Juan (Felipe Scío): "*20:22 Y dichas estas palabras, sopló sobre ellos: y les dijo: Recibid el Espíritu Santo: 20:23 A los que perdonareis los pecados, perdonados les son: y a los que se los retuviereis, les son retenidos.*"

[35] El Evangelio según San Lucas (Felipe Scío) dice: "*24:45 Entonces les abrió el sentido, para que entendiesen las Escrituras.*"

[36] El Evangelio según San Marcos (Felipe Scío) dice: "*16:15 Y les dijo: Id por todo el mundo, y predicad el Evangelio a toda criatura. 16:16 El que creyere, y fuere bautizado, será salvo: más el que no creyere será condenado. 16:17 Y estas señales seguirán a los que creyeren: Lanzarán demonios en mi nombre: hablarán nuevas lenguas: 16:18 Quitarán serpientes, y si bebieren alguna cosa mortífera, no les dañará: pondrán las manos sobre los enfermos, y sanarán.*"

[37] El libro de los Hechos de los Apóstoles (Felipe Scío) dice: "*1:8 Mas recibiréis la virtud del Espíritu Santo, que vendrá sobre vosotros, y me seréis testigos en Jerusalén, y en toda la Judea, y Samaria, y hasta las extremidades de la tierra.*"

[38] El Evangelio según San Mateo versículos 24:23-27; 24:3-5. El Evangelio según San Juan versículos 14:2-5; 16:5-7; El libro de los Hechos de los Apóstoles versículos 1:9-11. El Evangelio según San Juan versículos 14:19-22.

Cristo está aquí o allí: no le creáis. 24:24 Porque se levantarán falsos cristos, y falsos profetas, y darán grandes señales, y prodigios, de modo (que si puede ser) caigan en error aun los escogidos. 24:25 Ved que os lo he dicho de antemano. 24:26 Por lo cual si os dijeren: He aquí que está en el desierto, no salgáis: mirad que está en lo más retirado de la casa, no lo creáis. 24:27 Porque como el relámpago sale del Oriente, y se deja ver hasta el Occidente: así será también la venida del Hijo del hombre."[39] Este es uno de los pasajes del Evangelio que nos deja saber que luego de su Ascensión Jesús no se aparecería a nadie hasta la Segunda Venida. Hay otros más, algunos de los cuales veremos más adelante en esta obra, al tratar el libro de los Hechos de los Apóstoles. A continuación transcribiré dos pasajes de éste libro recién mencionado, que nos enseñan lo mismo.

El libro de los Hechos de los Apóstoles (Felipe Scío) dice: "*1:9 Y cuando esto hubo dicho, viéndolo ellos, se fue elevando: y le recibió una nube, que le ocultó a sus ojos. 1:10 Y estando mirando el cielo cuando él se iba, he aquí se pusieron al lado de ellos dos varones con vestiduras blancas, 1:11 los cuales también les dijeron: Varones galileos, ¿qué estáis mirando al cielo? Este Jesús, que de vuestra vista se ha subido al cielo, así vendrá, como lo habéis visto ir al cielo.*" El hecho de que estos dos varones hayan dicho que Jesús

[39] La obra "*La Sagrada Escritura*", de los Profesores de la Compañía de Jesús, (Madrid: La Editorial, Católica S.A., MCMLXII), Nuevo Testamento, tomo I, pág. 294 dice: "*El motivo por el que no deben dejarse seducir por todas las catástrofes y calamidades enumeradas hasta ahora ni por los rumores de si está en el desierto o en sitios ocultos, es que Cristo en su segunda venida a juzgar a los hombres aparecerá como un relámpago visible a todos los hombres, sin que tengan necesidad de buscarle en ningún sitio de la tierra.*"

vendría del mismo modo que se fue, implica que ya no vendría ni vendrá hasta la Segunda Venida, que es cuando Jesús vendrá sobre las nubes;[40] y que no vino, ni vendrá de otro modo.

El libro de los Hechos de los Apóstoles (Felipe Scío) dice: "*3:19 Arrepentíos pues, y convertíos, para que vuestros pecados os sean perdonados: 3:20 Para que cuando vinieren los tiempos del refrigerio delante del Señor, y enviare a aquel Jesucristo que a vosotros fue predicado, 3:21 Al cual ciertamente es menester que el cielo reciba hasta los tiempos de la restauración de todas las cosas, las cuales habló Dios por boca de sus santos profetas, que han sido desde el siglo.*" El tiempo de restauración de todas las cosas es el tiempo de la Segunda Venida. Jesús debía ser recibido en el cielo hasta el tiempo de la Segunda Venida.[41]

Luego de que Jesús ascendió a los cielos para estar con el Padre hasta la Segunda Venida, al cumplirse los días de Pentecostés, estando todos los discípulos juntos en un mismo lugar, esperando en Jerusalén como se les había instruido, recibieron al Espíritu Santo.[42] Entonces los apóstoles se avocaron, con gran éxito, a predicar la

---

[40] El Evangelio según San Mateo versículo 24:30.

[41] La obra "*Biblia Comentada*", de los Profesores de Salamanca, (Madrid: La Editorial Católica S.A., MCMLXXI), tomo VI, pág. 47 dice comentando este versículo: "*No hay duda de que alude con esto a la parusía o segunda venida del Señor, prometida por los ángeles el día de la ascensión, a la que seguirán tiempos de refrigerio y de restauración de todas las cosas. Hasta que lleguen esos tiempos, Cristo seguirá retenido en el cielo (v.21), aquel cielo al que subió en su ascensión.*"

[42] El libro de los Hechos de los Apóstoles (Felipe Scío), capítulo 2.

palabra de Jesús, la palabra de Dios, nombrando a un nuevo apóstol, al Apóstol Matías,[43] para completar el número de 12 apóstoles que Dios había escogido e institucionalizado para el ministerio del apostolado,[44] y que había quedado incompleto por la traición y muerte de Judas. El nuevo apóstol fue elegido para dar testimonio con ellos de la resurrección de Jesús.

El elegido para ser uno de los doce apóstoles no podía ser cualquier persona. Tenía que ser uno de los hombres que los habían acompañado durante todo el tiempo en que Jesús permaneció con ellos, comenzando por el Bautismo de Juan hasta el día de la Ascensión de Jesús. El libro de los Hechos de los Apóstoles (Felipe Scío) dice: *"1:21 Conviene pues, que de estos varones, que han estado en nuestra compañía todo el tiempo que entró y salió con*

---

[43] El Libro de los Hechos de los Apóstoles (Felipe Scío) dice: *"1:20 Porque escrito está en el libro de los Salmos: Sea hecha desierta la habitación de ellos, y no haya quien more en ella: y tome otro su obispado. 1:21 Conviene pues, que de estos varones, que han estado en nuestra compañía todo el tiempo que entró y salió con nosotros el Señor Jesús, 1:22 comenzando desde el bautismo de Juan hasta el día en que fue tomado arriba de entre nosotros, que uno sea testigo con nosotros de su resurrección. 1:23 Y señalaron a dos, a José, que era llamado Barsabás, tenía por sobrenombre el Justo: y a Matías. 1:24 Y orando dijeron: tu Señor, que conoces los corazones de todos, muéstranos de estos dos cual has escogido, 1:25 Para que tome el lugar de este ministerio y apostolado, del cual por su prevaricación cayó Judas para ir a su lugar. 1:26 Y les echaron suertes, y cayó la suerte sobre Matías, y fue contado con los once apóstoles."*

[44] El libro de los Hechos de los Apóstoles (Felipe Scío) dice: "*1:24 Y orando dijeron: Tú, Señor, que conoces los corazones de todos, muéstranos de estos dos cual has escogido, 1:25 Para que tome el lugar de este ministerio y apostolado, del cual por su prevaricación cayó Judas para ir a su lugar.*" El libro de los Hechos de los Apóstoles (Felipe Scío), refiriéndose a Judas, dice: "*1:17 El que era contado con nosotros, y tenía suerte en este ministerio.*"

nosotros el Señor Jesús. 1:22 Comenzando desde el bautismo de Juan hasta el día en que fue tomado arriba de entre nosotros, que uno sea testigo con nosotros de su resurrección."

Las cuatro otras Biblias traducidas del texto griego, con las que estoy trabajando en este libro, leen en lugar de 'conviene' las palabras 'es necesario', o 'es preciso'. Ello porque estas Biblias están traducidas desde el texto griego, y la palabra correspondiente del texto griego se traduce 'es necesario' o 'es preciso', pero no se traduce 'conviene'.[45]

Era necesario que el nuevo apóstol se eligiera de entre uno de los hombres que había acompañado a los apóstoles desde el Bautismo de Juan; esto, porque una de las misiones esenciales del apostolado sería dar testimonio, ser testigo de Jesús y de su palabra, y sólo el que estuvo presente y acompañó a Jesús podía ser verdaderamente testigo.

Jesús dice en el Evangelio según San Juan (Felipe Scío): "*15:26 Pero cuando viniere el Consolador que yo os enviaré del Padre, el Espíritu de verdad, que procede del Padre, él*

[45] La palabra latina traducida como "conviene" es "oportet", que admite la traducción "conviene" aunque también admite la traducción "es necesario", como dice el Diccionario Ilustrado "*Spes*" Latino-Español Español-Latino, cuarta edición, (Barcelona: Publicaciones y Ediciones Spes S.A., 1958). La palabra griega traducida en la Vulgata Latina como "oportet", traducida por Felipe Scío como "conviene", es un tiempo verbal del verbo "δεω" (deo). El Diccionario Manual Griego-Español "*Vox*", por José M. Pabón S. de Urbina, décimo cuarta edición (España: Talleres gráficos Inelvasa, 1981), da la siguiente definición de esta palabra: atar, sujetar, encarcelar, encadenar... El verbo está en tiempo Pres. Imp. Act. Sg., que se traduciría "es encadenado" o "es necesario". Incluso la misma palabra latina "oportet" en el versículo 1:16 se traduce "es necesario" en la traducción de Felipe Scío. Es decir en latín admite ambas traducciones pero en griego no admite la traducción "conviene", porque significa "es necesario."

dará testimonio de mí. 15:27 Y vosotros daréis testimonio, porque estáis conmigo desde el principio." Por ello los apóstoles eligieron a alguien que había estado con ellos desde el principio, para completar el número de doce apóstoles.

En Israel había doce tribus. El número de doce apóstoles tiene relación y paralelo con el número de las tribus de Israel,[46] y es sumamente significativo y simbólico. Es usado simbólicamente muchas veces en el Antiguo Testamento y también en el Nuevo Testamento.

El Evangelio según San Mateo (Felipe Scío), por ejemplo, dice: "*19:28 Y Jesús les dijo: En verdad os digo, que vosotros, que me habéis seguido, cuando en la regeneración se sentará el Hijo del hombre en el trono de su majestad, os sentaréis también vosotros sobre doce sillas, para juzgar a las doce tribus de Israel.*" El Evangelio según San Juan (Felipe Scío) dice: "*11:9 Jesús respondió: ¿Por ventura no son doce las horas del día? El que anduviere de día, no tropieza, porque ve la luz de este mundo:*" En mi opinión este pasaje nos dice que aquellos que se guían por la doctrina de Jesús de la que dieron testimonio los doce apóstoles no tropiezan. Y el libro Apocalipsis, por citar otro de muchos ejemplos, (Felipe Scío) hablando de la Nueva Jerusalén, del Nuevo Mundo, que habrá luego del fin del presente, dice: "*21:12*

---

[46] El libro Génesis (Felipe Scío) dice: "*49:28 Todos estos en las tribus de Israel, doce: esto les habló su padre, y bendijo a cada uno con bendiciones particulares.*" El libro Éxodo (Felipe Scío) dice: "*24:4 Y escribió todas las palabras del Señor: y levantándose de mañana edificó un altar a las raíces del monte, y doce títulos según las doce tribus de Israel.*" El libro Éxodo (Felipe Scío) dice: "*28:21 Y tendrán los nombres de los hijos de Israel: estarán grabados los doce nombres, en cada piedra el suyo según las doce tribus.*"

Y tenía un muro grande y alto con doce puertas: y en las puertas doce ángeles, y los nombres escritos que son los nombres de las doce tribus de los hijos de Israel. 21:13 Por el Oriente tenía tres puertas, por el Septentrion tres puertas, por el Mediodía tres puertas, y tres puertas por el Occidente. 21:14 y el muro de la ciudad tenía doce fundamentos, y en estos doce, los nombres de los doce apóstoles del Cordero."

Así como el número de las doce tribus de Israel era un número cerrado, el número de los doce apóstoles era un número cerrado; es decir no habrían trece, ni catorce, ni veinte apóstoles: sólo doce. Y no solo era un número cerrado, sino también era un número completo. Por ello, luego de que el número de doce apóstoles fue completado, no se reemplazaría a los apóstoles que murieron. Cuando Santiago, el hermano de Juan, fue muerto por Herodes, no fue reemplazado.

A tal punto, iniciada la prédica por los doce apóstoles, todo indicaba que la Iglesia Cristiana se formaría en lo doctrinario a partir de las enseñanzas de Jesús transmitidas personalmente por él a los mismos. Todo indicaba que Jesús, ya ascendido a los cielos, no vendría, ni se aparecería a nadie, hasta la tan anunciada Venida del Hijo del Hombre, que es el nombre que recibe la que será la próxima venida de Jesús. Y además, a tal punto, todo indicaba que en lo institucional la Iglesia se formaría sobre la base y de acuerdo a las enseñanzas y a la práctica de estos 12 apóstoles, que fueron públicamente escogidos, preparados y acreditados por Dios en persona para esa misión, para ese ministerio, y que no habría más de doce apóstoles.[47]

Cuando leo en los evangelios episodios como el del lavatorio de los pies,[48] veo a Cristo dejándonos importantes enseñanzas, y además, preparando a los doce apóstoles para la misión que les encomendaría. Aquellos que iban a ser parte del ministerio del apostolado necesitaban no solo ser instruidos, sino educados y preparados, por Jesús. Tan importante es para Cristo que los Cristianos seamos humildes, que Cristo en persona, Dios, hasta se ocupó de lavarles personalmente los pies a los doce apóstoles, entre otras razones, con tal que lo aprendieran a ser y lo enseñen.[49]

Pero inesperadamente, impredeciblemente, sorprendentemente, el curso de los sucesos iba a tomar

---

[47] Con la excepción de Judas por supuesto, reemplazado por Matías.

[48] El Evangelio según San Juan (Felipe Scío) dice: "*13:1 Antes del día de la fiesta de la Pascua, sabiendo Jesús que era venida su hora de pasar de este mundo al Padre: habiendo amado a los suyos, que estaban en el mundo, los amó hasta el fin. 13:2 Y acabada la cena, como el diablo hubiese ya puesto en el corazón a Judas hijo de Simón Iscariotes, que lo entregase: 13:3 Sabiendo Jesús que el Padre le había dado todas las cosas en las manos, y que de Dios había salido, y a Dios iba: 13:4 Se levanta de la cena, y se quita sus vestiduras: y tomando una toalla, con que estaba ceñido. 13:5 Echó después agua en un lebrillo, y comenzó a lavar los pies de los discípulos, y a limpiarlos con la toalla, con que estaba ceñido. 13:6 vino pues a Simón Pedro. Y Pedro le dice: Señor, ¿tú me lavas a mí los pies? 13:7 Respondió Jesús, y le dijo: Lo que yo hago, tú no lo sabes ahora, mas lo sabrás después. 13:8 Pedro le dice: No me lavarás los pies jamás. Jesús le respondió: Si no te lavare, no tendrás parte conmigo. 13:9 Simón Pedro le dice: Señor, no solamente mis pies, mas las manos también y la cabeza. 13:10 Jesús le dice: El que está lavado, no necesita sino lavar los pies, pues está todo limpio. Y vosotros limpios estáis, mas no todos.*"

[49] El libro de los Hechos de los Apóstoles (Felipe Scío) dice: "*4:12 Y no hay salud en ningún otro. Porque no hay otro nombre debajo del cielo, dado a los hombres, en que nos sea necesario ser salvos.*"

otra dirección. Un hombre, que no acompañó a Cristo durante su vida terrenal, que no fue testigo de Jesús, y que no había sido públicamente elegido, enseñado, educado y acreditado por él, aparecería en escena diciendo haber sido llamado privadamente por Cristo para llevar el nombre de Jesús, con grandes padecimientos, a todas las naciones, reyes y al pueblo de Israel, y que Cristo le había hablado.[50]

Y este hombre alegaría luego, haber sido privadamente y sobrenaturalmente instruido por Dios para ser el apóstol de los gentiles, testigo de lo que ha visto y de otras apariciones de Jesús que le sucederían, y para predicar nuevas palabras de Dios.[51] Y ocuparía un

---

[50] El libro de los Hechos de los Apóstoles dice: "9:37 Entonces Bernabé tomándolo consigo, lo llevó a los apóstoles, y les contó como había visto al Señor en el camino, y que le había hablado, y cómo después había predicado en Damasco libremente en el nombre de Jesús."

[51] La Epístola de Pablo a los Gálatas (Felipe Scío) dice: "*2:6 Mas de aquellos, que parecían ser algo (cuales hayan sido algún tiempo, nada me toca. Dios no acepta la apariencia del hombre) a mi ciertamente los que parecían ser algo, nada me comunicaron. 2:7 Mas al contrario, visto, que me había sido encomendado a mí el Evangelio del prepucio, como a Pedro el de la circuncisión. 2:8 (Porque el que obró en Pedro para el apostolado de la circuncisión, también obró en mí para con las gentes), 2:9 Y como Santiago, Cefás, y Juan, que parecían ser las columnas, conocieron la gracia que se me había dado, nos dieron las diestras a Bernabé, y a mí en señal de compañía: para que nosotros fuésemos a los gentiles, y ellos a la circuncisión. 2.10 Solamente, que nos acordásemos de los pobres: lo mismo, que también procuré hacer con esmero.*" La Epístola de Pablo a los Gálatas (Felipe Scío) dice: "*2:6 Mas de aquellos, que parecían ser algo (cuales hayan sido algún tiempo, nada me toca. Dios no acepta la apariencia del hombre) a mi ciertamente los que parecían ser algo, nada me comunicaron. 2:7 Mas al contrario, visto, que me había sido encomendado a mí el Evangelio del prepucio, como a Pedro el de la circuncisión. 2:8 (Porque el que obró en Pedro para el apostolado de la circuncisión, también obró en mí para con las gentes), 2:9 Y como Santiago, Cefás, y Juan, que parecían ser las columnas, conocieron la gracia*

lugar de igual o mayor importancia que la mayoría de los apóstoles, sino todos, al menos en las escrituras. Esto a partir de cuando comenzó a ser considerado un nuevo apóstol, de igual jerarquía que los doce, y desde cuando sus epístolas comenzaron a ser conocidas y tenidas por nuevas palabras de Dios, habladas por Cristo a través de él, y su contenido considerado dogma de fe.[52]

---

que se me había dado, nos dieron las diestras a Bernabé, y a mí en señal de compañía: para que nosotros fuésemos a los gentiles, y ellos a la circuncisión. 2.10 Solamente, que nos acordásemos de los pobres: lo mismo, que también procuré hacer con esmero." La Epístola de Pablo a los Gálatas (Felipe Scío) dice: "*2:6 Mas de aquellos, que parecían ser algo (cuales hayan sido algún tiempo, nada me toca. Dios no acepta la apariencia del hombre) a mi ciertamente los que parecían ser algo, nada me comunicaron. 2:7 Mas al contrario, visto, que me había sido encomendado a mí el Evangelio del prepucio, como a Pedro el de la circuncisión. 2:8 (Porque el que obró en Pedro para el apostolado de la circuncisión, también obró en mí para con las gentes), 2:9 Y como Santiago, Cefás, y Juan, que parecían ser las columnas, conocieron la gracia que se me había dado, nos dieron las diestras a Bernabé, y a mí en señal de compañía: para que nosotros fuésemos a los gentiles, y ellos a la circuncisión. 2.10 Solamente, que nos acordásemos de los pobres: lo mismo, que también procuré hacer con esmero.*" La Epístola de Pablo a los Gálatas (Felipe Scío) dice: "*1:11 Porque os hago saber, hermanos, que el Evangelio que yo os he predicado, no es según hombre; 1:12 Porque yo ni he recibido ni aprendido de hombre, sino por revelación de Jesucristo.*" La Segunda Epístola de Pablo a los Corintios (Felipe Scío) dice: "*12:2 Conozco a un hombre en Cristo, que catorce años ha fue arrebatado, si fue en el cuerpo, no lo sé, Dios lo sabe, hasta el tercer cielo: 12:3 Y conozco a este tal hombre, si fue en el cuerpo, o fuera del cuerpo, no lo sé, Dios lo sabe: 12:4 Que fue arrebatado al paraíso: y oyó palabras secretas, que al hombre no le es lícito hablar. 12:4* De éste *tal me gloriaré: mas de mí no me gloriaré, sino en mis flaquezas.* La Segunda Epístola de Pablo a los Corintios (Felipe Scío) dice: "*13:3 ¿O buscáis prueba de aquel que habla en mí, Cristo, el cual no es flaco en vosotros, antes es poderoso en vosotros?*" La Primera Epístola de Pablo a los Tesalonicenses (Felipe Scío) dice: "2:*13 Por lo cual damos también sin cesar gracias a Dios: porque cuando oyéndonos recibisteis de nosotros la palabra de Dios, la recibisteis, no como palabra de hombre, mas (según ello es en verdad) como palabra de Dios, el cual obra en vosotros, los que creísteis.*"

[52] A partir del libro de los Hechos de los Apóstoles, se puede deducir que los Apóstoles no habrían conocido este supuesto nombramiento como apóstol de

Más aun, las palabras contenidas en las epístolas que se le atribuyen, pasarían a compartir en una medida importante, conjuntamente con las palabras de Dios enseñadas a los doce apóstoles por Cristo, una posición fundamental, basamental, angular, en la construcción de la doctrina cristiana.

La doctrina cristiana sobre la cual el hombre alcanzaría salvación, y como la alcanzaría, ya no se construiría exclusivamente sobre la base de lo que enseñó Cristo a los doce apóstoles, ni sobre las palabras que él escogió durante su vida pública. Otro tanto puede decirse de la doctrina sobre el matrimonio y el divorcio, sobre la mejor forma de Estado y Gobierno, sobre el modo de tratarse entre cristianos, sobre la relación entre Iglesia, cristianos y sociedad civil, sobre la libertad de religión, sobre la capacidad de la mujer y sus derechos, sobre el celibato, sobre la riqueza, sobre la ira, sobre el perdón de los pecados, que ya no se construiría exclusivamente sobre la base de las palabras de Dios expresadas por Cristo a los doce apóstoles. Las palabras de Cristo expresadas a los doce apóstoles compartirían ese lugar

---

los gentiles, su instrucción sobrenatural, y el contenido de sus enseñanzas, antes del Concilio de Jerusalén, que se calcula ocurrió en el año 48 o 49 d.C. Ni hasta antes del viaje de Pablo a Jerusalén del que da cuenta el libro de los Hechos de los Apóstoles en el año 58 d.C. De hecho no consta en el libro de los Hechos de los Apóstoles que éstos se hayan enterado. Y surge del libro de los Hechos de los Apóstoles, que por lo menos hasta la última subida a Jerusalén de Pablo él no era reconocido como un apóstol, mucho menos como el apóstol de los gentiles, elegido por Jesús para predicar nuevas palabras de Dios. Digo esto en virtud de la conducta de Pedro, de los otros apóstoles, y de la Iglesia en estas oportunidades, que no se condice con ese conocimiento. Este tema lo trato y amplío en la primera parte de esta obra, punto II.24.

con las supuestas palabras de Cristo expresadas privadamente a otro hombre y por otro hombre, que en algunos casos incluso relegarían a las palabras de Cristo expresadas a los doce apóstoles, a un lugar secundario o hasta harían que las mismas fueran ignoradas.[53]

El hombre del que estamos hablando se llamó Saulo o Pablo, y es casi universalmente conocido como San Pablo. ¿Quién es este Saulo o Pablo? De acuerdo a la información que surge del libro de los Hechos y de las epístolas que se le atribuyen a este hombre y que son consideradas partes del Nuevo Testamento de la Biblia, este hombre nació en Tarso de Cilicia, en el Asia Menor.[54]

Se enseña que el nacimiento de Pablo de Tarso tuvo lugar entre el año 1 y el 10 d.C.[55] Fue educado en

---

[53] Hoy la posición de las palabras de Pablo de Tarso ha perdido terreno, pero aún influyen determinantemente sus palabras para la subsistencia y el fundamento de ciertas posiciones de la Iglesia Cristiana, incluyendo a la Iglesia Católica, que a mi juicio son muy erradas y muy perjudiciales.

[54] El libro de los Hechos de los Apóstoles (Felipe Scío) dice: "*22:3 Y dijo: Yo soy judío, que nací en Tarso de Cilicia, pero me crié en esta ciudad, instruido a los pies de Gamaliel según verdad en la ley de nuestros padres, celador de la ley, así como todos vosotros lo sois el día de hoy.*"

[55] Holzner, Josef, "*San Pablo, Heraldo de Cristo*", (Barcelona: Editorial Herder, 1959), pág. 479 dice que Pablo fue probablemente nacido entre los años 1 y 5 d.C. Él dice ello porque Pablo es llamado joven al tiempo de la muerte de San Esteban la cual dice ocurrió en el año 33 o 34 d.C., y ya era una importante personalidad, lo cual significa que debe haber tenido más o menos 30 años al momento. La obra de B. Llorca S.I. – R. García Villoslada S.I.- P. de Leturia S.I – F.J. Montalbán S.I., "*Historia de la Iglesia Católica*" (Madrid: La Editorial Católica S.A., MCMLIII), tomo I, pág. 66, dice: "*Saulo, conocido más bien con el nombre romano de Pablo, nació hacia el año 8 de la era cristiana en Tarso de Cilicia, ciudad que gozaba entonces de gran prosperidad económica e intelectual.*"

Jerusalén. Habría tenido entre 23 y 33 años más o menos en el momento de la crucifixión de Cristo, quien según lo que se deduce de los evangelios y de los datos astronómicos fue crucificado en el año 33 d.C.[56]

Fue un judío con ciudadanía romana desde nacimiento,[57] y sería inesperadamente un judío fariseo. ¿Quiénes eran los fariseos? Eran un grupo de judíos, creo que es apropiado denominarles una iglesia judía, que algunos creen tenía como objetivo político final instaurar un Estado Nacional judío con un régimen teocrático:[58]la Iglesia judía farisaica. Los fariseos al tiempo de Cristo se presentaban como defensores de la ley, de las sagradas escrituras, y de la tradición. Tenían gran fama y prestigio entre los judíos, y aun no siendo sacerdotes la gran mayoría de ellos, cuando se trataba del conocimiento de

---

[56] Mi padre Mario Domingo Barraco Mármol en su trabajo "Cuando Nació Jesús" dice que en el año 33 d.C. hubo luna llena en Jerusalén, a mediodía de un viernes, el 3 de abril del calendario entonces vigente, que era el Juliano (equivalente a nuestro 1ª abril según el Gregoriano), por lo que al día siguiente, sábado, celebraban los Judíos la Pascua (nuestro Sábado Santo, día en que el Señor descansó en la tumba), ya que esa noche de viernes a sábado hubo luna llena, la primera después del equinoccio de primavera (hemisferio norte). En el trabajo citado la nota al pie dice: Dicha conclusión fue publicada el año 1933 por Schaunmberger, Juan C.S.S.R. en "*Tabella Neomeniarum Vitae Publicae Domini*"..., según cita Leal, Juan en "*Sinopsis de los cuatros Evangelios*", página 105, publicada por la B.A.C. (Biblioteca de Autores Cristianos).

[57] El libro de los Hechos de los Apóstoles (Felipe Scío) dice: "*22:28 Y respondió el tribuno: Yo por una grande suma alcance este privilegio de ciudadano. Pues yo, respondió Pablo, lo soy de nacimiento.*"

[58] De Tuya, Manuel y José Salguero, "*Introducción a la Biblia*", (Madrid: Editorial La Católica S.A., MCMLXVII), tomo II, pág. 547.

la ley y de la observancia de las tradiciones de los padres, se dice, superaban a los sacerdotes.[59] Y de hecho, eran principalmente ellos los ocupados de la enseñanza de las sagradas escrituras.[60] Los escribas y doctores de la ley eran casi todos fariseos.[61] Los fariseos tenían gran apoyo en el pueblo judío y una representación importante en un senado de los israelitas que asistía al jefe de la comunidad, senado que era denominado "Sanedrín."[62]

---

[59] De Tuya Manuel y José Salguero, "*Introducción a la Biblia*", ob. cit., tomo II, pág. 547. En la obra "Biblia Comentada", de los Profesores de Salamanca, ob. cit., pág. 340 se dice: "*Los escribas y muchos de los fariseos dedicados al estudio de la Ley eran los doctores oficiales de Israel. Tenían una larga preparación y lograban el título oficial de rabí en una ceremonia no bien conocida y mediante la imposición de manos. Así, ellos se creían llegar por esta cadena ininterrumpida hasta el mismo Moisés, de quien recibieron la tradición, la custodia de la Ley y el poder de enseñar. Considerados como los doctores oficiales de Israel, tenían un poder, y éste había que respetarlo.*"

[60] El Evangelio según San Mateo (Felipe Scío) dice: "*23:2 Diciendo: Sobre la cátedra de Moisés se sentaron los escribas y los fariseos.*"

[61] De Tuya, Manuel y José Salguero, "*Introducción a la Biblia*" ob. cit., tomo II, pág. 547.

[62] De Tuya, Manuel y José Salguero, "*Introducción a la Biblia*" ob. cit., tomo II, pág. 560 dice que el sumo sacerdote era el presidente por derecho. Los sanedritas, integrantes del sanedrín, pertenecían a tres grupos: la aristocracia sacerdotal, la aristocracia laica, representada por los ancianos, y los escribas y doctores de la ley, este último grupo dominado casi exclusivamente por los fariseos. La competencia del sanedrín fue diferente según los tiempos. Ante todo era un tribunal supremo religioso, y como tal, pasaban por sus manos todos los asuntos que de algún modo se referían a la vida religiosa de la nación judía. Tenía también poder en los asuntos civiles. Podía pronunciar una sentencia de muerte, pero ésta no podía ser ejecutada si antes no era ratificada por el procurador romano. El sanedrín poseía su propia policía y podría arrestar y encarcelar a los delincuentes, aplicar castigos corporales, echar multas, excluir a los criminales de la comunidad israelita. En provincias y en la diáspora existían también tribunales locales, que eran llamados sanedrines. En ellos se ventilaban los asuntos locales

¿Quiénes y cómo eran los fariseos según los Evangelios y según Cristo? Los que se habían sentado en la cátedra de Moisés;[63] hombres cuya justicia no era suficiente para entrar al Reino de los Cielos;[64] quienes no sabían lo que es la misericordia;[65] los deseosos de ocupar los primeros puestos, de que la gente los salude en las plazas y de que los traten de maestro;[66] los que cerraban

---

según las leyes del sanedrín de Jerusalén, cuyas decisiones eran comunicadas a los judíos de todo el mundo. Las decisiones y sentencias del gran sanedrín de Jerusalén eran inapelables.

[63] El Evangelio según San Mateo (Felipe Scío) dice: "*23:2 Diciendo: Sobre la cátedra de Moisés se sentaron los escribas y los fariseos.*"

[64] El Evangelio según San Mateo (Felipe Scío) dice: "*5:20 Porque yo os digo que si vuestra justicia no es más llena y mayor que la de los escribas y fariseos, no entraréis en el reino de los cielos.*"

[65] El Evangelio según San Mateo (Felipe Scío) dice: "*9:11 Y viendo esto los fariseos, decían a sus discípulos; ¿Por qué come vuestro Maestro con los publicanos y pecadores? 9:12 Y oyéndolo Jesús, dijo: Los sanos no tienen necesidad de médico, sino los enfermos. 9:13 Id pues, y aprended qué cosa es: Misericordia quiero, y no sacrificio: Porque no he venido a llamar a justos, sino pecadores.*"

[66] El Evangelio según San Mateo (Felipe Scío) dice: "*23:2 Diciendo: Sobre la cátedra de Moisés se sentaron los escribas y los fariseos. 23:3 Guardad pues, y haced todo lo que os dijeren mas no hagáis según las obras de ellos: porque dicen, y no hacen. 23:4 Pues atan cargas pesadas, e insoportables, y las ponen sobre los hombros de los hombres; mas ni aun con su dedo las quieren mover. 23:5 Y hacen todas sus obras, por ser vistos de los hombres: y así ensanchan sus filacterias, y extienden sus franjas. 23:6 Y aman los primeros lugares en las cenas, y las primeras sillas en las sinagogas, 23:7 Y ser saludados en la plaza, y que los hombres los llamen Rabí. 23:8 Mas vosotros no queráis ser llamados Rabí: porque uno solo es vuestro maestro, y vosotros todos sois hermanos. 23:9 Y a nadie llaméis padre vuestro sobre la tierra: porque uno solo es vuestro maestro, y vosotros todos sois hermanos. 23:10 Ni os llaméis maestros: porque uno es vuestro maestro el Cristo. 23:11 El que es mayor entre vosotros, será*

las puertas de los cielos a los hombres y no entraban en él;[67] amigos del dinero;[68] hipócritas; raza de víboras;[69] los que decían que Jesús expulsaba a los demonios por el poder del príncipe de los demonios;[70] los semejantes a sepulcros blanqueados, que por fuera parecen bonitos, pero por dentro están llenos de huesos de muertos y de toda inmundicia;[71] los que se confabularon para ver como eliminar a Cristo;[72] los que mandaron el aprisionamiento

---

vuestro siervo."

[67] El Evangelio según San Mateo (Felipe Scío) dice: "*23:13 ¡Mas ay de vosotros, escribas, y fariseos hipócritas! Que cerráis el reino de los cielos delante de los hombres. Pues ni vosotros entráis, ni a los que entrarían dejáis entrar. 23:14 ¡Ay de vosotros, escribas y fariseos hipócritas! Que devoráis las casas de las viudas, haciendo largas oraciones, por esto llevaréis un juicio más riguroso.*"

[68] El Evangelio según San Lucas (Felipe Scío) dice: "*16:13 Ningún siervo puede servir a dos señores: porque o aborrecerá al uno, y amará al otro: o al uno se llegará, y al otro despreciará: no podéis servir a Dios y a las riquezas.*"

[69] Evangelio según San Mateo (Felipe Scío) dice: "*3:7 Mas viendo, que muchos de los fariseos, y de los saduceos venían a su bautismo, les dijo: Raza de víboras, ¿quién os ha enseñado a huir de la ira venidera?*"

[70] El Evangelio según San Mateo (Felipe Scío) dice: "*9:34 Mas los fariseos decían: en virtud del príncipe de los demonios, lanza los demonios.*"

[71] El Evangelio según San Mateo (Felipe Scío) dice: "*23:27 ¡Ay de vosotros, escribas y fariseos hipócritas! que sois semejantes a los sepulcros blanqueados, que parecen de fuera hermosos a los hombres, y dentro están llenos de huesos de muertos, y de toda sociedad. 23:28 Así también vosotros, de fuera os mostráis en verdad justos a los hombres: mas de dentro estáis llenos de hipocresía, y de inequidad*"

[72] Evangelio según San Mateo (Felipe Scío) dice: "*12:14 Mas los fariseos saliendo de allí, consultaban contra él, como le harían morir.*"

de Jesús conjuntamente con los sumos sacerdotes,[73] y los que participaron de la decisión de su condenación;[74] los que se presentaron ante Pilato para pedir que se asegurara la puerta de la tumba de Cristo;[75]esta clase de hombres eran los fariseos y Pablo de Tarso era uno de ellos.

Ciertamente hubo excepciones entre los fariseos, pero no fue el caso de Pablo. Los datos que surgen del libro de los hechos de los Apóstoles nos dicen que no era precisamente un fariseo humilde, misericordioso, manso e inofensivo.

---

[73] El Evangelio según San Juan (Felipe Scío) dice: "*18:1 Cuando Jesús hubo dicho estas cosas, salió con sus discípulos de la otra parte del arroyo de Cedrón, en donde había un huerto, en el cual entró él, y sus discípulos. 18:2 Y Judas, que lo entregaba, sabía también aquel lugar: porque muchas veces concurría allí Jesús con sus discípulos. 18:3 Judas, pues, habiendo tomado una cohorte, y los alguaciles de los pontífices, y de los fariseos, vino allí con linternas, y con hachas, y con armas.*"

[74] El Evangelio según San Lucas (Felipe Scío) dice: "*22:66 Y cuando fue de día se juntaron los ancianos del pueblo, y los príncipes de los sacerdotes, y los escribas, y lo llevaron a su concilio, y le dijeron: Si tú eres el Cristo, dínoslo. 22:67 Y les dijo: Si os lo dijere, no me creeréis: 22:68 Y también si os preguntare, no me responderéis, ni me dejaréis. 22:69 Mas desde ahora el Hijo del hombre estará sentado a la diestra de la virtud de Dios. 22:70 Dijeron todos: ¿Luego tú eres el Hijo de Dios? Él dijo: Vosotros decís, que yo lo soy. 22:71 Y ellos dijeron: ¿Qué necesitamos más testimonio? Pues nosotros mismos lo hemos oído de su boca.*"

[75] El Evangelio según San Mateo (Felipe Scío) dice: "*27:62 Al día siguiente, que era el de después de la preparación del sábado, o el sábado mismo, acudieron junto a Pilato los príncipes de los sacerdotes y los fariseos, 27:63 diciendo: Señor, nos hemos acordado que aquel impostor, estando todavía en vida, dijo: Después de tres días resucitaré. 27:64 Manda, pues, que se guarde el sepulcro hasta el tercero día; porque no vayan quizás de noche sus discípulos y lo hurten, y digan a la plebe: Ha resucitado de entre los muertos; y que sea el postrer engaño más pernicioso que el primero.*"

Digo esto, porque Pablo estuvo presente el día del asesinato, de la ejecución, del primer cristiano mártir, San Esteban, y lideró la persecución de la Iglesia Cristiana que comenzó ese día.

Este asesinato fue cometido por integrantes del Sanedrín y judíos que estaban a su servicio, alrededor de 2 años después de la pasión de Cristo, en el marco de un proceso similar al que resultó con la condena a Jesús.[76]

Este San Esteban, el primer cristiano mártir, fue un hombre muy importante dentro del Cristianismo. Él no fue uno de los doce apóstoles, pero si fue uno de los siete elegidos por los doce para ayudar con la diaria distribución de asistencia. Él estaba lleno de Espíritu Santo, y no sólo ayudaba con la diaria distribución de asistencia, sino que también realizó grandes prodigios y signos, y predicó con gran sabiduría.[77] Después de la muerte y resurrección de Cristo, y en tiempo de los apóstoles, han sido muy pocos los que han recibido la potestad de hacer signos y prodigios, es decir milagros; por lo menos no muchos son mencionados en el libro de Hecho de los Apóstoles como poseyendo estos dones. Dos de estos siete elegidos por los doce aparecen en el

---

[76] Se calcula que la ejecución de San Esteban ocurrió más o menos 2 años después de la muerte de Jesús, porque según el libro de los Hechos, a la época de su muerte la Iglesia ya tenía cierto desenvolvimiento, y porque no puede ser muy tardía porque de lo contrario perderían verosimilitud ciertos relatos de las epístolas de Pablo. Entre ellos el plazo de 3 años, más el plazo de 14 años de la epístola a los Gálatas, que Pablo dice que mediaron entre su llamado y su primera y segunda visita a Jerusalén. Epístola de Pablo a los Gálatas versículo 2:1.

[77] El libro de los Hechos de los Apóstoles, versículos 6:1-9.

libro de los Hechos con estas facultades: San Esteban y San Felipe.

Y Pablo, dice el libro de los Hechos, aprobó la salvaje lapidación de San Esteban, y estando presente durante ella, colaboró guardando los vestidos de los que lo ejecutaban, e hizo estragos en la Iglesia Cristiana liderando la persecución desatada ese día contra los cristianos de Jerusalén, en contra de los predicadores de la palabra de Jesús, entrando en sus casas y llevándose por la fuerza hombres y mujeres para encarcelarlos.

El haber sido nombrado líder de la persecución en contra de los cristianos muestra la importante posición que Pablo ya tenía entre la jerarquía judía apenas dos años después de la crucifixión de Jesús. De hecho, en la época de la ejecución de San Esteban, [78] es posible que haya sido un miembro del Sanedrín.[79]

Digo que no era un fariseo humilde, misericordioso, manso e inofensivo, a más de lo anterior, porque el libro

---

[78] El libro de los Hechos de los Apóstoles (Felipe Scío) dice: "*7:59 Y puesto de rodillas, clamó en voz alta, diciendo: Señor, no les imputes este pecado. Y cuando hubo esto dicho, durmió en el Señor. Y Saulo consenciente de su muerte. 8:1 Y en aquel día se movió una grande persecución en la Iglesia, que estaba en Jerusalén, y fueron todos esparcidos por las provincias de la Judea y de Samaria, salvo los apóstoles. 8:2 Y unos hombres piadosos llevaron a enterrar a Esteban, e hicieron grande llanto sobre él. 8:3 Mas Saulo asolaba la Iglesia entrando por las casas, y sacando con violencia hombres y mujeres, las hacía poner en la cárcel.*"

[79] El libro de los Hechos de los Apóstoles (Felipe Scío) dice: "*26:9 Y yo en verdad había pensado, que debía hacer la mayor resistencia contra el nombre de Jesús Nazareno. 26:10 Y así lo hice en Jerusalén, y yo encerré en cárceles, a muchos santos, habiendo recibido poder de los príncipes de los sacerdotes: y cuando los hacían morir, consentí también en ello.*"

de los Hechos dice que Pablo reconoció personalmente que no sólo fue un perseguidor,[80] sino también un azotador, torturador, y asesino múltiple de cristianos:[81] En términos de hoy un torturador, un terrorista de estado, un genocida, un autor de imprescriptibles crímenes de lesa humanidad. En términos medievales: un inquisidor, pero judío. Cristo a Judas lo llamó diablo.[82] En

---

[80] El libro de los Hechos de los Apóstoles (Felipe Scío) dice: "*7:53 Que recibisteis la ley por ministerio de ángeles, y no la guardasteis. 7:54 Al oir tales cosas reventaban en su interior, crujían los dientes contra él. 7:55 Mas como él estaba lleno de Espíritu Santo, mirando al cielo, vio la gloria de Dios, y a Jesús que estaba en pie a la diestra de Dios. Y dijo: He aquí veo los cielos abiertos, y al Hijo del hombre que está en pie a la diestra de Dios. 7:56 Mas ellos clamando a grandes voces, taparon sus orejas, y todos de un ánimo arremetieron impetuosamente contra él. 7:57 Y sacándole fuera de la ciudad, lo apedreaban: y los testigos pusieron sus ropas a los pies de un mancebo, que se llamaba Saulo. 7:58 Y apedreaban a Esteban, que oraba y decía: Señor Jesús, recibe mi espíritu. 7:59 Y puesto de rodillas, clamó en voz alta, diciendo: Señor, no les imputes este pecado. Y cuando esto hubo dicho, durmió en el Señor. Y Saulo era consenciente de su muerte. 8:1 Y en aquel día se movió una grande persecución en la Iglesia, que estaba en Jerusalén, y fueron todos esparcidos por las provincias de la Judea y de Samaria, salvo los apóstoles. 8:2 Y unos hombres piadosos llevaron a enterrar a Esteban, e hicieron grande llanto sobre él. 8:3 Mas Saulo asolaba la Iglesia entrando por las casas, y sacando con violencia hombres y mujeres, las hacía poner en la cárcel. 8:4 Y los que habían sido Pero los que se habían dispersado andaban de un lugar a otro, predicando la palabra de Dios.*"

[81] El libro de los Hechos de los Apóstoles (Felipe Scío) dice que Pablo dijo: "*22:19 Y yo dije: Señor, ellos mismos saben que yo era el que encerraba en cárceles, y azotaba por las sinagogas a los que creían en ti; 22:20 Y cuando se derraba la sangre de Esteban testigo tuyo, yo estaba presente, y lo consentía, y guardaba las ropas de los que lo mataban.*" El libro de los Hechos de los Apóstoles (Felipe Scío) dice: "*26:10 Y así lo hice en Jerusalén, y yo encerré en cárceles a muchos santos, habiendo recibido poder de los príncipes de los sacerdotes: y cuando los hacían morir, consentí también en ello. 26:11 Y muchas veces castigándolos por todas las sinagogas, los forzaba a blasfemar: y enfureciéndome más y más contra ellos, los perseguía hasta en las ciudades extrañas.*"

[82] Evangelio según San Juan (Felipe Scío) dice: "*6:71 Jesús les respondió: ¿No os*

términos evangélicos no parece inadecuado denominar hijo del diablo a Pablo, antes de su supuesta conversión. Hijos del diablo llama Cristo a los judíos que no creían en él, y que querían matarle.[83]

No, Pablo no fue una de las excepciones entre los fariseos. Como dije, debe haber tenido aproximadamente entre 23 y 33 años al tiempo de la Pasión y por ser costumbre de los judíos subir a Jerusalén durante la fiesta de la pascua, lo más probable es que él haya coincidido con Jesús por lo menos en alguna de las pascuas de la vida pública de Jesús; sobre todo considerando que Pablo dijo haber sido educado en Jerusalén. Las pascuas de la vida pública de Jesús fueron tres según el Evangelio de San Juan, versículos 2:13; 6:4; 13:1.

Y es posible, que no sólo haya rechazado a Jesús y a su doctrina, lo cual es un hecho, sino que lo haya hecho habiendo conocido personalmente a Jesús. Cristo, su prédica, sus señales y sus milagros, no pasaban inadvertidos entre los fariseos. Ellos conocían perfectamente sus enseñanzas y con ese conocimiento no

---

escogí yo a los doce: y el uno de vosotros es diablo? 6:72 Y hablaba de Judas Iscariotes, hijo de Simón: porque éste, que era uno de los doce, le había de entregar."

[83] El Evangelio según San Juan (Felipe Scío) dice: "*8:43 ¿Por qué no entendéis este mi lenguaje? ¿Por qué no podéis oir mi palabra? 8:44 Vosotros sois hijos del diablo, queréis cumplir los deseos de vuestro padre: él fue homicida desde el principio, y no permaneció en la verdad; porque no hay verdad en él: cuando habla mentira, de suyo habla, porque es mentiroso y padre de la mentira. 8:45 Mas aunque yo os diga la verdad, no me creéis. 8:46 ¿Quién de vosotros me argüirá de pecado? Si os digo verdad, ¿por qué no me creéis? 8:47 El que es de Dios, oye las palabras de Dios. Por eso vosotros no las oís, porque no sois de Dios.*"

cesaban de tentar a Cristo con preguntas; y no sólo en Jerusalén. Por ello, es bien posible que Pablo habiendo coincidido con Jesús en Jerusalén, se haya acercado a escucharlo personalmente, o que lo haya hecho en otra oportunidad.

Al margen, es de destacar, que probablemente Pablo llevó adelante el genocidio de los primeros cristianos autorizado y apoderado por elevadas autoridades de Roma, tal vez por el Emperador mismo. El Evangelio según San Juan dice que Jesús fue llevado ante Pilato porque los judíos no tenían autorización para ejecutar la condena de muerte sobre ningún hombre.[84] Ello sugiere que Pablo, cuando poco tiempo después de la Pasión de Cristo, más o menos dos años, perseguía, encarcelaba, condenaba a muerte a cristianos, y los ejecutaba, tenía autorización y poder de Roma. De hecho, el libro de los Hechos de los Apóstoles (Felipe Scío), relatando la liberación de Pedro y Juan de manos del Sanedrín, dice: "*4:27 Porque verdaderamente se ligaron a una en esta ciudad contra tu santo Hijo Jesús, al que ungiste, Herodes, y Poncio Pilato con los gentiles, y con los pueblos de Israel.*" Herodes y Poncio Pilato eran elevadas autoridades de Roma.

Los antecedentes de Pablo hacen muy difícil de entender que Jesús lo haya elegido para instruirlo privadamente para ser el apóstol de los gentiles y predicar nuevas palabras de Dios.

No hay constancia de que ningún otro profeta en toda

[84] El Evangelio según San Juan (Felipe Scío) dice: "*18:31 Pilato les dijo entonces: Tomadle allá vosotros, y juzgadle según vuestra ley. Y los judíos le dijeron: No nos es lícito a nosotros matar a alguno:*"

la historia de la religión judeo cristiana haya tenido antecedentes malignos ni remotamente cercanos. No hay constancia de que ningún otro cristiano considerado "santo" los haya tenido: ni Judas los tuvo. La traición de Judas fue cometida con posterioridad a su elección como apóstol, y si bien Judas traicionó a Jesús, lo cual no es detalle menor, él fue elegido para que se cumplieran las escrituras[85] y tendrá un destino de infamia por los siglos de los siglos.

San Mateo, uno de los doce apóstoles, autor del Evangelio según San Mateo, fue un publicano. Pero aun cuando ser un publicano cobrador de impuestos pudiera haber sido un pecado para los judíos, ello no era ni remotamente comparable con ser un perseguidor y genocida de cristianos. Ni siquiera ser un soldado del Imperio Romano tenía comparación.

En el Evangelio según San Lucas (Felipe Scío), Juan Bautista dice: "*3:12 Y vinieron también a él publicanos, para que los bautizase, y le dijeron: ¿Maestro, qué haremos? 3:13 Y les dijo: No exijáis más de los que os está ordenado. 3:14 Le preguntaban también los soldados, diciendo: ¿Y nosotros que haremos? Y les dijo: No maltratéis a nadie, ni le calumniéis: y contentaos con vuestro sueldo.*" Si ser un publicano, cobrador de impuestos, o soldado, hubiere sido tan inmoral como ser un genocida, Juan Bautista no habría dicho lo que contestó. Juan Bautista no le dice a los publicanos ni a los soldados que abandonen su profesión,

[85] El Evangelio según San Juan (Felipe Scío) dice: "*17:12 Mientras que estaba yo con ellos, los guardaba en tu nombre. Guardé a los que me diste, y no pereció ninguno de ellos, sino el hijo e perdición, para que se cumpliese la Escritura.*"

lo cual implica que la profesión, de por sí, no era un pecado.

Lo más probable es que estos publicanos hayan sido judíos. Lo más probable es que incluso los soldados hayan sido judíos. Esto ocurrió en forma previa a la vida pública de Jesús. Todo indica que era muy temprano para que Juan Bautista haya estado bautizando publicanos y soldados gentiles. Y Juan Bautista solo los instruyó a que no extorsionaran a nadie, a que no usaran el fraude y a que se contentaran con su paga. No les pidió que abandonaran su profesión.

El Evangelio según San Lucas (Felipe Scío) dice: "*19:1 Y habiendo entrado Jesús, pasaba por Jerichó. 19:2 Y he aquí un hombre llamado Zacheo: y éste era uno de los principales entre los publicanos, y rico: 19:3 Y procuraba ver a Jesús, quien fuese: y no podía por la mucha gente, porque era pequeño de estatura. 19:4 Y corriendo delante, se subió en un árbol cabrahígo para verle: porque por allí había de pasar. 19:5 Y cuando llegó Jesús a aquel lugar, alzando los ojos, le vio, y le dijo: Zacheo, desciende presto, porque es menester hoy hospedarme en tu casa. 19:6 Y el descendió apresurado, y le recibió gozoso: 19:7 Y viendo esto todos, murmuraban, diciendo, que había ido a posar a casa de un pecador. 19:8 Mas Zacheo, presentándose al Señor, le dijo: Señor, la mitad de cuanto tengo doy a los pobres y si en algo he defraudado a alguno, le vuelvo cuatro tantos más. 19:9 Y Jesús le dijo: Hoy ha venido la salud a esta casa: porque él también es hijo de Abraham.*" El jefe entre los publicanos también parece haber sido un judío por varias razones. Adviertase que se le reprocha a Jesús haber comido en la casa de un pecador, y no en la casa de un gentil. Pero aun cuando este publicano no lo hubiere sido, las palabras de Jesús implican que ser un publicano, de por sí, no era pecado para quienes no eran judíos. El publicano no estaba abandonando su trabajo y aun así estaba recibiendo salvación. Si ser publicano no constituía pecado para quien no era judío, sabemos con certeza que para un judío ser publicano no era en lo moral, ni remotamente comparable a ser un perseguidor, torturador y genocida de cristianos.

En el Evangelio según San Mateo (Felipe Scío), Jesús dice acerca de un soldado romano: "*8:10 Cuando esto oyó Jesús, se maravilló, y dijo a los que le seguían: Verdaderamente os digo, que no he hallado fe tan grande en Israel.*" Era un soldado romano el de la fe tan grande. Ser soldado no era obstáculo para tener una fe tan grande.

No sólo los otros profetas, apóstoles y santos elegidos por Dios no cometieron el tipo de crímenes y pecados, que cometió Pablo de Tarso en contra de inocentes, en forma previa a su elección, sino que tampoco, y mucho menos, fueron elegidos mientras ellos estaban persiguiendo, torturando y asesinando hombres inocentes de fe en Dios.

Los profetas y santos ciertamente no han sido perfectos, porque perfecto es sólo Dios. Y seguramente algunos cometieron crímenes y pecados graves, pero ninguno de ellos fueron, al momento de ser elegidos por Dios, torturadores y genocidas de hombres del pueblo de Dios, y mucho menos de fe en Cristo.

Para azotar y castigar hasta hacer blasfemar contra

Cristo a personas, hombres y mujeres, y para asesinar a personas de fe, que eligieron morir antes que negar a Cristo, se requiere un corazón contaminado de maldad, sobre todo si el autor de tales crímenes tiene una acabada preparación en sagradas escrituras.[86]

Recordemos además que tal como enseñaba Cristo lo más importante de la ley judía, es justicia, misericordia y fe,[87] por lo que nadie puede escudarse en el celo por la ley para cometer tales actos, mucho menos después de la venida de Cristo. En el Evangelio según San Juan (Felipe Scío), Jesús dice: *"15:22 Si no hubiera venido, ni les hubiera hablado, no tendrían pecado: mas ahora no tienen excusa de su pecado. 15:23 El que me aborrece, también aborrece a mi Padre. 15:24 Si no hubiese hecho entre ellos obras, que ninguno otro ha hecho, no tendrían pecado: mas ahora, y las han visto, y me aborrecen a mí, y a mi Padre."*

Es decir, si Pablo hubiera sido verdaderamente elegido por Dios, entonces Dios habría hecho una excepción, que parecería no haber repetido al elegir otros que han sido bendecidos con la posibilidad de hacer milagros, signos, curaciones, en la historia de la Iglesia Cristiana. Con posterioridad a Pablo, parece al menos, que todos los que han sido elegidos por Dios, no han sido

---

[86] El Evangelio según San Mateo (Felipe Scío) dice: "*15:18 Mas lo que sale de la boca, del corazón sale, y esto ensucia al hombre.*"

[87] El Evangelio según San Mateo (Felipe Scío) dice: "*23:23 ¡Ay de vosotros, escribas y fariseos hipócritas, que diezmáis la yerba buena, y el eneldo, y el comino, y habéis dejado las cosas que son más importantes de la ley, la justicia, la misericordia y la fe! Esto era menester hacer, y no dejar lo otro.*"

perseguidores, torturadores, asesinos y genocidas de hombres de fe cristiana, mucho menos al tiempo de su elección; enfatizo: mucho menos al tiempo de su elección. No sólo los antecedentes de Pablo llaman mucho la atención, sino también su condición al tiempo de su supuesto llamado.

En el Antiguo Testamento, Noé halló gracia a los ojos de Dios y fue elegido.[88] En el Nuevo Testamento, Evangelio según San Lucas (Felipe Scío), versículo 1:30, el ángel dijo a la Virgen María en el momento de la anunciación: "*...no temas, María, porque has hallado gracia delante de Dios.*" Zacarías y su esposa se dice eran justos a los ojos de Dios y caminaban sin tachas en todos los mandamientos y preceptos de Dios, antes de que se les comunicara que concebirían a Juan Bautista. Todo parece indicar que Abraham, Moisés, Elías y Eliseo fueron elegidos a raíz de sus virtudes morales, y ciertamente, si bien no eran perfectos, no eran genocidas de judíos de fe al momento de su elección.

Por regla, tanto en el Antiguo como en el Nuevo Testamento, los pecados graves hacen que Dios oculte su rostro a las personas, o que pecando uno se aleje de Dios. Y en general es el arrepentimiento y la conversión lo que mueve a Dios al perdón de los pecados. El libro del profeta del Ezequiel (Felipe Scío) dice: "*39:23 Y sabrán las gentes, que por su maldad ha sido cautivada la casa de Israel, porque me abandonaron, y aparté mi rostro de ellos: y los enemigos, y cayeron todos a espada. 39:24 Según su inmundicia y maldad hice con ellos, y escondí mi rostro de*

[88] El libro Génesis (Felipe Scío) dice: "*6:8 Más Noé halló gracia delante del Señor.*"

ellos." El libro de los Salmos (Felipe Scío) dice: *"31:5 Te hice manifiesto mi pecado: y no tuve escondida mi injusticia: y tu perdonaste la impiedad de mi pecado."*

A mí me parece que, teniendo en cuenta no sólo los antecedentes, sino la condición de Pablo al tiempo de su supuesto llamado, y las demás circunstancias mencionadas, no hace sentido la elección de Pablo, pero me resulta todavía más increíble la cuestión doctrinaria. Una cosa es que una persona, como la que Pablo fue y era al momento de su elección, hubiera sido escogida para predicar palabras ya enseñadas y predicadas personalmente por Dios, y para ser un apóstol de ellas a los gentiles, y otra todavía más inverosímil, es que haya sido elegido e instruido privadamente y sobrenaturalmente, para enseñar y predicar en el nombre de Dios nuevas palabras de Dios, luego de que Dios lo hiciera públicamente y personalmente en la persona del Hijo, cumpliendo profecías reveladas durante el curso de por lo menos 1200 años, y pagando el precio de la crucifixión para hacerlo.

El libro de Hecho de los Apóstoles (Felipe Scío) dice: *"3:22 Porque Moisés dijo: un Profeta os levantará el Señor vuestro Dios de entre vuestros hermanos, como a mí: a él oiréis en todo cuanto dijere. 3:23 Y acontecerá: que toda alma, que no oyere a aquel profeta, será exterminada del pueblo."* Esta profecía menciona sólo un profeta que tendría las palabras de Dios en su boca; no menciona a dos.

Para apreciar la influencia, la posición de las enseñanzas de Pablo en la formación de la doctrina cristiana, basta prestar atención a la cantidad de veces que se citan las epístolas para fundamentar posiciones de la Iglesia Católica Romana en sus Declaraciones, Constituciones y Concilios a lo largo de toda su historia. En este libro daré algunos ejemplos de esa influencia. Ciertamente, el hecho de que las epístolas atribuidas al mismo sean consideradas palabra de Dios lo dice todo.

Al margen, sin perjuicio de todo lo dicho, yo nunca había prestado atención a estas cosas. Siempre pensé que para ser un fiel discípulo de Jesús había que creer que después de Jesús no teníamos que esperar a ningún otro hombre, ni ningún otro nombre, para alcanzar la salvación, pero nunca apliqué esta creencia a Pablo de Tarso, y nunca había prestado atención a todos estos otros hechos.

Como dije, en algunas oportunidades, lecturas de pasajes de la Epístolas de Pablo me habían dejado con serias dudas acerca de ellas, pero la sana confianza que se me enseñó a tener en la Biblia, y que aún mantengo en sus cristianos límites, me permitieron convivir con esas dudas hasta que me detuve a estudiar estos errores, las epístolas y la verdad acerca de Pablo de Tarso.

Cuando lo hice, el amor y la fidelidad que tengo por Jesús, y que quiero tener, que presuponen el amor y la fidelidad a la verdad, no me dejaron otra alternativa que admitir que esas enseñanzas eran erradas y que las Epístolas de Pablo contienen numerosos errores y vicios, algunos de los cuales son directamente opuestos a las enseñanzas de Cristo. Y ello me permitió y ayudó a advertir que estos errores y vicios han sido causa, en mayor o menor medida, de los peores errores y vicios de la Iglesia Católica Romana en particular y de la Iglesia Cristiana en general.

La Biblia Cristiana se puede dividir en dos grandes partes. El Antiguo Testamento, y el Nuevo Testamento. Las Epístolas de Pablo forman parte del Nuevo Testamento. Hay 21 epístolas en el Nuevo Testamento, 14 de las cuales se atribuyen a Pablo, que se consideran verdades reveladas por Dios, y consignadas por inspiración del Espíritu Santo. Son consideradas obras de Dios, donde está escrito todo y sólo lo que Dios quería. Se considera a estas obras como inerrantes. La Iglesia Católica Romana en el Concilio Vaticano II, como así también en otras oportunidades, así lo ha declarado.[89]

Es doctrina de fe de la Iglesia Católica Romana que tal declaración la ha efectuado infaliblemente. Hoy, la mayoría de las demás Iglesias Cristianas, sino todas, tienen a las epístolas de Pablo de Tarso como sagradas escrituras, como palabra de Dios. No hay Iglesia Cristiana que se mantenga en las palabras de Jesús preservadas en los Evangelios; o no había hasta ahora, porque hay una que está naciendo.

En la primera parte de este libro voy a tratar un determinado número de importantes errores de las Epístolas de Pablo y de enseñanzas opuestas a las enseñanzas de Cristo, explicando que transmiten un mensaje espiritual errado y que sus consecuencias han sido muy nefastas.

---

[89] Concilio Vaticano II, Constitución Sobre la Divina Revelación, Inspiración Divina de la Sagrada Escritura, capítulo III.

Explicaré que muchos de los errores y defectos de la iglesia Católica y de muchas de las otras Iglesias Cristianas, sino todas, incluyendo autoridades y fieles, han sido causados en mayor o menor medida por las Epístolas de Pablo, lo cual, por supuesto, no excusa a quienes cometieron estos errores.

Explicaré que las Epístolas de Pablo causaron los errores de la Iglesia Católica Romana con respecto a la discriminación de la mujer, origen del poder de la autoridad civil, la legitimidad de todas las formas de gobierno, intromisión de la Iglesia en asuntos civiles, la inquisición, capacidad de las personas para entender las escrituras, sumisión de las personas a las autoridades eclesiásticas, celibato, divorcio, entre otros.

Explicaré que las Epístolas de Pablo promovieron vicios en la Iglesia Cristiana como la costumbre de juzgar, señalar, y separar a hermanos que juzgaran malvados, y otros vicios como falta de humildad.

Explicaré que el número y la naturaleza de los errores de las Epístolas de Pablo implican que las epístolas no son inspiradas, que no son obra de Dios, que no son sagrada escritura, y que la Iglesia Católica no es infalible, como tampoco los son ninguna de las otras Iglesias Cristianas. Esta prueba de la infalibilidad es muy singular porque puede ser verificada sencillamente, a través de la lectura de unos pocos pasajes de la Biblia.

Explicaré que ni la Iglesia Católica en particular, ni la Iglesia Cristiana en general, necesitan de la doctrina de la infalibilidad, y que el hecho de que la Iglesia Cristiana no es infalible, no significa ni que la iglesia Cristiana será derrotada, ni que la palabra de Dios lo será.

Explicaré que la equivocación en torno a las Epístolas de Pablo no compromete los fundamentos de la Iglesia Católica, ni tampoco los fundamentos de las demás Iglesias Cristianas; por el contrario.

Explicaré que dada la importancia de los errores de las Epístolas de Pablo toda la doctrina de la Iglesia Cristiana basada en las Epístolas de Pablo debe ser revisada.

Explicaré que Pablo fue un falso profeta y que actuó inspirado por el Diablo; si él no fue, de alguna forma, el Diablo mismo.

Explicaré que la salvación de muchos hombres y la paz de nuestro mundo están todavía en riesgo por causa de vicios similares a los que Pablo introdujo en la Iglesia Cristiana, y en virtud de que los cristianos no nos alimentamos con la palabra pura de Jesús, tal como se encuentra en los Evangelios. Y que a raíz de ello nuestra misión de hacer discípulos de todas las naciones, llevando la palabra de Jesús a todas ellas, se ve comprometida.

Explicaré que la Iglesia Cristiana está en condiciones de dar un espectacular impulso al Cristianismo a través de la fidelidad a Jesús, que presupone el reconocimiento de Pablo como un falso profeta, y presupone que los cristianos nos alimentemos de la palabra de Jesús conforme es preservada en los Evangelios, y construyamos nuestra doctrina sobre la base de las misma.

Aun más, en la segunda parte de este libro, explicaré que el libro Apocalipsis habla de Pablo de Tarso cuando describe a la Segunda Bestia, más precisamente al primer cuerno de la Segunda Bestia. Explicaré que el libro Apocalipsis profetiza acerca del reconocimiento de Pablo como falso profeta, y de como la Iglesia se viste de las virtudes de los santos. Y expondré una interpretación de los últimos capítulos del Apocalipsis, que me deja con insondable perplejidad, sorpresa y motivación, que mostraré es avalada por el Nuevo Testamento y por el Antiguo Testamento.

Finalmente, terminaré compartiendo algunos consejos que pueden ser útiles para cualquier hombre que tome la decisión de ser cristiano, pero especialmente para aquellos que tengan el coraje de ser fieles a Jesús y de difundir la verdadera palabra de Jesús: la palabra que Jesús enseñó a los doce apóstoles, públicamente escogidos, preparados y acreditados por él, preservada en los Evangelios.

Capítulo II. Los Errores de las Epístolas de Pablo

Afirmé que las Epístolas de Pablo contienen errores, enseñanzas opuestas a las enseñanzas de Cristo, que estos transmiten un mensaje espiritual errado, y han tenido responsabilidad en mayor o menor medida, en muchos de los más graves errores de la Iglesia Cristiana en general y de la Iglesia Católica en particular. A continuación trataré una selección de errores que he elegido entre una lista mayor que he encontrado. Comenzaré por el error de la discriminación de la mujer. Es el error que trataré en forma más extensa. Con los demás seré más breve.

El Evangelio según San Juan (Felipe Scío) dice: *"Más viene la hora, y ahora es cuando los verdaderos adoradores adoran al Padre en espíritu y en verdad..."* El Evangelio según San Juan (Felipe Scío) dice: "*14:6 Jesús le dice: Yo soy el camino, y la verdad, y la vida: Nadie viene al Padre, sino por mí.*" El Evangelio según San Juan (Felipe Scío) dice: "*18:37 ...todo aquel que es de la verdad, escucha mi voz.*"

Yo le pido al lector, en este momento, que se concentre en juzgar si es cierto o no, si es verdad o no, que las declaraciones que destacaré son erradas, si son opuestas a las enseñanzas de Cristo, si dan un mensaje espiritual errado, y si han sido causa de errores de la

Iglesia Cristiana. La Iglesia Católica Romana es parte de la Iglesia Cristiana, y durante mucho tiempo fue en occidente la única Iglesia Cristiana. Por ello, los errores de la Iglesia Católica Romana son errores de la Iglesia Cristiana.

II.1. Discriminación en Contra de la Mujer

La Primera Epístola a Timoteo (Felipe Scío) dice: "*2:11 La mujer aprenda en silencio con toda sujeción. 2:12 Pues yo no permito a la mujer, que enseñe, ni que tenga señorío sobre el marido: sino que esté en silencio. 2:13 Porque Adán fue formado el primero: y después Eva: 2:14 Y Adán no fue engañado: mas la mujer fue engañada en prevaricación. 2:15 Esto no obstante, se salvará por los hijos, que dará el mundo, si permaneciere en fe, y caridad, y en santidad, y modestia.*"

La Primera Epístola a Los Corintios (Felipe Scío) dice: "*11:1 Sed imitadores míos, como yo también lo soy de Cristo. 11:2 Y os alabo, hermanos, porque en todo os acordáis de mí, y guardáis mis instrucciones, como yo os las enseñé. 11:3 Pero quiero que vosotros sepáis, que Cristo es la cabeza de todo varón: y el varón la cabeza de la mujer: y Dios la cabeza de Cristo. 11:4 Todo hombre, que ora, o profetiza con la cabeza cubierta, deshonra su cabeza. 11:5 Y toda mujer, que ora, o profetiza con la cabeza descubierta, deshonra su cabeza: porque es lo mismo que si estuviera raída. 11:6 Porque si no se cubre la mujer, trasquílese también. Y si es cosa fea a una mujer el trasquilarse, o raerse, cubra su cabeza. 11:7 El varón en verdad no debe cubrir su cabeza: porque es imagen y gloria de Dios; mas la mujer es gloria del varón. 11:8 Porque no fue hecho el varón de la mujer, sino la mujer del varón. 11:9 Porque no fue criado el varón por causa de la mujer, sino la mujer por causa del varón. 11:10 Por eso debe la mujer llevar la potestad sobre su cabeza por causa de los ángeles. 11:11 Mas ni el varón sin la mujer: ni la mujer sin el varón en el Señor. 11:12 Porque como la mujer fue hecha del varón, así también el varón por la mujer: mas todas las cosas de Dios. 11:13 Juzgad vosotros mismos: ¿Es decente, que una mujer haga oración a Dios no teniendo velo? 11:14 Que ni la misma naturaleza os enseña, que le sería ignominioso al varón el criar cabello: 11:15 Mas al contrario le es decoroso a la mujer criar cabello: porque los cabellos le han sido dados en lugar de velo. 11:16 Con todo eso, si alguno parece ser contencioso nosotros no tenemos tal costumbre, ni la Iglesia de Dios."*

La Primera Epístola a Los Corintios (Felipe Scío) dice: "*14:34 Las mujeres callen en las iglesias: porque no les es dado hablar, sino que estén sujetas, como también lo dice la ley. 14:35 Y si quieren aprender alguna cosa, pregunten en casa a sus maridos. Porque indecente cosa es a una mujer hablar en la Iglesia.*"

La Epístola a Los Efesios (Felipe Scío) dice: "*5:21 Sometidos los unos a los otros en temor de Cristo. 5:22 Las mujeres estén sujetas a sus maridos, como al Señor. 5:23 Porque el marido es cabeza de la mujer, como Cristo es cabeza de la Iglesia: de la que él mismo es Salvador, como de su cuerpo. 5:24 Y así como la Iglesia está sometida a Cristo, así lo estén las mujeres a sus maridos en todo.*"

La Epístola a Los Colosenses (Felipe Scío) dice: *"3:18 Casadas, estad sujetas a vuestros maridos, como conviene, en el Señor."*

Errores

Es un error prohibir a la mujer enseñar al hombre y tener señorío o autoridad sobre el mismo. No es verdad que la mujer no debe enseñar al hombre, y tener autoridad sobre el mismo. No es exacto que las mujeres se salvarán por los hijos que darán al mundo, si permanecieren en fe y caridad y en santidad y modestia. Las mujeres se salvarán por los mismos medios y las mismas razones por las que los hombres se salvarán.[90]

La cabeza de la mujer no es el varón. Toda mujer que ora o profetiza con la cabeza descubierta no deshonra su cabeza, ni deshonra al hombre; no es lo mismo que si estuviera rapada. La mujer no debe llevar la potestad sobre la cabeza, o una señal sobre su cabeza, por razón de los ángeles. Las mujeres tienen permitido hablar en las Iglesias. Y si desean aprender alguna cosa pueden

[90] San Justino Mártir, en su libro "Dialogo con Trifón", escrito alrededor del año 150 d.C., dijo: *"Además el hecho de que el sexo femenino no pueda recibir la circuncisión de la carne, prueba que fue dada esa circuncisión por señal y no como obra de justificación. Porque en cuanto a la justicia y virtud de toda especie, Dios quiso que las mujeres tuvieran la misma capacidad que los hombres para ganarlas; en cambio, la configuración de la carne, vemos que es diferente con el varón y la hembra. Por eso, empero, sabemos que ninguno de los sexos es de suyo justo ni injusto, sino por piedad y justicia."* San Justino Mártir "*Diálogo con Trifón*", capítulo 23:5. "*Padres Apologistas Griegos (S.II)*", Introducciones, texto griego, versión española y notas de Ruiz Bueno, Daniel (Madrid: La Editorial Católica S.A., MCMLIV), pág. 340.

preguntar en la Iglesia a un ministro o a otros hombres distintos de sus maridos; no deben limitarse a preguntar en su casa a sus maridos. El marido no es la cabeza de la mujer, como Cristo es cabeza de la Iglesia. El hombre no es la cabeza de la mujer y la comparación es muy desafortunada. No es indecente para la mujer hablar en la Iglesia. Las mujeres no deben estar sujetas a sus maridos en todo. Las mujeres no deben estar sujetas a sus maridos como la Iglesia debe estar sometida a Cristo.

Comentarios

A esta altura del entendimiento cristiano no necesito detenerme mucho en fundamentar que estas expresiones de Pablo son erradas. No necesito probar que es errado prohibir a la mujer enseñar o tener autoridad sobre el hombre. No necesito probar que es errado enseñar que la mujer necesita llevar un velo en la cabeza como señal de subordinación por razón de los ángeles. No necesito probar que es errado enseñar que la mujer no puede hablar en la Iglesia. No necesito probar que es errado enseñar que la mujer que necesita saber algo debe preguntar al marido en su hogar. No necesito probar que enseñar que una clase de personas debe estar sometida en todo a otra es errado, sobre todo si la forma como debe estar sometida es como la Iglesia debe estar sometida a Jesús. No necesito probar que es errado poner a una clase de personas sobre otra clase, como si no fuéramos todos hermanos. No necesito probar que es errado enseñar que una clase de personas es la cabeza de otra clase.

Estas afirmaciones en contra de la mujer son opuestas a la obligación de amar a Dios y a nuestros prójimos como a nosotros mismos.[91] Dios ama a las mujeres, quiere el bien para ellas, y sin dudas el bien de las mujeres y el bien de la sociedad en general dependen del reconocimiento del derecho a la igualdad, a la dignidad, a la libertad, y demás derechos naturales desconocidos a las mujeres en estas epístolas de Pablo, que como todos los derechos naturales, son derecho divino.

Estas afirmaciones no tienen nada que ver con la doctrina de Jesús. La Igualdad es un principio básico de la doctrina de Jesús. Ricos y pobres, judíos y no judíos, hombres instruidos y hombres sin instrucción, hombres libres y esclavos, hombres y mujeres, somos todos llamados en los mismos términos. La doctrina de Cristo promueve igualdad entre el hombre y la mujer; estas afirmaciones en análisis de las Epístolas de Pablo promueven injusta desigualdad y discriminación en contra de la mujer. La doctrina de Cristo promueve racionalidad. Estas afirmaciones en análisis promueven irracionalidad. La doctrina de Cristo promueve libertad y dignidad para hombres y mujeres. Estas afirmaciones de las Epístolas de

---

[91] El Evangelio según San Mateo (Felipe Scío) dice: "22:34 *Mas los fariseos, cuando oyeron que había hecho callar a los saduceos, se juntaron a consejo: 22:35 Y le preguntó uno de ellos que era doctor de la ley, tentándole: 22:36 Maestro, ¿cuál es el grande mandamiento en la ley? 22:37 Jesús le dijo: Amarás al Señor tu Dios de todo tu Corazón, y de toda tu alma, y de todo tu entendimiento. 22:38 Este es el mayor y el primer mandamiento. 22:39 Y el segundo semejante es a éste: Amarás al a tu prójimo, como a ti mismo. 22:40 De estos dos mandamientos depende toda la ley, y los profetas.*"

Pablo promueven sumisión y dependencia. La doctrina de Cristo promueve una religión, un orden social y una institución matrimonial justos que no existían al tiempo de la vida de Jesús. Estas afirmaciones de las Epístolas de Pablo promovieron y promueven lo contrario.

El Evangelio según San Mateo (Felipe Scío) dice: "*23:8 Mas vosotros no queráis ser llamados Rabí: porque uno solo es vuestro maestro, y vosotros sois todos sois hermanos. 23:9 Y a nadie llaméis padre vuestro sobre la tierra: porque uno es vuestro Padre, que está en los cielos, 23:10 Ni os llaméis maestros: porque uno es vuestro maestro el Cristo.*" Estas enseñanzas de Jesús fueron dirigidas a hombres y a mujeres. Cristo enseñó que hombres y mujeres somos todos hermanos, y que debemos tener únicamente a Cristo como maestro. Esto significa que los esposos no son las cabezas de las esposas, y mucho menos los hombres las cabezas de las mujeres. Esto significa que las esposas no deben estar sometidas en todo a sus maridos, y mucho menos llevar una señal de sujeción en su cabeza por razón de los ángeles. Esto significa que las mujeres pueden enseñar y tener autoridad sobre los hombres, y que si quieren preguntar algo a una persona distinta de su esposo lo pueden hacer.

De esta manera son estas cosas hoy, y siempre lo han sido, sobre todo luego de la venida de Jesús. Estas discriminatorias afirmaciones de Pablo en contra de la mujer no son palabra de Dios.

Es importante advertir que los fundamentos dados por Pablo para sostener estas afirmaciones no están dirigidos a sostener una discriminación temporaria en contra de la mujer, sino una discriminación permanente. El sostiene que la naturaleza del hombre y de la mujer, que la creación, mandan esta discriminación en contra de la mujer.

La Primera Epístola a Timoteo (Felipe Scío) dice: "*2:11 La mujer aprenda en silencio con toda sujeción. 2:12 Pues yo no permito a la mujer, que enseñe ni que tenga señorío sobre el marido: sino que esté en silencio. 2:13 Porque Adán fue formado el primero: y después Eva: 2:14 Y Adán no fue engañado: mas la mujer fue engañada en prevaricación. 2:15 Esto no obstante, se salvará por los hijos, que dará el mundo, si permaneciere en fe, y caridad, y en santidad, y modestia.*" Estos argumentos son todavía aplicables en nuestros días. Si era lícito en los tiempos de Pablo prohibir a la mujer enseñar o tener señorío sobre el marido, en virtud de que Adán fue creado primero, entonces también sería lícito hacerlo actualmente por esa misma razón; porque este hecho no ha cambiado. Si ello es errado hoy, también fue errado cuando fue afirmado por Pablo. Los argumentos que Pablo da no son temporarios o circunstanciales.

La Primera Epístola de Pablo a los Corintios (Felipe Scío) dice: "*11:7 El varón en verdad no debe cubrir su cabeza: porque es imagen y gloria de Dios: mas la mujer es gloria del varón. 11:8 Porque no fue hecho el varón de la mujer, sino la mujer del varón. 11:9 Porque no fue criado el varón por causa de la mujer, sino la mujer por causa del varón. 11:10 Por eso debe la mujer llevar la potestad sobre su cabeza por causa de los ángeles.*" Lo mismo puede ser dicho acerca de estos fundamentos. Estos no son argumentos temporarios o circunstanciales: ¿o ha cambiado la creación? Si estos argumentos son errados hoy por causa de derechos humanos, por causa de derechos naturales de la mujer, que no son por definición, ni temporarios ni circunstanciales, entonces también fueron errados cuando fueron afirmados por Pablo.

Por otra parte, aun cuando estas afirmaciones hubieran tenido por fin ser temporarias, lo cual claramente no es el caso, aun entonces habrían sido erradas, no sólo por ser contrarias a la verdad, sino también porque son opuestas a las enseñanzas de Cristo que fueron dadas para tener aplicación inmediata. La palabra de Jesús no puede ser ni temporariamente contradicha.

Es importante advertir que, de hecho, aunque en la Primera Epístola de Timoteo, Pablo prohíbe a mujeres enseñar a hombres, hay testimonios en el Nuevo Testamento de mujeres que enseñaron.

El libro de los Hechos de los Apóstoles (Felipe Scío.) dice: "18:26 *Éste pues comenzó a hablar con libertad en la Sinagoga. Y cuando le oyeron Priscilla, y Aquila, le llevaron consigo, y le declararon más particularmente el camino del Señor.*" Priscila era una mujer enseñando. Y no se presenta como nada fuera de lo normal, ni deshonroso.

Hasta hay testimonios de mujeres que profetizaron. El Evangelio según San Lucas (Felipe Scío) dice: "*2:36 Y había una profetiza llamada Ana, hija de Fanuel, de la tribu de Aser: ésta era ya de muchos días, y había vivido siete años con su marido desde su virginidad. Y ésta era viuda, como de ochenta y cuatro años: que no se apartaba del templo, sirviendo día y noche en ayunos y oraciones. 2:38 Y como llegase ella en la misma hora, alababa al Señor: y hablaba de él a todos los que esperaban la redención de Israel*" Esta mujer profetizaba y enseñaba a todos aquellos que buscaban redención de Israel, incluyendo hombres y mujeres.

El libro de Hechos de los Apóstoles (Felipe Scío), también menciona profetizas, diciendo: "*21:8 Y al día siguiente partiendo de allí, llegamos a Cesárea. Y entrando en casa de Felipe el evangelista, que era uno de los siete, nos hospedamos en su casa. 21:9 Y tenía* este *cuatro hijas vírgenes, que profetizaban.*" Quien profetiza, también enseña, y el lugar natural para profetizar y enseñar es en la Iglesia, y a la Iglesia.

Más aun, en el Antiguo Testamento también hay testimonios de mujeres que profetizaban. El libro Éxodo (Felipe Scío) dice: "*15:20 Y María profetisa, hermana de Aarón, tomó en su mano un pandero: y salieron todas las mujeres en pos de ella con panderos y danzas. 15:21 A las cuales entonaba diciendo: Cantemos al Señor, porque gloriosamente ha sido engrandecido, al caballo y al cabalgador derribó en el mar.*"

Y hay incluso hay un testimonio de una mujer que no sólo profetizaba, pero que incluso fue una juez, en el tiempo de los jueces en Israel. El libro de los Jueces (Felipe Scío) dice: "*4:4 Había una profetisa llamada Débora, mujer de Lapidoth, la cual en aquel tiempo juzgaba al pueblo. 4:5 Y* se *sentaba debajo de una palma, que tenía su mismo nombre, entre Rama y Bethel en el monte de Ephraim: y venían a ella los hijos de Israel para todos sus litigios.*" En busca de justicia se dice que los Israelitas subían a verla. El libro Primero de las Crónicas versículo 17:6 dice que Dios mandó a los jueces a apacentar a Israel. Jesús pidió a Pedro que apacentara a sus ovejas y corderos.

A partir de estos y otros testimonios de la Biblia, parece que las Epístolas de Pablo no sólo dificultaron el progreso social de la posición de la mujer, sino que promovieron su retroceso.

En una u otra forma, la verdad es que ni el hombre debe dominar sobre la mujer, ni la mujer sobre el hombre. El pecado original, de acuerdo a la Biblia, ocurrió cuando Adán hizo caso a Eva cuando le pidió que desobedeciera a Dios.[92]

Consecuencias

Estas afirmaciones de Pablo ayudaron a la discriminación en contra de la mujer sobrevivir mucho tiempo luego de su muerte, no sólo en el mundo cristiano sino también en el resto del mundo.

---

[92] El libro Génesis (Felipe Scío) dice: "*3:12 Y dijo Adán: La mujer, que me diste por compañera, me dio del árbol, y comí. 3:13 Y dijo el Señor Dios a la mujer: ¿Por qué has hecho esto? Ella respondió: La serpiente me engañó, y comí. 3:14 Y dijo el Señor Dios a la serpiente: Por cuanto has hecho esto, maldita eres entre todos los animales, y bestias de la tierra: sobre tu pecho andarás, y tierra comerás todos los días de tu vida. 3:15 Enemistades pondré entre ti y la mujer y entre tu linaje y su linaje: ella quebrantará tu cabeza, y tú pondrás asechanzas a su calcañar. 3:16 Dijo asimismo a la mujer: Multiplicaré tus dolores, y tus preñeces: con dolor parirás tus hijos, y estarás bajo la potestad de tu marido, y él tendrá dominio sobre ti. 3:17 Y a Adán dijo: Por cuanto oíste la voz de tu mujer, y comiste del árbol, de que te había mandado, que no comieras, maldita será la tierra en tu obra: con afanes comerás de ella todos los días de tu vida.*"

La discriminación en contra de la mujer ha causado gran daño a la sociedad en general, y a innumerables mujeres en particular. Ha sido responsable hasta por la muerte de muchas mujeres, y del hecho de que muchas hayan sido golpeadas, privadas de educación, libertad y de otros derechos fundamentales, con todas las consecuencias que conllevan estas injusticias, no sólo respecto de ellas, pero respecto de sus hijos e hijas, familias y sociedad en general. Los hombres que fueron enseñados a tener a sus mujeres sometidas también han sido gravemente perjudicados.

Más aun, estos errores han tentado y todavía tientan a mujeres, e incluso a hombres, a rechazar el Cristianismo, y son usados como argumentos en contra del mismo. Estas enseñanzas dan un mensaje espiritual errado y no son simples errores.

Además, siendo tan importante en nuestros días que se condene el inmoral trato de la mujer en la cultura musulmana, y en otros lados del mundo, en los cuales severa discriminación en contra de la mujer todavía afecta a cientos de miles de mujeres y sus familias, la Iglesia Católica y el resto de las Iglesias Cristianas, que sostienen que estas expresiones de Pablo son palabra de Dios, pierden fuerza moral y autoridad para hacerlo.

Lo que he dicho no significa que sin Cristianismo la situación de la mujer y de los seres humanos en general habría sido mejor de lo que fue y será. Yo creo que la situación de la mujer en los países no cristianos, por ejemplo, en países islámicos, es una buena prueba de ello. La unidad de origen y destino de la mujer y del hombre, la monogamia, y el principio general de indisolubilidad matrimonial que son parte de la doctrina cristiana, y las enseñanzas de Cristo, sin lugar a dudas han contribuido a dificultar la existencia de una sociedad con mayor desconocimiento de los derechos naturales de la mujer. Y las ha salvado de muchas de las terribles consecuencias que acompañan a las sociedades donde la poligamia es permitida, y donde los hombres tienen permitido reemplazar a sus esposas a su antojo. Esto es mucho más grave cuando se trata de sociedades en la que el poder familiar está concentrado en el hombre, como lo eran, hasta hace no mucho tiempo, la mayoría de las sociedades del mundo. El Cristianismo trajo mucho bien a la mujer, pero habría traído antes la igualdad si se hubiera mantenido fiel a las palabras de Jesús, y no hubiera considerado palabra de Dios estas erradas enseñanzas de las Epístolas de Pablo.

Dificultades

¿Justifica el pasaje de la Biblia, libro Génesis, versículos 3:8-19, las afirmaciones de las Epístolas de Pablo recién denunciadas?

Algunos pretenden justificar estas afirmaciones de las Epístolas de Pablo, y la discriminación en contra de la mujer en general, por medio del libro Génesis, que dice: "*3:8 Y habiendo oído la voz del Señor Dios que se paseaba en el paraíso al tiempo que se levanta el aire después del mediodía, escondióse Adán con su mujer de la vista del Señor Dios en medio de los árboles del paraíso. 3:9 Entonces el*

Señor Dios llamó a Adán, y díjole: ¿Dónde estás? 3:10 El cual respondió: He oído tu voz en el paraíso, y he temido y llenándome de vergüenza porque estoy desnudo, y así me he escondido. 3:11 Replicóle: ¿Pues quién te ha hecho advertir que estás desnudo, sino el haber comido del fruto de que yo te había vedado que comieses? 3:12 Respondió Adán: La mujer, que tú me diste por compañera, me ha dado del fruto de aquel árbol, y le he comido. 3:13 Y dijo el Señor Dios a la mujer: ¿Por qué has hecho tú esto? La cual respondió: La serpiente me ha engañado, y he comido. 3:14 Dijo entonces el Señor Dios a la serpiente: Por cuanto hiciste esto, maldita tú eres o seas entre todos los animales y bestias de la tierra; andarás arrastrando sobre tu pecho, y tierra comerás todos los días de tu vida. 3:15 Yo pondré enemistades entre ti y la mujer, y entre tu raza y la descendencia suya; ella quebrantará tu cabeza, y andarás acechando a su calcañar. 3:16 Dijo asimismo a la mujer: Multiplicaré tus trabajos y miserias en tu preñeces; con dolor parirás los hijos y estarás bajo la potestad o mando de tu marido, y él te dominará. 3:17 Y a Adán le dijo: Por cuanto has escuchado la voz de la mujer, y comido del árbol de que te mandé no comieses, maldita sea la tierra por tu causa; con grandes fatigas sacarás de ella el alimento en todo el discurso de tu vida. 3:18 Espinas y abrojos te producirá, y comerás de los frutos que den las yerbas o plantas de la tierra. 3:19 Mediante el sudor de tu rostro comerás el pan, hasta que vuelvas a confundirte con la tierra de que fuiste formado; pues que polvo eres, y a ser polvo tornarás."

Sin embargo, no se puede interpretar que estos versículos justifican las afirmaciones de las Epístolas de

Pablo en discusión, en primer lugar, porque evidentemente contrarían la obligación de amar a Dios y a nuestro prójimo; y la Biblia no puede ser interpretada para justificar violaciones a los dos mandamientos más importantes de Dios. Todos los otros mandamientos dependen de ellos.[93] Y Jesús enseñó por lo contrario que hombres y mujeres somos todos hermanos y debemos tener sólo a Jesús como maestro, lo cual significa que no debemos tener por cabeza a nadie que no sea Jesús, y que sólo debemos someternos en todo a Dios.

En segundo lugar, porque el hecho de que, en el libro Génesis, Dios diga que el esposo dominará a la mujer no significa que haya comandado al hombre a dominar a la mujer.

El libro Génesis también dice que la consecuencia para el hombre será la siguiente: '*con grandes fatigas sacarás de ella el alimento en todo el discurso de tu vida. Espinas y abrojos te producirá, y comerás de los frutos que den las yerbas o plantas de la tierra. Mediante el sudor de tu rostro comerás el pan.*' Y aun cuando el libro Génesis dice esto: ¿Quiere esto decir que no debemos intentar, por medios honestos, obtener alimento con el menor esfuerzo posible? ¿No deben las mujeres ayudar a los hombres en ese propósito? - Por supuesto que deben hacerlo, del mismo modo que los hombres deben intentar construir una sociedad en donde los hombres no dominen sobre la mujer, y las mujeres no dominen sobre el hombre.

---

[93] El Evangelio según San Mateo, versículo 22:40.

Citas Ilustrativas

La encíclica Casti Connubii del Papa Pío XI acerca del matrimonio cristiano, del 31 de Diciembre de 1930, dice en su punto 26: "*Fortalecida, en fin, con el vínculo de la caridad la sociedad doméstica, por necesidad ha de florecer en ella el que San Agustín llama orden del amor. Este orden comprende tanto la primacía del varón sobre la mujer y los hijos, cuanto la pronta y no forzada sumisión y obediencia de la mujer, que el Apóstol encarece con estas palabras: Las mujeres estén sujetas a sus maridos, como al Señor; porque el varón es la cabeza de la mujer, como Cristo es la cabeza de la Iglesia (Eph. 5, 22 ss).*[94]

El apóstol mencionado es Pablo. Muy frecuentemente autores de la Iglesia Católica y de otras Iglesias Cristianas se refieren a él de este modo. "El Apóstol" es un término usado para nombrar a Pablo, a pesar del hecho que ni siquiera fue uno de los doce apóstoles. La epístola referida en la nota es la Epístola de Pablo a los Efesios, Capítulo 5, versículos 22 y 23.

La encíclica muestra un caso en el que la Iglesia Católica Romana, además de convalidar las enseñanzas de las Epístolas de Pablo, considerándolas palabra de Dios, explícitamente sostiene una posición errada en la materia, basando ella en una Epístola de Pablo. La mujer no debe ser ni forzada a someterse al hombre, ni indoctrinada a hacerlo voluntariamente.

---

[94] Pius XI, Casti Connubii (31/12/1930). Denzinger, Heinrich Joseph "*Enchiridion Symobolorum*" n° 2233.

II.2. Acerca de los Hombres que Usan Cabello Largo

La Primera Epístola de Pablo a los Corintios (Felipe Scío) dice: "*11:13 "Juzgad vosotros mismos: ¿Es decente que una mujer haga oración a Dios no teniendo velo? 11:14 ¿Qué ni la misma naturaleza os enseña, que le sería ignominioso al varón el criar cabello?*"

Error

No es ignominioso para el hombre criar cabello.

Comentarios

Otras Biblias traducen "vergüenza", "afrenta", "deshonra", en lugar de ignominia. Este error no requiere fundamentación.[95] No es palabra de Dios que es ignominioso para el hombre usar el pelo largo.

Consecuencias

Siempre que el Cristianismo es hecho parecer una religión opuesta a la razón, personas que aman y buscan la verdad son tentadas a rechazarlo. Cada vez que el Cristianismo sostiene posiciones que no hacen ningún sentido, personas son tentadas a rechazarlo; especialmente librepensadores; especialmente jóvenes

[95] Al margen, yo entiendo que es parte de la tradición cristiana que Cristo usó pelo largo. ¿Fue esto tenido en cuenta por Pablo? Si Cristo no usó pelo largo: ¿Por qué es siempre retratado con pelo largo?

librepensadores. Este error tentó y tienta a librepensadores a rechazar el Cristianismo. Todo error esconde la luz del Evangelio de Cristo.

Aparte, esta clase de afirmaciones abren el camino a otras posiciones irracionales en el Cristianismo.

II.3. Acerca de la Salvación de los Afeminados y el Reino de Dios

Dice la Primera Epístola de Pablo a los Corintios (Felipe Scío): *"6:9 ¿No sabéis, que los inicuos no poseerán el reino de Dios? No os engañéis: pues ni los fornicarios, ni los adoradores de ídolos, ni los adúlteros, 6:10 Ni los afeminados, ni los de pecados nefandos, ni los ladrones, ni los avaros, ni los dados a la embriaguez, ni los maldicientes, ni los robadores poseerán el reino de Dios."*

Error

Ser afeminado no excluye a nadie del Reino de Dios.

Comentarios

La Biblia Libro del Pueblo de Dios dice: "¿Ignoran que los injustos no heredarán el Reino de Dios? No se hagan ilusiones. Ni los afeminados, ni los pervertidos... heredarán el Reino de Dios. La Nueva Biblia de Jerusalén dice ni afeminados, ni homosexuales. La Biblia de las Américas dice ni afeminados, ni homosexuales. La Versión Reina-Valera dice ni los afeminados, ni los que se echan con varones. Todas las Biblias con las que trabajo en este libro dicen afeminados.[96]

[96] La Biblia Vulgata Clementina dice: "*6:9 ¿An nescitis quia iniqui regnum Dei non possidebunt? Nolite errare: neque fornicarii, neque idolis servientes, neque adulteri, 6:10 neque molles, neque masculorum concubitores, neque fures, neque avari, neque ebriosi, neque maledici, neque rapaces regnum Dei possidebunt.*" La palabra traducida por Felipe Scío como afeminado es "molles". Las palabras traducidas como homosexuales son masculorum concubitores. De acuerdo al diccionario latino-español "Spes" la palabra molles significa: flexible, suave...; De acuerdo al diccionario latino-español "Spes" la palabra masculorum significa: masculino: y la palabra concubitores significa: sitio donde echarse.
- El texto griego (Merk) dice: "...ούτε μαλακοί ούτε αρσενοκοιται..." De acuerdo al *Diccionario griego-español "Vox"* μαλακοι (malakoi) significa blando, muelle, dulce, suave, tierno, complaciente, delicado, flojo, cobarde, tímido, remiso, perezoso. Y αρσενοκοιται (arsenokoitai) dice que significa: hombre de costumbres depravadas; corruptor de los jóvenes. Pero esta palabra es un compuesto de dos palabras: αρσεν (arsen) y κοιτη (koite). El mismo diccionario dice que αρσεν (arsen) significa masculino; viril, enérgico, fuerte, hombre, macho. Y κοιτη (koite) significa cama; lecho nupcial; guardia, nido; sueño; libertinaje, concúbito; fruto del vientre, prole. Zerwick, Max en su obra "*Analysis Philologica Novi Testamenti Graeci*", (Roma: Sumptibus Pontificii Instituti Biblici, 1953), dice bajo AD Corinthios I, 6:9, que μαλακοσ (malakos) significa mollis, effeminatus, venereis deditus, y que αρσενοκοιται (arsenokoitai) significa αρσεν (arsen) masculus, κοιτη (koite) lectus, concubitus. Las cuatro traducciones de la Biblia que uso en forma principal en este libro, traducidas directamente del griego, traducen la palabra μαλακοί (malakoi) como afeminados, y tres de las cuatro traducciones traducen la palabra αρσενοκοιται (arsenokoitai) como homosexuales, aunque la Biblia "*Libro del Pueblo de Dios*", si bien tradujo la palabra μαλακοί (malakoi) como afeminados, para traducir la palabra αρσενοκοιται (arsenokoitai) ha elegido apartarse de la traducción de la Vulgata y del que entiendo es el significado literal de la palabra. Esto me parece un error.
- La palabra αρσενοκοιται (arsenokoitai) sólo se usa en el Nuevo Testamento, además de en estos versículos citados, en la Primera Epístola de Pablo a Timoteo versículo 1:10. El origen de la palabra puede encontrarse en el Antiguo Testamento en el libro Levítico, Septuaginta, versículos 18:22 y 20:13. En estos versículos podemos ver como se usan las palabras en forma individual para hacer referencia a los actos homosexuales, y cual es el auténtico sentido de la palabra compuesta. El versículo 18:22 del libro Levítico (Septuaginta-Brenton), dice "Και μετα αρσενος [hombres] ου κοιμηθηση κοιτην [lecho] γυναικειαν..." Este versículo es traducido en la obra de Fernández Marcos, Natalio y María Victoria

Un hombre puede ser afeminado sin ser homosexual. Independientemente de la cuestión de los homosexuales,[97]

Spottorno Díaz-Caro, *"La Biblia Griega Septuaginta"*, (Salamanca: Ediciones Sígueme, 2008), de la siguiente forma: "*Y con varón no yacerás como en lecho de mujer...*" La Biblia *"Libro del Pueblo de Dios"* dice: "*18:22 No te acostarás con un varón como si fuera una mujer...*" El libro Levítico (Septuaginta-Brenton), versículo 20:13, dice: Και ος αν κοιμηθη μετα αρσενος [varón] κοιτη [cama] γθναικος. La Biblia griega septuaginta, ob. cit., dice: "*Y quien se acostara con un varón como en cama de mujer...*" La obra "*La Biblia Griega Septuaginta*" recién mencionada traduce: "*Si un hombre se acuesta con otro hombre como si fuera una mujer...*" Claramente Pablo construye la palabra a partir del Antiguo Testamento utilizando la Septuaginta, y se refiere a los homosexuales.

[97] En mi opinión, por diversas razones de orden natural, los actos homosexuales voluntarios y libres (sin coerción o una inclinación ingobernable hacia ellos) son indeseables y reprochables, refiriéndome con la expresión actos homosexuales, tanto a las relaciones sexuales entre hombres o entre mujeres (que podrían ser llamadas sexo homogénero), como a las uniones entre hombres o mujeres (que podrían ser llamadas uniones homogenéros); y hay condenas explícitas a los actos homosexuales tanto en el Antiguo Testamento como en el Nuevo Testamento. Sin embargo, no hay condenas a la conducta afeminada; menos aun cuando es involuntaria. La condena en el Nuevo Testamento a los actos homosexuales entre hombres se puede encontrar en Mateo 15:19, Marcos 7:21, y en el libro de los Hechos de los Apóstoles 15:20. Yo creo ello, porque creo que la palabra griega (porneia) traducida en estos versículos en la Biblia Libro del Pueblo de Dios como fornicaciones y uniones ilegales se refiere a las relaciones sexuales prohibidas enumeradas en el libro Levítico, capítulo 18 de la Biblia. En la Biblia Católica, Antiguo Testamento, el libro de la Sabiduría, versículo 14:26, contiene una condena a la perversión sexual, desorden en el matrimonio, libertinaje de hombres y mujeres. El Antiguo Testamento, libro Levítico capítulo 18, condena los actos homosexuales entre hombres. Hay otras condenas. Las uniones entre hombres y mujeres del mismo sexo son ilícitas de acuerdo a la Biblia, entre otras razones, porque en la Biblia, por ejemplo en el libro Génesis, ellas son contrarias a la voluntad de Dios, y al plan de Dios. También parece, en mi opinión, que el Evangelio según San Marcos 7:22, condena todo tipo de actos homosexuales porque yo creo que la palabra griega ασελγεια (aselgueia), traducida en la Biblia Libro del Pueblo de Dios como deshonestidades incluye en su concepto a los actos homosexuales libres entre hombres y a los actos homosexuales libres entre mujeres. El diccionario griego-español *"Vox"* define esta palabra como: desenfreno, insolencia; libertinaje. El

con seguridad se puede decir que ser afeminado no excluye a nadie del Reino de Dios.

Ni en el Antiguo Testamento, ni en el Nuevo Testamento, se pueden encontrar otras condenas a ser afeminado o actuar afeminadamente.

Por otra parte, aun cuando ser afeminado fuera condenado en la Biblia, u hombres que cometieran actos afeminados fueran condenados, hay mucha distancia entre decir que ser afeminado es reprochable y decir que los afeminados no entrarán al Reino de Dios.

No es palabra de Dios que los afeminados no heredarán el Reino de Dios.

Consecuencias

Yo creo que las consecuencias de este error han sido las mismas indicadas para el error acerca del uso del pelo largo.

Además, este error hace perder respeto por la posición de la Iglesia Cristiana respecto de los actos homosexuales.

II. 4. Sobre el Tabú acerca del Sexo

La Epístola de Pablo a los Efesios (Felipe Scío) dice: "*5:1 Sed pues imitadores de Dios, como hijos muy amados. 5:2 Y andad en caridad, así como Cristo también nos amó, y*

---

diccionario griego-inglés "*Liddell and Scott's Abridged*", (USA: Simón Wallenberg Press, 2007) dice: licentiousness, que significa libertinaje.

se entregó asimismo por nosotros ofrenda y hostia a Dios en olor de suavidad. 5:3 Por tanto, fornicación, y toda impureza, o avaricia, ni aun se nombre entre vosotros, como conviene a santos. 5:4 Ni palabras torpes, ni necias, ni chanzas, que son impertinentes: sino antes acciones de gracias. 5:5 Porque habéis de saber y entender: que ningún fornicario o inmundo, o avaro, lo cual es culto de ídolos, tiene herencia en el reino de Cristo, y de Dios. 5:6 Ninguno os engañe con palabras vanas; pues por esto viene la ira de Dios sobre los hijos de la incredulidad. 5:7 No tengáis pues cosa común con ellos, 5:8 Porque en otro tiempo erais tinieblas: mas ahora sois luz en el Señor. Andad como hijos de luz: 5:9 Pues el fruto de la luz consiste en toda bondad y en justicia, y en verdad: 5:10 Aprobando lo que es agradable a Dios: 5:10 Y no comuniquéis con las obras infructuosas de las tinieblas: mas al contrario condenadlas. 5:12 Porque las cosas que ellos hacen en secreto, vergüenza es aun el decirlas. 5:13 Mas todas las que son reprensibles, se descubren por la luz: por lo que todo lo que se manifiesta, es luz. 5:14 Por lo cual dice: Despierta tu que duermes y levántate de entre los muertos, y te alumbrará Cristo."

Error

Es un error mandar a cristianos a ni nombrar inmoralidad e impureza.

Comentarios

Pablo consideraba inmoral e impura toda relación

sexual fuera del matrimonio. Por ello, por ejemplo, recomendaba matrimonio a todos los que no pudieran contenerse, diciendo a quienes no pueden hacerlo, que es mejor para ellos casarse que abrasarse, en el sentido de quemarse en el infierno.[98] Cuando Pablo dice "ni aun se nombre fornicación o impureza" él está incluyendo hasta a las relaciones sexuales prematrimoniales de parejas que están enamoradas y ya han tomado la decisión de casarse. El incluye toda relación sexual extramatrimonial.

El tiempo ha probado que las personas necesitamos nombrar y hablar acerca de relaciones sexuales, especialmente prematrimoniales; incluso acerca de inmorales e impuras relaciones sexuales. Hablar acerca de ellas puede ser muy constructivo. Por supuesto, hay diferentes maneras de hablar de ellas, y yo me estoy refiriendo a la constructiva manera de hacerlo.

Consecuencias

Estas y otras afirmaciones de Pablo han conspirado en contra del entendimiento acerca del sexo en la Iglesia Cristiana. Estas y otras afirmaciones de Pablo conspiraron en contra de la educación sexual, y contribuyeron a convertir al sexo en un tema tabú, del que no se puede hablar, con todas las nefastas consecuencias que ha traído este vicio a los cristianos, y a la sociedad en general. La realidad del aborto es a veces en una pequeña medida

[98] Primera Epístola de Pablo a los Corintios, versículos 7:8-9.

consecuencia de falta de educación acerca del sexo.

Este error de mandar a cristianos a ni siquiera nombrar la inmoralidad e impureza contribuyó a una errada doctrina acerca del sexo, y a un abordaje y tratamiento equivocados por parte de la Iglesia Cristiana, y consecuentemente de las sociedades en general, en países predominantemente cristianos.

II.5. Acerca de Quien Tiene Potestad sobre el Cuerpo de la Mujer en Matrimonio

La Primera Epístola de Pablo a los Corintios (Felipe Scío) dice: "*7:1 Por lo que hace a las cosas, sobre que me escribisteis: bueno sería a un hombre no tocar mujer: 7:2 Mas por evitar la fornicación, cada uno tenga su mujer, y cada una tenga su marido. 7:3 El marido pague a su mujer lo que le debe y de la misma manera la mujer al marido. 7:4 La mujer no tiene potestad sobre su propio cuerpo, sino el marido. Y asimismo el marido no tiene potestad sobre su propio cuerpo, sino la mujer.*"

Error

Es un error afirmar que la mujer no tiene potestad sobre su cuerpo, pero su marido y vice versa.

Comentarios

Los seres humanos no perdemos el dominio sobre nuestros cuerpos cuando contraemos matrimonio.

Esposas y maridos dominan sobre sus propios cuerpos y no dominan ni tienen potestad sobre el cuerpo de sus esposas.

El esposo que ejercita dominio sobre el cuerpo de la esposa, forzándola a tener sexo, comete violación. Violación, incluso en matrimonio, es seriamente inmoral.

Ciertamente maridos y esposas tienen obligación de tener sexo con sus respectivos cónyuges, pero esa obligación no es diferente de la obligación de amar, de hablar, de proveer de necesidades como el alimento, vestimenta, para con sus parejas; y el hecho de que los esposos estén obligados a proveer a sus parejas con estos bienes, no significa que los maridos y esposas puedan disponer de la libertad y de la propiedad de sus parejas, para disfrutar de ellos.

Es un error decir que el marido domina sobre el cuerpo de la esposa, y que la esposa domina sobre el cuerpo del marido, del mismo modo que habría sido un error decir que el marido domina sobre las propiedades de la esposa y viceversa, aun cuando la intención del escritor hubiera sido otra. Las palabras que uno elige tienen consecuencias. Dios no comete error. Esto no es la palabra de Dios.

Consecuencias

Este error facilitó la existencia en las sociedades cristianas de la idea de que la violación en matrimonio no es violación. Durante mucho tiempo prevaleció esta idea errada. Y por ello ha sido en alguna medida causa de muchas violaciones de esposas en el marco del matrimonio.

La violación en matrimonio es seriamente inmoral. Puede ser muchas veces más dañosa que otras clases de violaciones, porque la victima puede estar forzada a vivir con su esposo victimario, por carecer de medios para abandonarlo, y de esa forma puede quedar expuesta a la amenaza de sufrir ilimitadas nuevas ofensas.

Más aun, en la presencia de un matrimonio forzado, el hombre forzando a una mujer a casarse con él, adquiriría a través del matrimonio, el título y el derecho a violar a su víctima en forma perpetua. No nos olvidemos de que hubo tiempos, no muy lejanos, en los cuales los matrimonios forzados eran muy frecuentes incluso en sociedades cristianas.

II.6. Acerca de la Esclavitud

La Primera Epístola de Pablo a los Corintios (Felipe Scío) dice: "*7:20 Cada uno en la vocación en que fue llamado, en ella permanezca. 7:21 ¿Fuiste llamado siendo siervo? No te de cuidado: y si puedes ser libre, aprovéchate más bien. 7:22 Porque el siervo que fue llamado en el Señor, liberto es del Señor: asimismo el que fue llamado siendo libre, siervo es de Cristo. 7:23 Por precio sois comprados, no os hagáis siervos de hombres. 7:24 Pues cada uno, hermanos, estese delante de Dios en aquello en que fue llamado.*"

Error

Es un error afirmar que todos deben permanecer en el estado en que fueron llamados. Es un error mandar o recomendar a un esclavo que puede recuperar su libertad que haga uso de su condición de esclavo en lugar de liberarse.

Comentarios

El versículo 7:21 es un poco confuso. La expresión "aprovéchate más bien" no es la más clara, pero el contexto no deja dudas de que la Epístola está diciendo a esclavos que pueden ganar su libertad que permanezcan siendo esclavos.

La Biblia Libro del Pueblo de Dios dice: "*7:20 Que cada uno permanezca en el estado en que se encontraba cuando Dios lo llamó. 7:21 ¿Eras esclavo al escuchar el llamado de Dios? No te preocupes por ello, y aunque puedas llegar a ser un hombre libre, aprovecha más bien tu condición de esclavo.*"

La Nueva Biblia de Jerusalén dice: "*7:20 Que permanezca cada cual en el estado en que se hallaba cuando Dios lo llamó. 7:21 ¿Eras esclavo cuando fuiste llamado? No te preocupes. Y, aunque puedas conseguir la libertad, aprovecha más bien tu condición de esclavo.*"

La Biblia de las Américas dice: "*7:20 Cada uno permanezca en la condición en que fue llamado. 7:21 ¿Fuiste llamado siendo esclavo? No te preocupes; aunque si puedes obtener tu libertad, prefiérelo.*"

La Versión Reina-Valera dice: "7:20 Cada uno en el estado en que fue llamado, en él se quede. *7:21 ¿Fuiste llamado siendo esclavo? No te dé cuidado; pero también, si puedes hacerte libre, procúralo más.*"

Las dos primeras traducciones dejan ver claramente que lo que manda Pablo es que los esclavos permanezcan siendo esclavos. Las dos segundas no. Sin embargo, es claro que estos versículos mandan a las personas a permanecer siendo esclavizadores y esclavos, porque la epístola comanda a todos a permanecer en el estado en que fueron llamados, y para hacer ello, un esclavizador debe continuar siendo esclavizador, y un esclavo tiene que continuar siendo esclavo, aun cuando tenga chances de obtener su libertad.

Este mandamiento y enseñanza es un error por un lado, porque los esclavizadores, los dueños de esclavos, estaban y están llamados a liberar a sus esclavos; y por otro, porque los esclavos que pudieran o puedan ganar su libertad estaban y están llamados a aprovechar la libertad en lugar de la esclavitud, porque ciertamente, en muchos casos, yo diría que en la mayoría, una persona libre puede servir a Dios mejor que una persona esclava. En la mayoría de los casos, al menos, si un esclavo puede ganar su libertad debe hacerlo, no sólo para sí mismo, sino que para ser capaz de servir a Dios mejor.

Hay personas que preferirían morir antes que ser esclavos. Mandar o recomendar a alguien a elegir esclavitud es errado. Aun cuando en algunos casos pueda ser noble y heroico elegir la esclavitud, en general es un error hacerlo, mandarlo y recomendarlo.

Las personas no debemos permanecer en el estado en que fuimos llamados. Tenemos que tratar de poner toda nuestra energía en mejorar nuestra condición para ser capaces de servir a Dios mejor, por supuesto estando dispuestos a estar en una posición incluso peor si es lo que ser cristiano nos demanda en una determinada oportunidad.

Jesús enseñó que debemos amar a Dios por sobre todas las cosas, y al prójimo como a nosotros mismos, enseñándonos que el sirviente es también prójimo. Nos enseñó a ser misericordiosos, que todos somos iguales a sus ojos, que todos somos hermanos, que debemos ser humildes, que debemos ser desprendidos respecto de nuestras propiedades, todo lo cual fue y es un llamado al fin de la institución de la esclavitud. Y este llamado fue contradicho por Pablo.

Los amos que se creían superiores a sus esclavos, y que exigían sumisión de parte de ellos, lo cual es distinto que mera obediencia, eran llamados a no humillar a sus esclavos, y aun más a liberarlos. Y los esclavos eran llamados a ser libres, respondiendo al llamado de ser discípulos de Jesús y de hacer discípulos de Jesús de todas las naciones, tarea para la cual la libertad es tan valiosa. Poco habrían podido hacer los verdaderos apóstoles sin libertad, y mucho menos con esclavos.

Consecuencias

Estas afirmaciones de Pablo han contribuido a la continuación de la esclavitud, y conspirado contra la difusión del Cristianismo, del verdadero Cristianismo, del que se nutre de la doctrina de Jesús.

Y en el fondo tuvieron consecuencias aun peores. Estas enseñanzas que dicen que todos deben permanecer en el estado en que fueron llamados justificaron y promovieron la aceptación de realidades negativas, y desalentaron la mejora social en todas las áreas de las sociedades cristianas.

II.7. Acerca de la Riqueza, su Propósito y su Disfrute

La Primera Epístola de Pablo a Timoteo (Felipe Scío), dice: "*6:17 Manda a los ricos de este siglo, que no sean altivos, ni esperen en la incertidumbre de las riquezas; sino en el Dios vivo (que nos da abundantemente todas las cosas para nuestro uso). 6:18 Que hagan bien, que se hagan ricos en buenas obras, que den, y que repartan francamente, 6:19 que se hagan un tesoro, y un fundamento sólido para el venidero, a fin de alcanzar la vida eterna.*"

Error

Dios no nos da en abundancia todas las cosas para nuestro uso. Los ricos de este siglo, incluyendo los que hacen bien, los ricos en buenas obras, que den y repartan francamente, no se harán un tesoro y un fundamento sólido para el venidero, al fin de alcanzar la vida eterna, mientras crean que han recibido todas las cosas para su uso personal.

Comentarios

Las cuatro Biblias en Español que utilizo en este libro, traducidas directamente desde el texto griego, leen disfrutar, en lugar de usar. La Biblia Libro del Pueblo de Dios dice: "*...que nos provee todas las cosas en abundancia para que disfrutemos.*" La Nueva Biblia de Jerusalén dice: "*que provee espléndidamente de todo para que lo disfrutemos.*" La Biblia Reina-Valera (1960) dice: "*que nos da todas las cosas en abundancia para que las disfrutemos.*" La Biblia de las Américas dice: "*el cual nos da abundantemente todas las cosas para que las disfrutemos.*"[99]

Los que han recibido riqueza de este mundo, con la cual han recibido mucho poder para hacer bien, están obligados para con Dios a hacer el mayor bien que puedan con su riqueza. Y aun cuando la gente rica puede usar y disfrutar alguna porción de su riqueza,[100] los ricos que han recibido la riqueza de parte de Dios, no han recibido la riqueza para usarla personalmente o

---

[99] La palabra latina traducida como 'uso' es fruendum, del verbo 'fruor'. El diccionario latino-español "Spes" dice que "fruor" significa: gozar, disfrutar, hacer uso de, aprovechar. La palabra que figura en los textos griegos es απολαυσις (apolausis), del verbo απολαυω (apolauo) que significa disfrutar. El diccionario griego-español "Vox" define a esta palabra como gozar, disfrutar, sacar, obtener, aprovecharse.

[100] ¿Cuánto debemos usar o disfrutar de nuestro patrimonio o riqueza? Es mi entendimiento que cada uno deberá juzgar ello de acuerdo a sus propias circunstancias. El mérito de la producción, la necesidad de su trabajo, la necesidad del momento, y muchas otras circunstancias pueden influir en la justicia o injusticia de su disfrute.

disfrutarla, sino para servir a Dios con ella. Es natural, y me atrevería a decir que inevitable, que en alguna medida los hombres con riqueza, que se dedican a producir con su riqueza el mayor bien posible, tengan y disfruten de un nivel económico de vida mayor que los que no son ricos; pero eso no significa que han recibido la riqueza para usarla personalmente o disfrutarla. Es un gran error decir que Dios provee abundantemente de todas las cosas para su uso personal, o para su disfrute.

El Evangelio según San Lucas (Felipe Scío) dice: "*19:1 Y habiendo entrado Jesús, pasaba por Jerichó. 19:2 Y he aquí un hombre llamado Zacheo: y éste era uno de los principales entre los publicanos, y rico: 19:3 Y procuraba ver a Jesús, quien fuese. 19:4 Y corriendo delante, se subió a un árbol cabrahígo para verle: porque por allí había de pasar. 19:5 Y cuando llegó Jesús a aquel lugar, alzando los ojos, lo vio, y le dijo: Zacheo, desciende presto, porque es menester hoy hospedarme en tu casa. 19:6 Y el descendió apresurado, y le recibió gozoso. 19:7 Y viendo esto todos, murmuraban, diciendo que había ido a posar a casa de un pecador. 19:8 Mas Zacheo, presentándose al Señor, le dijo: Señor, la mitad de cuanto tengo doy a los pobres: y si en algo he defraudado a alguno, le vuelvo cuatro tantos más. 19:9 Y Jesús le dijo: Hoy ha venido la salud a esta casa: porque él también es hijo de Abraham. 19:10 Pues el Hijo del hombre vino a buscar, y a salvar lo que había perecido." 19:11 Oyendo ellos esto, prosiguió diciéndoles una parábola, con ocasión de estar cerca de Jerusalén: y porque pensaban que luego se manifestaría el reino de Dios. 19:12 Dijo pues: Un hombre noble fue a una tierra distante para recibir allí un reino, y después volverse.*

19:13 Y habiendo llamado a diez de sus siervos, les dio diez minas, y les dijo: Traficad entre tanto que vengo. 19:14 Mas los de su ciudad le aborrecían: y enviando en pos de él una embajada, le dijeron: No queremos que reine éste sobre nosotros. 19:15 Y cuando volvió después de haber recibido el reino: mandó llamar a aquellos siervos a quienes había dado el dinero, para saber lo que había negociado cada uno. 19:16 Llegó pues el primero, y dijo: Señor, tu mina ha ganado diez minas. 19:17 Y le dijo: Está bien, buen siervo: pues que en lo poco has sido fiel, tendrás potestad sobre diez ciudades. 19:18 Y vino otro, y dijo: Señor, tu mina ha ganado cinco minas. 19:19 Y dijo éste: Tú tenla sobre cinco ciudades. 19:20 Y vino el tercero, y dijo: Señor, aquí tienes tu mina, la cual he tenido guardada en un lienzo: 19:21 Porque tuve miedo de ti, que eres hombre recio de condiciones: llevas lo que no pusiste, y siegas lo que no sembraste. 19:22 Entonces él le dijo: Mal siervo, por tu propia boca te condeno: sabías que yo era hombre recio de condición, que llevo lo que no puse, y siego lo que no sembré. 19:23 ¿Pues por qué no diste mi dinero al banco para que cuando volviese lo tomara con las ganancias? 19:24 Y dijo a los que estaban allí: Quitadle la mina, dádsela al que tiene las diez minas. 19:25 Y ellos le dijeron: Señor, que tiene diez minas. 19:26 Pues yo os digo, que a todo aquel que tuviese le daré y tendrá más, al que no tiene, se le quitará aun lo que tiene. 19:27 Y en cuanto a aquellos mis enemigos, que no quisieron que yo reinase sobre ellos, traédmelos acá y matadlos delante de mí."

Estos versículos transcriptos primero narran la anécdota del rico Zacheo y luego enseñan acerca de la Parábola de las Diez Minas. El hecho de que Jesús expone la Parábola de las Diez Minas seguidamente a la anécdota del rico Zacheo, confirma que la parábola es una enseñanza que se aplica a la riqueza de bienes materiales, aun cuando ésta no esté confinada exclusivamente a dicha materia específica.

En mi opinión, esta Parábola de las Diez Minas, muy similar a la Parábola de los Talentos del Evangelio según San Mateo versículo 25:14, enseña que aquellos que han sido provistos con abundancia, han recibido la riqueza, no para usarla personalmente o disfrutarla, sino para producir para Dios, para servir a Dios con ella. Es un error decir que Dios provee con abundancia a los hombres para su uso o disfrute personal, y es contrario a la doctrina que enseñó Cristo a los apóstoles.

El Evangelio según San Mateo (Felipe Scío) dice: "*19:16 Y vino uno, y le dijo: Maestro bueno, ¿qué bien haré para conseguir la vida eterna? 19:17 Él le dijo: ¿Por qué me preguntas de bien? Sólo uno es bueno, que es Dios. Mas si quieres entrar en la vida, guarda los mandamientos. 19:18 Él le dijo: ¿Cuáles? Y Jesús le dijo: No matarás. No adulterarás. No hurtarás: No dirás falso testimonio. 19:19 Honra a tu padre, y a tu madre; y Amarás a tu prójimo como a ti mismo. 19:20 El mancebo le dice: Yo he guardado todo eso desde mi juventud, ¿Qué me falta aún? 19:21 Jesús le dijo: Si quieres ser perfecto, ve, vende cuanto tienes, y dalo a los pobres, y tendrás un tesoro en el cielo: y ven, y sígueme. 19:22 Y cuando oyó el mancebo estas palabras, se fue triste: porque tenía muchas posesiones. 19:23 Y dijo Jesús a sus discípulos: En verdad os digo, que con dificultad entrará un rico en el reino de los cielos. 19:24 Y además os digo: Que más fácil cosa es pasar un camello por el ojo de una aguja, que entrar un rico en el reino de los cielos. 19:25 Los discípulos, cuando oyeron estas palabras, se maravillaron mucho, y dijeron: ¿Pues quién podrá salvarse? Y mirándolos Jesús, les dijo: Esto es imposible para los hombres: más para Dios todo es posible 19:27 Entonces tomando Pedro la palabra, le dijo: He aquí, que nosotros todo lo hemos dejado, y te hemos seguido: ¿Qué es pues, lo que tendremos? 19:28 Y Jesús les dijo: En verdad os digo, que vosotros que me habéis seguido, cuando en la regeneración se sentará el Hijo del hombre en el trono de su majestad, os sentaréis también vosotros sobre doce sillas, para juzgar a las doce tribus de Israel. 19:29 Y cualquiera que dejare casa, o hermanos, o hermanas, o padre, o madre, o mujer, o hijos, o tierras por mi nombre, recibirá ciento por uno, y poseerá la vida eterna. 19:30 Mas muchos primeros, serán postreros; y postreros, primeros."* (El subrayado me pertenece).

Estos versículos del Evangelio según San Mateo hacen evidente otro error de Pablo. El error del que hablo se encuentra en la Epístola de Pablo a Timoteo versículos 6:17-20 que les dice a los ricos que pueden hacerse un fundamento sólido para alcanzar la vida venidera, haciendo el bien con su riqueza, siendo ricos en buenas obras, y repartiendo francamente, diciendo al mismo tiempo que Dios provee con abundancia a los hombres para que lo disfruten personalmente.

Esto es un error, porque para un hombre rico hacerlo, no es tan difícil como lo es que un camello atraviese el ojo de una aguja; y Jesús enseñó que lo es.

Cristo enseña que los hombres ricos tienen que hacer

mucho más que hacer el bien, ser ricos en buenas obras, dar francamente, mientras usan y disfrutan personalmente su riqueza. El Evangelio según San Lucas (Felipe Scío) dice: "*6:24 ¡Mas ay de vosotros los ricos, porque tenéis vuestro consuelo! 6:25 ¡Ay de vosotros, lo que estáis hartos; porque tendréis hambre! ¡Ay de vosotros los que ahora reís porque gemiréis y lloraréis!*"

¿Qué enseña Jesús que los ricos deben hacer? Como dije, Jesús enseña que ellos tienen que vivir como si fueran administradores del patrimonio que recibieron. Tienen que entender que han recibido el patrimonio para producir para Dios, no para usarlo o disfrutarlo personalmente. Esto a pesar de que ellos pueden usar personalmente y disfrutar de una parte, y de que es natural que tengan, en parte a causa de su misión, un nivel económico de vida más alto que los que no han recibido tantas riquezas materiales.

Ciertamente, para un hombre rico vivir como si fuera un administrador de su patrimonio, vivir con un sentido de responsabilidad para con Dios y la sociedad, no es tan difícil como el que un camello pase por un ojo de una aguja: pero si lo hace, ya no será un hombre rico, aun cuando tenga un gran patrimonio, porque se estará reconociendo a sí mismo como un administrador de ese patrimonio, no como su dueño. El que es rico es el que es dueño de un gran patrimonio, no su administrador. El secreto es: si un hombre rico no se considera a sí mismo rico en esta vida, pero un administrador de la riqueza de Dios, un servidor de Dios, no será considerado rico por Dios a la hora de su ingreso al reino de Dios, sino un administrador, un servidor. Si los hombres ricos no se reconocen como administradores del patrimonio de Dios, les será muy difícil entrar al reino de Dios.

Por otra parte, aun cuando los ricos que no vivan como administradores del patrimonio con el que han sido provistos, serán recompensados por toda obra buena que hicieren, por todo acto de generosidad y liberalidad, téngase presenta que quien da desde la pobreza da más que quien da de lo que le sobra. El Evangelio según San Lucas (Felipe Scío) dice acerca de Jesús: "*21:1 Y estando mirando, vio a los ricos, que echaban sus ofrendas en el gazofilacio. 21:2 Y vio también una viuda pobrecita, que echaba dos monedas. 21:3 Y dijo: En verdad os digo, que esta pobre viuda ha echado más que todos los otros. 21:4 Porque todos estos han echado para las ofrendas de Dios, de lo que les sobra: mas esta de su pobreza ha echado todo el sustento, que tenía.*"

Lo que Dios quiere de los ricos es que ellos intenten invertir y producir el mayor bien que puedan con su riqueza, y que estén listos para renunciar a todo su patrimonio, si es la única forma como se puede seguir a Dios en una circunstancia particular. Estar listos a renunciar no quiere decir necesariamente estar listos a donarlo todo. A veces envuelve el coraje de oponerse a un acto de corrupción, aun cuando ésta oposición ponga en peligro el destino, por ejemplo, del propio negocio o trabajo, u honor público.

De hecho, quien haya recibido dinero en esta vida, con más frecuencia, debe producir más dinero con él, para ser capaz de producir más bien con él. La mayoría de los hombres de negocios probablemente tengan hasta una obligación religiosa de, por buenos medios, invertir y buscar tener éxito económico o al menos éxito comercial. Éxito económico o comercial no son malos. El modo de obtenerlos puede ser malo en ciertas oportunidades, y lo que se hace con ellos puede ser malo, pero también pueden ser buenos tanto el modo de obtenerlos como su utilización.[101]

El existo económico y comercial dan gran poder para hacer el bien. Ellos producen trabajo, y facilitan el acceso de bienes a los más carenciados. Sin dudas, los cristianos deberían tener mucho deseo de hacer el bien. Y las profesiones vinculadas a la producción de productos tangibles, en cualquiera de sus formas, material, temporal (logístico), o de transporte o comercio, deberían ser muy valoradas por los cristianos sin perjuicio de otras profesiones más o menos importantes.

El sirviente de la Parábola de las Diez Minas fue un buen sirviente porque se dedicó a invertir, tomando riesgos, y a producir por el noble otras diez minas con el dinero que había recibido. Y aun cuando en esa parábola las minas no representan solamente bienes materiales, se aplica perfectamente a ellos.

Para muchos hombres el resultado esperado por Dios de ellos, a partir de los talentos que les fueran otorgados, será logrado con éxito económico o comercial; para otros el resultado será logrado por otras vías, trabajando de otras maneras, trabajando en otras profesiones,

---

[101] Un negocio por ejemplo puede tener éxito en las ventas, éxito comercial, sin tener rentabilidad, éxito económico.

superando otras dificultades y enfrentando otros desafíos.

Ser un buen administrador no siempre significará preservar o incrementar su patrimonio recibido o logrado, pero en muchas oportunidades lo será, si en esa manera el buen administrador produce más bien para Dios.

Consecuencias

Estas palabras de la Epístola de Pablo distorsionaron la doctrina de Cristo acerca de la riqueza. Debilitaron la doctrina del Cristianismo. Tentaron a los cristianos ricos a creer que tienen derecho a usar personalmente y disfrutar su riqueza, y que con donaciones de pequeños porcentajes de su patrimonio, y dando de lo que les sobra, pueden comprar su lugar en el Reino de Dios. Han reducido el número de cristianos ricos con sentido de responsabilidad para con Dios y la sociedad, apartándolos del camino que los lleva al Reino de Dios, y privando al mundo de esa forma de todo el bien que estos ricos podrían haber producido. La falta de compromiso de los hombres ricos con la sociedad es uno de los peores males que una sociedad puede padecer, porque los hombres ricos son parte de los pocos que tienen el poder de hacer el mayor bien. Y porque la falta de compromiso del rico para con la sociedad da lugar a muchos vicios, ideologías y sentimientos destructivos y de odio.

II.8. Acerca del Valor del Ejercicio Corporal

La Primera Epístola de Pablo a Timoteo (Felipe Scío) dice: "*4:8: Porque el ejercicio corporal para poco es provechoso...*"

Error

El ejercicio corporal no es provechoso para poco, es altamente provechoso.[102]

Comentarios

Esta afirmación de Pablo es un error. El ejercicio corporal es muy valioso para desarrollar, particularmente en jóvenes, valores espirituales y virtudes como fe, esperanza, caridad, fortaleza, justicia, prudencia, y templanza. También es de gran valor para desarrollar perseverancia. Es muy importante para una mente sana. El antiguo adagio latino enseña "Mens sana in corpore sano." (Mente sana en cuerpo sano)

Esto es especialmente verdad cuando el ejercicio corporal es llevado adelante en el marco de la práctica de deporte, que es una muy importante herramienta de socialización y fraternidad. La igualdad de todos los hombres es elocuentemente proclamada y verificada en deportes. Siempre he visto en las Olimpíadas un

---

[102] La Biblia Libro del Pueblo de Dios dice: "son de poca habilidad." La Nueva Biblia de Jerusalén dice: "sirven para poco." La Biblia de las Américas dice: "aprovecha poco." La Biblia Reina-Valera (1960) dice: "para poco es provechoso."

importante bastión de la fraternidad internacional.

No es palabra de Dios que el ejercicio corporal es de poco valor.

Consecuencias

El Cristianismo por un largo periodo no explotó todo el potencial del ejercicio corporal como herramienta educacional, para desarrollar las virtudes en los jóvenes, y para atraer a los jóvenes hacia la vida Cristiana: y todavía no lo hace.

II.9. Acerca del Prejuicio y el Desprecio en contra de los No Cristianos. Sobre la Humildad Cristiana.

La Primera Epístola de Pablo a los Corintios (Felipe Scío) dice: "*6:1 ¿Osa alguno de vosotros teniendo negocios contra otro, ir a juicio ante los inicuos y no delante de los santos? 6:2 ¿Y que no sabéis, que los santos juzgarán de este mundo? Y si vosotros habéis de juzgar el mundo, ¿no seréis dignos de juzgar cosas de poquísima monta? 6:3 ¿No sabéis, que juzgaremos a los ángeles? pues ¿cuánto más las cosas del siglo? 6:4 Por tanto si tuviereis diferencias por cosas del siglo: estableced a los que son de menor estimación en la iglesia para juzgarlas. 6:5 Para confusión vuestra lo digo. ¿Pues qué no hay entre vosotros algún hombre sabio que pueda juzgar entre sus hermanos?, 6:6 ¿Sino que el hermano trae pleito con el hermano: y esto en el tribunal de los infieles?*"

La Segunda Epístola de Pablo a los Corintios (Felipe

Scío) dice: "*6:14 No traigas yugo con los infieles, Porque ¿Qué comunicación tiene la justicia con la injusticia? ¿O que compañía la luz con las tinieblas? 6:15 ¿O que concordia Cristo con Belial? ¿O que parte tiene el fiel con el infiel?*"

La Primera Epístola de Pablo a Timoteo (Felipe Scío) dijo: "*5:8 Y si alguno no tiene cuidado de los suyos, y mayormente de los de su casa, negó la fe, y es peor que un infiel.*"

La Primera Epístola de Pablo a los Corintios (Felipe Scío) dice: "*7:10 Mas a aquellos, que están unidos en matrimonio, mando no yo, sino el Señor, que la mujer no se separe del marido: 7:11 Y si se separare, que se quede sin casar, o que haga paz con su marido. Y el marido tampoco deje a su mujer. 7:12 Pero a los demás, digo yo, no el Señor, si algún hermano tiene mujer infiel, y ella consiente morar con él, no la deje. 7:13 Y si una mujer fiel tiene marido infiel, y él consiente morar con ella, no deje al marido. 7:14 Porque el marido infiel es santificado por la mujer fiel: y santificado es la mujer infiel por el marido fiel: porque si no vuestros hijos no serían limpios, mas ahora son santos.*"

Errores

Es un error llamar inicuos o injustos a quienes no son cristianos. Es un error despreciar a quienes no son cristianos, por el solo hecho de no serlos. Es un error mandar a los cristianos a tener yugo o casarse sólo con cristianos motivado por el prejuicio que dice que los no cristianos equivalen a injusticia, inequidad u oscuridad o tinieblas. Es un error llamar Belial a quienes no son cristianos. Es un error decir que si alguien no tiene cuidado de los suyos es peor que un infiel. Es un error decir que los hijos de los no cristianos no son limpios o puros.

Comentarios

Es un error llamar injustos a aquellos que no son cristianos, porque ciertamente hay y hubo personas justas entre los no cristianos. Es un prejuicio que atenta contra el mandamiento que Jesús nos dio de no juzgar.

Es ofensivo y agresivo despreciar a quienes no son cristianos, asociándolos con inequidad, injusticia, oscuridad, tinieblas y Belial. La palabra Belial puede hacer referencia al Diablo, o a un demonio, o a la perversión, o a algo sin valor, entre otros significados peyorativos e insultantes.[103]

Es un insulto llamar a los hijos de los no cristianos no limpios o impuros. Es un insulto no sólo para con los

---

[103] La Biblia Libro del Pueblo de Dios dice en la nota a este versículo que la palabra Belial es el nombre que le daban los judíos al Espíritu del Mal. La Biblia de las Américas dice en la nota al versículo que la palabra significa Satanás. La Biblia Comentada de los Profesores de Salamanca, ob. cit., tomo VI, pág 483 entre otras cosas dice: "*Evidentemente bajo el término Belial se designa aquí al demonio. Muchos códices tienen Beliar en vez de Belial, lección que consideran críticamente preferible bastanes autores...Probablemente se trata de la palabra hebrea beliyaal, usada frecuentemente en el Antiguo Testamento como nombre común en sentido de inútil o perverso (Dt 13,14; I Sam 1,16), y que luego el judaísmo tardío, con la grafía Beliar, convirtió en nombre propio para designar a Satanás.*"

niños, sino también para con sus familiares.

A partir del argumento de Pablo que dice que los hijos de un matrimonio entre un creyente y un no creyente son limpios, porque el cónyuge no creyente es hecho santo por el esposo creyente, lo cual por cierto es falso a su vez, se infiere que los hijos de los no creyentes no son limpios, son impuros. Todas estas afirmaciones de Pablo, además de constituir prejuicios, ser erradas e innecesarias, son actos de desprecio. Muestran falta de amor y de justicia.

Además, este tipo de afirmaciones constituyen un atentado en contra de la humilidad cristiana. Los cristianos no debemos estar convencidos de nuestra justicia y despreciar a los no cristianos en general, del mismo modo que los no cristianos no deben estar convencidos de su justicia y despreciar a los cristianos.

La Parábola del Fariseo y el Colector de Impuestos del Evangelio según San Lucas (Felipe Scío) dice: "*18:9 Y dijo también una parábola a unos, que fiaban en sí mismos, como si fuesen justos, y despreciaban a los demás: 18:10 "Dos hombres subieron al templo a orar: el uno fariseo, y el otro publicano. 18:11 El fariseo estando de pie, oraba en su interior de esta manera: Dios, gracias te doy porque no soy como los otros hombres, robadores, injustos, adúlteros: así como este publicano. 18:12 Ayuno dos veces en la semana: doy diezmos de todo lo que poseo. 18:13 Mas el publicano, estando lejos, no osaba ni a aun alzar los ojos al cielo: sino que hería su pecho, diciendo: Dios, muéstrate propicio a mí pecador. 18:14 Os digo, que éste, y no aquel, descendió justificado a su casa: porque todo hombre que se ensalza, será humillado: y el que se humilla, será ensalzado."*

Nunca olvidemos los cristianos que no estamos libres de pecados, que no debemos tener actitudes como las del fariseo, y que no debemos despreciar a los no cristianos, a los no creyentes. Cristo nos enseñó a ser humildes, a reconocer que somos pecadores y a tratar a todos con aprecio.

Jesús nos enseñó que no debemos juzgar ni cristianos, ni no cristianos. Nos enseñó que Dios ama a todos, cristianos y no cristianos. Debemos amar incluso a nuestros enemigos, cristianos y no cristianos. Nos enseñó que debemos amar a nuestros prójimos como a nosotros mismos, y que tenemos prójimos entre cristianos y no cristianos. La Parábola del Buen Samaritano del Evangelio según San Lucas (Felipe Scío) dice: "*10:29 Mas el queriéndose justificar a sí mismo dijo a Jesús: ¿Y quién es el prójimo? 10:30 Y Jesús le dijo: Un hombre bajaba de Jerusalén a Jericó, y dio en manos de unos ladrones, los cuales le despojaron: y después de haberle herido, le dejaron medio muerto, y se fueron. 10:31 Aconteció pues, que pasaba por el mismo camino un sacerdote, y cuando le vio, pasó de largo. 10:32 Y asimismo un levita, llegando cerca de aquel lugar, viéndole, pasó también de largo. 10:33 Mas un samaritano que iba su camino, se llegó cerca de él: y cuando le vio, se movió a compasión. 10:34 Y acercándose le vendó las heridas, echando en ellas aceite y vino: y poniéndolo sobre su bestia, lo llevó a una venta, y tuvo cuidado de él. 10:35 Y otro día sacó dos denarios, y los dio al mesonero, y le dijo: Cuídamele: y cuanto gastares de más, yo te lo daré cuando vuelva. 10:36 ¿Cuál de estos tres te parece que fue el prójimo de aquel, que dio en manos de los ladrones? 10:37 Aquel, respondió el doctor, que usó con él de misericordia. Pues ve, le dijo entonces Jesús, y haz tu lo mismo.*" El prójimo del judío es un samaritano que practica la misericordia, y lo que lo hace prójimo es la manera como actúa, es su misericordia. Ello no obstante él es de condición étnica religiosa samaritano. Ello explica la respuesta final que dice: "aquel que usó con él la misericordia." Su misericordia lo hace prójimo a pesar del hecho de que es samaritano, y los samaritanos y los judíos habían roto relaciones, y eran despreciados por los judíos. Hay personas que no son cristianas que practican la misericordia y hacen el bien y ellos también son prójimos de los cristianos. Es un error grave depreciar a no cristianos, especialmente a no cristianos que son nuestros prójimos, y por la única razón de no ser cristianos.

Este error es aun más grave cuando las personas despreciadas son niños y ellos son tratados como no limpios, como inmundos, como sucios, como impuros. El libro de los Hechos de los Apóstoles dice que Pedro enseñó que Dios nos mostró que no debemos llamar no limpio o impuro a ninguna persona. En el libro de los Hechos de los Apóstoles (Felipe Scío) San Pedro explícitamente dice: "*10:28 Y les dijo: Vosotros sabéis como es cosa abominable para un judío el juntarse o allegarse a extranjero: mas Dios me ha mostrado, que a ningún hombre llamase común o inmundo.*"[104]

---

[104] La palabra latina traducida aquí como "inmundo" es "immundum" la misma palabra latina traducida como "no limpio" en la Epístola de Pablo a los Corintios

El mundo no debe ser dividido por los cristianos entre cristianos justos y no cristianos injustos. La utilización de estos términos como no creyentes, infieles, impuros, inmundos, usados en la manera denunciada, es una conducta típica de religiosos extremistas y totalitarios que usan a la religión para difundir odio, no amor; división, no unión. Quienes promueven el odio internacional y la fraternidad internacional se valen de términos como estos. Son términos muy útiles para llevar a personas a la guerra, al conflicto en lugar de la comunión. Es un error legitimar su utilización en esta forma.

Todo lo dicho con respecto a este punto se aplica a todas las religiones. Por ejemplo, cuando los musulmanes desprecian a aquellos que no son musulmanes, por el sólo hecho de no ser musulmanes, cometen un error. Los musulmanes que creen que los no musulmanes son oscuridad y tinieblas cometen un error. Los musulmanes, que creen que los hijos de matrimonios con no musulmanes son impuros o inmundos, cometen un error. Los musulmanes que creen que aquellos que no creen en Dios son oscuridad y tinieblas, cometen un error.

Estas afirmaciones de las Epístolas de Pablo, constituyen prejuicio, contrarían las enseñanzas de Cristo respecto a no juzgar, no fueran escritas bajo inspiración del Espíritu Santo, y no son palabra de Dios.

---

versículo 7:14. La palabra griega traducida como inmundo es ακαθαρτον (akatharton) exactamente la misma palabra griega del versículo 7:14 de la Primera Epístola de Pablo a los Corintios, versículo 7:14.

Consecuencias

Vicios como el desprecio y el maltrato conspiraron en contra de la virtud de los cristianos y en contra de la difusión del Cristianismo. Facilitaron las persecuciones en contra de cristianos, y también favorecieron la intolerancia religiosa y conspiraron en contra de la fraternidad internacional.

Un efecto natural del maltrato es generar más maltrato, especialmente entre no cristianos. Y el maltrato que tiene por víctimas no cristianos es más probable que genere maltrato, porque los cristianos somos enseñados a amar incluso a nuestros enemigos, en cambio los no cristianos, en general, no.

Hoy la religión musulmana está siendo impuesta a cientos de miles de personas usando, entre otras, expresiones como las recién mencionadas, para hacer a musulmanes despreciar a no musulmanes.

Digo que la religión musulmana está siendo impuesta a cientos de miles de personas, porque se dice que hay cientos de millones de musulmanes en el mundo. Y en gran parte del mundo musulmán los musulmanes no tienen permitido cambiar de religión, por ejemplo. En aquellos países en los que las personas no tienen permitido de hecho o de derecho dejar la religión musulmana, la religión musulmana está siendo impuesta.

Más aun, terroristas musulmanes y autoridades totalitarias musulmanes están usando actos similares de desprecio para promover odio internacional y guerras que están poniendo en peligro la paz internacional. El

Cristianismo debe condenar firmemente estas expresiones de las Epístolas de Pablo.

II.10. Acerca de la Orden de Juzgar a Cristianos

La Primera Epístola de Pablo a los Corintios (Felipe Scío) dice: "*5:11 Mas ahora os he escrito, que no os mezcléis: esto es, si aquel que se llama hermano es fornicario, o avaro, o idólatra, o maldiciente, o dado a la embriaguez, o ladrón: con este tal ni aun tomar alimento. 5:12 Porque ¿Qué me va a mí en juzgar de aquellos que están fuera? ¿Por ventura no juzgáis vosotros aquellos que están dentro? 5:13 Pues Dios juzgará a los que están afuera. Quitad de en medio de vosotros a los inicuos.*"

Error

Es un error decir que los cristianos deben juzgar a quienes se llaman hermanos.

Comentarios

La misma persona que, por un lado, trata, juzga y prejuzga a los no cristianos de infieles, inequidad, belial, impuros, por otro lado, dice que no corresponde a los cristianos juzgar a los no cristianos, y manda que los cristianos juzguen a los que están en la Iglesia. Pablo cometió un error al prejuzgar y despreciar a los no cristianos y comete un error al mandar a los cristianos a juzgar a los que están en la Iglesia.

Las personas debemos tratar de no juzgar a otras personas, fundamentalmente a quienes son parte de nuestra iglesia. Especialmente los cristianos debemos tratar de no hacerlo. Esto en virtud del hecho de que todos tenemos nuestros pecados y vicios, y en la mayoría de los casos, no tenemos toda la información y el conocimiento necesarios para juzgar con juicio justo. Un mundo en el que las personas tratan de no juzgar a otras personas es un mejor mundo. Nuestra capacidad de juzgar cuan inicua, o malvada es una persona, es muy limitada. Nuestra capacidad para juzgar cuan inmorales o responsables somos nosotros por nuestros pecados en comparación con cuanto lo son otras personas por los suyos es siempre muy limitada. Nuestro conocimiento de las circunstancias personales, sentimientos, motivaciones, y pensamientos de otras personas es siempre muy limitado, como así también nuestro conocimiento acerca de si una persona se ha arrepentido, se ha convertido o ha sido perdonada por Dios.

El Evangelio según San Mateo (Felipe Scío) dice: "*7:1 "No queráis juzgar, para que no seáis juzgados. 7:2 Pues con el juicio con que juzgareis, seréis juzgados: y con la medida con que midiereis, os volverán a medir. 7:3 ¿Por qué pues ves la pajita en el ojo de tu hermano: y no ves la viga de tu ojo? 7:4 ¿O como dices a tu hermano: Deja, sacaré la pajita de tu ojo: y se está viendo una viga en el tuyo? 7:5 Hipócrita, saca primero la viga de tu ojo, y entonces verás para sacar la mota del ojo de tu hermano."*[105]

---

[105] La palabra latina traducida como "juzgar" en este versículo es "judicare". La misma palabra latina traducida como "juzgar" en el versículo de la Epístola de

La orden de no juzgar, que Cristo nos da, se refiere al tipo de juicios que la Primera Epístola de Pablo a los Corintios manda. Cristo nos dice que nos abstengamos en cuanto podamos de mirar la paja que está en el ojo de nuestro hermano, sea esta paja ser fornicarios, impuros, avaros, borrachos, maldicientes o difamadores, o injustos o malvados, o cualquier otro vicio. Si se presta atención al versículo 7:3 del Evangelio según San Mateo recién transcripto, se verá que claramente esta enseñanza se aplica también a los hermanos, a los cristianos, incluso a aquellos que se dicen hermanos y presentan estos vicios, o cometen algunos de estos actos.

Ciertamente, habrá casos en los cuales un cristiano necesitará, y deberá, juzgar a otras personas, y hasta a otros cristianos. El Evangelio según San Juan (Felipe Scío) dice: "*7:24 No juzguéis según lo que aparece, mas juzgad justo juicio*"; pero hay mucha diferencia entre autorizar o mandar a alguien a juzgar con juicio justo, no según lo que aparece, la moralidad de una conducta, y hasta la moralidad de una persona, y entre dar una orden general a los cristianos de juzgar a otros cristianos, como la que dio San Pablo, que no tenemos capacidad de llevar adelante sin hacer juicios injustos.

Estas afirmaciones de la Epístola de Pablo a los Corintios son erradas y opuestas a las enseñanzas de Cristo. Ellas no fueron escritas bajo inspiración del

---

Pablo que estamos analizando. El texto griego (Merk) en este versículo 7:1 del Evangelio según San Mateo usa la palabra κρινω (krino) que es la misma palabra griega que usa el texto griego en la Primera Epístola de Pablo a los Corintios versículo 5:13.

Espíritu Santo. No es palabra de Dios que los cristianos deban juzgar a otros cristianos. Palabra de Dios son las enseñanzas de Jesús en las que nos enseña a no juzgar.

Consecuencias

Además de distorsionar la virtud del Cristianismo, la actitud juzgadora ordenada y promovida por Pablo conspiró en contra de la virtud de los cristianos y en contra del crecimiento del Cristianismo.

Es fundamental para la vida de la Iglesia Cristiana tener creyentes que sigan las enseñanzas de Cristo, incluyendo por supuesto el mandamiento de no juzgar; tener creyentes que juzguen sólo cuando es absolutamente necesario; cuando el amor a Dios y el amor al prójimo lo exijan. Es fundamental para la vida de cualquier comunidad que sus miembros no tengan actitud juzgadora los unos respecto de los otros.

Estas afirmaciones han causado que muchas personas duden de acercarse a las Iglesias por la actitud juzgadora de algunos cristianos, e hicieron a muchos descreer de la verdad y de la bondad de la doctrina Cristiana.

II.11. Acerca de la Obligación de los Cristianos de Mantenerse Apartados de, y de Expulsar a, los Malvados de la Comunidad

La Segunda Epístola de Pablo a los Tesalonicenses (Felipe Scío) dice: *"3:6 Mas os denunciamos, hermanos, en el nombre de nuestro Señor Jesucristo, que os apartéis de todo hermano que anduviese fuera de orden, y no según la tradición, que recibieron de nosotros. 3:7 Porque vosotros mismos sabéis como debéis imitarnos: por cuanto no anduvimos desordenadamente entre vosotros. 3:8 Ni comimos de balde el pan de alguno: antes con trabajo, y con fatiga, trabajando de noche, y de día, por no ser de gravamen a ninguno de vosotros. 3:9 No porque no tuviésemos potestad, sino para ofreceros en nosotros mismos un dechador que imitar. 3:10 Porque aun cuando estábamos con vosotros, os denunciábamos esto: Que si alguno no quiere trabajar que no coma. 3:11 Por cuanto hemos oído que andan algunos entre vosotros inquietos, que en nada entienden, sino en indagar lo que no les importa. 3:12 A estos pues que así se portan, les denunciamos, y rogamos en nuestro Señor Jesucristo, que coman su pan, trabajando en silencio. 3:13 Y vosotros hermanos, no os canséis de hacer bien. 3:14 Y si alguno no obedeciere a lo que ordenamos por nuestra carta, notadle a ese tal, y no tengáis comunicación con él, para que se avergüence: 3:15 Mas no lo miréis como a enemigo, antes bien corregidle como a hermano."*

La Primera Epístola de Pablo a los Corintios (Felipe Scío) dice: "*5:9 Os envié a decir en la carta: que no os mezcléis con los fornicarios; 5:10 no ciertamente con los fornicarios de este mundo, o con los avaros, o ladrones, o que adoran ídolos, porque si no, debierais salir de este mundo. 5:11 Mas ahora os he escrito, que no os mezcléis: esto es, si aquel que se llama hermano es fornicario, o avaro, o idolatra, o maldiciente, o dado a la embriaguez, o ladrón: con este tal ni aun tomar alimento. 5:12 Porque ¿Qué me va a mí en juzgar de aquellos que están fuera? ¿Por ventura no juzgáis vosotros aquellos que están dentro? 5:13 Pues Dios juzgará a los que están afuera. Quitad de en medio de vosotros a los inicuos."*[106]

Error

Es un error mandar a los cristianos a apartarse de aquellos hermanos, o de aquellos que se dicen hermanos, que anden fuera de orden. Es un error mandar a cristianos a notar o tomar nota o señalar a aquel hombre que se rehúsa a obedecer a lo que se manda en la Epístola de Pablo a los Tesalonicenses. Es un error mandar a Cristianos a no mezclarse o asociarse con hermanos o con aquellos que se dicen hermanos que son fornicarios, avaros, idólatras, maldicientes, borrachos o ladrones. Es un error mandar a los cristianos a apartar, quitar de en medio, a los cristianos, o a aquellos que se dicen cristianos, que son inicuos o malvados o perversos.

Comentarios

Pablo manda aquí a los cristianos a apartarse de los que se llaman hermanos y son fornicarios, avaros,

[106] La Biblia Libro del Pueblo de Dios en lugar de "fornicario" traduce "deshonesto", y en lugar de "maldiciente", traduce "difamador". La Nueva Biblia de Jerusalén traduce en lugar de "fornicario", "inmoral", y en lugar de "maldiciente", "difamador." La Biblia Reina-Valera (1960) coincide con la traducción de Felipe Scío. La Biblia de las Américas dice "persona inmoral" en lugar de "fornicario", dice "difamador" en lugar de "maldiciente", y "estafador" en lugar de "ladrón." Las diferencias de traducción no afectan la objeción.

idólatras, maldicientes, borrachos o ladrones. Una de las primeras preguntas que cabe formularse es si la lista es exclusiva o inclusiva; de ninguna manera es buena la orden, pero queda en mayor evidencia ello, si uno procura responder esta pregunta. Si no se admiten otros vicios o pecados, la solución se presenta ridícula. Algunos hombres con vicios o pecados similares o peores serían aceptados, mientras que quienes presentan vicios o han cometido algunos de los pecados listados no. Si se admiten otros vicios o pecados, se ve con más claridad aun, que el cumplimiento de la orden de Pablo conduce a una Iglesia juzgadora, y condenadora, y con otros vicios que Jesús precisamente nos mandó evitar.

Por otra parte, cual es la medida de estos vicios o el número de actos que justificaría el juicio, y la condena que establece. Todos somos en alguna medida avaros, por ejemplo.

Mandar a cristianos a apartarse de todo hermano, o de aquel que se llame cristiano, que presente alguno de estos vicios o cometa alguna de estas conductas es un error, en primer lugar, porque el cumplimiento de esta orden requiere la conducta de juzgar que, como ya dije, es opuesta al mandamiento de Jesús de abstenernos de juzgar. Lo mismo puede ser dicho acerca del mandamiento de apartar o quitar de en medio nuestro a estas personas, y del mandamiento de ni comer con ellos, que va más lejos contraviniendo el mandamiento de Jesús de no condenar. Jesús nos enseñó a no juzgar y a no condenar.

Como dije, seguramente en ciertas circunstancias nos

será necesario o recomendable juzgar a otros, y hasta pueda ser necesario apartarnos de otros que andan en desorden, sean fornicarios o deshonestos o inmorales, avaros, idolatras, borrachos, ladrones o estafadores, o inicuos, y hasta pueda ser necesario o recomendable quitarlos de en medio de nosotros; pero eso no justifica dar esta instrucción general de juzgar, opuesta al mandamiento de no juzgar dado por Cristo, que se aplica a todas las personas, y también y principalmente a los hermanos cristianos, y a los que se llaman cristianos.

Estos mandamientos de Pablo también son errados porque contravienen los mandamientos de amar al prójimo y ser misericordiosos. Cristo enseñó que debemos amar a todas las personas; hasta a nuestros enemigos. El mandamiento de amar nos obliga a hacer, y a omitir, algunas cosas por las personas que debemos amar. En principio, para cumplir con el mandamiento de amar no debemos apartarnos de cristianos, o de aquellos que se llaman cristianos, que se conducen en una forma desordenada, o son fornicarios, o deshonestos, o avaros, o idólatras, o maldicientes o borrachos o ladrones; y debemos abstenernos de quitar de en medio nuestro otras personas, especialmente si son cristianos, o se llaman cristianos. El Evangelio según San Mateo (Felipe Scío) dice: "*5:43 "Habéis oído que fue dicho: Amarás a tu prójimo y aborrecerás a tu enemigo. 5:44 Mas yo os digo: Amad a vuestros enemigos, haced bien a los que os aborrecen: y rogad por los que os persiguen y calumnian. 5:45 Para que seáis hijos de vuestro Padre, que está en los cielos: el cual hace nacer su sol sobre buenos y malos: y llueve sobre justos y pecadores. 5:46*

Porque si amáis a los que os aman, ¿Qué recompensa tendréis? ¿No hacen también lo mismo los publicanos? 5:47 Y si saludareis tan solamente a vuestros hermanos, ¿Qué hacéis de más? ¿No hacen esto mismo los gentiles? 5:48 Sed pues vosotros perfectos, así como vuestro Padre celestial es perfecto."

Esto no significa que, como dije, en circunstancias especiales no tenemos permitido juzgar o apartarnos de alguien o quitar de en medio de nosotros a alguien. Pero si significa que en general no debemos hacerlo. Y en aquellos casos en que tengamos justificado hacerlo, lo más probable es que no hará ninguna diferencia el hecho de que la persona sea o no cristiana, o se llame cristiano o no se llame. Si hace diferencia, si la razón por la que nos apartamos, o lo apartamos, es que es cristiano, o se llama asimismo cristiano, entonces probablemente estaremos cometiendo un pecado más grave aun.

El Evangelio según San Mateo (Felipe Scío) dice: *"9:10 Y acaeció que estando Jesús sentado a la mesa en la casa, vinieron muchos publicanos y pecadores, y se sentaron a comer con él, y con sus discípulos. 9:11 Y viendo esto los fariseos, decían a sus discípulos; ¿Por qué come vuestro Maestro con los publicanos y pecadores? 9:12 Y oyéndoles Jesús, dijo: Los sanos no tienen necesidad de médico, sino los enfermos. 9:13 Id pues, y aprended que cosa es: Misericordia quiero, y no sacrificio. Porque no he venido a llamar a justos, sino pecadores."* Cristo enseñó en esta oportunidad que no es misericordioso en principio apartarnos de aquellos que son pecadores, ni rehusar comer con ellos.

Es increíble que el Evangelio enseñe que Jesús era cuestionado por sentarse con pecadores, y que Pablo enseñe a cristianos a ni sentarse a comer con cristianos, o personas que se llamen cristianos, que sean avaros o borrachos por ejemplo. Jesús vino a llamar a los pecadores, y necesitaba estar en medio de ellos para poder llamarlos. Y vino a llamar también a aquellos que se llamaban a sí mismos cumplidores de la ley y que eran pecadores.

Si vamos a intentar hacer lo mismo, nosotros, que a diferencia de Jesús también somos pecadores, con más razón debemos comer con fornicarios o deshonestos, avaros, idólatras, maldicientes, borrachos, ladrones e inicuos, cristianos, y no cristianos; llámense a sí mismos cristianos o no. Y lo debemos hacer siempre recordando que nosotros también somos pecadores. El mandamiento de Pablo de ni siquiera comer con estos, de mantenernos apartado de ellos y de quitarlos de en medio de nosotros, es inmisericordioso. Jesús respondió a los que le cuestionaban que se sentaba a comer con pecadores, que aprendan lo que significa "misericordia quiero, que no sacrificio".

El Evangelio según San Mateo (Felipe Scío) dice: "*13:24 Otra parábola les propuso, diciendo: Semejante es el reino de los cielos a un hombre, que sembró buena simiente en su campo. 13:25 Y mientras dormían los hombres, vino su enemigo, y sembró cizaña en medio del trigo, y se fue. 13:26 Y después que creció la yerba, e hizo fruto, y apareció también entonces la cizaña. 13:27 Y llegando los siervos del padre de familias, le dijeron: ¿Señor, por ventura no sembraste buena simiente en tu campo? ¿pues de dónde tiene cizaña? 13:28 Y les dijo: Hombre enemigo ha hecho esto. Y le dijeron los siervos: ¿Quiere que vamos, y la cojamos? 13:29 No, les respondió: no sea que cogiendo la cizaña, arranquéis también con el trigo. 13:30 Dejad crecer lo uno y lo otro hasta la siega, y en el tiempo de la siega diré a los segadores: Coged primeramente la cizaña, y atadla en manojos para quemarla; mas el trigo recogedlo en mi granero."* Explicando esta parábola el mismo Evangelio según San Mateo (Felipe Scío) dice: "*13:36 Entonces despedidas las gentes, se vino a casa: y llegándose a él sus discípulos, le dijeron: explícanos la parábola de la cizaña del campo. 13:37 Él les respondió, y dijo: El que siembra la buena simiente, es el Hijo del hombre. 13:38 Y el campo es el mundo. Y la buena simiente son los hijos del reino. Y la cizaña son los hijos de la inequidad. 13:39 Y el enemigo, que la sembró, es el diablo. Y la siega, es la consumación del siglo. Y los segadores son los ángeles. 13:40 Por manera que si como es cogida la cizaña y quemada al fuego: así será en la consumación del siglo. 13:41 Enviará el Hijo del hombre sus ángeles, y cogerán de su reino todos los escándalos, y a los que obren iniquidad. 13:42 Y echarlos han en el horno del fuego. Allí será el llanto, y el crujir de dientes. 13:43 Entonces los justos resplandecerán como el sol en el reino de su Padre. El que tiene orejas para oír, oiga."* Cristo nos dice en esta parábola, entre otras cosas, que no quiere que quitemos a los malvados de en medio de la comunidad Cristiana, que son como cizaña creciendo en medio del trigo. Él nos enseña que haciendo ello corremos el riesgo de quitar a trigo. Y como dije pueden haber circunstancias especiales que justifiquen hacerlo en ciertas oportunidades, pero estas serán excepciones.

En general, quienquiera se preocupó por apartarse de

los hermanos que juzgó vivían en una forma desordenada, eran fornicarios o deshonestos, eran avaros, idólatras, maldicientes o difamadores, borrachos, ladrones o estafadores, o eran malvados, en virtud de la regla general dada por Pablo, puede haber seguido las enseñanzas de Pablo, pero no las enseñanzas de Cristo. Lo mismo puede decirse de quien los quitó de en medio de su comunidad.

Por último la orden de Pablo de señalar y apartarse de aquellos cristianos que desobedezcan lo que él manda en la Segunda Epístola a los Tesalonicenses y a los que no se mantengan en las tradiciones por ellos transmitidas es la peor de todas. Porque aquí se manda a juzgar y a condenar a cristianos que siguen la palabra de Jesús, por el sólo hecho de seguirla. Pone a la Iglesia a perseguir internamente al verdadero cristiano, al que se mantiene en la palabra de Jesús, y es misericordioso.

Consecuencias

Estas afirmaciones contribuyeron a instalar entre los cristianos algunos de los vicios que Cristo precisamente vino a hacer desaparecer. Algunas de las más importantes enseñanzas de Cristo son contradichas en estas afirmaciones. Estos vicios no sólo afectan a individuos, pero a la comunidad en general, porque sin dudas, entre los más importantes capitales que una comunidad cristiana puede tener está seguramente tener cristianos humildes; cristianos que juzgan sólo cuando es absolutamente necesario; cristianos que se reconocen pecadores; cristianos que aman a los pecadores mencionados por

Pablo y son misericordiosos con ellos; cristianos que comen con ellos; cristianos que son tolerantes con ellos; cristianos que siguen las enseñanzas de Jesús.

II. 12. Acerca de Acudir a la Justicia en contra de Hermanos ante No Cristianos

La Primera Epístola de Pablo a los Corintios (Felipe Scío) dice: "*6:1 ¿Osa alguno de vosotros teniendo negocios contra otro, ir a juicio en contra de los inicuos y no delante de los santos? 6:2 ¿Y que no sabéis, que los santos juzgarán de este mundo? Y si vosotros habéis de juzgar al mundo. ¿no seréis dignos de juzgar cosas de poquísima monta? 6:3 ¿No sabéis que juzgaremos a los ángeles? Pues ¿cuánto más las cosas de este siglo? 6:4 Por tanto si tuvieras diferencias por cosas del siglo: estableced a los que son de menor estimación en la Iglesia para juzgarlas. 6:5 Para confusión vuestra lo digo. ¿Pues qué no hay entre vosotros algún hombre sabio que pueda juzgar entre hermanos? 6:6 ¿Sino que el hermano trae el pleito con el hermano: y esto en el tribunal de infieles?*"

Error

Es un error presentar como falta acudir a la justicia en contra de hermanos ante no cristianos, y mandar a los cristianos a tener nuestras propias cortes.

Comentarios

Para convivir en sociedad con no cristianos, los

cristianos debemos tener autoridades en común con no cristianos. No es un error acudir a la justicia en contra de hermanos ante no cristianos. Hay muchos no cristianos calificados para juzgar en cortes civiles como así también cristianos. O todo el occidente y las sociedades cristianas están equivocados en nuestros días o Pablo estaba equivocado cuando hizo estas declaraciones.

El Evangelio según San Mateo (Felipe Scío) dice: "*18:15 Por tanto si tu hermano pecare contra ti, ve, y corrígele entre ti, y él solo. Si te oyere, ganado habrás a tu hermano. 18:16 Y si no te oyere, toma aun contigo uno o dos para que por boca de dos o tres testigos conste toda la palabra. 18:17 Y si no los oyere, dilo a la Iglesia. Y si no oyere a la Iglesia, tenlo como a un gentil, y un publicano. 18:18 En verdad os digo, que todo aquello que ligareis sobre la tierra, ligado será también en el cielo: y todo lo que desatareis sobre la tierra, desatado será también en el cielo.*" Cuando Jesús dice "si no oyere a la Iglesia tenlo como a un gentil y a un publicano" él implica que la Iglesia no tiene poderes coercitivos. Y la palabra Iglesia significa la comunidad de cristianos. Cuando Jesús dice aquí "tenlo como a un gentil y a un publicano" está diciendo que luego de hacer lo que dijo, los cristianos pueden ir en paz en contra de un hermano a la justicia para resolver una disputa, como si la contraparte no fuera un hermano. Y estaba enseñando que debíamos reconocer a las cortes civiles.

Los cristianos debemos tener capacidad para acudir a las cortes en contra de hermanos, y debemos hacerlo, en ciertas ocasiones, si quienes nos están perjudicando no escuchan, y la obligación de amar a Dios, y al prójimo como a nosotros mismos nos lo demandan. Necesitamos en algunas ocasiones acudir a una justicia con poderes coercitivos que la Iglesia no tiene, ni debería tener.

Cristo reconoció y no desalentó a las autoridades civiles, "Dadle al César, lo que es del César, dadle a Dios lo que es de Dios."

Consecuencias

La instalación de esta idea en los cristianos de que los cristianos deben juzgar a los cristianos, contribuyó a la intromisión de la Iglesia en asuntos que conciernen sólo a la autoridad civil. Los errores cometidos por la Iglesia Cristiana en materias de la autoridad civil son errores que fueron muy caros, y todavía se están pagando sus consecuencias. La Iglesia Cristiana no recibió, y no debe tener, ningún poder civil para juzgar o castigar cristianos por asuntos civiles, y mucho menos no cristianos. En función de ser capaz de juzgar cristianos la Iglesia iba a inevitablemente necesitar poderes coercitivos, y todos sabemos como fueron usados esos poderes.

La intromisión de la Iglesia Cristiana en asuntos que conciernen a la autoridad civil fue por sí misma una fuente de errores y de mal, entre los cuales la Inquisición probablemente es lo primero que viene a la mente, a causa del gran daño que causó a muchísimas personas, a la Iglesia Católica, y a la Comunidad Cristiana en general.

Quienquiera se pregunte como fue la Iglesia Cristiana, desde el mandamiento de Cristo de no juzgar, hasta la Inquisición, puede encontrar respuesta en esta y otras enseñanzas de Pablo. Pablo mandó a los cristianos a juzgar a cristianos, y llevó a los cristianos a creerse en mejores condiciones de juzgar que los no cristianos.

También, como hemos visto antes, Pablo fue un inquisidor antes de ingresar en la Iglesia Cristiana, e indirectamente aprobó sus propias acciones luego de haberlo hecho, diciendo que en esos tiempos el caminaba intachablemente en el cumplimiento de todos los preceptos de la ley, a pesar de que perseguía, torturaba, golpeando hasta la muerte, a cristianos, hombres y mujeres, de su propia religión, que pensaban en forma diferente que él.

II. 13. Acerca del Poder de los Hombres Espirituales para Juzgar

La Primera Epístola de Pablo a los Corintios (Felipe Scío) dice: "*2:15 Mas el espiritual juzga todas las cosas: y él no es juzgado por nadie.*"

Error

El hombre espiritual no juzga a todos y él, como todos, es juzgado en este mundo del mismo modo que el resto de los hombres lo somos.

Comentarios

Pablo hizo una distinción entre cristianos, distinguiendo entre cristianos espirituales y cristianos no espirituales. Pablo no define con precisión quien es espiritual y quien no, pero se cuenta entre los espirituales, y parece referirse con la expresión 'espirituales' a los apóstoles y ministros de la Iglesia Cristiana. Estas afirmaciones son erradas porque Jesús no puso ni siquiera a los apóstoles en la tierra en una posición superior al resto de los hombres en la materia de juzgar. En lugar de ello, el enseñó a Pedro y a sus discípulos, que el más grande debería ser el servidor de los demás, y que eran todos hermanos, incluyendo los apóstoles. Los sirvientes, los hermanos, los discípulos, todos somos juzgados en igual forma que el resto de los hombres, y por supuesto no juzgamos todas las cosas. Solamente Dios juzga todas las cosas.

El Evangelio según San Mateo (Felipe Scío) dice: "*20:25 Mas Jesús los llamó a sí, y dijo: ¿Sabéis que los príncipes de las gentes avasallan a sus pueblos: y los que son mayores, ejercen potestad sobre ellos? 20:26 No será así entre vosotros: más entre vosotros todo el que quiera ser mayor, sea vuestro criado. 20:27 Y el que entre vosotros quiera ser primero, sea vuestro siervo, 20:28 Así como el Hijo del hombre no vino para ser servido, sino para servir, y para dar vida en redención de muchos.*" Jesús enseña a los doce que el que quiera ser el mayor entre ellos debe convertirse en el sirviente de ellos.

Consecuencias

Este error llevó a las autoridades eclesiásticas a creerse por sobre la autoridad civil, y fue también responsable en gran medida por la intromisión de la Iglesia Cristiana en asuntos de competencia civil, y por la Inquisición.

Citas ilustrativas

El Papa Bonifacio VIII, en su Bula "Unam Sanctam", del 18 de Noviembre de 1302, dice: "*469 Por las palabras del Evangelio somos instruidos de que, en ésta y en su potestad, hay dos espadas: la espiritual y la temporal. Una y otra espada, pues, está en la potestad de la Iglesia, la espiritual y la material. Mas ésta ha de esgrimirse en favor de la Iglesia; aquélla por la Iglesia misma. Una por mano del sacerdote y otra por mano del rey y de los soldados, si bien a indicación y consentimiento del sacerdote. Pero es menester que la espada este bajo la espada y que la autoridad temporal se someta a la espiritual... Que la potestad espiritual aventaje en dignidad y nobleza a cualquier potestad terrena, hemos de confesarlo con tanta más claridad, cuanto aventaja lo espiritual a lo temporal...Porque, según atestigua la verdad, la potestad espiritual tiene que instituir a la temporal, y juzgarla si no fuere buena... Luego si la potestad terrena se desvía, será juzgada por la potestad espiritual; si se desvía la espiritual menor, por su superior; mas si la suprema, por Dios sólo, no por el hombre, podrá ser juzgada. Pues atestigua el Apóstol: El hombre espiritual lo juzga todo, pero él por nadie es juzgado (I Cor. 2, 15). Ahora bien, esta potestad, aunque se ha dado a un hombre y se ejerce por un hombre, no es humana, sino antes bien divina, por boca divina dada a Pedro, y a él y a sus sucesores confirmada en aquel mismo a quien confesó, y por ello fue piedra, cuando dijo el Señor al mismo Pedro: Cuanto ligares etc. (Mt 16,19). Quienquiera, pues, resista a este poder así ordenado por Dios, a la ordenación de Dios resiste (Rom. 13,2), a no ser que, como Maniqueo, imagine que hay dos principios, cosa que juzgamos falsa y herética, pues atestigua Moisés no que en los principios, sino en el principio creó Dios el cielo y la tierra (Gen. 1, 1). Ahora bien, someterse al Romano Pontífice, lo declaramos, lo decimos, definimos y pronunciamos como de toda necesidad de salvación para toda humana criatura.*" (El subrayado me pertenece)[107]

Esta bula de la Iglesia Católica Romana muestra como ella enseñó la subordinación del Poder Civil a la Eclesiástica fundando su error en las enseñanzas de Pablo de Tarso. El Apóstol citado es Pablo de Tarso, y la epístola citada es la Primera Epístola de Pablo a los Corintios, versículo 2:15, que es precisamente el versículo que estoy denunciando como errado.

II.14. Acerca de la Sumisión a la Autoridad Eclesiástica

La Epístola de Pablo a los Hebreos (Felipe Scío) dice: "*13:17 Obedeced a vuestros superiores, y estadles sumisos. Porque ellos velan, como que han de dar cuenta de vuestras almas, para que hagan esto con gozo, y no gimiendo: pues esto no es provechoso para vosotros.*"

---

[107] Bonifacio VIII, 1294-1303, De la unidad y potestad de la Iglesia, (De la Bula Unam sanctam, de 18 de noviembre de 1302). Denzinger, Heinrich "*Enchiridion Symbolorum*", (Barcelona: Editorial Herder, 1954), pág. 170. N° 469.

Error

Esta afirmación que manda a los cristianos a estar sumisos a autoridades eclesiásticas es un error.

Comentarios

La Epístola de Pablo a los Hebreos manda estar sumisos a los superiores.[108]Los superiores a los que la Epístola de Pablo a los Hebreos se está refiriendo en este versículo 13:17 son los superiores, líderes o dirigentes espirituales.

Más allá de que el propio versículo dice que estos superiores han de dar cuenta de nuestras almas, unos pocos versículos antes, en el versículo 13:7, la misma Epístola de Pablo a los Hebreos (Felipe Scío) dice: *"13:7 Acordaos de vuestros prelados, que os han hablado la palabra de Dios: cuya fe habéis de imitar, considerando cual haya sido el fin de su conversación. 13:8 Jesucristo ayer y hoy: el mismo también en los siglos. 13:9 No os dejéis sacar de camino por*

[108] La palabra latina traducida "superiores" es "praepositis". El diccionario latino-español "Spes" dice que significa jefe, comandante, oficial. El texto griego dice ηγουμενοις (egoumenois), que es un tiempo del verbo ηγεομαι (egueomai). La palabra griega ηγεομαι (egueomai) significa ser guía, guiar, conducir, dirigir. El diccionario griego-español "Vox" traduce esta palabra de la siguiente forma: ir delante, ser guía, guiar o dirigir el camino, conducir mandar en, ser jefe de pensar, entender, creer, reputar tener, creer. La palabra "hegemonía" que significa en español "supremacía que un Estado ejerce sobre otro", o "supremacía de cualquier tipo" (Real Academia Española), deriva de la palabra griega ηγεμονια (eguemonia) que significa dirección, jefatura. El diccionario griego-español "Vox" traduce esta palabra: dirección, primer puesto, preferencia, mando jefatura, hegemonía, preponderancia, gobierno.

doctrinas varias y peregrinas. Porque es muy bueno fortificar el corazón con la gracia, no con viandas: que no aprovechan a los que anduvieron en ellas."[109] La palabra prelado significa superior eclesiástico.

Literalmente el texto dice superiores o líderes o dirigentes, no dice eclesiásticos, aunque los superiores de los que habla Pablo en este versículo 13:7 son superiores espirituales, entre otras razones, porque son identificados como los que hablaron la palabra de Dios. Esto indica que en unos pocos versículos posteriores a los que estamos analizando Pablo usa la palabra superiores, o líderes o dirigentes con el mismo significado de superiores, líderes o dirigentes espirituales. El versículo 13:17 de la Epístola de Pablo a los Hebreos dice "*Obedeced a vuestros superiores, y estadles sumisos*", significando con ello a los superiores, líderes o dirigentes espirituales; o al menos, incluyendo a los mismos en el concepto de superiores.

Cristo enseñó lo contrario. Cristo enseñó que los cristianos somos todos hermanos, con lo que enseñó que todos somos iguales; y no sólo enseñó que no debemos someternos a ningún otro hombre, sino que incluso el más grande entre nosotros será nuestra servidor, no nuestro dominador. Es el más grande el que se tiene que someter a la Iglesia, y no la Iglesia al más grande.

Jesús nos enseñó que no debemos siquiera llamar a nadie maestro que no sea a él. El Evangelio según San Mateo (Felipe Scío) dice: "*23:1 Entonces Jesús habló a la multitudes, y a sus discípulos, 23:2 Sobre la cátedra de Moisés*

[109] La palabra griega traducida en el versículo 13:7 como "prelados" es la misma palabra griega traducida como "superiores" en el versículo 13:17.

se sentaron los escribas y fariseos. 23:3 Guardad pues, y haced todo lo que os dijeren: mas no hagáis según las obras de ellos: porque dicen, y no hacen. 23:4 Pues atan cargas pesadas, e insoportables, y las ponen sobre los hombros de los hombres; mas ni aun con su dedo las quieren mover. 23:5 Y hacen todas sus obras, por ser vistos de los hombres: y así ensanchan sus filacterias, y extienden sus franjas. 23:6 Y aman los primeros lugares en las cenas, y las primeras sillas en las sinagogas. 23:7 Y ser saludados en la plaza, y que los hombres los llamen Rabí. 23:8 Mas vosotros no queráis ser llamados Rabí, porque uno solo es vuestro maestro, y vosotros todos sois hermanos. 23:9 Y a nadie llaméis padre vuestro sobre la tierra: porque uno es vuestro Padre, que está en los cielos. 23:10 Ni os llaméis maestros: porque uno es vuestro maestro el Cristo.[110] *23:11 Porque el que se ensalzare, será*

---

[110] La palabra Latina traducida en el versículo 23:10 como maestro es "magister". La Vulgata Latina parece haber traducido o escogido un texto griego que lee aquí la palabra διδασκαλος (didaskalos). La Biblia Libro del Pueblo de Dios lee "doctor." La Nueva Biblia de Jerusalén, dice "instructores", la Biblia de las Américas traduce "preceptores," y la Biblia Reina-Valera (1960) lee "maestros". Ocurre que este es un caso en el que hay discrepancia entre los más antiguos manuscritos que poseemos del texto griego. Los más antiguos e importantes manuscritos testigos de los Evangelios, entre los cuales se encuentran el Codex Vaticanus y el Codex Alexandrinus, leen la palabra καθηγητης (katheguetes) en lugar de la palabra διδασκαλος (didaskalos) que otros manuscritos contienen en su lugar. El diccionario griego-español "Vox" dice que la palabra καθηγητης (katheguetes) significa guía, maestro. Es una palabra compuesta de las palabras κατα-ηγεομαι, siendo esta última la palabra que vimos en una previa nota que significaba ir delante, ser guía, ser maestro. La palabra κατα (kata) es una preposición con la que se han formado muchas palabras compuestas que puede significar abajo, de lo alto, entre otras diversas acepciones. Yo entiendo que es razonable seguir estos últimos manuscritos, que leen las palabra καθηγητης (katheguetes), no sólo por su autoridad, sino porque el contexto en el caso lo aconseja. Se trata de elegir o el modelo de los manuscritos del Nuevo Testamento que leen en los versículos 23:8 y 23:10 la palabra διδασκαλος

humillado: y el que se humillare, será ensalzado".

Dios no quiere que llamemos a nuestras autoridades religiosas rabí ni maestro porque no quiere que tengamos otro rabí, o maestro que no sea él mismo; y no quiere que nos sometamos en el pensamiento a ningún hombre: él no quiere que nos sometamos en el pensamiento a ningún líder espiritual o eclesiástico que no sea él. Él quiere que no tengamos superiores, sino hermanos. Jesús quería que creyéramos e hiciéramos lo que él nos dijo que creyéramos o hiciéramos. Él no quiere que creamos o hagamos lo que otro hombre nos dice. Por eso nos dijo que no tengamos maestros, y por eso es errado ordenar sumisión a nuestros superiores, o dirigentes o líderes

---

(didaskalos), como si el Evangelio repitiera la misma palabra y enseñanza en versículos no consecutivos, y entre el modelo de los más antiguos e importantes manuscritos que dicen que estos dos versículos no consecutivos, leen palabras distintas, utilizando una palabra en el versículo 23:10, que refuerza la idea de que no debemos someternos a ningún conductor, superior, líder o guía espiritual. La lectura correcta en mi opinión es καθηγητης (katheguetes). Esta palabra es formada por las palabras κατα-ηγεομαι (kata egueomai) y a través de ella Jesús también nos enseñó que somos todos hermanos, que el mayor tiene que ser nuestro servidor, y que no debemos someternos a nadie. Esto, contrariamente a los que enseña Pablo usando la palabra ηγεομαι (egueomai), de acuerdo al versículo 13:17 de la Epístola a los Hebreos, que nos manda a someternos a nuestros guías, superiores, prelados, líderes o conductores. En la obra "*Biblia Comentada*" de los Profesores de Salamanca, tomo V, pág. 342, se dice que algunos hacen a la palabra καθηγητης (katheguetes) equivalente a señor. Dice que en un texto del Talmud se lee que el rey Josafat se levantaba de su trono para saludar a un discípulo de los fariseos, y le decía: maestro mío (rabí), padre mío (abí) y señor mío (mari). Y dice que no sería nada improbable que esta forma griega responda al título de señor. Esto se encuentra en el Talmud en un tratado que se titula "Sentencias de los Padres", y que son las decisiones de los grandes maestros. La cita dice: Strack-B., Kommentar...I p.918. En mi opinión, la palabra κατα (kata), que compone la palabra καθηγητης (katheguetes), ciertamente parece le puede dar ese sentido.

espirituales.

Si Jesús va a ser nuestro maestro, tenemos que seguirlo a él, tenemos que seguir su palabra. Para ser capaces de seguirlo a él debemos conocer su palabra, entenderla por nosotros mismos, y seguir nuestro entendimiento de la palabra. Si en lugar de nuestro entendimiento de la palabra de Dios, vamos a seguir la interpretación de un líder espiritual, que no entendemos, o que contradice nuestro entendimiento, entonces nuestro maestro ya no será Cristo pero ese líder espiritual: especialmente si nos sometemos a un líder espiritual distinto que Cristo.

Los ministros cristianos, entre otras cosas, deben dar testimonio de la palabra de Dios, haciéndonos saber qué dijo Cristo, pero no deben usurpar la posición de Cristo. Ellos nos deben explicar la palabra de Dios, y nosotros debemos recibirlos, prestar atención a lo que dicen, mostrarles respeto, pero no debemos permitirles gobernar lo que pensamos o hacemos. No debemos someternos a ellos.

Esto no significa que los cristianos no debemos obedecer nuestras autoridades religiosos. Por supuesto debemos obedecerles, en la misma manera que debemos obedecer a la autoridad civil, en todo lo que es bueno, y se encuentre incluido en la limitada y escueta esfera de su competencia.

Pero una cosa es ser obediente a la autoridad y otra muy diferente es estar sometido a un superior, líder o dirigente espiritual. Una cosa es obedecer a una autoridad en lo que se encuentre comprendido en su limitada esfera de competencia, entre la que no se halla decirnos que debemos pensar, y otra cosa es poner a alguien en el lugar que pertenece a Cristo: el lugar de maestro, de superior. Jesús enseñó que no debemos permitir que otras personas nos llamen maestro; ni padre; que somos todos hermanos; que sólo Jesús es nuestro maestro; que sólo el Padre es nuestro padre; y que sólo debemos estar sometidos a Dios.[111]

---

[111] Comenzando el capítulo 23 del Evangelio según San Mateo Jesús enseña a sus discípulos que cumplan todo lo que los escribas y fariseos digan pero no se imiten sus obras, porque no hacen lo que dicen. Hay diversas formas de interpretar estas palabras de Jesús. En estos versículos Jesús les estaba quitando la autoridad de maestros espirituales, padres espirituales y líderes espirituales, a los fariseos y escribas. Parece contradictorio hacerlo, mientras se manda a hacer todo lo que ellos dicen. Pero Jesús les manda a hacer todo lo que dicen, no cada cosa que dicen. Los fariseos enseñaban cuales eran los mandamientos más importantes de la ley, y luego enseñaban a llevar adelante actos que eran contrarios a estos mandamientos, por ejemplo, cuando enseñaban a condenar a quienes arrancaban y recogían en situación de necesidad espigas en un sábado (Mt 12:1), sin considerar debidamente el mandamiento de ser misericordiosos. Jesús les dice que hagan todo lo que dicen, con lo cual coloca a los discípulos en la situación de pensar, ponderar, que deben hacer para hacer todo. Jesús enseñaba a sus discípulos que eran mandados por los fariseos a ser misericordiosos, y que eran enseñados que la misericordia era uno de los mandamientos más importantes, y al mismo tiempo eran mandados por los fariseos a condenar a los que en situación de necesidad arrancaban espigas en sábado, a no condenar a los que arrancaban espigas, en cumplimiento del mandamiento de ser misericordiosos, que es más importante. Los judíos mandados por los fariseos a condenar a los que arrancaban espigas en esa situación, no haciendo lo que los fariseos le decían en particular respecto de condenar a los que arrancaban las espigas, no desobedecerían a los fariseos, porque ellos mismos enseñaban que el mandamiento más importante es el de la misericordia. De esta forma confundiendo a los fariseos y escribas, o haciéndoles más difícil la tarea de condenar lo que enseñaba, Jesús les enseñaba a sus discípulos que solo él era su maestro, y su señor o líder, y los mandaba a ser libres pensantes, a no tener otros hombres como maestros, padres, ni señores o líderes, o dirigentes espirituales.

La palabra de Dios es revelada en una manera que cualquiera puede entenderla y enseñarla. El Evangelio según San Mateo (Felipe Scío) dice: "*11:25 En aquel tiempo respondiendo Jesús, dijo: Doy Gloria a ti Padre, Señor del cielo y de la tierra, porque escondiste esas cosas a los sabios y entendidos, y las has descubierto a los párvulos. 11:26 Así es, Padre: porque así fue tu agrado.*"

Si alguien conoce la palabra de Dios, y la entiende, entonces será capaz de explicarla en una manera en la que otras personas sean capaces de entenderla también. Si no puede explicarla, es porque no la entiende. Nadie requiere sumisión de los creyentes para predicar la palabra de Dios.

Quienquiera entiende, no necesita someterse a un líder espiritual distinto que Cristo. Si alguien entiende lo que él dijo, esa persona está en condiciones de cumplir o no la voluntad de Dios.

Para tener mejores oportunidades de entrar al Reino de Dios los hombres debemos entender la palabra de Dios. Es una obligación de los cristianos el intentar entender. Aquellos que ponen en sus mentes interpretaciones de otras personas, sin entender y compartir los fundamentos y las conclusiones de esas interpretaciones, no están cumpliendo la voluntad de Dios, y están tomando el riesgo de permitir, que otras personas pongan en sus mentes palabras de hombre, como si fueran palabra de Dios, que en realidad no lo son; están tomando el riesgo de permitir que el Malo arrebate de sus mentes lo que Cristo sembró. El Evangelio según San Mateo (Felipe Scío), en el marco de la Parábola de la Cizaña, dice: "*13:19 Cualquiera que oye la palabra del reino, y no la entiende, viene el malo y arrebata lo que se sembró en su corazón....*"

El hombre que produce buen fruto es el que entiende la palabra de Dios. El Evangelio según San Mateo (Felipe Scío) dice: "*13:23. Y el que fue sembrado en tierra buena, esto es, el que oye la palabra, y la entiende, y lleva fruto....*"

La lámpara del cuerpo es el ojo, la mente, no el oído. El Evangelio según San Mateo (Felipe Scío) dice: "*6:22 La antorcha de tu cuerpo es tu ojo, Si tu ojo fuere sencillo: todo tu cuerpo será luminoso. 6:23 Mas si tu ojo fuere malo: todo tu cuerpo será tenebroso. Pues si la lumbre, que hay en ti, son tinieblas, ¿cuán grandes serán las mismas tinieblas?*"

El libro del profeta Jeremías (Felipe Scío) dice: "*31:31 He aquí que vendrá el tiempo, dice el Señor: y haré nueva alianza con la casa de Israel, y con la casa de Judá. 31:32 No según el pacto, que hice con los padres de ellos, en el día que los tomé de la mano, para sacarlos de la tierra de Egipto: pacto que invalidaron, y yo dominé sobre ellos, dice el Señor. 31:33 Mas este será el pacto, que haré con la casa de Israel después de aquellos días, dice el Señor: Pondré mi ley en las entrañas de ellos y la escribiré en sus corazones; y yo seré su Dios, y ellos serán mi pueblo. 31:34 Y no enseñará en adelante hombre a su prójimo, y hombre a su hermano, diciendo: Conoce al Señor, porque todos me conocerán desde el más pequeño de ellos hasta el mayor, dice el Señor: porque perdonaré la maldad de ellos, y no me acordaré más de su pecado.*"

Un cristiano no se debe someter a superiores, líderes o dirigente espirituales. Un cristiano debe ser un libre pensador, como Jesús nos mandó, por ejemplo, cuando nos dijo que no llamáramos a nadie que no sea él mismo, maestro, y cuando dijo que no llamemos a nadie padre, que no sea al Padre que está en los cielos. Los cristianos debemos hacer nuestros propios juicios y aprender a vivir de acuerdo a ellos.

El Cristianismo es por esencia una religión de libertad. Jesús vino a liberarnos del mundo, no a someternos al mismo. Y él quiere que lo amemos con amor y libertad, con nuestra mente y con nuestro corazón. Jesús ni quiere que actuemos en virtud de sumisión a superiores, líderes o dirigentes espirituales, ni por imitación, ni por tradición, sino por voluntad libre, amor, y entendimiento. Nuestras autoridades religiosas y ministros no son ni deben ser nuestros superiores, líderes o dirigentes espirituales: Ellos son hermanos y discípulos como lo somos nosotros. Esto es lo que Jesús enseñó conforme al Evangelio según San Mateo capítulo 23, por ejemplo.

Para ser libre pensadores, necesitaremos estar e inevitablemente vamos a estar en desacuerdo en algunas oportunidades entre nosotros. Nuestra imperfección no nos da posibilidad de ser libre pensadores sin estar en desacuerdo, y la posibilidad de estar en desacuerdo debe ser especialmente asegurada en la Iglesia Cristiana y valuada como un muy valioso tesoro. Es un error pedir unanimidad en la Iglesia Cristiana como lo hizo Pablo en la Primera Epístola de Pablo a los Corintios versículo 1:10.

Consecuencias

Este error facilitó a personas usurpar la posición de Cristo y con la autoridad derivada de ella, ordenar a cristianos a aceptar enseñanzas contrarias a las enseñanzas de Cristo, y a hacer cosas contrarias a las enseñanzas de Cristo, como las llevadas adelante por miembros de la Iglesia Cristiana en tiempos de la Inquisición.

El hombre en sumisión a otros hombres no piensa libremente; él no se sujeta a su razón, ni a la verdad, ni a la palabra de Cristo. El actúa conforme es mandado a actuar.

Todas las instituciones que se cimentan sobre sumisión son más fáciles de corromper. La corrupción de los hombres en los estratos superiores afecta a toda la organización. Y la clase de poder que genera la sumisión genera de por sí corrupción.

Este error tentó a personas a ser sumisas, y en esa forma los llevó a alejarse del camino de la salvación. Para recorrer el camino que conduce al Reino de los Cielos las personas debemos pensar por nosotros mismos, y actuar acorde con nuestro entendimiento.

Estas afirmaciones tientan y tentaron a muchas personas, que en verdad no toleran la idea de sumisión, a rechazar el Cristianismo. Las Democracias Constitucionales están perdiendo muchos ciudadanos cristianos, que siendo cristianos, podrían en virtud de su fe, hacer mucho bien. Las personas en las Democracias Constitucionales son enseñadas a creer en la libertad de pensamiento, y las personas que creen en la libertad de pensamiento se encuentran tentadas a alejarse del Cristianismo, porque sus "líderes espirituales" les piden sumisión de pensamiento. Personas que aman la libertad de pensamientos se encuentran tentadas a elegir entre su libertad de pensamiento y su Cristianismo, especialmente en países de mayoría cristiana, especialmente Católica.

Por esta razón, se encuentran tantas Democracias Constitucionales que no funcionan como deberían. Las Democracias Constitucionales y el Cristianismo deberían potenciarse recíprocamente en lugar de neutralizarse el uno al otro. La sumisión es buena para Totalitarismos. La sumisión hace al Cristianismo menos malo para los Totalitarismos y menos bueno para las Democracias Constitucionales.

Asimismo, para ser capaz de enforzar la sumisión, la Iglesia Católica mantuvo a las escrituras fuera del alcance de las personas, mantuvo a las personas ignorantes, y violó sus derechos de pensar y expresar su pensamiento. Estas también son consecuencias de las afirmaciones de Pablo.

Citas Ilustrativas

La Encíclica del Papa Leo XIII (1878-1903) "SAPIENTIAE CHRISTIANAE" dice: *"17. La verdad revelada. Pero, como manda el Apóstol San Pablo conviene que la unanimidad sea perfecta. No estribando la fe cristiana en la autoridad de la razón humana, sino de la divina, porque las cosas que hemos recibido de Dios creemos que son verdaderas, no porque veamos con la luz natural de la razón la verdad intrínseca de las cosas, sino por la autoridad del mismo Dios que las revela, el cual no puede engañarse ni engañar, se sigue la necesidad de abrazar con igual y semejante asentimiento todas y cada una de las verdades de que nos conste haberlas Dios revelado; y que negar el asentimiento a una sola, viene casi a ser lo mismo que rechazarlas todas, porque destruyen el fundamento mismo de la fe los que, o niegan que Dios ha hablado a los hombres, o dudan de su infinita veracidad y sabiduría.*

Determinar cuáles son las verdades divinamente reveladas, es propio de la Iglesia docente, a quien Dios ha encomendado la guarda e interpretación de sus enseñanzas, y el Maestro supremo en la Iglesia es el Romano Pontífice. De dónde se sigue que la concordia de los ánimos, así como requiere perfecto consentimiento en una misma fe, así también pide que las voluntades obedezcan y estén enteramente sumisas a la Iglesia y al Romano Pontífice, lo mismo que a Dios.

La obediencia ha de ser perfecta, porque lo manda la misma fe: y tiene esto de común con ella que ha de ser indivisible, hasta tal punto, que no siendo absoluta y enteramente perfecta, tendrá las apariencias de obediencia, pero la realidad no...”

Dice la misma Encíclica Sapientiae Christianae: *León P XIII: “18. Los límites de la obediencia. Tratándose de determinar los límites de la obediencia, nadie crea que se ha de obedecer a la autoridad de los Prelados y principalmente del Romano Pontífice solamente en lo que toca a los dogmas, cuando no se pueden rechazar con pertinacia sin cometer crimen de herejía. Ni tampoco basta admitir con sinceridad y firmeza las enseñanzas que la Iglesia, aunque no estén definidas con solemne declaración, propone con su ordinario y universal magisterio como reveladas por Dios, las cuales manda el concilio Vaticano que se crean con fe católica y divina: sino además uno de los deberes de los cristianos es dejarse regir y gobernar por la autoridad y dirección de los Obispos, y ante todo, por la Sede Apostólica. Facilísimamente se echa de ver cuán conveniente sea esto. Porque lo que se contiene en la Divina revelación, parte se refiere a Dios y parte al mismo hombre y a las cosas necesarias a la salvación del hombre. Ahora bien: acerca de ambas cosas, a saber, que se debe creer y que se ha de obrar, como dijimos, lo ordena la Iglesia por derecho divino y en la Iglesia el Sumo Pontífice. Por lo cual el Pontífice, por virtud de la autoridad, debe poder juzgar que es lo que se contiene en las enseñanzas divinas, qué doctrina concuerda con ellas y cuál es la que de ellas se aparta: y del mismo modo señalarnos las cosas buenas y las malas y lo que es necesario hacer o evitar para conseguir la salvación; pues de otro modo no sería para los hombres intérprete fiel de las enseñanzas de Dios, ni guía seguro en el camino de la vida."*[112] (El subrayado me pertenece).

Esta encíclica muestra, entre otras cosas, como, en sintonía con las enseñanzas de Pablo de Tarso, la Iglesia Católica Romana cometió el error de exigir a sus fieles sumisión en el obrar y en el pensamiento. Triste es que todavía lo sigue haciendo. Y también muestra como negó

[112] Papa León XIII (1878-1903), Encíclica "*Sapientiae*", Acerca de las Obligaciones de los Cristianos, pts. 17 y 18. "*Colección Completa de Encíclicas Pontificias 18:30-1950*", preparada por las Facultades de Filosofía y Teología de San Miguel, República Argentina, (Buenos Aires: Editorial Guadalupe, 1952), pág. 452.

la capacidad de los hombres de conocer la verdad intrínseca de las cosas a la luz natural de la razón.

II.15. Acerca de la Capacidad de los Hombres de Entender el Evangelio de Cristo. Sobre Que Debe Ser Enseñando a los Nuevos Cristianos

La Primera Epístola de Pablo a los Corintios (Felipe Scío) dice: "2:15 Mas el espiritual juzga todas las cosas: y él no es juzgado de nadie. 2:16 Porque: ¿quién conoció el consejo del Señor, para que pueda instruirle? Mas nosotros sabemos la mente de Cristo. 3:1 Y yo, hermanos, no os pude hablar como a espirituales, sino como a carnales. Como a párvulos en Cristo. 3:2 Leche os di de beber, no vianda: porque todavía sois carnales;"

Error

Es un error que un hombre les diga a otros hombres que no les puede hablar como a hombres espirituales, pero como a hombres carnales; como párvulos o infantes o niños en Cristo. Es un error decirle a un hombre que no puede ser alimentado con el alimento sólido del Cristianismo; especialmente a un cristiano, a un hermano.

Comentarios

Ya hemos visto como Pablo de Tarso divide a los cristianos en espirituales y en carnales. Aquí agrega que los primeros pueden ser hablados como a hombres espirituales, y pueden recibir el alimento sólido del Cristianismo, y los segundos, los cristianos carnales, no pueden ser hablados como a hombres espirituales y no están en condiciones de recibir el alimento sólido del Cristianismo. Él dice que leche les dio de beber porque todavía eran carnales.

Contrariamente a lo que aquí dice Pablo de Tarso todos los cristianos pueden ser hablados como a hombres espirituales. Todos los cristianos tenemos la capacidad de recibir el alimento sólido del Cristianismo.

Aún más, todos los hombres, incluso los no cristianos, tienen la capacidad para comprender el alimento sólido de la Cristiandad, si disponen su corazón para recibir a Jesucristo. Jesús vino a este mundo a llamar a pecadores, a hombres de este mundo, con un mensaje que todos los pecadores pueden comprender, incluso, por supuesto, los no cristianos. De lo contrario: ¿cómo podrían ser llamados?

Esta enseñanza de Pablo es errada y opuesta a las enseñanzas de Cristo. Pablo dijo que el tenía alimento sólido, es decir doctrina sólida, que por ser sólida no podía ser enseñando a infantes. Jesús agradeció al Padre que escondió su doctrina a los sabios y entendidos, y la reveló a los párvulos o infantes o pequeños. De esta forma dejó bien entendido que no se necesita ser sabio o entendido para comprender la palabra que él habló a los doce apóstoles; que los párvulos o infantes o pequeños, o aquellos que no son sabios, pueden recibir y entender la palabra que el habló a los doce apóstoles. El Evangelio según San Mateo (Felipe Scío) dice: "*11:25 En aquel tiempo respondiendo Jesús, dijo: Doy Gloria a ti, Padre, Señor del cielo y de la tierra, porque escondiste estas cosas a los sabios y entendidos, y las has descubierto a los párvulos; 11:26 Así es, Padre: porque así fue tu agrado.*"[113]

Cuando Pablo enseñó que los infantes en Cristo sólo pueden ser alimentados con alimento no sólido, implicó que la doctrina que Jesús enseñó durante su vida pública no era alimento sólido, porque Jesús la enseñó a los infantes. Si Jesús la enseñó a los infantes, y los infantes sólo pueden recibir leche, se deduce que la doctrina de Jesús es leche.

Además Pablo implicó que la doctrina que él tenía era superior a la que Cristo habló a los doce apóstoles. Su alimento es alimento sólido, y el alimento que Cristo habló a los doce apóstoles es leche. Leche, alimentos no sólidos, supuestamente deben ser dados a los infantes por un breve lapso para ser reemplazada luego por alimento sólido.

Pablo al decir que su doctrina es alimento sólido, que a los infantes sólo se les puede dar leche, implicó que la doctrina de Cristo, que Cristo dio a los infantes, era

---

[113] La misma palabra griega νεπιοις (nepiois) que usa Jesús en el Evangelio según San Mateo versículo 11:25, es usada por Pablo de Tarso en la Primera Epístola de Pablo a los Corintios 3:1, traducida en estas Biblias como párvulos, infantes, pequeños, niños.

leche y debía ser reemplazada por la doctrina que él enseñaba. Esto hace a su simbolismo mucho más grave todavía, aun cuando él enseñara que su doctrina también la había recibido de Cristo. Lo hace más grave porque sugiere que la doctrina que Jesús enseñó a los doce apóstoles debía ser reemplazada por una doctrina superior.[114]

Pablo cometió un error cuando escribió esta carta y puso a la doctrina que él enseñó por encima de la doctrina que Jesús enseñó a los doce apóstoles. La verdad es que la palabra que Cristo enseñó a los apóstoles no necesita reemplazo. La verdad es que el verdadero pan de vida, es la palabra que Jesús enseñó a los doce apóstoles, preservada en los Evangelios, en la cual los cristianos nos debemos mantener para ser fieles a Jesús. La verdad es que todos los hombres tienen la capacidad necesaria para comprender la doctrina de Jesús, y todos los hombres deben ser invitados a alimentarse con ella.

Consecuencias

Estas afirmaciones llevaron a muchos cristianos a poner a la doctrina de Pablo por encima de la palabra de Cristo, y a dar más posición a quienes son expertos en la doctrina de Pablo y citan sus lecturas, que a los que enseñan la palabra que Jesús enseñó a los doce apóstoles.

Estas afirmaciones conspiraron contra la igualdad y

[114] Una enseñanza similar puede encontrarse en la Epístola de Pablo a los Hebreos, versículo 5:12.

humildad que Cristo enseñó debe reinar entre los hermanos cristianos y han llevado a algunas personas a pensar que si la doctrina de Pablo es alimento sólido, y no puede ser enseñada a los niños en Cristo, lo mismo puede decirse con respecto a la doctrina de Jesús.

Por esta razón la palabra que Jesús enseñó a los doce apóstoles no fue enseñada a los cristianos como debería haber sido. La Iglesia Católica Romana, por ejemplo, no se tomó el trabajo de hacer que los cristianos aprendieran y entendieran los Evangelios. De hecho, por mucho tiempo, hizo lo contrario, y la misa fue celebrada en Latín, una lengua que la mayoría de los cristianos no entendían, pero solamente los 'sabios'. Todavía en nuestros días los cristianos no son alentados suficientemente a aprender la palabra de Cristo como él la expresó a los doce apóstoles, y no son alentados suficientemente a entender e interpretar las escrituras por sí mismos. La mayoría de los cristianos ni siquiera han leído los Evangelios.

Estas equivocadas afirmaciones de Pablo también llevaron a personas a creer que si las personas ordinarias no tienen capacidad de entender o juzgar la doctrina de Pablo, tampoco tienen capacidad para gobernarse a sí mismos, fundamentalmente porque parte de la doctrina de Pablo de Tarso versa sobre temas como el origen divino de la autoridad civil, su función y otros temas que están directamente relacionados con el gobierno civil.

Esta cuestión de la capacidad de las personas que Pablo negó, junto con otras enseñanzas de Pablo, pusieron un obstáculo al advenimiento de la Democracia

Constitucional que está fundada sobre la premisa de la capacidad de las personas. La libertad de las personas ordinarias es reconocida porque se cree que tienen la capacidad para usar esa libertad, y para juzgar como debe ser usada esa libertad. La Democracia Constitucional reconoce que las personas ordinarias tienen derecho a gobernar a través de representantes, porque se cree que las personas tienen la capacidad de gobernarse a sí mismas de ese modo.

La negación de la capacidad de las personas también promovió la actitud de los ministros cristianos de creerse por encima del resto de los hombres, y a llevar adelante su prédica sobre esta base. Promovió falta de humildad entre los ministros cristianos. Esto tienta a personas a distanciarse del cristianismo, especialmente a personas educadas y librepensadoras. También tienta a personas a no reflexionar y a no meditar en la palabra de Cristo. Las personas no tienen atracción por leer por sí mismas cosas que les han hecho creer que son incapaces de entender por sí mismas.

Citas ilustrativas

Dice la Carta Magno et Acerbo, enviada por el Papa Pío VII, el 3 de septiembre de 1816: "*Ahora bien, si nos dolemos que hombres muy conspicuos por su piedad y sabiduría han fallado no raras veces en la interpretación de las Escrituras, ¿qué no es de temer si éstas son entregadas para ser libremente leídas, trasladadas a cualquier lengua vulgar, en manos del vulgo ignorante, que las más de las veces no juzga por discernimiento alguno, sino llevado de cierta temeridad?...*

Por lo cual, con cabal sabiduría mandó nuestro predecesor Inocencio III en aquella célebre epístola a los fieles de la Iglesia de Metz lo que sigue: Mas los arcanos misterios de la fe no deben ser corrientemente expuestos a todos, como quiera que no por todos pueden ser corrientemente entendidos, sino sólo por aquellos que pueden concebirlos con fiel entendimiento. Por lo cual, a los más sencillos, dice el Apóstol, como a pequeñuelos en Cristo, os di leche por bebida, no comida (I Cor. 3,2). De los mayores, en efecto, es la comida sólida, como a otros decía él mismo: La sabiduría... la hablamos entre perfectos (I Cor. 2,6); mas entre vosotros, yo no juzgué que sabía nada, sino a Jesucristo, y éste crucificado (I Cor. 2,2). Porque es tan grande la profanidad de la Escritura divina, que no sólo los simples e iletrados, más ni siquiera los prudentes y doctos bastan plenamente para indagar su inteligencia. Por lo cual dice la Escritura que muchos desfallecieron escudriñando con escrutinio. (Ps. 63,7).[115]

Esta carta muestra como un Papa de la Iglesia Católica Romana, menosprecia la capacidad y la inteligencia de las personas ordinarias, a quienes trata de vulgo ignorante, se coloca en un plano de superioridad, y como deliberadamente sustrajo las escrituras del alcance de las personas ordinarias, fundando este error, en las enseñanzas y en las epístolas de Pablo de Tarso, que contradicen directamente las enseñanzas de Jesús en la

[115] Pío VII, 1800-1823, De las versiones de la Sagrada Escritura, (De la Carta Magna et acerbo, al arzobispo de Mohilev, de 3 de septiembre de 1816). Denzinger, Heinrich "*Enchiridion Symbolorum*" n° 1604.

materia.

II.16. Acerca del Poder de las Autoridades Civiles, su Origen, y las Razones para Temerles

La Epístola de Pablo a los Romanos (Felipe Scío) dice: "*13:1 Toda alma esté sometida a las potestades superiores: Porque no hay potestad sino de Dios: y las que son, de Dios son ordenadas. 13:2 Por lo cual el que resiste a la potestad, resiste a la ordenación de Dios. Y los que la resisten, ellos mismos atraen a sí la condenación. 13:3 Porque los príncipes no son para temor de los que obran lo bueno, sino lo malo. ¿Quieres tú no temer a la potestad? Haz lo bueno, y tendrás alabanzas de ella. 13:4 Porque es ministro de Dios para tu bien. Mas el que hiciere lo malo, tema: porque no en vano trae la espada. Pues es ministro de Dios: vengador en ira contra aquel, que hace lo malo. 13:5 Por lo cual es necesario, que le estéis sometidos, no solamente por la ira, mas también por la conciencia. 13:6 Por esta causa pagáis también tributos: porque son ministros de Dios, sirviéndole en esto mismo. 13:7 Pues pagad a todos lo que se les debe: A quien tributo, tributo: A quien pecho, pecho: a quien temor, temor: a quien honra, honra.*"

Error

Es un error decir que todas las autoridades han sido ordenadas o instituidas por Dios, y que debemos estar sometidas a ellas por esa razón. Es un error decir que quien se resiste a la autoridad se resiste a la ordenación de Dios. Es un error decir que las autoridades no son de temor para los que obran el bien, sino para los que obran el mal. Es un error decir que las autoridades son sirvientes de Dios para ejecutar la ira o justicia de Dios sobre el que hace lo malo.

Comentarios

Entre todos los serios errores que estos versículos contienen, me gustaría especialmente comentar estos cuatro señalados.

Comencemos por el primero de estos errores. Cuando la Epístola de Pablo a los Romanos dice que todas las autoridades que existen han sido instituidas por Dios, se refiere a las personas que ejercitan esa autoridad; a las personas en posición de autoridad. Por eso dice, por ejemplo, en el siguiente versículo, que las autoridades no son de temor para los que obran el bien, sino para los que obran lo malo. Pablo de Tarso no se refiere a la autoridad en abstracto, sino a las autoridades en concreto.

Y cuando dice que todas las autoridades han sido instituidas por Dios, no quiere decir que han sido instituidas en una forma indirecta, en virtud de que Dios es el Creador de todas las cosas y de que Dios está en control de todo. No lo dice en el sentido de que el hombre que ha recibido autoridad la ha recibido porque Dios, que está en control de todo, lo permitió. Pablo dice que Dios actuó efectivamente para hacerlas llegar a ser autoridad. Por eso dice primero, por ejemplo, que toda autoridad proviene de Dios, y luego agrega: y las que están por Dios han sido instituidas. Y por eso dice, por citar otro ejemplo, que las autoridades deben ser obedecidas, en virtud de que fueron instituidas por Dios.

Es verdad que la autoridad en abstracto ha sido creada por Dios, desde que Dios es el creador del hombre y de su naturaleza social; es verdad que todos aquellos que han recibido autoridad, la han recibido en virtud de que Dios lo permite; pero no es verdad que las personas que han recibido la autoridad han sido efectivamente hechas autoridades por Dios.

El Evangelio según San Mateo (Felipe Scío) dice: "*4:8 De nuevo le subió el Diablo a un monte muy alto: y le mostró todos los reinos del mundo, y la gloria de ellos, 4:9 Y le dijo: Todo esto te daré, si cayendo me adorares.*" El Evangelio según San Lucas (Felipe Scío) dice: "*4:5 Y le llevó el diablo a un monte elevado, y le mostró todos los reinos de la redondez de la tierra en un momento de tiempo, 4:6 Y le dijo: Te daré todo este poder, y la gloria de ellos: porque a mí se me ha dado, y a quien quiero, lo doy. 4:7 Por tanto, si postrado me adorares, serán todos tuyos. 4:8 Y respondiendo Jesús, le dijo: Escrito está: A tu Señor Dios adorarás, y a él sólo servirás*" Las preguntas y las respuestas en estos versículos sugieren con fuerza que no todas las autoridades son instituidas por Dios, sino en algunos casos al menos, por el Diablo.

En el libro Apocalipsis, versículo 13:4, la Primera Bestia, con sus diez cuernos y siete cabezas, que el mismo libro dice que son también diez reyes, reciben el trono y la autoridad del Diablo. Claramente este pasaje de la Biblia enseña que no todas las autoridades fueron instituidas por Dios.

En el Antiguo Testamento podemos encontrar casos particulares de autoridades instituidas por Dios, como por ejemplo Moisés, que son excepciones que confirman la regla que dice que no todas las autoridades son instituidas por Dios.

Hay autoridades que han sido instituidas a través de crímenes abominables y ciertamente no han sido instituidas por Dios en autoridad. Con estas enseñanzas Pablo les dio inapropiadamente legitimidad divina y fundamento divino a su autoridad.

Dios no instituyó a Hitler en autoridad. Dios no instituyó a Nerón como emperador. Se enseña que esta epístola fue escrita y enviada a los romanos cuando Nerón era emperador de Roma. Si así fuere, entonces Pablo habría enseñado a los cristianos de Roma, que Nerón fue instituido emperador por Dios.

En el Evangelio según San Juan, versículo 19:10, Pilatos le dice a Jesús que él tiene autoridad para soltarle y para crucificarle, y Jesús le contesta que él no tendría autoridad si no la hubiera recibido de lo alto. Algunos dicen que Jesús aquí enseñó que todas las autoridades han recibido el poder de lo alto.

Sin embargo, del hecho de que Jesús haya dicho que Dios dio a un hombre en particular su autoridad, Pilatos, no se puede concluir que todas las autoridades la hayan recibido de Dios. Y mucho menos se puede concluir que todas las autoridades han recibido su autoridad de Dios, del hecho de que Jesús haya dicho que Dios dio a un hombre en particular su autoridad y para un asunto específico, en el caso a Pilatos para soltar o crucificar a Jesús.

Además estas palabras de Jesús se pueden interpretar en el sentido de que Jesús dice que nadie tiene nada en esta vida que no haya recibido de lo alto, y en el sentido de que nadie puede hacer nada en la tierra que no se le haya permitido hacer desde lo alto. Y a partir del hecho de que Dios es el creador de todas las cosas, y del hecho de que Dios tiene control y poder sobre todo, no se puede concluir que todas las cosas que ocurren, como por ejemplo, que un hombre alcance autoridad, tienen a Dios por autor directo y efectivo. Del hecho de que Dios permita la institución de las autoridades no se puede concluir que todas las autoridades han sido instituidas directa y efectivamente por Dios, y mucho menos que las mismas deban ser obedecidas por esta razón.

Lo mismo se puede decir de algún otro pasaje del Antiguo Testamento que diga que las autoridades han recibido su autoridad de Dios. De hecho, estos deben ser interpretados en el sentido de que dicen que todas las autoridades han recibido su autoridad indirectamente de Dios en virtud de que Dios es el creador de todas las cosas, pero no el sentido de que Dios instituyó en forma directa, efectiva y concreta a todas las autoridades.[116]

---

[116] Los siguientes pasajes pueden decir, o parecer decir, que todas las autoridades han sido instituidas por Dios: Sab. 6:3; Prov. 8:15; Crón. 29:12; Si (Eclesiástico) 10:4. Daniel 5:18. Algunos de estos pasajes dicen que Dios les dio la autoridad en forma indirecta a todas las autoridades, por ser el Creador de todas las cosas. Otros dicen que todas las autoridades han llegado a serlo porque Dios lo permitió. Otros pueden ser interpretados con alcance particular no universal. Algunas veces se usan juicios universales en el Antiguo Testamento,

En el Antiguo Testamento en algunas ocasiones se hace a Dios autor de malas acciones. Los pasajes del Antiguo Testamento que lo hacen deben ser interpretados en el sentido de que Dios permitió esos males pero no el sentido de que Dios es el autor efectivo y directo de los mismos.

Algunas personas pretenden justificar este error de Pablo de Tarso diciendo precisamente, que cuando Pablo dice que todas las autoridades han sido instituidas u ordenadas por Dios, quiere decir que todas las autoridades han llegado a serlo porque Dios lo permitió, no porque Dios las instituyó en autoridad. Pero esto no se condice con el hecho de que Pablo de Tarso pretende dar legitimidad a las autoridades a partir de este hecho; pretende hacer que sean obedecidas todas las autoridades por este hecho; y hasta prohibir la rebelión en contra de ellas; lo que indica que está hablando de instituir efectivamente, no simplemente de permitir. Y tampoco se condice con los otros hechos ya señalados que dicen lo contrario.

Por otra parte, más allá de que como dije no hay verdaderos fundamentos para sustentar esta justificación, por lo contrario es claro que dice que Dios las instituyó en forma efectiva, la enseñanza sería errada aun bajo esta interpretación.

Es también errado decir que los hombres debemos obedecer a las autoridades porque Dios permitió que

---

que sólo son ciertos en sentido particular, y que tienen su origen en un estilo de escribir. Además, aun cuando lo dijeren, hay que tener en cuenta que otros pasajes, como los que mencioné del libro Apocalipsis, dicen otra cosa.

ellas hayan llegado a serlo. Sería tan errado como decir que los hombres debemos permitir que hombres malos nos hagan el mal, porque Dios permitió que nos lo hicieran. Entre las autoridades hay autoridades ilegítimas, que cometen el mal por el sólo hecho de detentar la autoridad ilegítimamente. Los hombres no estamos obligados a obedecer a las autoridades ilegítimas, porque Dios haya permitido que ellas lo llegaren a ser, porque el permiso de Dios no significa que su voluntad es que las obedezcamos, o reconozcamos.

Ni siquiera se podría deducir del hecho de que Dios instituyó en forma efectiva a una autoridad en particular, la conclusión de que debamos obedecerla por esta razón. Dios pudo instituir una mala autoridad en particular como castigo, o como instrucción, sin esperar que los que la padecen la obedezcan, sino por el contrario que se rebelen a la misma.

Y esto nos conduce al tratamiento del segundo error señalado. No es cierto que quienes se rebelan contra una autoridad se rebelan contra Dios. Quienes se rebelan en contra de una autoridad ilegítima, que Dios permitió que llegara a ser autoridad como a todas las otras, no se rebelan en contra de Dios. Dios nos mandó a amar a Dios, con todo nuestro corazón, y al prójimo como a nosotros mismos. Es fundamental para el bien del mundo en general, y de las personas en particular, que los hombres nos gobernemos a través de Democracias Constitucionales con reconocimiento de los derechos naturales. Como Dios nos ama y quiere nuestro bien, se puede concluir que Dios quiere que nos gobernemos a través de este sistema de gobierno. En muchos casos, quienes se rebelan contra una autoridad ilegítima para establecer una Democracia Constitucional con reconocimiento de los derechos naturales, hasta estará poniendo en práctica la voluntad de Dios.

Sin embargo, hay que tener en claro que existe la rebelión pacífica, es decir que rebelarse no significa necesariamente tomar las armas, y que si bien en algunos casos la rebelión violenta es justificada por la doctrina del derecho a la defensa, en otros casos no lo es, y se cumple mejor la voluntad de Dios al no hacerlo.

Con respecto al tercer error, que dice que las autoridades no son de temor para los que hacen el bien sino para los que hacen el mal, quiero decir, que no sólo constituye un error, pero también una enseñanza directamente opuesta a las enseñanzas de Jesús a los doce apóstoles.

Jesús tuvo buena conducta y fue crucificado. Jesús enseñó que las autoridades de los gentiles tienden a abusar de su poder, y que las autoridades hacen sentir su autoridad sobre ellos; y advirtió a los cristianos que, contrariamente a las enseñanzas de Pablo, ellos iban a ser odiados por el mundo, y llevados antes los reyes y gobernadores precisamente por su buena conducta; por ser cristianos. Su buena conducta los iba a hacer víctimas de las autoridades.

El Evangelio según San Mateo (Felipe Scío) dice: "*20:25 Mas Jesús los llamó a sí, y dijo: ¿Sabéis que los príncipes de las gentes avasallan a sus pueblos y que los que son mayores, ejercen potestad sobre ellos?*"

El Evangelio según San Juan (Felipe Scío) dice: "*15:18 Si el mundo los aborrece: sabed que me aborreció a mí antes que a vosotros. 15:19 Si fuerais del mundo, el mundo amaría lo que era suyo: mas porque no soy del mundo, antes yo os escogí del mundo, por eso os aborrece el mundo. 15:20 Acordaos de mi palabra, que yo os he dicho: El siervo no es mayor que su señor. Si a mí me han perseguido, también os perseguirán a vosotros: si mi palabra han guardado, también guardarán la vuestra.*"

El Evangelio según San Lucas (Felipe Scío) dice: "*21:12 Mas antes de todo esto os prendarán, y perseguirán, entregándoos a las sinagogas, y a las cárceles y os llevarán a los reyes, y a los gobernadores, por mi nombre.*"

¡La misma persona que antes de supuestamente "convertirse" persiguió, torturó, y mató cristianos inocentes que estaban bajo su autoridad, por la única razón de ser cristianos, aparentemente no aprendiendo nada de ello, o de la decapitación de Juan Bautista, o de la crucifixión de Cristo, tuvo el coraje de escribir, contradiciendo las enseñanzas de Cristo, que las autoridades no son de temer para el que obra bien!

Esto nos conduce al cuarto error. Las autoridades no son sirvientes de Dios para ejecutar la ira de Dios, ni la justicia de Dios, sobre el que hace el mal. La ejecución de la ira de Dios y de la justicia de Dios pertenece sólo a Dios. Y las autoridades no tienen manera de conocer con certeza el juicio de Dios en casos específicos.

Ningún hombre debe considerarse sirviente de Dios para ejecutar la ira de Dios, ni la justicia de Dios, sobre el que hace el mal. "No juzguéis", "No condenéis", enseñó

Cristo. No es función de ningún hombre o autoridad ejecutar la ira de Dios o la justicia de Dios sobre el que hace el mal. Dad al César lo que es del César, y a Dios lo que es de Dios. El poder de ejecutar la ira de Dios y la justicia de Dios sobre el que hace el mal no pertenece al César, sino a Dios exclusivamente, y no debe ser nunca reconocido al César.

Consecuencias

Diciendo que todas las autoridades han sido instituidas por Dios, Pablo dio fundamento divino, legitimidad divina, a todas las autoridades, sin distinguir el modo como el que llegaron al poder, ni el tipo de gobierno al que pertenecen, facilitando en esa forma la consolidación en el poder de autoridades ilegítimas, incluyendo algunas que llegaron al poder a través de crímenes abominables. También facilitó la consolidación de formas de gobierno autoritarias, tiranas, que no se basan en la igualdad de todas las personas, y que no reconocen los demás derechos naturales del hombre.

Diciendo que quien se rebela en contra de la autoridad se rebela en contra de Dios, y atrae sobre sí la condenación, desalentó el advenimiento de las democracias constitucionales que en numerosos países del mundo han llegado a través de revoluciones. Todos aquellos que se han enfrentado a tiranías en naciones cristianas desde los tiempos de Cristo han tenido que luchar en contra de las palabras de Pablo de Tarso.

Diciendo que las autoridades no son un terror para

los que hacen el bien, Pablo contradijo la doctrina que Jesús enseñó a los doce apóstoles, trajo confusión entre los cristianos, y desalentó la preparación de los cristianos para las persecuciones que iban a tener que soportar de parte de las autoridades, por el sólo hecho de ser cristianos; especialmente en los primeros tiempos. Recordemos que poco tiempo después de que esta carta supuestamente fue escrita, Nerón iba a comenzar una persecución en contra de los cristianos, y esa persecución sería seguida por una serie de persecuciones que iban a poner a prueba la fe de la naciente Iglesia Cristiana.

Además, diciendo que todas las autoridades son sirvientes de Dios para ejecutar la ira o la justicia de Dios en contra del que obra el mal, facilitó la comisión de malignos actos por parte de autoridades sin escrúpulos. Esto, especialmente, porque él dice que las autoridades no son de temor para el hombre que hace el bien, sino para el que hace el mal. Estas afirmaciones implican que si alguien es objeto de mal de parte de las autoridades, o perseguido, es porque actuó mal: "algo habrá hecho." Y esta presunción de culpabilidad que Pablo indirectamente establece, facilita el abuso del poder, y dificulta el imperio del principio de inocencia, que dice que nadie es culpable hasta que se pruebe lo contrario, que es base de las Democracias Constitucionales con reconocimiento de los derechos naturales del hombre.

Pablo a través de estas palabras, y otras, desalentó el advenimiento de las Democracias Constitucionales. Este sistema de gobierno está fundado en el principio de que las autoridades deben ser instituidas entre los gobernados, recibiendo su poder del consentimiento del pueblo, a través del voto, no de Dios.

La Democracia Constitucional es una forma de gobierno fundada sobre el principio que dice que no todas las autoridades son legítimas e instituidas por Dios, y que sólo la Democracia Constitucional es una legítima forma de gobierno en circunstancias normales.

La Democracia Constitucional es una forma de gobierno fundada sobre el principio que dice que todos los pueblos tienen el derecho a rebelarse en contra de la autoridad ilegítima para instaurar o reinstaurar esta forma de gobierno.

La Democracia Constitucional es una forma de gobierno en la cual el poder de las autoridades es limitado en virtud de la tendencia que tienen las autoridades a oprimir al pueblo. El poder de las autoridades es limitado porque no se considera a las autoridades como autoridades instituidas por Dios para ejecutar la ira o justicia de Dios sobre los que obran el mal.

La Democracia Constitucional es una forma de gobierno en la cual las autoridades no tienen el poder de imponer la religión, ni una religión o castigar conductas que no son contrarias al derecho natural, y son sólo contrarias a una determinada fe, porque no se cree que las autoridades son sirvientes de Dios para ejecutar la ira o la justicia de Dios sobre los que hacen el mal.

Es parte de la ideología de la Democracia Constitucional que esta forma de gobierno es necesaria para el bien común, entre otras razones, a causa de la tendencia de las autoridades a oprimir al mismo. La Constitución, las declaraciones de derechos y garantías, y la división de poderes, tienen por objetivo limitar el poder de las autoridades.

La Declaración de Independencia de los Estados Unidos de América dice: "[2.*1 Sostenemos estas verdades como evidentes por sí mismas, que todos los hombres han sido creados iguales, y que han sido hechos titulares por su Creador de ciertos derechos inalienables, entre los cuales se encuentra la vida, la libertad y la búsqueda de la felicidad. Que para asegurar estos derechos, los gobiernos son instituidos entre los hombres, derivando sus legítimos poderes del consentimiento de los gobernados]*."

Pablo de Tarso con estas erradas enseñanzas desalentó el advenimiento de la Democracia Constitucional, con separación de Estado e Iglesias, con reconocimiento de los derechos a la libertad de religión, pensamiento y expresión, y demás derechos naturales del hombre.

Citas Ilustrativas

El 29 de Junio de 1881, el Papa León XIII, dio la Encíclica Diuturnum Illud, que dice: "7. *Los que pretenden que la sociedad civil ha provenido del libre consentimiento de los hombres, tomando de la misma fuente el principio del mando de la misma, dicen que cada uno de los hombres cedió algo de su derecho, y que por su voluntad, trasladó la parte de potestad que le era propia de aquél, a quien de ese modo habría llegado la suma de aquellos derechos. Pero es un grande error no ver lo que es manifiesto, a saber: que los hombres, no siendo una raza vaga o errante, además de su libre voluntad, han nacido para una natural comunidad; y además, el pacto que predican es claramente un invento y una ficción, y no sirve para dar a la potestad política tan grande fuerza, dignidad y firmeza, cuanto requieren la defensa de la república y las utilidades comunes de los ciudadanos. Y el principado sólo tendrá esta majestad y sostén universal, si se entiende que dimana de Dios, fuente augusta y santísima. Ninguna opinión o sentencia puede hallarse, no sólo mas verdadera, pero ni más útil seguramente. Pues, si la potestad de los que gobiernan las ciudades es cierta comunicación de la potestad divina, por esta misma causa la potestad humana consigue al punto mayor dignidad; no aquella impía y absurdísima pretendida por los emperadores paganos, que afectaban alguna veces honores divinos, sino verdadera y sólida, y ésta recibida por cierto don y beneficio divino. Por lo cual convendría que los ciudadanos estén sujetos y obedezcan a los príncipes, como a Dios, no tanto por el temor del castigo, cuanto por el respeto de la majestad, y no por adulación, sino por la conciencia del deber. Con lo cual, el imperio permanecerá en su grado colocado con muchísima más firmeza. Pues experimentando los ciudadanos la fuerza de este deber, es necesario que huyan de la maldad y de la contumacia; porque deben estar persuadidos de que los que resisten a la potestad política, resisten a la divina voluntad, y que los que rehúsan honrar a los príncipes, rehúsan honrar a Dios.*

8. Conforme con esta doctrina instruyó el Apóstol San

Pablo a los romanos en particular, a los cuales escribió acerca de la reverencia que se debe a las supremas potestades con tan grande autoridad y peso, que parece que nada puede mandarse con más severidad: Toda alma está sujeta a las potestades superiores: pues no hay potestad sino de Dios: las cosas que son, de Dios ordenadas son. Así quien resiste a la potestad resiste a la ordenación de Dios. Mas los que resisten se hacen reos de condenación...Por tanto debéis estarle sujetos no sólo por el castigo, sino también por conciencia." (Rom. 13:1-2,5). Y en este mismo sentido está del todo conforme la nobilísima sentencia de San Pedro, príncipe de los Apóstoles: Estad sujetos a toda humana criatura (constituida sobre vosotros) por respeto a Dios, ya sea el rey como el que ocupa el primer lugar, ya sean los gobernadores, como puestos por Dios para castigo de los malhechores y alabanza de los buenos: porque así es la voluntad de Dios (1 Pedro 2:13, 15)."

9. Una sola causa tienen los hombres para no obedecer, y es, cuando les pide algo que repugne abiertamente al derecho natural o divino; pues todas aquellas cosas en que se viola la ley natural o la voluntad de Dios, es malo el mandarlas y el hacerlas. Si, pues, acontece a alguno el ser obligado a elegir una de las dos cosas, a saber, o despreciar los mandatos de Dios o de los príncipes, se debe obedecer a Jesucristo que manda dar al César lo que es del César y a Dios lo que es de Dios, (Mat. 22:21) y a ejemplo de los apóstoles responder animosamente: conviene obedecer a Dios más bien que a los hombres." (Acts 5:9).[117]

Se puede ver en escrito de León XIII como la Iglesia

[117] León P. XIII. Encíclica Diuturnum Illud. Sobre el Origen del Poder. Pto. 7. "*Colección Completa de Encíclicas Pontificias*", ob. cit., pág. 316.

Católica Romana abrazó las ideas de Pablo de Tarso; como éstas fueron serviciales a formas de estados autoritarias, y a sus autoridades; y como estas enseñanzas se constituyeron en un obstáculo para el advenimiento de la democracia constitucional.

También se puede ver como constituyeron un obstáculo para la comprensión de verdades fundamentales, como lo son el hecho de que las tiranías y las formas de gobierno que no se estructuran sobre la base de la igualdad, de la libertad, y del reconocimiento de los demás derechos naturales de todos los hombres, por este sólo hecho ya violan la ley natural y la voluntad de Dios.

Cuando en la Encíclica se dice que el principado sólo tendrá esta majestad y sostén universal, si se entiende que dimana de Dios, fuente augusta y santísima, explícitamente se reconoce que al darle esa majestad que no le corresponde, se la fortalece.

Es voluntad de Dios que vivamos en Democracias Constitucionales con reconocimiento de los derechos naturales del hombre, y con reconocimiento del derecho al ejercicio de esos derechos naturales del hombre. Y es la voluntad de Dios que trabajemos para que todos los pueblos vivan en el mundo en Democracias Constitucionales como la descripta, para que la palabra de Dios pueda ser llevada a todas las naciones del mundo, y para que todos los habitantes del mundo sean libres, tengan libertad de religión, y libertad de ser cristianos.

II.17. Acerca de la Ley Dada por Dios a Moisés y el Antiguo Testamento

La Epístola de Pablo a los Romanos (Felipe Scío) dice: "*4:14 Porque si los de la ley son los herederos: queda aniquilada la fe, y la promesa sin valor. 4:15 Porque la ley obra ira. Puesto que donde no hay ley, no hay quebrantamiento.*"

La Epístola de Pablo a los Romanos (Felipe Scío) dice: "*5:20 Y sobrevino la ley, para que abundase el pecado. Mas cuando creció el pecado, sobrepujó la gracia, 5:21 Para que como reinó el pecado para muerte: así también reine la gracia por justicia para vida eterna por Jesucristo nuestro Señor.*"

La Primera Epístola de Pablo a los Corintios (Felipe Scío) dice: "*15:56 El aguijón pues de la muerte es el pecado: y la fuerza del pecado en la ley.*"

La Segunda Epístola de Pablo a los Corintios (Felipe Scío) dice: "*3:6 El que también nos ha hecho ministros idóneos del Nuevo Testamento: no por la letra, mas por el espíritu: porque la letra mata, y el espíritu vivifica. 3:7 Y si el ministerio de muerte grabado con letras sobre piedras, fue en gloria, de manera que los hijos de Israel no podían ni mirar a la cara de Moisés por la gloria de su semblante, la que había de perecer,*"

Error

La Ley dada por Dios a Moisés no obra la ira, ni trae la

ira. La Ley dada por Dios a Moisés no vino para que abundase el pecado. El poder del pecado no está en la Ley dada por Dios a Moisés. Los mandamientos dados por Dios a Moisés no eran un ministerio de muerte grabado con letras sobre piedras.

Comentarios

Cuando Pablo usa la palabra ley en estos versículos y en la mayoría de las epístolas por lo menos, sino en todas, se refiere a la Ley de Moisés, incluyendo en su concepto a la ley dada por Dios a Moisés.[118] Cuando Pablo usa la palabra ira en estos versículos se refiere a la ira de Dios.[119]

---

[118] Se puede ver que Pablo usa la palabra ley con este sentido en estos versículos de la Epístola de Pablo a los Romanos, leyendo la epístola por supuesto, y prestando atención a los versículos 5:12-14. El versículo 5:20 de la Epístola de Pablo a los Romanos también nos dice que este es el significado con el que Pablo utiliza la palabra ley en el versículo 15:56 de la Primera Epístola de Pablo a los Corintios. La palabra griega traducida como ley en estos versículos es νομος (nomos), la misma palabra griega traducida como ley, por ejemplo, en el versículo 5:17 del Evangelio según San Mateo, en el cual Cristo dice que él no ha venido a abolir la ley sino a darle cumplimiento, y que hasta que no pasen el cielo y la tierra ni un tilde ni un punto pasará de la ley. La obra "La Sagrada Escritura" de los Profesores de la Compañía de Jesús, ob. cit., pág. 222, comentando los versículos 5:20-21, dice: *"Los v.20-21 son como el complemento indispensable de toda la perícopa. Entre Adán y Cristo existió la ley mosaica. Esta ley confería al periodo que media entre Moisés y Cristo un carácter especial. ¿No se podrá decir de ella que había atenuado el pecado y conferido la gracia? ¿Cuál era su papel?..."* Se puede ver como esta obra da a la palabra ley el significado de ley Mosaica, que incluía en su concepto a la ley dada por Dios a Moisés

[119] La palabra es usada con ese significado en la Epístola de Pablo a los Romanos. En el versículo 1:18, (Felipe Scío), se dice: "*1:18 Porque la ira de Dios se manifiesta en el cielo contra toda la impiedad, e injusticia de aquellos*

La ley dada por Dios a Moisés no trajo la ira de Dios. La maldad de los hombres trajo y trae la ira de Dios. La ley dada por Dios a Moisés nos manda a amar a Dios con todo el corazón, con todo el alma, con toda la mente y con todas nuestras fuerzas.[120] El Evangelio según San Mateo (Felipe Scío) dice: "*22:36 Maestro, ¿cuál es el grande mandamiento en la ley? 22:37 Jesús le dijo: Amarás al Señor tu Dios de todo corazón, y de toda tu alma, y de todo tu entendimiento. 22:38 Este es el mayor, y el primer mandamiento. 22:39 Y el segundo semejante es a éste: Amarás a tu prójimo, como a ti mismo. 22:40 De estos dos mandamientos depende toda la ley, y los profetas.*" Ni el mandamiento, ni la acción de amar a Dios con todo nuestro corazón, con toda nuestra alma, y con todo nuestro entendimiento, traen la ira de Dios. La ley dada por Dios a Moisés manda a amar a nuestro prójimo

---

hombres, que detienen la verdad de Dios en injusticia." En el versículo 2:5 (Felipe Scío) se dice: "*2:5 Mas por tu dureza y corazón impenitente, atesoras para ti ira en el día de la ira, y de la revelación del justo juicio de Dios.*" En el versículo 2:8 (Felipe Scío) se dice: "*Mas con ira, e indignación, a los que son de contienda, y que no se rinden a la verdad, sino que obedecen a la injusticia.*" En el versículo 3:5 (Felipe Scío) se dice: "*Pues si nuestra injusticia encarece la justicia de Dios, ¿qué diremos? ¿Es por ventura Dios injusto, que castiga en la ira?*" En el versículo 5:9 (Felipe Scío) se dice: "*Murió Cristo por nosotros: pues mucho más ahora que somos justificados por su sangre, seremos salvos de la ira por él mismo.*" En el versículo 9:22 (Felipe Scío) se dice: "*Y qué, si queriendo Dios mostrar su ira, y hacer manifiesto su poder, sufrió con mucha paciencia los vasos de ira, aparejados para muerte,*" En el versículo 12:19 (Felipe Scío) se dice: "*No defendiéndoos a vosotros mismos, muy amados, mas dad lugar a la ira: porque escrito está: A mí me pertenece la venganza: yo pagaré, dice el Señor.*" La palabra griega usada para decir "ira" es οργη (orgue).

[120] La Biblia, libro Deuteronomio, versículo 6:5.

como a nosotros mismos.[121] Ni el mandamiento, ni la acción de amar al prójimo como a nosotros mismos, traen la ira de Dios.

La ley dada por Dios a Moisés no vino para que abundase el pecado, o para incrementar el pecado. La ley dada por Dios a Moisés fue dada al pueblo judío como un instrumento para alcanzar la salvación, para alcanzar vida.

Y la ley dada por Dios a Moisés no es el poder o la fuerza del pecado. Es el Diablo, son los demonios, son los vicios, son las malas doctrinas, y los malos hábitos, la fuerza del pecado.

Quien dice que la Ley de Moisés vino para que abundase el pecado o para incrementar el pecado, incluyendo en su concepto de ley a la ley dada por Dios a Moisés, está haciendo a Dios responsable del incremento del pecado. Esto es blasfemia en contra de Dios.

La ley dada por Dios a Moisés no es el ministerio de muerte grabado con letras en piedras. La ley dada por Dios a Moisés, tenía por objetivo ser inscripta en el corazón de los judíos, y muchos judíos tuvieron la Ley dada por Dios a Moisés inscripta en su corazón y hallaron vida con ello.

Muchos judíos, que no eran perfectos por supuesto, y no observaron todas y cada una de las obras prescriptas por la Ley, hallaron vida. El Evangelio según San Mateo (Felipe Scío), dice hablando acerca de los momentos posteriores a la muerte de Cristo: "*27:52 y se abrieron los sepulcros: y muchos cuerpos de santos, que habían muerto*

[121] La Biblia, libro Levítico, versículo 19:18.

resucitaron, 27:53 y saliendo de los sepulcros después de la resurrección de él, vinieron a la ciudad, y aparecieron a muchos." Todos estos resucitados fueron judíos que hallaron vida. La Ley dada por Dios a Moisés no fue un ministerio de muerte; trajo vida y trajo muerte.

El libro Éxodo (Felipe Scío) dice: "*24:12 Y el Señor dijo a Moisés: Sube a mí al monte, y estate allí: y te daré unas tablas de piedra, y la ley y mandamientos que he escrito: para que los enseñes.*" La ley dada por Dios a Moisés fue dada para instrucción.

El libro de los Salmos (Felipe Scío) dice: "*18:8 La Ley del Señor sin mancilla, que convierte las almas: el testimonio del Señor fiel, que da sabiduría a los pequeñuelos.*" La ley dada por Dios a Moisés convierte las almas y da sabiduría.

El libro Deuteronomio (Felipe Scío) dice: *"30:6 Entonces el Señor Dios tuyo circuncidará tu corazón y el corazón de tus descendientes, para que ames al Señor Dios tuyo de todo tu corazón y con toda tu alma, a fin de que así consigas la vida. 30:7 Y todas estas maldiciones las convertirá contra tus enemigos y contra los que te aborrecen y persiguen. 30:8 Tú empero te convertirás y escucharás la voz del Señor Dios tuyo, y cumplirás todos los mandamientos que hoy te intimo yo. 30:9 Y el Señor Dios tuyo manifestará su bendición en todas las obras de tus manos, en los hijos que saldrán de tu seno y en la cría de tus ganados, en la fecundidad de tu tierra y en la abundancia de todas las cosas. Porque volverá el Señor a complacerse en colmarte de bienes, como se complació en orden a tus padres; 30:10 con tal que oigas la voz de tu Señor Dios, y guardes sus preceptos y ceremonias prescriptas en esta ley; y te conviertas al Señor Dios tuyo de todo tu corazón y con toda tu alma. 30:11 Este mandamiento que yo te intimo hoy no está sobre ti, ni puesto lejos de ti, 30:12 ni situado en el cielo, de suerte que puedas decir: ¿Quién de nosotros podrá subir al cielo para que nos traiga ese mandamiento y le oigamos y pongamos por obra? 30:13 Ni está situado a la otra parte del mar, para que excuses y digas: ¿Quién de nosotros podrá atravesar los mares, y traérnosle de allá para que podamos oír y hacer lo que se nos manda? 30:14 Sino que el dicho mandamiento está muy cerca de ti: en tu boca está y en tu corazón, y en tu mano para que lo cumplas. 30:15 Considera que hoy he puesto a tu vista la vida y el bien de una parte, y de otra la muerte y el mal. 30:16 Con el fin de que ames al Señor tu Dios, y sigas sus caminos, y guardes sus mandamientos, y ceremonias y ordenanzas, para que vivas y el Señor te multiplique y bendiga en la tierra, en cuya posesión entrarás.*" (El subrayado me pertenece). La ley dada por Dios a Moisés fue dada para ser inscripta en el corazón y para recibir vida a través de ella.

Consecuencias

Estas afirmaciones de Pablo blasfeman en contra de Dios, ofenden a los judíos, y se apartan de la coherencia y racionalidad de la religión cristiana. Además distorsionan el concepto de la Ley dada por Dios a Moisés, que es santa para los judíos, y debiera ser santa para los cristianos. Y por supuesto dificultaron la difusión del Cristianismo entre los judíos.

II.18. Acerca del Consejo de Guardarse de los Perros, Malos Obreros y de la Tajadura

La Epístola de Pablo a los Filipenses (Felipe Scío) dice: "*3:1 Resta, hermanos míos, que os gocéis en el Señor. A mí no me es molesto el escribiros las mismas cosas, y es necesario para vosotros. 3:2 Guardaos de los perros, guardaos de los malos obreros, guardaos de la tajadura. 3:3 Porque nosotros somos la circuncisión, los que servimos a Dios en espíritu, y nos gloriamos en Jesucristo, y no tenemos confianza en la carne. 3:4 Aunque yo tenga también de que confiar en la carne. Si alguno otro piensa, que tiene de que confiar en la carne, yo más, 3:5 Que he sido circuncidado al octavo día, del linaje de Israel, de la tribu de Benjamín, hebreo de hebreos, cuanto a la ley, fariseo; 3:6 Cuanto al celo, perseguidor de la Iglesia de Dios, cuando a la justicia de la ley, he vivido irreprensible.*" (El subrayado me pertenece).

Error

Estas palabras de Pablo que aconsejan guardarse de los perros, de los malos obreros, y de la tajadura son un error.[122]

---

[122] La obra "Biblia Comentada" de los Profesores de Salamanca, ob. cit., tomo VI, pág. 611, se dice: "*En la actual invectiva contra los judaizantes tiene el Apóstol términos muy duros. Los llama perros, malos obreros, mutilación. Nada tiene de extraño que los llame malos obreros, pues su labor en la obra del Evangelio era destructiva más que constructiva; pero ¿qué quiere significar con los términos perros y mutilación? Suponen muchos que, llamándoles perros, trata de devolverles con ironía el epíteto con que el judaísmo solía designar a los paganos (cf. Mt 15,26), o que usaba ese término como sinónimo de despreciable o de descarados...*" La obra "La Sagrada Escritura" de los Profesores de la Compañía de Jesús, ob. cit., Nuevo Testamento, tomo II, pág.774, dice: "*¡Tened cuidado de los perros!: el tema de los*

Comentarios

Pablo está usando la palabra tajadura para referirse a la circuncisión, y está llamando perros, malos obreros y tajadura a los judíos, incluyendo a los judíos cristianos que creían que los judíos cristianos todavía estaban obligados a cumplir con la parte de la Ley de Moisés que no se oponía a las enseñanzas de Cristo.

Las Biblias con las que trabajo en este libro traducen en lugar de la palabra "tajadura", otras palabras. Una traduce "falsos circuncisos", otra "mutilación", otra "falsa circuncisión", otra "mutiladores del cuerpo".[123] Tajadura y mutilación son traducciones más precisas.[124]

La circuncisión era una obligación del Antiguo Convenio, del Antiguo Testamento, de la Ley de Moisés. Era una suerte de bautismo del Antiguo Convenio; una suerte de Sacramento del Antiguo Convenio. El hecho de

---

judaizantes agudiza el lenguaje de Pablo, que con un grito de alarma se ve obligado a defender el evangelio contra los aferrados a la justificación por la ley." -

[123] La Biblia Libro del Pueblo de Dios dice: falsos circuncisos. La Nueva Biblia de Jerusalén dice: mutilación. La Biblia de las Américas dice: falsa circuncisión. La Biblia Reina-Valera (1960) dice: mutiladores del cuerpo.

[124] La palabra latina traducida como "tajadura" es concisionem. El texto griego dice κατατομην (katatomen) que significa mutilación. Las obras "La Sagrada Escritura" y "Biblia Comentada" dicen que su uso es parte de un juego de palabras con el cual Pablo se burla de la circuncisión, que en griego se dice περιτομη (pepitome). Profesores de la Compañía de Jesús, "Sagrada Escritura", ob. cit., Nuevo Testamento, tomo II, pág. 774. Profesores de Salamanca, "Biblia Comentada", ob. cit., Hechos y San Pablo, tomo VI, pág. 612.

que algunos judíos cristianos quisieren que todos los cristianos se circunciden, aunque era equivocado, era entendible en el momento. El hecho de que algunos judíos cristianos hayan querido que los judíos cristianos observaran la parte de la Ley de Moisés que no era opuesta a las enseñanzas de Cristo, aunque era un error, era entendible: en el momento. Pablo cometió un error al usar las palabras perros, malos obreros, y tajadura o mutilación, para referirse a los judíos y a la circuncisión, especialmente a los judíos cristianos.

Pablo debería haberle dado un tratamiento diferente a este tema, un tratamiento respetuoso, como el tratamiento que Pedro le dio, de acuerdo al libro de los Hechos de los Apóstoles, versículo 15:8; y Santiago le dio, de acuerdo al mismo libro, versículo 15:13. Estas palabras de Pablo no fueron escritas bajo inspiración del Espíritu Santo, y no son la palabra de Dios.

El libro de los Hechos de los Apóstoles y las Epístolas de Pablo mencionan disputas entre Pablo y los judíos cristianos que querían forzar no sólo a los judíos cristianos, pero incluso a los gentiles cristianos, a observar la ley en todo lo que no fuera opuesto a las enseñanzas de Cristo. El versículo 15:15 del libro de los Hechos de los Apóstoles presenta fariseos convertidos haciendo estos planteos.[125]

---

[125] El libro de los Hechos de los Apóstoles (Felipe Scío) dice: "*15:1 Y vinieron algunos de la Judea que enseñaban a los hermanos: Si no os circuncidáis según el rito de Moisés, no podéis ser salvos.*"' El mismo libro de la Biblia y la misma traducción dice: "*15:5 Mas se levantaron algunos de la secta de los fariseos, que habían creído, diciendo: Que era necesario que ellos fuesen circuncidados, y que se les mandase también guardar la ley de Moisés.*" La Epístola de Pablo a los Gálatas (Felipe Scío)

Recordemos que los doce apóstoles, de acuerdo al libro de los Hechos de los Apóstoles, ni prohibieron a los judíos cristianos creer que los judíos cristianos están obligados a observar ley Judía, en lo que no era opuesto a las enseñanzas de Jesús, ni prohibieron su observación o cumplimiento. Esto es lo que surge del Concilio de Jerusalén, de acuerdo al libro de Hechos de los Apóstoles, capítulo 15.

No era ni correcto, ni necesario, usar las palabras perros, malos obreros, y tajadura o mutilación, para referirse a los judíos o a la circuncisión, hayan sido los judíos cristianos o no. Era insultante hacerlo. Estas palabras de Pablo son erradas e incorrectas, no fueron escritas bajo inspiración del Espíritu Santo, y no son la palabra de Dios.

Algunas personas han intentado justificar a Pablo, diciendo que era una costumbre judía tratar a los gentiles como perros. Sin embargo, aun cuando lo hubiera sido, lo cual no creo, esto no hubiera justificado el insulto. Hay buenas y malas costumbres.

Cristo usó la palabra pequeños perros para contestar a

---

dice: "*2:11 Y cuando vino Cefás a Antioquía, le resistí en su cara, porque merecía reprensión. 2:12 Por cuanto antes que viniesen algunos de parte de Santiago, comía con los gentiles; mas después que vinieron, se retiraba, y separaba, temiendo a los que eran de la circuncisión.*" La Epístola de Pablo a los Gálatas (Felipe Scío) dice: "*5:1Estad firmes y no os sometáis otra vez al yugo de la servidumbre. 5:2 Mirad que os digo yo Pablo: que si os circuncidareis, Cristo no os aprovechará en nada. 5:3 Y de nuevo protesto a todo hombre que se circuncida, que está obligado a guardar toda la ley. 5:4 Vacíos sois de Cristo, los que os justificáis por la ley: habéis caído de la gracia.*" La Epístola de Pablo a los Gálatas (Felipe Scío): "*5:12 Porque todos los que quieren agradar en la carne, estos os apremian a que os circuncidéis, sólo por no padecer ellos la persecución de la cruz de Cristo. 5:13 Porque ni aun los que circuncidan guardan la ley: sino que quieren que vosotros os circuncidéis para gloriarse en vuestra carne.*"

una mujer del Canaán. El Evangelio según San Mateo (Felipe Scío) dice: "*15:21 Y saliendo Jesús de allí, se fue a las partes de Tiro y Sidón. 15:22 Y he aquí una mujer cananea que había salido de aquellos términos, y clamaba diciendo: Señor, hijo de David, ten piedad de mí: mi hija es malamente atormentada del demonio. 15:23 Y él no le respondió palabra. Y llegándose sus discípulos, le rogaban y decían: Despáchala, porque viene gritando en pos de nosotros. 15:24 Y él respondiendo dijo: No soy enviado sino a las ovejas, que perecieron, de la casa de Israel. 15:25 Mas ella vino, y le adoró, diciendo: Señor, valedme. 15:26 El respondió, y dijo: No es bien tomar el pan de los hijos, y echarlo a los perros. 15:27 Y ella dijo: Así es, Señor: mas los perrillos comen de las migajas, que caen de la mesa de sus señores. 15:28 Entonces respondió Jesús, y le dijo: Oh mujer, grande es tu fe: hágase contigo como quieres. Y desde aquella hora fue sana su hija.*" Sin embargo, Cristo se estaba refiriendo a una mujer poseída por el demonio,[126] y la expresión esta usada en el marco de una metáfora. Por el contrario, la expresión de Pablo es un mero insulto.

Y aun cuando Pablo pudiera haber estado justificado al llamar a los gentiles "perros", lo cual no es cierto, ello no habría querido decir que él estaba justificado al llamar a los judíos "perros", y mucho menos a judíos cristianos, que equivocadamente creían que los judíos cristianos

---

[126] La palabra griega que hallamos en el Evangelio según San Mateo, versículo 15:26, traducida como perro, es κυναρια (kunaria), que significa perrito. La palabra griega προσκυνεω (proskuneo), que significa honrar, dar culto, adorar, derivaría de la palabra κυων (kuon), que significa perro, lo mismo que la palabra κυναρια (kunaria), que significa perrito. Algunos creen que la idea subyacente que dio origen a la palabra griega προσκυνεω (proskuneo) sería lamer la mano del amo, como lo suelen hacer los perros respecto de sus dueños.

estaban obligados a observar la parte de la ley judía que no era opuesta a las enseñanzas de Jesús.

Consecuencias

Estas insultantes palabras en contra de los judíos dificultaron la difusión del Cristianismo entre los judíos, y promovieron malas relaciones entre los judíos y los cristianos. Además fueron un mal ejemplo para los cristianos, y sirvieron para ocultar la perfección del Evangelio de Cristo.

Citas Ilustrativas

San Justino, un santo de la Iglesia Cristiana, reconocido por la Iglesia Católica Romana, que vivió en el siglo segundo después de Cristo, que escribió no pasados 100 años después de que Pablo de Tarso escribió sus epístolas, trató este tema en su libro "Diálogo con Trifón", capítulo 47. San Justino en este libro dialoga con un judío, entre otros temas, acerca de los judíos cristianos que querían seguir observando la Ley de Moisés, acerca de los judíos cristianos que pretendían que los gentiles observarán la Ley de Moisés, y acerca de los judíos no cristianos que enseñan que los cristianos deben observar la Ley de Moisés para su salvación. Es un diálogo muy interesante por muchas razones, que muestra como San Justino no abrazaba las enseñanzas de Pablo respecto de este tema, y da un ejemplo de como se podía tratar el tema con seriedad y respeto. El judío con el que dialoga en primera persona San Justino se llama Trifón y la parte del diálogo que cito dice: "*Y Trifón, a su vez: - Y si uno - me pregunto - quiere guardar la ley mosaica, a sabiendas de ser cierto lo que tú dices, si bien, claro está, reconociendo que Jesús es el Cristo, creyéndole y obedeciéndole, ¿ése se salvará? Y yo: - Según a mí me parece, ¡oh Trifón!-le respondí-, afirmo que ese tal se salvará, a condición de que no pretenda que los demás hombres, quiero decir, los que procedentes de las naciones están circuncidados del error por Jesucristo, hayan a todo trance de guardar lo mismo que él guarda, afirmando que, de no guardarlo, no pueden salvarse; que es lo que tú hiciste al comienzo de nuestros razonamientos, afirmando que yo no me salvaría si no observaba vuestra ley.* (Aquí San Justino dice, que a su parecer, el judío cristiano que continúa practicando la ley en lo que no se opone a Cristo se salvará si no enseña que los gentiles cristianos, los no judíos cristianos, necesitan observar la Ley de Moisés para salvarse)

2. Y él: -¿Por qué dijiste, pues-me replicó-, "según a mí me parece", sino porque hay quienes dicen que los tales no se salvarán?- Los hay, Trifón-respondí yo-, y hay quienes no se atreven a dirigir la palabra ni ofrecer su hogar a tales; pero yo no convengo con ellos; que si por la flaqueza de su inteligencia siguen aún ahora guardando lo que les es posible de la ley de Moisés, aquellos que sabemos fue ordenado por la dureza de corazón del pueblo, como juntamente con ello esperen en Cristo y quieran guardar lo que eterna y naturalmente es justo y piadoso y se decidan a convivir con los cristianos y creyentes y no intenten, como dije, persuadir a los demás a circuncidarse como ellos, a guardar los sábados y demás prescripciones de la ley, estoy con los que afirman que se les debe recibir y tener con ellos comunión en todo, como hombres de nuestro mismo sentir y hermanos de la fe.

3. Aquellos, en cambio. ¡oh Trifón!-proseguí-, de vuestra raza que dicen creer en Cristo, pero pretenden obligar a toda trance a los que han creído en Él de todas las naciones a vivir conforme a la ley de Moisés, o que no se deciden a convivir con éstos; a ésos, digo, tampoco yo los acepto como cristianos. 4. Sin embargo, a los que éstos persuaden a que vivan conforme a la ley, supongo que tal vez se salven, con tal que conserven la fe en el Cristo de Dios. Los que sí afirmo que no pueden absolutamente salvarse son los que, después de confesar y reconocer que Jesús es el Cristo, se pasan por cualquier causa a la vida de la ley negando a Cristo, y no arrepintiéndose antes de la muerte. Y de modo igual afirmo que no han de salvarse, por más que sean descendencia de Abrahán, los que viven según la ley, pero no creen antes de su muerte en Cristo, y sobre todo aquellos que en las sinagogas han anatematizado y anatematizan a los que creen en este mismos Cristo, para alcanzar la salvación y librarse del castigo del fuego.

5. Porque la bondad y benignidad de Dios y la inmensidad de su riqueza tienen al que se arrepiente de sus pecados, como por Ezequiel lo manifiesta, por justo y sin pecado; en cambio, al que de la piedad y de la justicia se pasa a la iniquidad y a la impiedad, lo considera como pecador, inicuo e impío. Por eso también nuestro Señor Jesucristo dijo: En el estado en que os sorprenda, en ése también os juzgaré."[127]

[127] San Justino Mártir "*Diálogo con Trifón*", capítulo 47, pág. 71. Padres Apologistas Griegos (s.II) Introducciones, Texto Griego, Versión Española y Notas de Daniel

Estas expresiones, que fueron escritas hacia el año 150 d.C., nos brindan otro ejemplo, de un abordaje más respetuoso del tema.

II.19. Acerca del Perdón de los Pecados. Arrepentimiento de Cristianos que Abandonaron el Cristianismo y que Regresan. Esperanza. Misericordia de Dios.

La Epístola de Pablo a los Hebreos (Felipe Scío) dice: "*6:4 Porque los que una vez fueron iluminados, y gustaron del don del cielo, y fueron hechos participantes del Espíritu Santo, 6:5 Gustaron igualmente la buena palabra de Dios, y las virtudes del siglo venidero, 6:6 Si después de esto han caído: es imposible sean otra vez renovados a penitencia, pues crucifican de nuevo al Hijo de Dios en sí mismos, y lo exponen al escarnio. 6:7 Porque la tierra que embebe la lluvia, que cae muchas veces sobre ella, y produce yerba provechosa a aquellos, que la labran: recibe bendición de Dios: 6:8 Mas si ella produce espinas y abrojos, es reprobada, y está cerca de maldición: cuyo fin es ser quemada.*"

La Epístola de Pablo a los Hebreos (Felipe Scío) dice: "*10:26 Porque si pecamos nosotros voluntariamente, después que conocimos la verdad, no resta ya más sacrificio por los pecados, 10:27 Sino una esperanza terrible del juicio, y el ardor de un fuego celoso, que ha de devorar a los*

Ruiz Bueno, (Madrid: La Editorial Católica S.A., MCMLIV.)

adversarios."

Error

No es imposible para hombres que una vez fueron iluminados, gustaron del don del cielo, y fueron hechos partícipes del Espíritu Santo, gustaron igualmente la buena palabra de Dios, y las virtudes del siglo venidero, si después de esto han caído, que sean renovados a penitencia. Es un error decir que han crucificado al Hijo de Dios nuevamente.

Comentarios

No es imposible para un cristiano que ha caído arrepentirse de nuevo y ser renovado. El Evangelio según San Mateo (Felipe Scío) dice: *"12:31 Por tanto os digo: Todo pecado y blasfemia serán perdonados a los hombres, mas la blasfemia del espíritu no será perdonada. 12:32 Y todo el que dijere palabra contra el hijo del hombre, perdonada le será: mas la blasfemia del espíritu no será perdonada. 12:32 Y todo el que dijere palabra contra el hijo del hombre, perdonada le será: mas el que la dijere contra el Espíritu Santo, no se le perdonará ni en este siglo, ni en el otro."*

Jesús enseña que todos los pecados serán perdonados excepto la blasfemia contra el Espíritu Santo. La Epístola de Pablo a los Hebreos enseña lo opuesto, al decir que es imposible que los que han sido iluminados, y gustaron del don del cielo, y fueron hechos participantes del Espíritu

Santo, y gustaron igualmente la buena palabra de Dios, y las virtudes del siglo venidero, sean otra vez renovados a penitencia.

Aquellos hombres pueden caer cometiendo muchas conductas que no constituyen blasfemia en contra del Espíritu Santo, y aun así Pablo dice que es imposible para ellos ser renovados a penitencia, aun cuando Jesús dijo que todos los pecados serán perdonados excepto la blasfemia contra el Espíritu.[128]

El Evangelio tiene una bonita enseñanza acerca del perdón de los pecados que también pone en evidencia

---

[128] Pero, ¿Qué es la blasfemia en contra del Espíritu que Jesús enseña es el único pecado que no será perdonado? Los versículos en los cuales Cristo dice que la blasfemia contra el Espíritu no será perdonada se encuentran en el Evangelio según San Mateo y según San Marcos, y son expuestos luego de que Jesús fuera acusado de expulsar demonios con la ayuda de Beelzebul. Muchos fariseos, a causa de su instrucción, eran capaces de reconocer al Mesías, reconocer que Cristo era el Hijo de Dios, que Cristo era Dios, y que el Espíritu que actuaba en él era de Dios. La venida del Mesías estaba profetizada en el Antiguo Testamento. Sin embargo, sin perjuicio de ello, muchos fariseos rechazaron al Mesías, porque no aceptaron la clase de salvación que él ofrecía, no querían la doctrina que él enseñaba, ni querían perder la posición y la autoridad que gozaban, y acusaron a Cristo de actuar con la ayuda de Beelzebul. Yo diría que estos actos constituyen blasfemia contra el Espíritu Santo. Cuando con conocimiento de que es el Espíritu Santo el que está actuando a través de una persona, se la acusa de actuar con el poder de Beelzebul, se comete blasfemia contra el Espíritu Santo. Y yo entiendo que cuando los falsos profetas toman la palabra de Dios en vano, para hacer al Espíritu Santo decir o hacer cosas que no dijo y no hizo, cometen blasfemia contra el Espíritu Santo, fundamentalmente cuando esos dichos o esas conductas atribuidas a Dios son malignas. Por otra parte, interesante es prestar atención a lo ocurrido con el discípulo Ananías y Pedro, de acuerdo al Libro de los Hechos de los Apóstoles versículo 5:3. Allí Ananías le miente a la Iglesia, y Pedro toma a esta mentira como una mentira en contra del Espíritu Santo. Cabe la pregunta de si blasfemar en contra de la Iglesia, injuriar y acusar falsamente a la Iglesia constituye blasfemia en contra del Espíritu Santo.

que las palabras de la Epístola de Pablo a los Hebreos que estamos analizando son erradas. Estoy hablando de la Parábola del Hijo Pródigo y de su Hermano. El Evangelio según San Lucas (Felipe Scío) dice: "*15:11 Más dijo: un hombre tuvo dos hijos: 15:12 Y dijo el menor de ellos a su padre: Padre, dame la parte de la hacienda que me toca. Y él les repartió la hacienda. 15:13 Y no muchos días después, juntando todo lo suyo el hijo menor, se fue lejos a un país muy distante, y allí malrotó todo su haber, viviendo disolutamente. 15:14 Y cuando todo lo hubo gastado, vino una grande hambre en aquella tierra, y él comenzó a padecer necesidad. 15:15 Y fue, y se arrimó a uno de los ciudadanos de aquella tierra. El cual lo envió a su cortijo a guardar puercos. 15:16 Y deseaba henchir su vientre de las mondaduras que los puercos comían: y alguno se las daba. 15:17 Mas volviendo sobre sí, dijo: ¿Cuántos jornaleros en la casa de mi padre tienen el pan de sobra y yo me estoy aquí muriendo de hambre? 15:18 Me levantaré, e iré a mi padre, y le diré: Padre, pequé contra el cielo, y delante de ti: 15:19 Ya no soy digno de ser llamado hijo tuyo: hazme como a uno de tus jornaleros. 15:20 Y levantándose se fue para su padre. Y como aún estuviese lejos, le vio su padre, y se movió a misericordia: y corriendo a él, le echó los brazos al cuello, y le besó. 15:21 Y el hijo le dijo: Padre, he pecado contra el cielo, y delante de ti: ya no soy digno de ser llamado hijo tuyo. 15:22 Mas el padre dijo a sus criados: Traed aquí prontamente la ropa más preciosa, y vestidle, y ponedle el anillo en su mano, y calzado en sus pies, 15:23 Y traed un ternero cebado, y matadlo, y comamos, y celebremos un banquete: 15:24 Porque este mi hijo era muerto, y ha revivido: se había perdido, y ha sido hallado. Y comenzaron a celebrar el banquete. 15:25 Y su hijo el mayor estaba en el campo, y cuando vino, y se acercó a la casa, oyó la sinfonía, y el coro: 15:26 Y llamando a uno de los criados, le preguntó qué era aquello. 15:27 Y este le dijo: Tu hermano ha venido, y tu padre ha hecho matar un ternero cebado, porque le ha recobrado salvo. 15:28 El entonces se indignó, y no quería entrar, mas saliendo el padre, comenzó a rogarle. 15:29 Y él respondió a su padre, y dijo: He aquí tantos años ha que te sirvo, y nunca he traspasado tus mandamientos, y nunca me has dado un cabrito para comerle alegremente con mis amigos: 15:30 Mas cuando vino este tu hijo, que ha gastado su hacienda con rameras, le has hecho matar un ternero cebado. 15:31 Entonces el padre le dijo: Hijo, tú siempre estás conmigo, y todos mis bienes son tuyos. 15:32 Pero razón era celebrar un banquete, y regocijarnos, porque éste tu hermano era muerto, y revivió: se había perdido, y ha sido hallado."* Con seguridad, surge de estas palabras que las afirmaciones de la Epístola de Pablo a los Hebreos que estamos analizando son erradas, no fueron escritas bajo inspiración del Espíritu Santo y no son palabra de Dios. Aquellos que han nacido de nuevo, y se han hecho, por medio de la fe en Jesús, hermanos entre sí, e hijos de Dios, que caigan de nuevo, con seguridad serán perdonados si se arrepienten y buscan el perdón de Dios, a menos que cometan blasfemia en contra del Espíritu Santo. Y como a un hijo pródigo Dios los recibirá.

Consecuencias

Este tema de la renovación, reconversión y perdón de

los pecados, es muy importante. El perdón de los pecados, que Cristo anunció, es manifestación de la misericordia de Dios; un muy importante aliciente para la reconversión; y es la gran fuente de esperanza para todos los cristianos.

Estas afirmaciones de Pablo pueden haber dificultado reconversiones, y también promovido el rechazo de cristianos que cayeron y quisieron volver a la Iglesia.

Asimismo contribuyeron a errores que promovieron grandes divisiones y enfrentamientos entre cristianos en los primeros siglos después de Cristo.[129]

---

[129] Por ejemplo los errores de los montanistas y donatistas y los enfrentamientos contra los mismos. En la obra "*Historia de la Iglesia Católica*" de B. Llorca S.I. – R. García-Villoslada S.I. – F.J. Montalbán S.I., ob. cit., tomo I, pág. 236, se dice: "*En este ambiente, pues, se presentó Montano, uno de esos espíritus ilusos y fanáticos que hacen alarde de inspiración de Dios... No debían esperar el perdón de los pecados. Este punto es el más característico del rigorismo montanista y fue siempre como su distintivo. El error positivo consistía en suponer que los pecados mayores no podían ser perdonados y que la Iglesia no tenía poder para ello. A estos pecados mayores que no podrían ser perdonados se los denominaba pecados capitales, y eran: apostasía, homicidio y adulterio. Además añadían otros secundarios: prohibición de ornamento en las mujeres, aceptar cargos públicos; el uso de la pintura, escultura y ciencias profanas.*" - En la obra "*Historia de la Iglesia Católica*" de B. Llorca S.I. – R. García-Villoslada S.I. – F.J. Montalbán S.I., ob. cit., tomo I, pág. 394, se dice: "*A principios del siglo IV se había formado en el norte de África una fracción de elementos representantes del antiguo rigorismo...*" "*... Suponían igualmente que la verdadera Iglesia debía ser enteramente pura y limpia, por lo cual no podía ser tal la que concedía perdón a los que cometían pecados abominables. Estos debían ser irremisiblemente arrojados de la Iglesia. Sobre estos principios rigoristas, fue aumentando cada vez más el fanatismo de los adeptos a la secta, que por su alarde de pureza y perfección fascinaban a muchos incautos. Su audacia fue cada día en aumento, de modo que con sus extremismos y violencias llegaron a provocar a los gobernadores romanos...*" "*...En el año 330 habían aumentado tanto en número y atrevimiento, que en Cartago mismo celebraron un sínodo, al que asistieron 270 obispos suyos. En su afán de arrollarlo todo, echaron mano de ciertas bandas de hombres medio desesperados de hambre y ciertas calamidades, inyectáronles el*

Citas Ilustrativas

El Concilio de Trento dice: "Capítulo *14*. "*Mas los que por el pecado cayeron de la gracia ya recibida de la justificación, nuevamente podrán ser justificados (Can. 29), si, movidos por Dios, procuraren, por medio del sacramento de la penitencia, recuperar, por los méritos de Cristo, la gracia perdida. Porque este modo de justificación es la reparación del caído, a la que los Santos Padres llaman con propiedad la segunda tabla después del naufragio de la gracia perdida. Y en efecto, para aquellos que después del bautismo caen en pecado, Cristo Jesús instituyó el sacramento de la penitencia cuando dijo: Recibid el Espíritu Santo; a quienes perdonareis los pecados, les son perdonados y a quienes se los retuviereis, les son retenidos (Juan. 20,22-.23).* De donde debe enseñarse *que la penitencia del cristiano después de la caída, es muy diferente de la bautismal y que en ella se contiene no sólo el abstenerse de los pecados y el detestarlos, o sea, el corazón contrito y humillado (Ps. 50,19), sino también la confesión sacramental de los mismos, por lo menos en el deseo y que a su tiempo debería realizarse, la absolución sacerdotal e igualmente la satisfacción por el ayuno, limosnas, oraciones y otros piadosos ejercicios, no ciertamente por la pena eterna, que por el sacramento o por el deseo del sacramento se perdona a par de la culpa, sino por la pena temporal (Cap.*

---

fanatismo propio de los donatistas y formaron con ellos los famosos ejércitos, que por lo mucho que corrían de un lado a otro destruyendo iglesias católicas y amedrentando a los fieles, fueron denominados circumcelliones; ellos en cambio se llamaban agonistici, esto es, luchadores o soldados de Cristo."

30), que, como enseñan las Sagradas Letras, no siempre se perdona toda, como sucede en el bautismo, a quienes, ingratos a la gracia de Dios que recibieron, contristaron al Espíritu Santo (cf. Eph. 4,30) y no temieron violar el templo de Dios (1 Cor. 3,17). De esa penitencia está escrito: Acuérdate de donde has caído, haz penitencia y practica tus obras primeras (Apoc. 2,5) y otra vez: la tristeza que es según Dios, obra penitencia en orden a la salud estable (2 Cor. 7,10), y de nuevo: Haced penitencia (Mt. 3,2; 4,17) y: Haced frutos dignos de penitencia (Mt. 3,8)."[130]

La enseñanza de este concilio es contraria a las enseñanzas de la Epístola de Pablo a los Hebreos que objeto en este punto, que no está libre de error, no es inerrante, y no es palabra de Dios.

Quienquiera que sostenga que las enseñanzas de este concilio son correctas y libres de error, no puede sostener al mismo tiempo que las enseñanzas de la Epístola de Pablo a los Hebreos, que denuncio en este punto, fueron escritas bajo inspiración del Espíritu Santo, son inerrantes, y son la Palabra de Dios.

II.20. Acerca de la Cuestión de Si los Hombres Somos Justificados por la Fe sin las Obras de la Ley

La Epístola de Pablo a los Romanos (Felipe Scío) dice: *"3:27 ¿Dónde está pues el motivo de tu gloria? Excluida*

[130] Concilio de Trento, 1545-1563, cap. 14. De los caídos y su reparación. Denzinger, Heinrich "*Enchiridion Symbolorum*" pág. 234. n° 807.

queda. ¿Por qué ley? ¿De las obras? No: sino por la ley de la fe. 3:28 Y así concluimos, que es justificado el hombre por la fe, sin las obras de la ley. 3:29 ¿Por ventura Dios es solamente de los judíos? ¿no lo es también de los gentiles? Si por cierto, es también de los gentiles. 3:30 Porque en verdad un solo Dios es, que por la fe justifica la circuncisión, y por la fe el prepucio. 3:31 ¿Destruimos pues la ley por la fe? No por cierto: antes establecemos la ley."

Error

El hombre se justifica por la fe, pero no sin las obras de la Ley dada por Dios a Moisés.

Comentarios

El hombre es justificado por la fe, pero no sin las obras de la Ley dada por Dios a Moisés. La fe misma es parte de las obras que prescribe la Ley dada por Dios a Moisés. El Evangelio según San Mateo (Felipe Scío) dice: "*23:23 ¡Ay de vosotros, escribas y fariseos hipócritas! Que diezmáis la yerba buena, y el eneldo, y el comino, y habéis dejado las cosas que son más importantes de la ley, la justicia, y la misericordia, y la fe.*" Quien tiene fe está poniendo en obra la ley.

La Ley dada por Dios a Moisés ordena que amemos al Señor nuestro Dios con todo nuestro corazón, con toda nuestra alma, y con toda muestra mente. El Evangelio según San Mateo (Felipe Scío) dice: "*22:36 Maestro, ¿cuál es el grande mandamiento en la ley? 22:37 Jesús le dijo:*

Amarás al Señor tu Dios de todo tu corazón, y de toda tu alma, y de todo tu entendimiento." Este mandamiento se encuentra en el libro Deuteronomio, Versículo 6:5.

La Ley dada por Dios a Moisés ordena que amemos a nuestro prójimo como a nosotros mismos. El Evangelio según San Mateo (Felipe Scío) dice: "*19:16 Y vino uno, y le dijo: Maestro Bueno, ¿qué bien haré para conseguir la vida eterna? 19:17 Él le dijo: ¿Por qué me preguntas de bien? solo uno es bueno, que es Dios. Mas si quieres entrar en la vida, guarda los mandamientos. 19:18 Él le dijo: ¿Cuáles? Y Jesús le dijo: No matarás: No adulterarás: No hurtarás: No dirás falso testimonio. 19:19 Honra a tu padre y a tu madre; y amarás a tu prójimo como a ti mismo.* (El subrayado me pertenece). Esta enseñanza se encuentra en el libro Levítico, versículo 19:18.

La Ley dada por Dios a Moisés manda que no matemos, no cometamos adulterio, no hurtemos, no demos falso testimonio, entre otros mandamientos, como hemos visto. Estos mandamientos pueden ser encontrados en el libro Éxodo, versículo 20:13.

Nadie alcanzará salvación sin observar esos mandamientos de la Ley dada por Dios a Moisés (por supuesto habiendo tenido la oportunidad de hacerlo). Nadie, que haya tenido la oportunidad de hacerlo, alcanzará salvación sin poner en práctica esos mandamientos de la Ley, entre otros. Muchos alcanzarán salvación a pesar de haber cometido pecados como los mencionados, por medio del perdón de los pecados, pero no serán salvos si desde el tiempo en que han sido perdonados no han observado esos mandamientos, si tuvieron posibilidades de hacerlo, salvo que medie nuevo perdón de los pecados, por supuesto.

El Evangelio según San Mateo (Felipe Scío): "*5:17 No penséis, que he venido a abrogar la ley, o los profetas: no he venido a abrogarlos, sino a darles cumplimiento. 5:18 Porque en verdad os digo, que hasta que pase el cielo y la tierra, no pasará de la ley ni un punto, ni un tilde, sin que todo sea cumplido. 5:19 Por lo cual quien quebrantare uno de estos mandamientos muy pequeños, y enseñare así a los hombres, muy pequeño será llamado en el reino de los cielos: mas quien hiciere y enseñare, este será llamado grande en el reino de los cielos.*"

Una cosa es decir que la fe en Jesús trae salvación a los hombres, y otra muy distinta es decir que el hombre es justificado por la fe, sin las obras de la ley.

El Evangelio según San Mateo (Felipe Scío) dice: "*7:19 Todo árbol, que no lleva buen fruto, será cortado, y metido en el fuego. 7:20 Así pues, por los frutos de ellos los conoceréis. 7:21 No todo el que dice, Señor, Señor, entrará en el reino de los cielos: sino el que hace la voluntad de mi Padre, que está en los cielos, ese entrará en el reino de los cielos.*"

El Evangelio según San Lucas (Felipe Scío) dice: "*6:43 Porque no es un buen árbol, el que cría frutos malos: ni mal árbol, el que lleva buenos frutos. 6:44 Pues cada árbol es conocido por su fruto. Porque ni cogen higos de espinos, ni vendimian uvas de zarzas. 6:45 El hombre bueno del buen tesoro de su corazón saca bien: y el hombre malo del mal tesoro saca mal. Porque de la abundancia del corazón habla la boca. 6:46 ¿Por qué me llamáis Señor, Señor: y no hacéis lo que digo? 6:47 Todo el que viene a mí, y oye mis palabras, y las cumple, os mostraré a quien es semejante: 6:48 Semejante es a un hombre, que edifica una casa, el cual cavó, y ahondó, y cimentó sobre piedra: y cuando vino una avenida de aguas, dio impetuosamente la inundación sobre aquella casa y no pudo moverla: porque estaba fundada sobre piedra. 6:49 Mas el que oye, y no hace, semejante es a un hombre, que fabrica su casa sobre tierra sin cimiento, y contra la cual dio impetuosamente la corriente, y luego cayó: y fue grande la ruina de aquella casa."*

En realidad, el hombre que tiene fe es el hombre que no sólo cree en Dios y profesa a Dios, sino el que pone en práctica las enseñanzas de Cristo. Quien tiene fe, cree, acepta, confía y profesa, pero también entiende, y pone en práctica la palabra de Dios. Alcanzar salvación no se trata solamente de creer en Jesús y de profesar a Jesús. Tener fe no se trata solamente de ello sino también de poner en práctica la voluntad de Dios. Por eso el Evangelio según San Mateo (Felipe Scío) dice: "*7:21 No todo el que dice, Señor, Señor, entrará en el reino de los cielos: sino el que hace la voluntad de mi Padre, que está en los cielos, ese entrará en el reino de los cielos 7:22 Muchos me dirán en aquel día: Señor, Señor, ¿pues no profetizamos en tu nombre, y en tu nombre lanzamos demonios, y en tú nombre hicimos muchos milagros? 7:23 Y entonces yo les diré claramente: Nunca os conocí; apartaos de mí los que obráis la iniquidad.*"

Consecuencias

Estas y otras erradas afirmaciones de las Epístolas de

Pablo, acerca de las obras prescriptas por la Ley dada por Dios a Moisés y la fe, acerca de la observancia de la obras de la ley y la fe, han sido usadas como bases para erradas interpretaciones del Cristianismo, que sostienen que en tanto y en cuanto un hombre crea en Cristo y profese a Cristo, no importa como se conduzca en su vida; no importa que otros frutos produzca en su vida, a los fines de entrar al reino de Dios.

También distorsionaron el concepto de la Ley dada por Dios a Moisés. Cristo vino a enseñarnos la verdad acerca de la ley. Estas y otras afirmaciones de Pablo trajeron confusión sobre el concepto de la ley.

El hecho de que Pablo haya sostenido en otra epístola algo distinto, no quiere decir que lo que sostuvo en esta epístola sea correcto, y no cambia los efectos que el error de esta epístola tuvo.

II.21. Más acerca de la Observancia de la Ley, Predestinación, y acerca de Dios Siendo Justo

La Epístola de Pablo a los Romanos (Felipe Scío) dice: *"9:10 Y no solamente ella, mas también Rebecca de un ayuntamiento que tuvo con Isaac nuestro Padre concibió; 9:11 Porque no habiendo aún nacido, ni hecho bien ni mal, (para que según la elección permaneciese el decreto de Dios), 9:12 No por las obras, sino por el que llama, le fue dicho a ella: 9:13 Que el mayor serviría al menor, conforme a lo que está escrito: Amé a Jacob, y aborrecí a Esaú. 9:14 ¿Pues qué diremos? ¿Por ventura hay en Dios injusticia? No por cierto. 9:15 Porque a Moisés dice: Me compadeceré de aquel de quien me compadezco: y haré misericordia de aquel de quien me compadeceré. 9:16 Luego no es del que quiere, ni del que corre, sino que es de Dios, que tiene misericordia. 9:17 Porque dice la Escritura a faraón: Para esto mismo te levantaré, para mostrar en ti mi poder: y que sea anunciado mi nombre por toda la tierra."*

Error

Entre todos los importantes errores que estos versículos contienen, quiero discutir el error que dice que no es del que quiere, o del que corre, sino que es de Dios que tiene misericordia.

Comentarios

Ser elegido por Dios, alcanzar el reino de Dios se trata acerca de querer, hacer, correr, y se trata también de Dios mostrando y teniendo misericordia. Recordemos lo que el Evangelio según San Mateo (Felipe Scío) dice: "*7:19 Todo árbol, que no lleva buen fruto, será cortado, y metido en el fuego. 7:20 Así pues, por los frutos de ellos los conoceréis. 7:21 No todo el que dice, Señor, Señor, entrará en el reino de los cielos: sino el que hace la voluntad de mi Padre, que está en los cielos, ese entrará en el reino de los cielos.*"

Pablo dice, en el versículo 9:16 de la Epístola a los Romanos, que no se trata de querer o correr, y Cristo, el Evangelio según San Mateo (Felipe Scío) dice: "*7:21 No todo el que dice, Señor, Señor, entrará en el reino de los cielos: sino el que hace la voluntad de mi Padre, que está en los cielos, ese entrará en el reino de los cielos."*

Y aun cuando Dios puede tener misericordia con quienquiera, y no tiene que responder a nadie, Dios, además de ser misericordioso y justo, cumple su palabra, por lo que entrar al reino de Dios hasta cierto punto se trata acerca de ganar su misericordia, o para ser más preciso, de no rechazarla. Ninguno, que cumple su palabra, será dejado sin misericordia. El que no hace su voluntad, el que no quiere, o no corre, rechaza su misericordia. Dios ha dado su palabra a aquellos que no rechazan su misericordia, a aquellos que quieren, y corren, que serán salvados. Salvación se trata acerca de querer, correr, porque esto es la voluntad de Dios, y se trata de recibir la misericordia de Dios en virtud de ello, por lo cual es errado decir que no se trata de querer o correr. Ya he señalado acerca de la necesidad de los frutos para la salvación previamente. Estas afirmaciones contradicen la promesa de salvación que Dios ha hecho a todos los que tienen fe y corren procurando cumplir en la mayor medida posible la voluntad de Dios. El Evangelio según San Mateo (Felipe Scío) dice: "*12:50 Porque todo el que hiciere la voluntad de mi Padre que está en los cielos; ese es mi hermano, y hermana, y mi madre."*"

Consecuencias

Estas declaraciones han sido usadas para sostener erradas interpretaciones del Cristianismo que dicen que en tanto y en cuanto una persona crea en Cristo y profese su fe en él, no importa como se conduzca en su vida, a los fines de su salvación; no importa que otros frutos produzca. Dieron una errada imagen de Dios y desalentaron la conversión al Cristianismo ocultando la bondad y la luz del Evangelio.

II. 22. Acerca de la Misericordia de Dios

La Epístola de Pablo a los Romanos (Felipe Scío) dice: "*11:32 Porque Dios todas las cosas encerró en incredubilidad, para usar con todos de misericordia.*"

Error

Dios no encerró todas las cosas en incredubilidad para usar con todos de misericordia.

Comentarios

Dios no encerró a todos los hombres en incredubilidad.[131] Dios nos dio libertad. Algunos escogieron y escogen encerrarse en incredubilidad o desobediencia; y Dios es misericordioso incluso con los que se encierran en incredubilidad porque Dios es bueno

[131] La Biblia Libro del Pueblo de Dios dice: "*11:32 Porque Dios sometió a todos a la desobediencia para tener misericordia de todos.*" La Nueva Biblia de Jerusalén dice: "*11:32 Pues Dios encerró a todos los hombres en la rebeldía para tener misericordia con todos ellos.*" La Biblia de las Américas dice: "*11:32 Porque Dios ha encerrado a todos en desobediencia para mostrar misericordia a todos.*" La Biblia Reina-Valera (1960) dice: "*11:32 Porque Dios sujetó a todos en desobediencia, para tener misericordia de todos.*"

y ama a todos los hombres.

Consecuencias

Afirmaciones como estas sólo sirvieron para dejar en la mente de los lectores ideas equivocadas acerca de Dios. Más de un hombre pudo haber tomado argumentos en contra de Dios.

Los que están encerrados en incredubilidad o desobediencia son tentados por estas afirmaciones a encontrar a Dios responsable de sus propios pecados. Ellos son tentados a pensar que Dios los encerró en incredubilidad o desobediencia, y no ellos mismos, y a estar enojados con Dios por esa razón. Y así es menos probable que cambien, se arrepientan y se conviertan.

II.23. Acerca de la Recompensa de los que Hacen el Bien

La Epístola de Pablo a los Gálatas (Felipe Scío) dice: "*6:7 No queráis errar: Dios no puede ser burlado. 6:8 Porque aquello que sembrare el hombre, eso también segará. Y así el que siembra en su carne, de la carne segará corrupción: mas el que siembra en el Espíritu, del Espíritu segará vida eterna. 6:9 No nos cansemos pues de hacer el bien: porque a su tiempo segaremos, si no desfallecemos.*"

Error

Es un error decir que si no nos cansamos de hacer el

bien, segaremos a su tiempo si no desfallecemos.[132]

Comentarios

Es un error decir que en tiempo de siega o a su debido tiempo segaremos si no desfallecemos. Hacer lo correcto nos recompensa con la gracia de Dios, y debería ser el bien más valioso para nosotros.

Recordemos nuevamente la Parábola del Hijo Pródigo, prestando atención a lo que dice a este respecto. El Evangelio según San Lucas (Felipe Scío) dice: "*15:31 Entonces el padre le dijo: Hijo, tú siempre estás conmigo, y todos mis bienes son tuyos. 15:32 Pero razón era celebrar un banquete, y regocijarnos, porque éste tu hermano era muerto, y revivió: se había perdido, y ha sido hallado.*" (El subrayado me pertenece)

En mi opinión esta parábola enseña lo que estoy diciendo, que hacer el bien y tener el favor de Dios es por sí mismo la mejor recompensa que los hombres podemos recibir, y que los hombres deberíamos dar más valor a ésta recompensa que a cualquier otra cosa. Por eso el padre en el versículo 15:31 responde a su hijo: "*...'Hijo, tú siempre estás conmigo, y todos mis bienes son tuyos.*" Por ello es un error decir que en tiempo de siega

---

[132] La Biblia Libro del Pueblo de Dios dice: "*No nos cansemos de hacer el bien, porque la cosecha llegará a su tiempo si no desfallecemos.*" La Nueva Biblia de Jerusalén "*No nos cansemos de obrar el bien, que a su debido tiempo podremos cosechar, si no desfallecemos.*" La Biblia de las Américas dice: "*Y no nos cansemos de hacer el bien, pues a su tiempo, si no nos cansamos, segaremos.*" La Biblia Reina-Valera (1960) dice: "*No nos cansemos, pues, de hacer bien; porque a su debido tiempo segaremos, si no desmayamos.*"

o a su debido tiempo segaremos, pues hacer lo correcto nos recompensa con la gracia de Dios. Me atrevo a decir que para ser un verdadero cristiano debemos sentir, entender, querer y aceptar este hecho: la gracia de Dios es nuestra mejor recompensa.

Asimismo, Cristo dijo que todos aquellos que hagan sacrificios en esta vida por el Reino de Dios recibirán su recompensa en esta vida y en la otra. El Evangelio según San Lucas (Felipe Scío) dijo: "*18:28 Y dijo Pedro: Bien ves, que nosotros hemos dejado todas las cosas, y te hemos seguido." 18:29 Él les dijo: En verdad os digo, que ninguno hay, que haya dejado casa, o padres, o hermanos, o mujer, o hijos por el reino de Dios, 18:30 Que no haya de recibir mucho más en este tiempo, y en el siglo venidero la vida eterna.*"'

Estas recompensas que Jesús dice que recibiremos no están condicionadas a que no desfallezcamos. Estos versículos nos enseñan que si hacemos el bien, recibiremos plena recompensa no sólo en la era que viene, sino en la era presente, independientemente de que desfallezcamos o no.

Y debemos tener presente que Dios puede habernos hecho un bien, o puede hacernos un bien, que no tengamos posibilidad de percibir. ¿Cómo podemos saber si en recompensa a un bien que hicimos, Dios no salvó a nuestro hijo de un accidente mortal, por ejemplo? Si es posible que Dios ya nos haya recompensado, es errado creer que sólo a su debido tiempo él nos recompensará si no desfallecemos, porque ello sería asumir que no hemos recibido ninguna recompensa.

La correcta actitud espiritual y mental es sentir y

entender que la gracia de Dios es la mejor recompensa que podemos tener, y que Dios nos recompensará aun cuando desfallezcamos, y que es posible que Dios ya nos haya recompensado por nuestras buenas acciones.

Verdaderamente, deberíamos hacer el bien por la sola razón de que es el bien, por amor, y en agradecimiento de todo el bien ya recibido de parte de Dios, sin esperar ninguna recompensa extra; pero es un hecho que la hacemos más bien si creemos que seremos recompensados por hacerlo.

Consecuencias

Estas afirmaciones de Pablo tientan a personas a pasar por alto el hecho de que simplemente teniendo la gracia de Dios es la mejor recompensa que podemos tener, y llevan a las personas a no tener presente que si hicieron el bien, recibirán con seguridad recompensa, y a no considerar que tal vez ya recibieron recompensa por el bien que hicieron. Las personas son alentadas a hacer el bien cuando saben que con seguridad serán recompensadas.

II.24. Sobre el Mandamiento de Pablo a Imitarlo – Otros Vicios de Pablo

La Primera Epístola de Pablo a los Corintios (Felipe Scío) dice: "4:16 *Por tanto os ruego, que seáis mis imitadores, como también yo lo soy de Cristo.*"

La Primera Epístola de Pablo a los Corintios (Felipe Scío) dice: "*11:1 Sed imitadores míos, como yo también lo soy de Cristo.*"

La Primera Epístola de Pablo a los Gálatas (Felipe Scío) dice: "*4:12 Sed como yo, porque yo también soy como vosotros: Os ruego, hermanos. En nada me habéis agravado;*"

La Primera Epístola de Pablo a los Filipenses (Felipe Scío) dice: "*3:17 Sed imitadores míos, hermanos, y no perdáis de vista a los que así andan, según que tenéis nuestro ejemplo.*"

La Primera Epístola de Pablo a los Filipenses (Felipe Scío) dice: "*4:9 Lo que aprendisteis, y recibisteis, y oísteis, y visteis en mí, esto hacedlo: y el Dios de la paz será con vosotros.*"

La Primera Epístola de Pablo a los Tesalonicenses (Felipe Scío) dice: "*1:6 Y vosotros os hicisteis imitadores nuestros, y del Señor, recibiendo la palabra con mucha tribulación, con gozo del Espíritu Santo.*"

La Segunda Epístola de Pablo a los Tesalonicenses (Felipe Scío) dice: "*3:7 Porque vosotros mismos sabéis cómo debéis imitarnos: por cuanto no anduvimos desordenadamente entre vosotros, 3:8 Ni comimos de balde el pan de algunos; antes con trabajo, y con fatiga, trabajando de noche, y de día, por no ser de gravamen a ninguno de vosotros, 3:9 No porque no tuviésemos potestad, sino para ofrecernos en nosotros mismos un dechador que imitaseis."*

La Epístola de Pablo a los Hebreos (Felipe Scío) dice: *"6:12 Para que no os hagáis flojos, sino imitadores de aquellos, que por fe y por paciencia heredarán las promesas."*

Error

Es un error pedir y mandar ser imitado. Ningún cristiano debe mandar y pedir a otros que lo imiten. No es la palabra de Dios que debamos imitar a Pablo.

Comentarios

Una de las primeras obligaciones de un hombre que se llama a sí mismo cristiano es reconocerse pecador: porque somos pecadores. Quien se reconoce pecador no puede ni pedir, ni mandar a otros, que lo imiten.

Cristo, por ser Dios, pudo tener actitudes que ningún otro hombre puede tener. Cristo pudo actuar como un hombre libre de pecado, porque él fue y es libre de pecado. Pudo pedir a otros que lo imiten porque él fue y es irreprochable. El resto de los hombres, por el contrario, en todas las áreas, debemos reconocer el hecho de que no somos Dios, y de que no estamos libres de pecado. Esto se aplica a Pablo porque por supuesto él no era Dios y no estaba libre de pecado.

Quienquiera pida a otros ser imitado comete un atentado en contra de la humildad cristiana. Los cristianos tenemos a quien imitar: Cristo. Y Cristo, a pesar de ser Dios, quería que lo entendiéramos, y quería que hiciéramos lo correcto, no como producto de imitación, sino como producto de entendimiento, con voluntad y amor. Se puede ver ello claramente en los versículos que transcribiré a continuación.

El Evangelio según San Mateo (Felipe Scío) dice: "*12:7 Y si supieseis que es: Misericordia quiero, y no sacrificio: jamás condenarías a los inocentes.*" (El subrayado me pertenece).

El Evangelio según San Mateo (Felipe Scío) dice: "*13:14 Y se cumple en ellos la profecía de Isaías, que dice: De oído oiréis, y no entenderéis: y viendo veréis, y no veréis. 13:15 Porque el corazón de este pueblo se ha engrosado, y de las orejas oyeron pesadamente, y cerraron sus ojos: para que no vean de los ojos, y oigan de las orejas, y del corazón entiendan, y se conviertan, y los sane.*"'(El subrayado me pertenece).

El Evangelio según San Mateo (Felipe Scío) dice: "*13:18 Y vosotros oíd la parábola del que siembre. 13:19 Cualquiera que oye la palabra del reino, y no la entiende, viene el malo y arrebata lo que se sembró en su corazón: este es el que fue sembrado junto al camino.*" (El subrayado me pertenece).

El Evangelio según San Mateo (Felipe Scío) dice: "*13:23 Y el que fue sembrado en la tierra buena, éste es, el que oye la palabra, y la entiende, y lleva fruto: y uno lleva a ciento, y otro a sesenta, y otro a treinta.*" (El subrayado me pertenece).

El Evangelio según San Mateo (Felipe Scío) dice: "*16:9 ¿No comprendéis aún, ni os acordáis de los cinco panes para cinco mil hombres, y cuantos cestos alzasteis? 16:10 ¿Ni de los siete panes para cuatro mil hombres, y cuantas espuertas recogisteis? 16:11 ¿Cómo no comprendéis, que no por el pan os dije: guardaos de la levadura de los fariseos, y de los saduceos? 16:12 Entonces entendieron, que no había dicho que se guardasen de la levadura de los panes, sino de la doctrina de los fariseos y de los saduceos."* (El subrayado me pertenece).

El Evangelio según San Juan (Felipe Scío) dice: "*13:12 Y después que los hubo lavado los pies, y hubo tomado su ropa: volviéndose a sentar a la mesa, les dijo: ¿Sabéis lo que he hecho con vosotros? 13:13 Vosotros me llamáis Maestro, y Señor: y bien decís: porque lo soy. 13:14 Pues si yo, el Señor, y el Maestro, os he lavado los pies, vosotros también debéis lavar los pies los unos a los otros. 13:15 Porque ejemplo os he dado, para que como yo he hecho a vosotros, vosotros también hagáis.*" (El subrayado me pertenece).

Todos estos versículos que he transcripto muestran como Cristo quiere que entendamos su doctrina, y cuán importante es para nosotros este entendimiento a los fines de alcanzar la salvación. Cristo no nos pidió imitación. El pidió de nosotros entendimiento que va mucho más allá de la simple imitación.

Nadie que no sea Cristo debiera pedir o mandar ser imitado, y mucho menos alguien que ha cometido tantos y tan graves pecados como los que cometió Pablo.

A lo largo de todo este libro, he expuesto los errores de las Epístolas de Pablo, que no son en realidad simples errores sino importantes pecados. Sin considerar que atribuyó palabras a Dios que no eran palabra de Dios, que es un pecado de la mayor seriedad, recordemos que Pablo fue un genocida que luego de supuestamente haber recibido el Bautismo, escribió una epístola en la que dice que mientras él llevaba adelante ese genocidio él se conducía intachable en la justicia de la ley. Seguidamente prestaremos atención a esta valoración que hizo Pablo y otras inconductas y pecados que cometió.

Falta de Arrepentimiento y Reconocimiento de la Inmoralidad del Genocidio que Llevo Adelante

En la Epístola de Pablo a los Filipenses (Felipe Scío), acerca de los tiempos anteriores a su Bautismo, Pablo escribió: *"3:5 Que he sido circuncidado al octavo día, del linaje de Israel, de la tribu de Benjamín, hebreo de hebreos, cuanto a la ley, fariseo, 3:6 Cuanto al celo, perseguidor de la Iglesia de Dios, cuando a la justicia de la ley, he vivido irreprensible."*

Con estas palabras Pablo implicó que el celo por la ley dada por Dios a Moisés lleva a la persecución; pero por el contrario, el celo por la ley dada por Dios a Moisés no lleva a persecución, tortura, genocidio; especialmente a un genocidio de personas viviendo y enseñando una religión, como la religión cristiana, de amor y paz.

La persecución y el genocidio de cristianos que Pablo llevó adelante no fueron actos de justicia basados en la ley. Pablo en este versículo hace parecer que la ley dada por Dios a Moisés justificaría esta clase de actos; y hace parecer que celo por el Cristianismo justificaría ese mismo tipo de actos. El celo por la ley habría llevado a Pablo a ser un cristiano, no a ser un perseguidor y genocida de cristianos.

Pablo no era irreprensible en cuanto a la justicia de la ley cuando torturó y mató hombres y mujeres de la naciente Iglesia Cristiana por la única razón de que eran cristianos. Uno de los mandamientos de la ley dada por Dios a Moisés es 'no matarás'. Nadie debería autoproclamarse irreprensible bajo la ley dada por Dios a Moisés, y mucho menos, alguien que torturó, mató y comandó un genocidio de inocentes cristianos.

Pablo en estos versículos no reconoce la inmoralidad de la persecución que llevó adelante en contra de los cristianos, mostrando falta de arrepentimiento respecto del genocidio que perpetró.

Pablo no tenía excusa para la persecución que cometió en contra de los apóstoles y la naciente Iglesia Cristiana, que Jesús predijo. El Evangelio según San Juan (Felipe Scío) dice: *"15:18 Si el mundo os aborrece: sabed que me aborreció a mi antes que a vosotros. 15:19 Si fueseis del mundo, el mundo amaría lo que era suyo: mas porque no soy del mundo, antes yo os escogí del mundo, por eso os aborrece el mundo. 15:20 Acordaos de mi palabra, que yo os he dicho: El siervo no es mayor que su señor. Si a mí han perseguido, también os perseguirán a vosotros: si mi palabra han guardado, también guardaran la vuestra. 15:21 Mas todas estas cosas os harán por causa de mi nombre: porque no conocen a aquel que me ha enviado. 15:22 si no hubiera venido, ni les hubiera hablado, no tendrían pecado: mas ahora no tienen excusa de su pecado. 15:23 El que me aborrece, también aborrece a mi Padre. 15:24 Si no hubiese hecho entre ellos obras, que ninguno otro ha hecho, no tendrían pecado: mas ahora, y las han visto, y me aborrecen a mí, y a mi Padre."*

No cambia este juicio el hecho de que en otra epístola el haya reconocido la inmoralidad de su pasada conducta. El nunca debió haber escrito las palabras de ésta epístola. Ellas constituyeron un error, un grave pecado, y no son palabra de Dios.

Arrogancia y Falta de Humildad de Pablo

Cristo enseñó que debemos ser humildes. En la Parábola del Fariseo y del Colector de Impuestos del Evangelio según San Lucas versículo 18:10, en mi opinión, Jesús nos enseña que el mero acto de tenernos por justos y creernos libres de pecados es un pecado. Pablo muestra en diferentes ocasiones en sus epístolas arrogancia y falta de humildad. Ya hemos repasado algunas de ellas. A continuación, llamaré la atención sobre otras.

a. La Epístola de Pablo a los Romanos (Felipe Scío) dice: *"5:8 Mas Dios hace brillar su caridad en nosotros: porque aun cuando éramos pecadores, en su tiempo, 5:9 Murió Cristo por nosotros: pues mucha más ahora que somos justificados por su sangre, seremos salvados de la ira por él mismo."*

Pablo muestra falta de humildad cuando dice "cuando éramos pecadores, en su tiempo." Pablo y sus discípulos fueron en todo tiempo pecadores, como el resto de los hombres lo fueron, lo fuimos y lo somos.

b. La Primera Epístola de Pablo a los Corintios (Felipe Scío) dice: "*2:15. Mas el espiritual juzga todas las cosas: y él es juzgado por nadie. 2:16 Porque ¿quién conoció el consejo del Señor, para que le pueda instruir? Mas nosotros sabemos la mente de Cristo.*"

Es arrogante pensar que uno puede juzgar todas las cosas. Pablo aquí dice que hay dos clases de personas: los hombres espirituales y el resto. Él se cuenta entre los espirituales que juzgan a todos y que no son juzgados por nadie. Esto es un acto de arrogancia.

c. La Primera Epístola de Pablo a los Corintios (Felipe Scío) dice: "*4:4. Porque de nada me arguye la conciencia: mas no por eso soy justificado: pues el que me juzga, es el Señor.*"

Independientemente de cuan cristiano sea alguien, siempre debe tener presente cosas en contra de sí mismo, siempre debe tener cosas en su conciencia respecto de las cuales debe estar arrepentido. Cristo enseña esta lección en la Parábola del Fariseo y del Colector de Impuestos, que mencioné anteriormente. Más aun, mientras más cristiano sea una persona, más cosas tendrá en su conciencia, porque más consciente será de sus obligaciones y pecados.

d. La Primera Epístola de Pablo a los Tesalonicenses (Felipe Sico) dice: "*2:10 Vosotros sois testigos, y Dios, de cuan santa, y justa, y sin querella fue nuestra mansión con vosotros que creísteis.*"

Todos estos versículos que he transcripto son

ejemplos de arrogancia y falta de humildad de parte de Pablo, que son graves, especialmente porque Pablo enseña a cristianos a imitarlo. Y por supuesto no son palabra de Dios.

Desobediencia del Mandamiento de Llamarse Padre y/o Maestro

El Evangelio según San Mateo (Felipe Sico) dice: "*23:8 Mas vosotros no queráis ser llamados Rabí: porque uno solo es vuestro maestro, y vosotros sois todos hermanos. 23:9 Y a nadie llaméis padre vuestro sobre la tierra. Porque uno es vuestro maestro, y vosotros sois todos hermanos. 23:10 Ni os llaméis maestros: porque uno es vuestro maestro el Cristo.*"

Cristo, como vimos, no está hablando acerca de llamar padre a un padre biológico. Cristo no nos está diciendo que no llamemos padre a nuestro padre biológico, o al padre que nos crió. Lo que Cristo manda aquí es precisamente que no llamemos padre a ningún ministro, o autoridad religiosa; que no llamemos padre a nadie en un sentido espiritual.

Algo similar puede decirse respecto del mandamiento a no llamar, ni dejarse llamar maestro. Jesús nos enseña que uno solo es nuestro maestro, él mismo, y nadie más; y que no quiere que nos dejemos llamar por nadie maestro, ni que llamemos a nuestros ministros maestros. Jesús no quiere que llamemos maestro a nadie en el sentido espiritual.

Pablo no obedeció estos mandamientos y con su actitud hizo que muchas personas lo ignoraran. Aquel, que tiene prohibido dejar que otros lo traten como padre, tiene también prohibido tratar a otros como sus hijos. Lo mismo puede decirse del título de maestro.

Las enseñanzas de Cristo son claras en el caso, tan claras, que ni siquiera la recurrente conducta contraria por parte de los apóstoles sería suficiente para descartarla. Al margen, el libro Apocalipsis y el libro de los Hechos de los Apósotles muestran que los apóstoles llamaban hermanos a los demás cristianos, no padres, y se verá del análisis de las demás epístolas del Nuevo Testamento, las llamadas Epístolas Católicas, que haré oportunamente en otro libro, que no se puede concluir que los apóstoles desobedecieron recurrentemente esta enseñanza de Cristo a partir de las mismas.

a. La Primera Epístola de Pablo a los Corintios (Felipe Sico) dice: "*4:14 No os escribo esto por avergonzaros, mas os amonesto como a hijos míos muy amados. 4:15 Porque aunque tengáis diez mil ayos (hijos) en Cristo: mas no muchos padres. Porque yo soy, el que os ha engendrado en Jesucristo por el Evangelio. 4:16 Por tanto os ruego, que seáis mis imitadores, como también yo lo soy de Cristo.*" (La expresión entre paréntesis me pertenece) *Fue* Cristo quien engendró a todos los cristianos en el Cristianismo. Fue Cristo con su prédica, y con su crucifixión, quien lo hizo. Si alguien se convirtió en nuestro Padre a través del Evangelio fue Cristo, que es Dios. Pero hasta Cristo dice que tenemos un solo Padre quien está en el Cielo. Hasta Cristo nos trató de hermanos. Pablo comete una gran falta aquí al tratar a sus discípulos como hijos, llamándose a sí mismo padre, y diciendo que él los engendró en Jesucristo.

b. La Epístola de Pablo a Filemón (Felipe Scío) dice: "*1:9 Mas antes te ruego por caridad, porque tú eres tal, como Pablo, viejo, y aún ahora prisionero de Jesucristo - 1:10 Te ruego por mi hijo Onésimo, el que yo he engendrado en la las prisiones.*" Este hijo al que se refiere Pablo en esta carta, no es un hijo natural. Él está llamando hijo en un sentido espiritual a Onésimo, y esto es contrario a las enseñanzas de Cristo, porque Cristo enseñó que no debemos dejar que nadie nos llame padre en un sentido espiritual, y ello implica que no debemos llamar a nadie hijo en un sentido espiritual.

c. La Epístola de Pablo a los Gálatas (Felipe Scío) dice: "*4:19 Hijitos míos, de los que otra vez estoy de parto, hasta que Cristo, sea formado en vosotros.*"

d. La Segunda Epístola de Pablo a Timoteo (Felipe Scío) dice: "*1:11 En el que yo he sido puesto predicador, y apóstol y maestro de las gentes.*"

e. La Segunda Epístola de Pablo a los Corintios (Felipe Scío) dice: "*12:14 Ved aquí, que estoy aparejado para ir a vosotros la tercera vez: y no os seré gravoso: Porque no busco vuestras cosas, sino a vosotros. Pues no deben los hijos atesorar para los padres, sino los padres para los hijos.*"

f. La Primera Epístola de Pablo a los Tesalonicenses

(Felipe Scío) dice: "*2:7 Pudiendo como apóstoles de Cristo seros gravosos: mas nos hicimos párvulos en medio de vosotros, como nodriza que acaricia a sus hijos.*"

Otras Conductas Erradas

Pablo hizo erradas declaraciones respecto de San Pedro, y del resto de los doce apóstoles, y se mostró con deseos de ser igual que los doce apóstoles, y hasta el más grande en la Iglesia. Para ello procuró cambiar los fundamentos del ministerio apostólico, elevó su imagen, gloriándose, e intentó disminuir la imagen del resto. En los siguientes pasajes, destacaré algunas de las declaraciones que dan testimonio de sus inconductas.

a. La Primera Epístola de Pablo a los Corintios (Felipe Scío) dice: "*12:27 Pues vosotros sois cuerpo de Cristo, y miembros de miembros. 12:28 Y así a unos puso Dios en la Iglesia, en primer lugar apóstoles, en segundo profetas, en tercero doctores, después virtudes, luego gracias de curaciones, socorros, gobernaciones, géneros de lenguas, interpretaciones de palabras. 12:29 ¿Por ventura son todos apóstoles? ¿son todos profetas? ¿son todos doctores? 12:30 ¿o todos virtudes? ¿o todos tienen gracia de curaciones? ¿o todos hablan lenguas? ¿o todos interpretan? 12:31 Aspirad pues a los mejores dones. Yo os muestro un camino más excelente.*"

Cristo eligió para el ministerio apostólico a doce apóstoles, quienes, siendo aun discípulos como el resto, tendrían un cargo especial en la naciente Iglesia. El libro de los Hechos de los Apóstoles (Felipe Scío) con referencia a Judas dice: "*1:17 El que era contado con nosotros, y tenía suerte en este ministerio.*" El mismo libro narrando la elección de Matías dice: "*1:24 Y orando dijeron: Tú, Señor, que conoces los corazones de todos, muéstranos de estos dos cual has escogido, 1:25 para que tome el lugar de este ministerio y apostolado, del cual por su prevaricación cayó Judas para ir a su lugar.*" Estos versículos nos muestran que había un ministerio apostólico, con un número de doce miembros. Judas fue reemplazado porque los apóstoles entendieron que el número de los apóstoles debía ser doce: ni más, ni menos. Por ello los apóstoles echaron suertes entre dos de los hombres que los acompañaron todo el tiempo en que Jesús estuvo entre ellos, y no los nombraron a los dos como apóstoles, sino a uno sólo de ellos. Había un solo lugar libre en el ministerio apostólico del cual Judas se apartó y Matías fue elegido para ocupar su lugar, y sólo porque las escrituras decían que debía ser reemplazado.

El título de apóstol fue usado primeramente sólo en referencia a los doce apóstoles escogidos por Cristo. Pero en el libro de Hechos de los Apóstoles Pablo y Bernabé son llamados también apóstoles.[133] En la Epístola de Pablo a los Romanos, versículo 16:7, Andrónico y Junias pudieran parecer ser llamados apóstoles. Y Pablo en la Segunda Epístola de Pablo a los Corintios, versículo 8:24, hasta se refirió a Tito y a otros hermanos que fueron enviados con él a recolectar dinero en las Iglesias de Corinto, como apóstoles. Por ello es que, en referencia a

---

[133] El libro de los Hechos de los Apóstoles, versículo 14:14.

los apóstoles encargados del ministerio apostólico instituido por Cristo, compuesto por doce apóstoles, se usa a veces la expresión 'los doce' para distinguirlos de otros denominados apóstoles.

Los doce apóstoles ocupaban un lugar en el ministerio del apostolado que el resto de los cristianos no ocupaban, incluyendo otros que pudieran ser llamados o llamarse a sí mismos apóstoles, pero que no eran parte de los doce. Los doce apóstoles eran los testigos de Jesús, y para ser uno de ellos era necesario haber seguido a Jesús desde el principio de su vida pública, como ya hemos visto en la introducción de este libro. Recordemos que en el libro Apocalipsis, versículo 21:14, el muro de la Ciudad de Jerusalén tiene doce puertas de piedra (sólo doce) como sus fundamentos, sobre los cuales fueron escritos los nombres de los doce apóstoles del Cordero, Cristo.

Dado que la palabra apóstoles era usada por Pablo mismo, con un significado comprensivo de personas que no formaban parte de los doce, Pablo debió haber usado otra palabra para referirse a quienes estaban en un primer lugar en la Iglesia.

El ministerio de los doce apóstoles instituido por Cristo, no es reconocido por Pablo, que en estos versículos se pone asimismo, y pone a otros llamados apóstoles, como en un plano de igualdad respecto de los doce apóstoles en lo que respecta al ministerio. Este es un ejemplo de como Pablo desconoció el ministerio. Seguidamente haré referencia a otras ocasiones en que lo hace.

b. La Primera Epístola de Pablo a los Corintios (Felipe Scío) dice: "*7:32 Quiero pues, que viváis sin inquietud. El que está sin mujer, está cuidadoso de las cosas que son del Señor, como ha de agradar a Dios. 7:33 Mas el que está con mujer, está afanado en las cosas del mundo, como ha de dar gusto a su mujer y anda dividido. 7:34 Y la mujer soltera, y la virgen piensa en las cosas del Señor, para ser santa de cuerpo y de alma. Mas la que es casada, piensa en las cosas que son del mundo, y como agradar al marido. 7:35 En verdad os digo para provecho vuestro: no para echaros lazo, sino solamente para lo que es honesto, y que os dé facultad de orar al Señor sin estorbo.*" San Pedro era casado. El Evangelio según San Mateo menciona a su suegra.[134] Pablo, al decir que los hombres que están con mujer, es decir casados, están afanados de las cosas del mundo y divididos con respecto a los asuntos del Señor, injustamente estaba prejuzgando, disminuyendo y desacreditando a San Pedro y al resto de los cristianos casados. Y diciendo que los solteros están afanados de las cosas del Señor, siendo que él era soltero, estaba impropiamente exaltándose a sí mismo.

c. La Primera Epístola de Pablo a los Corintios (Felipe Scío) dice: "*9:4 ¿Acaso no tenemos potestad de comer y de beber? 9:5 ¿Por ventura no tenemos potestad de llevar a todas partes una mujer hermana, así como los otros apóstoles, y los hermanos del Señor, y Cefás?...*" Luego dice: "*9:15 Pero yo de nada de esto he usado. Ni tampoco he escrito esto para*

[134] El Evangelio según San Mateo, versículo 8:14.

que se haga así conmigo: porque tengo por mejor morir, antes que ninguno me haga perder esta gloria."[135]

Cefás es el apóstol Pedro. El Evangelio según San Juan (Felipe Scío) dice: "*1:42 Y le llevó a Jesús. Y Jesús le miró, y dijo: Tu eres Simón hijo de Jonás: tú serás llamado Cefás, que se interpreta Pedro.*" El nombre Cefás es el nombre dado a Simón en aramáico, el lenguaje hablado por los judíos en tiempo de Cristo en Israel, y fue traducido (Πετρος) Pedro en griego.

Pablo de Tarso señala que Cefás, es decir San Pedro, los otros apóstoles y los hermanos del Señor se hacían acompañar por mujeres hermanas. La palabra traducida como mujer también puede ser traducida como esposa. Algunas Biblias en lugar de traducir "mujer hermana" traducen "esposa creyente", o "hermana por mujer". Pero aquí, en mi opinión, claramente la palabra no es usada con el significado de esposa, porque Pablo no tenía esposa. Él está hablando claramente acerca de algo que él

[135] La Biblia Libro del Pueblo de Dios dice "mujer creyente." La Nueva Biblia de Jerusalén dice "mujer cristiana." La Biblia de las Américas dice "esposa creyente." La Biblia Reina-Valera (1960) dice "hermana por mujer." Las palabras griegas traducidas en estas formas son αδελφην γυναικα (adelfen gunaika). Αδελφην (adelfen) significa hermana. El diccionario griego-español "*Vox*" dice que significa hermana. Y γυναικα (gunaika) significa mujer en su primera acepción, y también esposa. El diccionario griego-español "Vox" dice que esta palabra significa mujer, esposa, señora, dueña, viuda, muchacha. Pero, en mi opinión, además de lo ya dicho, si el autor de la epístola hubiera tenido la intención de usar la palabra griega "γυναικα" (gunaika) con el significado de esposa, habría usado un adjetivo posesivo para indicar que él estaba hablado acerca de esposas y no de mujeres en general. Así lo hace por ejemplo el Evangelio según San Mateo, versículo 5:32. Lo mismo sucedería en español. Si uno quiere usar la palabra mujer para referirse a la esposa de alguien, para evitar confusión, acompañaría la palabra mujer con un adjetivo posesivo: uno diría "su mujer o sus mujeres."

podría haber hecho. Por ello él dice "yo de nada de esto he usado." Por lo tanto él está hablando de llevar de compañía una mujer hermana, en el sentido de mujer cristiana.

Por otra parte, el libro de los Hechos de los Apóstoles dice que los apóstoles estaban habitualmente acompañados por mujeres cristianas. En el libro de los Hechos de los Apóstoles (Felipe Scío) hablando acerca de los apóstoles se dice: "*1:14 Todos estos perseveraban unánimes en oración con las mujeres, y con María Madre de Jesús, y con los hermanos de él.*"

El Evangelio según San Lucas (Felipe Scío) dice: "*8:1 Y aconteció después, que Jesús caminaba por ciudades y aldeas, predicando y anunciando el reino de Dios: y los doce con él. 8:2 Y también algunas mujeres, que había el sanado de espíritus malignos, y de enfermedades: María, que se llama Magdalena, de la cual había echado siete demonios, 8:3 Y Juana mujer de Chusa procurador de Herodes, y Susana, y otras muchas: que le asistían de sus haciendas.*" Hasta en tiempo de Jesús, Jesús y los apóstoles eran acompañados por mujeres cristianas.[136]

En estos versículos Pablo remarca que San Pedro y otros apóstoles se hacían acompañar por mujeres,

[136] El Evangelio según San Lucas (Felipe Scío) dice: "*10:38 Y aconteció, que como fuesen de camino, entró Jesús en una aldea: y una mujer, que se llamaba Martha, le recibió en su casa. 10:39 Y ésta tenía una hermana, llamada María, la cual también sentada a los pies del Señor, oía su palabra. 10:40 Pero Martha estaba afanada de continuo de las haciendas de la casa: la cual se presentó y dijo: ¿Señor, no ves, como mi hermana me ha dejado sola para servir? Dile pues, que me ayude. 10:41 Y el Señor respondió, y dijo: Martha, Martha, muy cuidadosa estás y en muchas cosas te fatigas. 10:42 En verdad una sola cosa es necesaria. María ha escogido la mejor parte, que no le será quitada.*"

mientras que él no lo hacía, presentando esto como una virtud, cuando no lo era, disminuyendo a los doce, y elevando su propia figura. De hecho, siendo que en tiempo de Jesús ellos también eran acompañados por mujeres, hasta la conducta de Jesús está siendo disminuida por Pablo con estas expresiones.

Aun cuando Pablo hubiera estado refiriéndose a las esposas de los apóstoles, lo cual en mi opinión no es correcto, habría estado diciendo algo ciertamente equivocado e inapropiado.

d. La Segunda Epístola de Pablo a los Corintios (Felipe Scío) dice: *"3:1 ¿Comenzamos de nuevo a alabarnos a nosotros mismos? ¿o tenemos necesidad (como algunos) de cartas de recomendación para vosotros, o de vosotros?"*

Con el propósito de proteger a la naciente comunidad cristiana los cristianos mandados por los apóstoles aparentemente solían llevar cartas de recomendación. Esto habría sido perfectamente natural. Recibir o llevar una carta de recomendación no habría disminuido a nadie; por el contrario. Ellas pudieron haber sido muy útiles para proteger a la nueva comunidad.

Con estas declaraciones Pablo nuevamente se pone a sí mismo al mismo nivel que los apóstoles, diciendo que él no necesitaba carta de recomendación de nadie; cuando la realidad es que él no formaba parte del ministerio de los doce, y sus enseñanzas con relación a la vida pública de Jesús no tenían la autoridad que el testimonio de los doce tenía. Once de los doce apóstoles fueron acreditados públicamente por Jesús. Matías, si bien no había sido acreditado públicamente por Jesús, acompañó a Jesús desde el comienzo de su vida pública y fue nombrado oficialmente por los once como uno de los doce apóstoles. Pablo no formaba parte del ministerio de los doce apóstoles, no tenía la autoridad que el testimonio de los doce tenía, y no tenía autoridad por sobre los fieles de la Iglesia Cristiana en general.

e. La Primera Epístola de Pablo de los Corintios (Felipe Scío) dice: "*15:9 Porque yo soy el menor de los apóstoles, que no soy digno de ser llamado apóstol, porque perseguí la Iglesia de Dios. 15:10 Mas por la gracia de Dios soy aquello que soy, y su gracia no ha sido vana en mí: antes he trabajado más copiosamente que todos ellos: mas yo no, sino la gracia de Dios conmigo.*" Pablo se ensalza aquí como el que más trabajo, o como el que trabajó más copiosamente. Él dice que él trabajó más duramente que Pedro y que el resto. Aun cuando él hubiere sido quien trabajó más copiosamente, él no tendría que haberlo dicho, y se habría ensalzado a sí mismo en forma indebida al hacerlo.

f. La Epístola de Pablo a los Gálatas (Felipe Scío) dice: "*2:6 Mas de aquellos, que parecían ser algo (cuales hayan sido algún tiempo, nada me toca. Dios no acepta la apariencia del hombre) a mí ciertamente los que parecían ser algo, nada me comunicaron. 2:7 Mas al contrario, visto, que me había sido encomendado a mí el Evangelio del prepucio, como a Pedro el de la circuncisión. 2:8 (Porque el que obró en Pedro para el apostolado de la circuncisión, también obró en mí para con las gentes), 2:9 Y como Santiago, Cefás, y Juan, que parecían ser las columnas, conocieron la gracia que se me había dado, nos dieron las diestras a Bernabé, y a mí en señal de compañía: para que nosotros fuésemos a los gentiles, y ellos a la circuncisión. 2.10 Solamente, que nos acordásemos de los pobres: lo mismo, que también procuré hacer con esmero."*[137]

Con respecto a lo que Pablo dijo acerca de los apóstoles Pedro, Santiago y Juan supuestamente reconociendo a Pablo como encargado del evangelio de los gentiles, y quedando Pedro y los demás apóstoles supuestamente como apóstoles de los judíos, como existiendo supuestamente una suerte de división de competencia, esto es obviamente una mentira. A los doce apóstoles les fue encomendado el ministerio para con los judíos y gentiles, y jamás habrían delegado la misión que les fue encomendada para cumplimentar personalmente. Esto habría sido como abandonar la misión.

En el libro de los Hechos de los Apóstoles hay muchos testimonios de que la división de la cual Pablo habla en estos versículos no ocurrió en la realidad. El libro de los Hechos de los Apóstoles (Felipe Scío) dice: "*17:1 Y cuando hubieron pasado por Amfipolis y Apolonia, llegaron a Thesalónica, en donde había una sinagoga de*

[137] La Biblia Libro del Pueblo de Dios dice "*en cuanto a los dirigentes -no me interesa lo que hayan sido antes*". La Nueva Biblia de Jerusalén dice "*los que eran tenidos por notables, no importa lo que fuesen, pues Dios no hace acepción de personas*". La Biblia de las Américas dice, "*Y de aquellos que tenían reputación de ser algo, lo que eran nada me importa*". La Biblia Reina-Valera (1960) dice: "*pero de los que tenían reputación de ser algo (lo que hayan sido en otro tiempo nada me importa).*"

judíos. 17:2 Y Pablo entró a ellos según su costumbre, y por tres sábados disputaba con ellos sobre las Escrituras." Aquí se dice que Pablo predicaba a los judíos. Hay muchos más ejemplos.

Pablo diciendo que fue enviado a los no circuncidados o gentiles, así como Pedro fue enviado a los circuncidados o judíos se arroga a sí mismo un título que no le corresponde, y que lo pondría a él no sólo en un plano equivalente a San Pedro y al resto de los apóstoles en la predicación, sino más elevada, dada la importancia de la parte que Pablo habría recibido y del mayor número de personas que eran gentiles.

El Evangelio según San Mateo (Felipe Scío) dice: "*16:17 Y respondiendo Jesús, le dijo: Bienaventurado eres Simón hijo de Juan: porque no te lo reveló carne ni sangre, sino mi Padre, que está en los cielos. 16:18 Y yo te digo, que tú eres Pedro, y sobre esta piedra edificaré mi Iglesia, y las puertas del infierno no prevalecerán contra ella. 16:19 Y a ti daré las llaves del reino de los cielos. Y todo lo que ligares sobre la tierra, ligado será en los cielos: y todo lo que desatares sobre la tierra, será también desatado en los cielos.*" Fue Pedro la Piedra sobre la que Jesús edificaría su Iglesia, no *Pablo*.

Su misión era dar testimonio de Jesús y de la palabra de Jesús a todas las personas, circuncidadas y no circuncidadas, y ser la voz de la Iglesia. El Evangelio según San Mateo (Felipe Scío) dice: "*28:19 Id pues, y enseñad a todas las gentes: bautizándolas en el nombre del Padre, y del Hijo, y del Espíritu Santo.*" Jesús los envía a enseñar a todas las gentes.

Por ello Pedro dice en el libro de los Hechos de los

Apóstoles (Felipe Scío): "*15:5 Mas se levantaron algunos de la secta de los fariseos, que habían creído, diciendo: Que era necesario que ellos fuesen circuncidados, y que se les mandase a guardar la ley de Moisés. 15:6 Y se congregaron los apóstoles, y presbíteros para tratar de esta controversia. 15:7 Y después de un maduro examen, levantándose Pedro, les dijo: Varones hermanos, vosotros sabéis que desde los primeros días ordenó Dios entre nosotros que por mi boca oyesen los gentiles la palabra del Evangelio, y que creyesen. 15:8 Y Dios que conoce los corazones, dio testimonio dándoles a ellos también el Espíritu Santo, como a nosotros. 15:9 Y no hizo diferencia entre nosotros y ellos, habiendo purificado con la fe sus corazones. 15:10 ¿Ahora pues por qué tentáis a Dios, poniendo un yugo sobre las cérvices de los discípulos, que ni nuestros padres, ni nosotros pudimos llevar? 15:11 Mas creemos ser salvos por la gracia del Señor Jesucristo, así como ellos.*" Lo que San Pedro dice aquí en el libro de los Hechos de los Apóstoles contradice directamente lo que Pablo escribió en la Epístola de Pablo a los Gálatas con respecto a él mismo siendo encargado del Evangelio a los gentiles. O la Epístola de Pablo a los Gálatas está equivocada o lo está el libro de los Hechos de los Apóstoles. Algunos intentan justificar esta afirmación, diciendo que Pablo se refiere a la eficacia del ministerio, en el sentido de que Pablo tendría más resultados con los gentiles y Pedro con los judíos, pero no hay ninguna base para esta justificación, más que la necesidad de la justificación misma, que proviene de su evidente falsedad.

Además, se puede agregar, que en el mismo pasaje,

cuando Pablo decía esta mentira, él también hacía declaraciones menospreciantes de los doce apóstoles, y que muestran desprecio por ellos. Estas declaraciones menospreciantes se repiten en los versículos 2:2; 2:6 y 2:9. La Epístola de Pablo a los Gálatas (Felipe Scío) dice: "*2:6 Mas aquellos que parecían ser algo (cuales hayan sido algún tiempo, nada me toca. Dios no acepta la apariencia del hombre) a mí ciertamente los que parecían ser algo, nada me comunicaron.*" (El subrayado me pertenece)[138]

Pablo aquí se está refiriendo a los doce apóstoles,

---

[138] La palabra latina traducida como "parecían" ser algo es "videbantur." Este es un verbo en voz pasiva, modo indicativo, tiempo pasado, tercera persona del plural. Wohlberb, Joseph, "201 Latin Verbs Fully Conjugated in all Tenses", (New York: Barron´s Educational Series, 1964), pág. 197, dice que la palabra en voz activa significa ver, en voz pasiva significa parecer, y se traduce literalmente "eran considerados." Las palabras usadas en el texto griego (Merk) son δοκουσιν (dokousin) δοκουντων (dokounton) y δοκουντες (dokountes) que en realidad son participios presentes activos, en casos dativo, genitivo y nominativo plural, respectivamente, del verbo δοκεω (dokeo). El diccionario griego-español "Vox" dice: creer, pensar, opinar, suponer, imaginar, esperar...; part. To δοκουν, τα δοκουντα, τα δοξαντα, opinión, parecer, convicción, resolución (de alguien, dat.). El diccionario griego-español "Liddell and Scott´s" dice que este verbo significa: "2. *To appear to be something, to be of repute (οι δοκουντες ειναι τι) men who are held to be of some account* [hombres que son considerados como de cierta importancia]. La Biblia Libro del Pueblo de Dios traduce en el versículo 2:2 "dirigentes"; 2:6 "dirigentes" y omite traducir la palabra en la segunda oportunidad en que es usada en el versículo; y en el versículo 2:9 traduce "considerados" como columnas. La Nueva Biblia de Jerusalén traduce en 2:2 "notables"; en 2:6 "tenidos por notables" y "notables"; y en 2:9 "considerados." La Biblia de las Américas traduce en 2:2 "tenían alta reputación"; en 2:6 "tenían reputación de ser algo" y "tenían reputación"; y en 2:9 "considerados." La Biblia Reina-Valera (1960) traduce en 2:2 "tenían cierta reputación", en 2:6 "tenían reputación de ser algo" y "los de reputación"; y en 2:9 "considerados." Es utilizada por ejemplo en Marcos 10:42 y en I Corintios 12:22. En el Evangelio según San Marcos 10:42 es utilizada precediendo a una palabra que verdaderamente podría significar dirigentes.

particularmente entre ellos a Santiago, Pedro y Juan, que son explícitamente mencionados en el versículo 2:9; y él de nuevo está siendo irrespetuoso, poniendo en duda su importancia, sugiriendo que ya no son lo que "parecían", o "eran considerados".

Algunas Biblias hacen comprensibles denodados intentos para traducir estos versículos en una forma que no resulte injuriante para con Santiago, Pedro y Juan, pero aun así todavía dejan rastros de su verdadero sentido, por ejemplo, cuando traducen la misma palabra en el versículo 2:9 usando las palabras "eran considerados". Las cuatro Biblias traducidas del texto griego usan la palabra "considerados" en este versículo. Traducen "los que eran considerados como columnas", como si Pablo no reconociese que eran columnas de la Iglesia.[139]

---

[139] La obra *"Biblia Comentada"* de los Profesores de Salamanca, tomo VI, p. 621 dice: *"En cuanto a la expresión "los que eran algo" o, más literalmente, "los que figuraban ser algo" (οι δοκουντες ειναι τι), con que San Pablo designa hasta cuatro veces a los apóstoles de Jerusalén (v.2.6.9), y más directamente a tres de ellos (cf. V.9), conviene que hagamos algunas precisiones. La frase, sobre todo en su traducción de la Vulgata (qui videbantur ese aliquid), podría dar la impresión de que el Apóstol hablaba de ellos con cierta ironía, tratando de rebajar su autoridad, como dando a entender que no eran tanto como parecían. Igual se diga de aquella otra, especie de paréntesis, en el v.6: "lo que hayan sido en otro tiempo no me interesa, que Dios no es aceptador de personas", (οποιοι ποτε ησαν οθδεν μοι διαφερει, προσωπον ο θεος ανθρωπον ου λαυβανει), con la que parecería insinuar cierto sentimiento de desprecio hacia ellos. Desde luego, sacadas las frases fuera de contexto, no negamos que pudieran tener ese sentido peyorativo; mas dicho sentido queda aquí excluido por el contexto. Pablo ha venido hablando de ellos con respeto (cf.1,17-19), y se precia de que le den la mano en señal de comunión (v.9). Lo que sucede es que la frase οι δοκουντες, y así es usada ya en los autores clásicos griegos, pierde ese aspecto ambiguo de su etimología (parece, y no es), y significa simplemente los notables, los*

g. La Segunda Epístola de Pablo a los Corintios (Felipe Scío) dice: "*11:1 Pluguiese a Dios que sufrieseis un poco mi imprudencia, mas toleradme. 11:2 Porque os celo con celo de Dios. Pues os he desposado con Cristo, para presentaros como virgen pura al único Esposo. 11:3 Mas temo, que como la serpiente engañó a Eva con su astucia, así sean viciados vuestros sentidos, y se aparten de la sinceridad, que es en*

---

que sobresalen entre los demás, los jefes... Tal es el sentido en que aquí la usa San Pablo. Si hubiéramos de ver en ella algo de ironía, esa ironía estaría más bien en el hecho de repetirla hasta cuatro veces en pocas líneas; y la ironía recaería no sobre los apóstoles, sino sobre los adversarios de Pablo, quienes es probable que gustasen de esa expresión "los notables" para designar a los Doce, con el intento de rebajar a Pablo, y por eso el Apóstol la recogería y repetiría varias veces, como diciendo: pues bien, esos tan notables nada me añadieron..., esos tan notables me dieron la mano... Algo parecido habrá que decir de la frase-paréntesis del v.6, puesta también por Pablo pensando en sus adversarios. Al Apóstol le interesaba hacer constar que "los notables" habían aprobado su evangelio; pero lo interesaba no menos recalcar que era apóstol como ellos, habiendo recibido directamente de Dios su evangelio, conforme les había expuesto anteriormente (cf. 1,11-12). Y como había peligro de que sus adversarios desorbitasen el alcance de lo primero en perjuicio de lo segundo, como si la legitimidad de su evangelio dependiese de la aprobación de los Doce que había ido a buscar a Jerusalén, intercala el paréntesis y dice: cualquiera haya sido su situación privilegiada (alude probablemente a las ventajas históricas de los Doce sobre él, que no había convivido con el Señor), en realidad nada me interesa, pues Dios no mide por esas cosas externas, y soy tan apóstol como ellos...; pero, en fin, esos notables (con ello cerraba todo posible escape a sus adversarios) nada me añadieron. Hay autores que interpretan el paréntesis como una alusión al origen humilde de los apóstoles, simples pescadores incultos, a los que San Pablo trataría de defender, señalando que Dios no es "aceptador de personas"; sin embargo, esa interpretación no encaja en este contexto, pues los judaizantes de Galacia no negaban la autoridad de los Doce, sino que, al contrario, la sobrevaloraban, con el intento de rebajar a Pablo." (El Subrayado me pertenece). La obra "*La Sagrada Escritura*" de los Profesores de la Compañía de Jesús, ob. cit., tomo II, pág. 608, dice: "*Acepción de personas: puede referirse concretamente a las ventajas históricas que tenían los primeros sobre Pablo. Acepción: lit., rostro, cara: Dios no mira a la cara es frase hebrea que equivale a la nuestra: tener acepción de personas. Dios no mide por el exterior. Pablo históricamente pudiera parecer apóstol de segundo grado, pero era tan apóstol como los primeros.*"

Cristo. 11:4 Porque si aquel que viene predica otro Cristo, que nosotros no hemos predicado: o si recibís otro espíritu, que no habéis recibido: u otro evangelio, que no habéis abrazado: bien lo tolerarías. 11:5 Mas entiendo, que no hice yo menos que los grandes apóstoles. 11:6 Porque aunque Tosco en lenguaje, mas no en el saber: y en todo nos hemos dado a conocer a vosotros. 11:7 ¿O por ventura cometí delito, humillándome a mí mismo, para que vosotros fueseis ensalzados? ¿Por qué sin interés os prediqué el Evangelio? 11:8 Yo despojé las otras Iglesias, tomando asistencias para serviros a vosotros. 11:9 Y cuando estaba con vosotros, y me hallaba necesitado: a ninguno fui gravoso: porque lo que me faltaba lo suplieron los hermanos, que vinieron de Macedonia: y en todo me he guardado de serviros de carga, y me guardaré. 11:10 La verdad de Cristo está en mí, que no será quebrantada en mí esta gloria, en cuanto a las regiones de Achaya. 11:11 ¿Y por qué? ¿es porque no os amo? Dios lo sabe. 11:12 Mas esto lo hago y lo haré, para cortar la ocasión a aquellos que buscan ocasión de ser hallados tales como nosotros, para hacer alarde de ello. 11:13 Porque los tales falsos apóstoles son obreros engañosos, que se transfiguran en apóstoles de Cristo. 11:14 Y no es de extrañar porque el mismo Satanás se transfigura en ángel de la luz. 11:15 Y así no es mucho, si sus ministros se transfiguran en ministros de justicia cuyo fin será según sus obras. 11:16 Otra vez lo digo (para que nadie más me tenga por imprudente, y sino tenedme en hora buena por imprudente, a trueque de gloriarme aún un poquito). 11:17 Lo que hablo por lo que hace a esta materia de gloria, no lo digo según Dios, mas como por imprudencia. 11:18 Y ya que muchos se glorían según la carne yo también me gloriaré. 11:19 Porque de buena gana sufrí a los necios siendo vosotros sabios: 11:20 Porque sufrís a quien os pone en servidumbre, a quien os devora, a quien de vosotros toma, a quien se ensalza, a quien os hiere en la cara. 11:21 Lo digo cuanto a la afrenta, como si nosotros hubiésemos flaqueado en esta parte. En lo que otro tiene osadía (habló con imprudencia) también yo la tengo: 11:22 Son Hebreos, yo también: Son Israelitas, yo también: Son linaje de Abraham, también yo: 11:23 Son ministros de Cristo (hablo como menos sabio) yo más: en mayores trabajos, en cárceles más, en azotes sin medida, en riesgos de muerte muchas veces. 11:24 De los Judíos he recibido cinco cuarentenas de azotes, menos uno. 11:25 Tres veces fui azotado con varas, una vez fui apedreado, tres veces padecí naufragio, noche y día estuve en lo profundo de la mar. 11:26 En caminos muchas veces, en peligros de ríos, en peligros de ladrones, en peligros de los de mi nación, en peligros de los gentiles, peligros en la ciudad, peligros en el desierto, peligros en la mar, peligros de falsos hermanos: 11:27 En trabajo y fatiga, en muchas vigilias, en hambre y sed, en muchos ayunos, en frío y en desnudez. 11:28 sin las cosas que son de fuera, mis ocurrencias urgentes de cada día, la solicitud, que tengo de todas las Iglesias. 11:29 ¿Quién enferma: y yo no enfermo? ¿Quién se escandaliza, y yo no me abraso? 11:30 Si es menester gloriarse: me gloriaré en las cosas, que son de mi flaqueza. 11:31 El Dios y Padre de nuestro Señor Jesucristo, que es bendito en los siglos, sabe que no engaño. 11:32 En Damasco el gobernador de la provincia por el rey Aretas, había puesto guardas por la ciudad, para prenderme: 11:33

Y por una ventana me descolgaron por el muro de una espuerta, y así escapé de sus manos. (El subrayado me pertenece).

En mi opinión, los grandes apóstoles respecto de los cuales Pablo está hablando aquí, naturalmente son los doce apóstoles. ¿Qué nos dice que está hablando de los doce apóstoles, más allá del hecho de que se refiere a los mismos como "los grandes apóstoles"? Por un lado, ningunos otros que los doce apóstoles pudieron haber tenido la importancia y la autoridad para justificar y explicar las expresiones de esta Epístola de Pablo. ¿Qué otro "apóstol" podría haber trabajado tanto, por ejemplo, como para justificar que Pablo tenga que decir que él entiende que no hizo menos que los grandes apóstoles para hacerse reconocer? Y los doce apóstoles eran hebreos, Israelitas, ministros de Cristo y eran los verdaderamente grandes apóstoles. Y ya hemos visto como Pablo en otra oportunidad alega haber trabajado más que los apóstoles, refiriéndose a los doce y nada menos que en la Primera Epístola a los Corintios versículos 15:9-10.

Por el otro, a juzgar por la Primera Epístola de Pablo a los Corintios, y por la Epístola de Clemente Romano a los Corintios,[140] Pablo se enfrentaba en Corinto con Apolo, que no era un apóstol, y que se inclinaba por Pedro desconociendo a Pablo. Esto indica que los grandes apóstoles a los que se refiere esta epístola, son los verdaderos apóstoles, a los que Pablo llama falsos

140 Carta Primera de Clemente, XLVII. 1-5.

apóstoles.[141]

La Primera Epístola de Pablo a los Corintios (Felipe Scío) dice: "*1:12 Y digo esto, porque cada uno de vosotros dice: Yo en verdad soy de Pablo, y yo de Apolo: pues yo de Cefás, y yo de Cristo.*" La Primera Epístola de Pablo a los Corintios (Felipe Scío) dice: "*3:4 Porque diciendo el uno: Yo ciertamente soy de Pablo: Y el otro, yo de Apolo: ¿no es claro, que sois aun hombres? ¿pues qué es Apolo? ¿o qué es Pablo?*" La Primera Epístola de Pablo a los Corintios (*Felipe* Scío) dice: *"3:22 Porque todas las cosas son vuestras: sea Pablo, sea Apolo, sea Cefás, sea mundo, sea vida, sea muerte, sean presentes, sean porvenir: todo es vuestro."* Estos versículos nos muestran que la controversia de la que habla Pablo en la Primera Epístola de Pablo a los Corintios era con Apolo, y con cristianos que, reconociendo a Pedro, no reconocían a Pablo.[142] Y la Segunda Epístola de Pablo a los Corintios, fue escrita no más de dos años después que la primera, aparentemente refiriéndose a la misma controversia de antes.

Esto es apoyado por el hecho de que Clemente Romano, considerado el tercer Papa de la Iglesia Católica Romana por algunos,[143] considerado primer Papa por otros,[144] se refiere a la controversia entre Pablo y los

---

[141] Primera Epístola a los Corintios versículos 1:12; 3:4'6; 3:22; 4:6; 16:2. Libro de los Hechos de los Apóstoles versículo 18:24.

[142] Primera Epístola de Pablo a los Corintios, versículo 9:2.

[143] Ireneo "*En Contra de las Herejías*", libro tercero, capítulo tercero.

[144] Tertuliano "De praescript., 32."

Corintios, como si hubiera habido una sola controversia. De acuerdo a Clemente Romano la controversia también habría sido entre Pablo y Apolo, siendo Apolo un ministro que se inclinaba por Pedro en contra de Pablo. Es de destacar que Clemente Romano, considerado tercer Papa de la Iglesia Católica por muchos en la Iglesia Católica Romana, escribe como si hubiera habido una sola carta, lo cual sugiere que nunca tomó conocimiento de la Segunda Epístola. Esta epístola que escribe Clemente Romano, si bien no forma parte de la Biblia, es considerada auténtica por la Iglesia Católica, y durante décadas luego de la muerte de Clemente habría sido leído en las liturgias de algunas iglesias. En el capítulo XLVII (47), la Primera Carta de Clemente dice: *"Tomad en vuestra mano la carta del bienaventurado Pablo Apóstol. ¿Cómo os escribió en los comienzos del Evangelio? A la verdad, divinamente inspirado os escribió acerca de sí mismo, de Cefás y de Apolo, como quieras que ya entonces fomentabais las parcialidades. Mas aquella parcialidad fue menos culpable que la actual, pues al cabo os inclinabais a Apóstoles atestiguados por Dios y a un hombre aprobado por éstos."*[145] De estas palabras se infiere que hubo una sola carta, lo cual sugiere que Clemente Romano no conocía la Segunda Epístola de Pablo a los Corintios, y también que hubo una sola controversia previa, por lo que la Segunda Carta a los Corintios se referiría a la controversia con Apolo que contaba con el apoyo de Pedro, y de otros apóstoles de los doce.

Recordemos, que en la Epístola a los Gálatas, Pablo

[145] La obra *"Padres Apostólicos"*, Introducciones, Notas y Versión Española por Daniel Ruiz Bueno, (Madrid: La Editorial Católica S.A., MCML), pág. 221.

había tratado a los apóstoles como de "aquellos que parecían ser algo", como diciendo que no lo eran ya más, agregando que lo que hubieran sido a él no le importaba; que ya había alegado que él había trabajado más que los demás apóstoles, refiriéndose a los doce;[146] y recordemos los otros comentarios que señalé Pablo había realizado para disminuir a los apóstoles y elevar su propia figura. Si los apóstoles todavía aparentaban ser algo que antes pudieron haber sido, entonces ahora serían falsos apóstoles. Es decir que en la Epístola a los Gálatas ya los había tratado implícitamente de falsos apóstoles. Recordemos que en esa Epístola a los Gálatas donde dice ello, Pablo acusó a Pedro de actuar de una manera cuando los judíos no estaban presente, y de otra cuando lo estaban, diciendo que Pedro no obraba conforme a la verdad del Evangelio, y forzaba a los gentiles a vivir como judíos.[147]

Estas palabras dejan entrever no sólo la conducta viciosa de Pablo sino también el hecho de que él no contaba con el apoyo de los doce en esta controversia, pues de lo contrario, sólo le hubiera sido necesario invocar ese apoyo. Seguidamente veremos como se vuelve a referir Pablo a las demás Iglesias en general, sin excluir a nadie.[148]

---

[146] Primera Epístola de Pablo a los Corintios, versículo 15:10.

[147] Epístola de Pablo a los Gálatas, versículo 2:15.

[148] Pablo dice aquí que no fue de ningún gravamen, y que no será gravoso, pero en el capítulo 8. Versículos 7-20, organiza la colecta y hace referencia a la abundante suma que él administra junto a otros.

i. Pablo dice en la misma Segunda Epístola a los Corintios (Felipe Scío) dice: "*12:11 Me he hecho imprudente, vosotros me obligasteis a ello. Porque yo debía ser loado de vosotros: puesto que en nada fui inferior a los más excelentes apóstoles: aunque yo nada soy: 12:12 Con todo eso las señales de mi apostolado fueron hechas sobre vosotros en toda paciencia, en milagros, y prodigios y virtudes.* 12:13 *Porque ¿Qué es en lo que vosotros habéis sido inferiores a las otras iglesias, sino en que yo mismo no os fui de gravamen? Perdonadme esta injuria*" Unos pocos versículos más adelante, en la misma epístola, Pablo se refiere nuevamente a los más excelentes apóstoles, usando la misma expresión del versículo 11:5, en el que califica de falsos apóstoles a los más excelentes apóstoles, y dice que en nada ha sido inferior a ellos. En estos versículos, tampoco agrega nada que indique que se esté refiriendo a otros que a los doce apóstoles, lo cual confirma que en la oportunidad previa, cuando hacía referencia a los más excelentes apóstoles, tratándolos de falsos apóstoles, se refería a los doce.

Consecuencias

Pidiendo y mandando la imitación de estas conductas, ganando gran autoridad en la Iglesia Cristiana, y con sus erradas enseñanzas instaló en la Iglesia Cristiana serios vicios y errores que fueron responsables de los peores vicios y errores de la Iglesia Católica Romana y de la Iglesia Cristiana en general.

Algunos Hechos Significativos Relacionados con la Vida de Pablo de Tarso, Sus Enseñanzas, Sus Epístolas y la Iglesia

Pablo no se presentó en un principio ante los apóstoles como elegido por Jesús para ser apóstol de los gentiles y predicar nuevas palabras de Dios. Por lo menos no lo hizo, si es que en alguna oportunidad lo hizo, hasta después de la última subida a Jerusalén, que tuvo lugar luego del año 56 d.C., de acuerdo al libro de los Hechos de los Apóstoles.

El libro de los Hechos relata en el versículo 9:27 una visita de Pablo de Tarso a Jerusalén. Este versículo dice que un discípulo de la Iglesia, de nombre Bernabé, les dijo a los apóstoles, como Pablo había visto al Señor, que el Señor le había hablado a Pablo, y como Pablo había predicado en Damasco. Pero no dice nada, naturalmente, de que Bernabé les haya dicho a los apóstoles que Pablo fue escogido, nombrado e instruido privadamente por Jesús, para ser el apóstol de los gentiles, y para predicar nuevas palabras de Dios. Imagínense la sorpresa de los doce apóstoles y la reacción que habrían tenido, si lo hubiera hecho en ese momento.

Esta visita a Jerusalén habría ocurrido tres años después del supuesto llamado de Pablo, de acuerdo a la Epístola de Pablo a los Gálatas, versículo 1:19, y Pablo habría hablado en esta visita durante 15 días con Pedro, y tal vez con Santiago el menor, si Santiago el menor era el Santiago que se conoce como el pariente de Jesús.[149]

---

[149] El libro de Hechos de los Apóstoles (Felipe Scío) dice: "*10:40 A éste lo resucitó*

Se puede ver asimismo que Pablo no se presentó en un principio como elegido por Jesús para ser el apóstol de los gentiles, a partir del libro de los Hechos de los Apóstoles, capítulo 15, que da cuenta del Concilio de Jerusalén (año 48 a 50 d.C.),[150] donde Pedro destaca como él mismo, Pedro, había sido elegido para que por su boca los gentiles escucharan la palabra y creyeran. Lo mismo se puede deducir a partir de como, luego del concilio, Pablo fue enviado como si fuera menor que Judas y Silas, por ejemplo. Ello nos dice que ni siquiera para el tiempo del Concilio de Jerusalén Pablo era reconocido como elegido por Jesús para ser apóstol de los gentiles y predicar nuevas palabras de Dios, y sugiere que no se había presentado, ni reclamado esos títulos aún; al menos frente a los apóstoles.

También se puede ver esto, a partir del

Dios al tercer día, y quiso que se manifestase, 10:41 No a todo el pueblo, sino a los testigos que Dios había ordenado antes: a nosotros que comimos, y bebimos con él, después que resucitó de entre los muertos." Esto lo dice Pedro luego de que Bernabé le dijo que Jesús le había hablado a Pablo, versículo 9:27, de lo cual se inferiría que Pedro no le creyó a Pablo.

[150] El libro de Hechos de los Apóstoles dice en el versículo18:12 que siendo Galión procónsul de Acaya los judíos apresaron a Pablo y lo condujeron al tribunal. Esto habría sucedido de acuerdo al libro de los Hechos poco tiempo después del Concilio de Jerusalén. Por una carta del emperador Claudio a la ciudad de Delfos, que se hizo cincelar y colocar públicamente, en la que hace referencia a Galión, se concluye que Galión debió haber tomado posesión de su cargo de procónsul de Acaya en junio del 51 o 52, y que el Concilio de Jerusalén debe haber tenido lugar poco antes. Holzner, Josef *"San Pablo"*, (Barcelona: Editorial Herder, 1959), pág. 479. Por otra parte, siendo que la muerte de Jesús ocurrió en el año 33 d.C., y Pablo de acuerdo a la Epístola a los Gálatas, capítulo 2, subió por segunda vez a Jerusalén pasados 14 o 17 años después de su supuesto llamado, que habría ocurrido en el año 35 o 36, la fecha del Concilio también se ubica alrededor del año 49 o 50, por lo menos.

comportamiento que tuvo Pablo en Jerusalén con Santiago, en lo que se denomina su última subida a Jerusalén (año 58 d.C.). Le dice Santiago a Pablo en el libro de los Hechos de los Apóstoles (Felipe Scío): "*21:20 Y cuando ellos le oyeron, glorificaban a Dios, y le dijeron: Bien ves, hermano, cuantos millares de judíos son los que han creído, y todos son celadores de la ley. 21:21 Y han oído decir de ti, que enseñas a los judíos, que están entre los gentiles, que dejen a Moisés; diciendo que no deben circuncidar a sus hijos, ni andar según sus ritos. 21:22 ¿Pues que se ha de hacer? De cierto es menester que la multitud se junte: porque oirán que tú has venido. 21:23 Has pues lo que te vamos a decir: tenemos aquí cuatro varones, que tienen voto sobre sí. 21:24 Toma éstos contigo, santifícate con ellos, hazles la costa, para que se raigan las cabezas: sabrán todos, que es falso cuanto de ti oyeron, y que por el contrario sigues tu guardando la ley.*" Obviamente Pablo no le revela a Santiago, quien pudo haber sido el Apóstol Santiago, que él si enseñaba que los judíos no deben circuncidar a sus hijos, ni andar según sus ritos. Recordemos lo que dice la Epístola de Pablo a los Gálatas, que se cree escrita antes de la última subida de Pablo a Jerusalén, por citar un ejemplo (Felipe Scío): "*5:1 Estad firmes y no os sometáis otra vez al yugo de servidumbre. 5:2 Mirad que os digo yo Pablo: que si os circuncidareis, Cristo no os aprovechará en nada. 5:3 Y de nuevo protesto a todo hombre que se circuncida, que está obligado a guardar toda la ley. 5:4 Vacíos sois de Cristo, los que os justificáis por la ley: habéis caído de la gracia.*"

El pasaje citado del Libro de los Hechos de los Apóstoles nos deja saber que la Iglesia de Jerusalén no conocía las enseñanzas de Pablo, y no conocía la epístola de Pablo a los Gálatas, y más allá de rumores que pudieran haber respecto de enseñanzas de Pablo, se puede ver que Pablo ocultaba algunas de sus enseñanzas, y que Pablo hasta el momento no se había presentado, y mucho menos era reconocido, como el apóstol de los gentiles, privadamente instruido por Jesús, para hablar nuevas palabras de Dios. Y este acontecimiento ocurre luego del año 56.[151]

De haber sido reconocido Pablo de Tarso como el apóstol de los gentiles, de haber sido tenido como alguien que fue privadamente escogido e instruido por Jesús para hablar nuevas palabras de Dios, no habría tenido que estar preocupado de lo que iban a pensar cristianos judíos, que todavía creían que los cristianos judíos debían seguir cumpliendo con la parte de la Ley de Moisés, que no se oponía, o aparentemente no se oponía, a las enseñanzas de Cristo.

Se cree que Pedro murió en las persecuciones de Nerón que comenzaron en el año 64 d.C. y que se extendieron hasta el año 68 d.C., año en el que murió Nerón. Y se cree que Pedro estuvo preso antes de su muerte al mismo tiempo que Pablo lo estuvo; pero no se conoce a ciencia cierta.

---

[151] Es un dato histórico que la substitución del gobernador Félix por Festo ocurre en el año 59 o 60. El libro de los Hechos de los Apóstoles, versículo 24:27 dice que pasados dos años desde que Pablo fue hecho comparecer ante Félix ocurre este hecho histórico. La última subida a Jerusalén en la que Pablo se encuentra con Santiago de acuerdo al libro de los Hechos de los Apóstoles ocurre poco tiempo antes de que Pablo es hecho comparecer ante Félix. Por ello se calcula que ocurre alrededor del 58 d.C.

¿Tuvieron conocimiento cierto, en algún momento, apóstoles de los doce de lo que Pablo decía y enseñaba, y del contenido de sus epístolas?

Yo creo que el Apóstol San Juan si lo tuvo y de ahí el libro Apocalipsis, como veremos en la segunda parte de este libro. Pero respecto del resto de los apóstoles creo que no, aunque es difícil de determinar. Hemos visto que en el año 56 d.C., probablemente en el 58 d.C., al tiempo de la denominada última subida de Pablo a Jerusalén, la Iglesia de Jerusalén, y muy probablemente los apóstoles, no conocían acerca de las supuestas "nuevas palabras de Dios de Pablo de Tarso" y de sus epístolas; o al menos, no conocían a todas.

Durante gran parte del tiempo, especialmente después del Concilio de Jerusalén, Pablo estuvo de viajes, en los que no coincidió con Pedro, ni con ningún otro apóstol, de acuerdo al libro de los Hechos. Mientras tanto fue procurando acreditar a discípulos suyos,[152] y dar autoridad en todos los lugares a los que concurría a gente que respondía a él.[153] Así se fueron formando en mi opinión dos grupos de comunidades en la Iglesia. Los grupos que no estaban bajo la influencia de Pablo, que enseñaban principalmente la palabra de Jesús, y los grupos de Pablo, que enseñaban principalmente las enseñanzas

---

[152] La Primera Epístola de Pablo a los Corintios, versículos 4:17; 8:18; 8:23.

[153] La Epístola de Pablo a Tito (Felipe Scío) dice: "*1:4 A Tito hijo amado según la fe, que nos es común, sea gracia, y paz de Dios Padre, y de Jesucristo Salvador nuestro. 1:5 Yo te dejé en Creta, para que arreglases lo que falta, y establecieses presbíteros en las ciudades como yo te había ordenado.*"

de Pablo.

Existen constancias de Iglesias que no reconocían a Pablo. Apolo, que contaba con el apoyo de los apóstoles, no reconocía a Pablo como apóstol de los gentiles privadamente instruido por Jesús para predicar nuevas palabras de Dios. Ni siquiera lo reconocía como a alguien a quien tuvieran que obedecer.

En Jerusalén no hay constancias de que hayan reconocido a Pablo. Y creo que no es arriesgado decir que en todo el mundo judío cristiano, de Jerusalén, Judea, Galilea y alrededores, Pablo no era reconocido. Que por cierto eran los lugares donde Jesús más predicó, lo mismo que los doce apóstoles en un comienzo, y que contenían las personas con mejores condiciones de disputar con Pablo, por esa razón y por ser mayormente judíos.

Las epístolas, además, por haber sido en su mayoría escritos dirigidos a comunidades particulares, no fueron conocidas inmediatamente por toda la Iglesia Cristiana.[154] Yo diría que fueron conocidas por muy pocos. Y creo que es muy posible que no hayan sido conocidas por los apóstoles, sobre todo considerando que se enseña que los apóstoles estuvieron dispersos, la mayoría por regiones distantes, llevando la palabra de Jesús a todas las naciones, como Jesús les había encargado; y que los apóstoles pudieron haber estado dispersos cuando las epístolas fueron escritas. Y Pablo, como dije, no coincidió

[154] De Tuya, Manuel y José Salguero, "Introducción a la Biblia", ob. cit., tomo I, pág. 364, dice: "*Los escritos del Nuevo Testamento, por haber sido en su mayoría escritos dirigidos a comunidades particulares, no fueron conocidos inmediatamente por toda la Iglesia Cristiana.*"

con ninguno de ellos en los viajes que realizó, de acuerdo al libro de los Hechos de los Apóstoles. Es muy probable que esto haya colaborado para que no hayan tomado noticia de las enseñanzas de Pablo y de sus epístolas, o al menos no hayan tomado conocimiento de todas.

A su vez, confrontado por algún apóstol, o cristiano con apoyo de los doce, Pablo pudo haber actuado como lo hizo con Santiago de acuerdo al libro de los Hechos de los Apóstoles, negando y ocultando sus enseñanzas.

Y cuestionado acerca de alguna epístola Pablo pudo haber negado su autoría. En la Segunda Epístola de Pablo a los Tesalonicenses, versículo 2:2, Pablo habla de cartas presentadas como si fueran de su autoría, que dice que no lo son. Dice la epístola recién mencionada: ¨*2:2 Que no os mováis fácilmente de vuestra inteligencia, ni os perturbéis, ni por espíritu, ni por palabra, ni por carta como enviada de nos, como si el día del Señor estuviese cerca.*" Esta epístola dice que Pablo decía que circulaban epístolas como si fueran de él que no lo eran. Por eso dice "ni por carta como enviada de nos."

De hecho, en los versículos de la Segunda Epístola a los Tesalonicenses recién transcriptos, Pablo parece negar a la Primera Epístola de Pablo a los Tesalonicenses (Felipe Scío), que dice: *"4:15 Porque el mismo Señor con mandato, y con voz de arcángel, y con trompeta de Dios, descenderá del cielo: y los que murieron en Cristo, resucitarán primero. Después nosotros, los que vivimos, los que quedamos aquí, seremos arrebatados juntamente con ellos en las nubes a recibir a Cristo en los aires: y así estaremos para siempre en el Señor.*" En esta Primera Epístola de Pablo a los Tesalonicenses Pablo dice que la Segunda Venida de Jesús llegaría estando él vivo. Esto significa que dicen que el día del Señor estaba cerca. Y dice en la misma epístola, que él iba a ser arrebatado con los que estuvieran vivos en las nubes a recibir a Cristo. No obstante ello, en la Segunda Epístola a los Tesalonicenses Pablo les dice a los Tesalonicenses que no se perturben por carta como enviada por ellos que dice como si el Día del Señor estuviese cerca. No sería extraño que de esa forma Pablo hubiera respondido al ser cuestionado por el contenido y por la autoría de esta y otras epístolas.

Es posible también que los doce apóstoles se hayan enterado parcialmente de sus erradas enseñanzas, o cuando ya era muy tarde; y que no hayan hecho nada para enfrentarlo, o para expulsar a sus partidarios de la Iglesia, en virtud de la enseñanza de la Parábola de la Cizaña, del Evangelio según San Mateo versículo 13:24. En esta parábola Jesús enseña que no debemos ocuparnos de expulsar a la cizaña creciendo en el medio de la Iglesia.

Es también posible que hayan pensado, además de lo anterior, que era mejor para la Iglesia no hacer nada al respecto, en lugar de comenzar un enfrentamiento interno, cuando la Iglesia se estaba formando, que podría comprometer su desarrollo. Y es posible que no hayan anticipado que la Iglesia iba a eventualmente considerar a las Epístolas de Pablo palabra de Dios.

Es difícil, tal vez imposible, saber como ocurrieron los eventos no descriptos en el libro de los Hechos de los Apóstoles, porque las demás epístolas y testimonios no son suficientemente fiables, pero lo cierto es que las epístolas de Pablo de Tarso contienen enseñanzas erradas y vicios que fueron responsables de los peores vicios y errores de la Iglesia Cristiana en general y que las mismas no son palabra de Dios.

Las Epístolas de Pablo no Fueron Consideradas Palabra de Dios Durante la Vida de los Apóstoles, y hasta mucho Tiempo después

Otra cuestión importante para tener en cuenta es que las Epístolas del Nuevo Testamento no fueron consideradas palabras de Dios en el comienzo. Los primeros autores de la Iglesia Cristiana citaban a los libros del Antiguo Testamento como escritura, como palabra de Dios, citaban la palabra de Jesús como suprema autoridad, pero no hacían lo propio con las Epístolas del Nuevo Testamento. Al menos la inmensa mayoría de ellos no lo hacía.[155]

El hecho de que las epístolas hayan sido leídas, o que

[155] En la obra de Metzger, Bruce M. "*The Canon of the New Testament*", (Oxford: Clarendon Press, 1987), pág. 72 dice acerca de los padres apóstolicos, expresión con la que se denomina a un círculo de autores que supuestamente habrían tenido un conocimiento personal de algunos de los apóstoles, entre los cuales se incluiría en esta obra a Clemente de Roma, Ignacio de Antioquía, y Papías de Hierápolis: [En breve, encontramos que en ambos grupos el Judío y el Heleno un conocimiento de la existencia de ciertos libros que luego formarían parte del Nuevo Testamento, y en más de una oportunidad ellos expresan sus opiniones a través de frases tomadas de sus escritos. Estas reminiscencias tienden a mostrar que una autoridad implícita era percibida en forma previa a que su autoridad se hubiera desarrollado-en realidad, antes de que hubiera aún conciencia de su autoridad. Esta autoridad, más aun, no tenía, en ninguna medida, un carácter exclusivo. Por el otro lado, vemos que las palabras de Jesús son tomadas como suprema autoridad. Algunas veces estas citas son similares a las que encontramos en los cuatro Evangelios; en otras ocasiones difieren.]

un autor haya usado palabras contenidas en una epístola, o hasta haya usado una epístola, no implica que ellos hayan considerado a las mismas la palabra de Dios.[156]

Tampoco el hecho de que hayan sido conocidas o hubieran sido explícitamente citadas, si ellas no se citan como palabra de Dios, como escritura, significaría que fueron tratadas como palabra de Dios, como escritura.

Ni siquiera el hecho de que alguien hubiera afirmado que el autor de una epístola escribió movido por el Espíritu Santo, hubiera implicado necesariamente que él consideraba palabra de Dios al contenido de una epístola, porque el concepto de inspiración para algunos, en aquellos tiempos, era distinto del que se le da en general, ahora. Se atribuye a Clemente de Alejandría haber afirmado que Platón escribió inspirado.[157] El autor de la

---

[156] Las Primera Carta de Clemente, también conocida como Epístola de Clemente Romano a los Corintios y la Carta de Ignacio a los Filipenses eran leídas en otras Iglesias. La obra de De Tuya, Manuel y José Salguero "*Introducción a la Biblia*", dice: "*La simple lectura litúrgica no parece ser criterio suficiente, pues sabemos por el testimonio de diversos Padres antiguos que también se leían en las asambleas litúrgicas otros escritos que nunca formaron parte del canon de la Sagrada Escritura.*" La nota dice: "*Por San Dionisio de Corinto sabemos que la epist. San Clemente Romano a los Corintios era leída en las asambleas litúrgicas (cf. En Eusebio, Hist. Eccl., 4,23,1:MG 20,338). En las iglesias del Asia se leía la carta de San Policarpo (cf. San Jerónimo, De viris Illustr. 17:ML 23,636)...*". De Tuya, Manuel y José Salguero "*Introducción a la Biblia*", ob. cit., tomo I, pág. 329.

[157] La obra "*The Canon of the New Testament*" de Bruce M. Metzger dice que Clemente Alejandrino se refiere a Orfeo como "El Teólogo", y habla de Platón como estando bajo la inspiración de Dios. Metzger, Bruce M. "*The Canon of the New Testament*", ob. cit., pág. 134. La obra de Manuel de Tuya y José Salguero "*Introducción a la Biblia*", dice con referencia al tema y Clemente Alejandrino: "*Hay que advertir, sin embargo, que, juntamente con los libro canónicos, cita otros que no lo son. Lo cual parecer suponer que no sabía distinguir bien los libros canónicos de los apócrifos.*" De Tuya, Manuel y José Salguero "*Introducción a la Biblia*", ob. cit.,

Primera Carta de Clemente Romano, que como vimos dice en la misma que Pablo de Tarso escribió inspirado por el Espíritu Santo, también dijo en esta carta que él mismo, quien sería el Papa Clemente Romano, escribió esa Primera Carta impulsado por el Espíritu Santo. Y su carta no se considera escrita bajo inspiración del Espíritu Santo.[158]

Y hay que tener presente que el hecho de que un autor lo hubiera hecho, no autorizaría a concluir que toda la Iglesia lo hacía, sobre todo en los dos primeros siglos de nuestra era, en que la Iglesia todavía era perseguida de tanto en tanto, las comunicaciones eran tan dificultosas, y no existía el grado de unidad y uniformidad que alcanzó la Iglesia siglos más tarde, cuando el Imperio Romano declaró al Cristianismo religión oficial, y cuando el Poder del Imperio se puso al servicio de la Iglesia: y en cierta medida la Iglesia al servicio del Imperio.

Más aun, no se puede efectuar esa conclusión, si ese autor o persona además ha mostrado en sus escritos falta de criterio para distinguir lo verdadero de lo falso. La Epístola de Clemente Romano, en general considerado tercer papa de la Iglesia Católica, a más de lo anterior,

---

tomo I, pág.367.

[158] La obra "*Padres Apostólicos*", Introducciones, Notas y Versión Española por Daniel Ruiz Bueno, ob. cit., Primera Carta de Clemente, punto LXIII (63), pág. 236, dice: "*Alegría y regocijo nos proporcionaréis si, obedeciendo a lo que os acabamos de escribir, impulsados por el Espíritu Santo, cortáis de raíz la impía cólera de vuestra envidia, conforme a la súplica con que en esta carta hemos hecho por la paz y la concordia.*" El texto griego dice δια του αγιου πνευματος. Ver Hechos 21:4 o Romanos 5:5 para ver expresiones similares.

dice acerca del Ave Fénix: "*Consideremos el maravilloso signo que se da en las tierras de Oriente, es decir, en Arabia. Es el caso que existe un ave que tiene por nombre Fénix; ésta, que es única en su especie, vive quinientos años y, llegada al punto de su muerte, fabrícase a sí misma un ataúd de incienso, mirra y otras especies aromáticas, el que se mete al cumplirse el tiempo y allí muere. Según va pudriéndose su carne, nace un gusano, el cual, alimentado de la materia en putrefacción del animal muerto, viene a echar alas. Luego, hecho ya fuerte, levanta el ataúd donde están los huesos de su antecesor y, cargando con todo ello, realiza el viaje de Arabia a Egipto, a la ciudad llamada Heliópolis. Y en pleno día, a la vista de todo el mundo, vuela sobre el altar del Sol y allí deposita los huesos. Hecho esto, emprende el viaje de vuelta. Ahora bien, los sacerdotes examinan las tablas de los tiempos y comprueban que el ave volvió cumplidos los quinientos años. Luego, ¿vamos a tener por cosa grande y de maravillar que el Artífice del universo haya de resucitar a cuantos le sirvieron santamente en confianza de fe buena, cuando hasta por medio de un ave nos manifiesta lo magnífico de su promesa?" Dice, efectivamente, en alguna parte: Tú me resucitarás y yo te confesaré. Y: Me dormí y me tomó el sueño: pero me levanté, porque tú estás conmigo. Y Job igualmente dice: Y resucitarás esta carne mía que ha sufrido todas estas cosas.*"[159] (El subrayado me pertenece) La carta de Clemente Romano presenta esto aquí como un hecho real, no como una leyenda. Inmediatamente antes de las referencias al Ave Fénix, la carta se refiere al

[159] La obra "*Padres Apostólicos*", Introducciones, Notas y Versión Española por Daniel Ruiz Bueno, ob. cit., punto XXV (25), pág. 202.

hecho de como el día sucede a la noche, y al hecho de como la siembre produce frutos, y lo sigue con citas del Antiguo Testamento.[160]

Por su parte, el libro de Hechos de los Apóstoles y las Epístolas de Pablo dan testimonio de cristianos que no reconocían a Pablo de Tarso, como hemos visto.

Los primeros capítulos del libro Apocalipsis contienen cartas a las siete Iglesias de Asia, a partir de cuyas descripciones se infiere que las Iglesias se desarrollaban y desenvolvían con características particulares y con problemáticas diferentes.

San Justino, quien escribe hacia el año 155 d.C., no consideraba a las Epístolas de Pablo como palabra de Dios. Ello se deduce de los argumentos que usa, y que no usa, para defender al Cristianismo en la carta que le envía al Emperador Antonino Pío. También se deduce de las posiciones que tiene respecto de la mujer y de los cristianos judaizantes. San Justino se convirtió en Éfeso, y se cree que terminó radicado en Roma, donde se hizo mártir. Su testimonio sugiere la existencia todavía en el año 150 d.C. de una comunidad importante de cristianos que no reconocían a Pablo de Tarso, ni consideraban a sus epístolas Palabra de Dios.[161]

---

[160] Aun cuando hubiera sido esto presentado como una leyenda, que no parece que lo haya sido, el contexto en el que habría sido insertado habría sido totalmente inapropiado, y habría mostrado falta de criterio por parte de Clemente Romano.

[161] San Justino Mártir, en un escrito que le enviara al Emperador Tito Elio Adriano Antonino Pío César Augusto, titulada "*Primera Apología*", p.17, Súbditos del Imperio, dice: "*En cuanto a los tributos y contribuciones, nosotros procuramos pagarlos antes que nadie a quienes vosotros tenéis para ello ordenados por todas*

Capítulo III. Revisión

La revisión de la doctrina cristiana no admite demora. La

---

partes, tal como fuimos por él enseñados. Porque por aquel tiempo se le acercaron algunos a preguntarle si había que pagar tributo al César. Y Él respondió: Decidme, ¿qué efigie lleva la moneda? Ellos le dijeron: La del César. Y Él les volvió a responder: Pues dad al César lo que es del César y a Dios lo que es de Dios. De ahí que sólo a Dios adoramos; pero, en todo lo demás, os servimos a vosotros con gusto, confesando que sois emperadores y gobernantes de los hombres y rogando que, junto con el poder imperial, se halle que también tenéis prudente razonamiento..." "*Padres Apologistas Griegos (s.II)*" Introducciones, Texto Griego, Versión Española y Notas de Daniel Ruiz Bueno, (Madrid: La Editorial Católica S.A., MCMLIV), pág. 200. El hecho de que Justino no haya mencionado, ni utilizado las Epístolas de Pablo de Tarso, por ejemplo, al tratar temas como éste, como el tema de la mujer, y de los cristianos judaizantes, y sus opiniones acerca de estos temas, nos indican que él no consideraba a las Epístolas de Pablo palabra de Dios, y tampoco consideraba que Pablo hablaba palabras de Dios, o tenía la mente de Cristo. Papías dice: "*Y si se daba el caso de venir alguno de los que habían seguido a los ancianos, yo trataba de discernir los discursos de los mismos ancianos: qué habían dicho Andrés, qué Pedro, qué Tomás o Santiago, o Juan o Mateo, o cualquier otro discípulo del Señor, y lo que dicen Aristión y el anciano Juan, discípulos del Señor. Porque no pensaba yo que los libros pudieran serme de tanto provecho como lo que viene de la palabra viva y permanente.*" Notese en la cita la valoración de la tradición oral, y la nula mención a Pablo de Tarso. Ruiz Bueno, Daniel "Padres Apostólicos", pág. 874. Arístides, en su Apología escrita a inicios del s.II d.C., no más tarde que el año 150 d.C. dice lo siguiente acerca de Jesús: "*Este tuvo doce discípulos, los cuales, después de su ascensión a los cielos salieron a las provincias del Imperio y enseñaron la grandeza de Cristo, al modo que uno de ellos recorrió nuestros mismos lugares predicando la doctrina de la verdad. De ahí que los que todavía sirven a la justicia de su predicación, son llamados cristianos.*" Ruiz Bueno Daniel, "*Padres Apologistas Griegos (s.II)*", pág. 130. (Según los Fragmentos Griegos). Notese en la cita la referencia a doce discípulos, y la nula mención a Pablo de Tarso.

doctrina cristiana no puede estar construida sobre la base de errores. Haya sido o no Pablo autor de las epístolas, la doctrina cristiana debe ser revisada. La doctrina cristiana ni puede estar construida sobre la base de epístolas falsas, ni sobre la base de la doctrina de un falso profeta. Las consecuencias y los efectos de estos errores deben ser detenidos. Los errores deben ser corregidos. Es fundamental que se revise toda la doctrina, y que se revise la posición de la Iglesia en lo concerniente al libro de los Hechos de los Apóstoles, las demás Epístolas del Nuevo Testamento, y el Antiguo Testamento.

Sin embargo, más importante todavía que revisar y corregir los errores de la doctrina cristiana fundados en las Epístolas de Pablo, es prestar atención a la verdadera palabra de Jesús en la forma que él la expresó, y profundizar en los asuntos en los que Cristo puso énfasis. La Iglesia Cristiana no ha prestado la debida atención a los asuntos respecto de los cuales Cristo hizo hincapié. La palabra de Cristo debe ser la principal palabra citada en todas las Iglesias Cristianas. Los cristianos deben exigir a sus ministros que citen a Cristo, y que hablen de lo que Cristo habló.

Para vivir en la mente y en el corazón de las personas y para actuar en nosotros en la forma en que debería, la palabra de Cristo debe ser aprendida en su totalidad en la manera como Cristo la enseñó. Esto no significa que al mismo tiempo no podamos estudiar la interpretación de los más autorizados discípulos de la palabra de Dios, discípulos de Cristo. Por el contrario, esas interpretaciones deben ser aprendidas, y por supuesto enseñadas. Pero esas interpretaciones deben ser tomadas como lo que son: interpretaciones humanas que pueden ser equivocadas.

A continuación, trataré algunos temas en los cuales la doctrina de la Iglesia Cristiana debe ser revisada.

III.1. Divorcio

Los Evangelios según San Mateo, San Marcos, San Lucas, contienen enseñanzas acerca de divorcio.

El Evangelio según San Mateo (Felipe Scío) dice: "*19:1 Y aconteció, que cuando Jesús hubo acabado de decir estas palabras, se fue de la Galilea, y pasó a los confines de la Judea de la otra parte del Jordán. 19:2 Y lo siguieron muchas gentes, y los sanó allí. 19:3 Y se llegaron a él los fariseos tentándole, y diciendo: ¿Es lícito a un hombre repudiar a su mujer por cualquier causa? 19:4 Él respondió, y les dijo: ¿No habéis leído, que el que hizo al hombre desde el principio, macho y hembra los hizo? Y dijo: 19:5 Por esto dejará el hombre padre, y madre, y se ayuntará a su mujer, y serán dos en una carne. 19:6 Así que ya no son dos, sino una carne. Por tanto lo que Dios juntó, el hombre no lo separe. 19:7 Dícenle: ¿Pues por qué mandó Moisés dar carta de divorcio, y repudiarla? 19:8 Les dijo: Porque Moisés por la dureza de vuestros corazones os permitió repudiar a vuestras mujeres: mas al principio no fue así. 19:9 Y digoos, que todo aquel que repudiare a su mujer, sino por la fornicación, y tomare a otra, comete adulterio: y el que se casare con la que otro repudió, comete adulterio. 19:10 Sus discípulos le dijeron: Si así es la condición del hombre con su mujer, no conviene casarse.*

19:11 Él les dijo: No todos son capaces de esto, sino aquellos a quienes es dado. 19:12 Porque hay castrados, que así nacieron del vientre de la madre: y hay castrados, que lo fueron por los hombres: y hay castrados, que a sí mismos se castraron por amor del reino de los cielos. El que puede ser capaz, séalo."

El Evangelio según San Mateo (Felipe Scío) dice: "*5:31 También fue dicho: Cualquiera que repudiare a su mujer, dele carta de repudio. 5:32 Mas yo os digo, que el que repudiare a su mujer, a no ser por causa de fornicación la hace ser adultera: y el que tomare a la repudiada, comete adulterio.*"

El Evangelio según San Marcos (Felipe Scío) dice: "*10:1 Y partiéndose de allí se fue a los términos de la Judea de la otra parte del Jordán: y volvieron las gentes a juntarse a él: y de nuevo los enseñaba como solía. 10:2 Y llegándose los fariseos, le preguntaban por tentarle. 10:3 Mas él respondiendo, les dijo: ¿Qué os mandó Moisés? 10:4 Ellos dijeron: Moisés permitió escribir carta de divorcio, y repudiar. 10:5 Y Jesús les respondió, y dijo: Por la dureza de vuestro corazón os dejó escrito este mandamiento. 10:6 Pero al principio de la creación, macho, y hembra los hizo Dios. 10:7 Por esto dejará el hombre a su padre, y a su madre, y se juntará a su mujer. 10:8 Y serán dos en una carne. Así que no son ya dos, sino una carne. 10:9 Pues lo que Dios juntó, el hombre no lo separe. 10:10 Y volvieron a preguntarle sus discípulos en casa sobre lo mismo. 10:11 Y les dijo: Cualquiera que repudiare a su mujer, y se casare con otra, adulterio comete contra aquella. 10:12 Y si la mujer repudiare a su marido, y se casare con otro, comete adulterio.*"

El Evangelio según San Lucas (Felipe Scío) dice: "*16:18*

Cualquiera que deja a su mujer, y toma otra, hace adulterio; y también el que se casa con la que repudió el marido, comete adulterio."

Primero Jesús enseña acerca del caso del hombre que repudia a su mujer, y luego acerca del caso de la mujer que repudia a su marido. En sus enseñanzas Jesús distingue entre el esposo o esposa que se divorcia de sus respectivos cónyuges y entre aquellos que son víctimas del divorcio. Y, como podemos ver en el Evangelio según San Mateo, Jesús hace una salvedad en la que es lícito divorciarse por cualquier causa. A continuación veremos estos tres casos, comenzando por el caso del hombre que se divorcia de su mujer.

El Hombre que se Divorcia de Su Mujer

El Evangelio según San Mateo (Felipe Scío) dice: "*5:32 Mas yo os digo, que el que repudiare a su mujer, a no ser por causa de fornicación, la hace ser adúltera:...*"

El Evangelio según San Mateo (Felipe Scío) dice: "*19:9 Y digoos, que toda aquel que repudiare a su mujer, sino por la fornicación, y tomare a otra, comete adulterio.*"

El Evangelio según San Marcos (Felipe Scío) dice: "*10:11 Y les dijo: Cualquiera que repudiare a su mujer, y se casare con otra, adulterio comete contra aquella.*

El Evangelio según San Lucas (Felipe Scío) dice: "*16:18 Cualquiera que deja a su mujer, y toma otra, hace adulterio.*"

Estos versículos claramente establecen que, en general, con excepción de la salvedad hecha por Jesús, el hombre que se divorcia de su mujer y se casa con otra mujer comete adulterio.

Ahora, un hombre puede divorciarse de su mujer a través de actos directos, por ejemplo, diciéndole a su esposa que no será más su marido, y ordenándole que deje el hogar marital, y hasta forzando a su mujer a dejarlo; o puede hacerlo a través de actos indirectos, cometiendo una ofensa o una serie de ofensas que por su gravedad hagan imposible la continuación del matrimonio, o irrazonable exigir su continuación por parte del cónyuge víctima de esos actos.

Los actos indirectos pueden consistir, por ejemplo, en uno o más casos de agresión física, que ponen en riesgo su vida, o en uno o más actos de adulterio con un miembro de la familia, por ejemplo.

El hombre que se divorcia de su mujer a través de actos directos o indirectos es culpable del divorcio, y si se casa con otra comete adulterio. Los Evangelios claramente establecen que en general el hombre que se divorcia de su mujer, y se casa de nuevo, comete adulterio.

La Mujer que se Divorcia de Su Esposo

Luego de tratar el caso del hombre que se divorcia de su mujer, los tres evangelios tratan el caso de la mujer que se divorcia de su marido. Esta conclusión surge del análisis que haré a continuación.

Comencemos con el Evangelio según San Mateo. El Evangelio según San Mateo (Felipe Scío) dice: "*5:32 Mas yo os digo, que el que repudiare a su mujer, a no ser por causa de fornicación la hace ser adúltera: y el que tomare a la repudiada, comete adulterio.*

La palabra latina traducida como repudiada también se puede traducir divorciada. El texto griego también admite esa traducción.[162]

Usando la palabra divorciada, en lugar de repudiada, esta parte del versículo diría "el que tomare a la divorciada comete adulterio", y podría ser interpretada de dos maneras.

Una manera de interpretar este versículo dice que el

---

[162] El texto latino, traducido como "el que tomare a la repudiada, comete adulterio", dice: et qui dimissan duxerit, adulterat. La palabra latina traducida como "a la repudiada" "es dimissan". Esa palabra latina admite la traducción "divorciada". Unos versículos antes cuando se habla de la carta de repudio, el texto usa la palabra "repudii", que es la palabra que se debería traducir como repudio. La Biblia Libro del Pueblo de Dios lee: "y el que se casa con una mujer abandonada por su marido, comete adulterio." La Nueva Biblia de Jerusalén lee: "y el que se case con una repudiada comete adulterio". La Biblia de las Américas lee: "y cualquiera que se casa con una mujer divorciada comete adulterio". La Biblia Reina-Valera (1960) lee: "y el que se casa con la repudiada, comete adulterio." El texto griego de las obras "*Novum Testamentum Graece et Latine*" de Augustinus Merk" y "*Greek-English New Testament*" de Nestle-Aland" dicen: Εγω (Yo) δε (pero) λεγω (digo) υμιν (a ustedes) οτι (que) πας (quienquiera) ο απολυων (divorcia o desliga) την (la) γυναικα (mujer) αυτου (de él) παρεκτος (fuera) λογου (del caso) πορνειας (de fornicación) ποιει (hace) αυτην (a ella) μοιχευθηναι (cometer adulterio), και (y) ος εαν (quienquiera) απολελυμενεν (divorciada o desligada) γαμεση (se case) μοιχαται (comete adulterio). En estos textos griegos no se encuentra ninguna palabra que justifique la traducción de la Biblia Libro del Pueblo de Dios que agrega "por su marido". La palabra griega traducida como abandonada es απολελυμενην (apolelumenen), y también admite la traducción divorciada. De hecho la misma palabra griega απολυο (apoluo) es traducida como divorciada por la Biblia Libro del Pueblo de Dios, en el mismo versículo, al tratar el caso del hombre que se divorcia de su mujer. La Biblia de las Américas ya hemos visto que traduce la palabra como divorciada. Esta palabra απολελυμενην (apolelumenen) puede ser tanto un participio perfecto medio o un participio perfecto pasivo.

hombre que toma a una mujer que se divorció de su marido, comete adulterio. Bajo esta interpretación, el versículo sería la contrapartida del caso anterior. Estaría contemplando el caso de la mujer que es culpable del divorcio, y estaría diciendo que él que se casa con una mujer que se divorció de su marido comete adulterio.

La otra manera de leer este versículo es la que dice que el hombre que se casa con una mujer divorciada por su marido, comete adulterio, en cuyo caso estaría contemplando el caso en el que un hombre se casa con una mujer víctima del divorcio de su marido. Bajo esta interpretación, este versículo estaría diciendo que el hombre que toma por mujer la divorciada por su marido comete adulterio, implicando que si ella se casa de nuevo también comete adulterio, a pesar de que ella fue víctima del divorcio y no autora culpable del mismo.

El asunto es: ¿Habla esta sentencia del Evangelio según San Mateo que dice "el que tomare a la divorciada comete adulterio'" de la mujer divorciada de su marido o de la mujer divorciada por su marido?

La respuesta a esta pregunta es dada, entre otras cosas, por el Evangelio según San Lucas, 16:18, que agrega a la misma sentencia del versículo 5:32 del Evangelio según San Mateo, la expresión "del marido" diciendo que el que se casa con la divorciada del marido, comete adulterio.

El texto latino dice "repudiada de su marido" o al menos admiten esa traducción." Los textos griegos con los que trabajo en esta traducción dicen lo mismo, o al menos admiten esa traducción.[163]

La Biblia de las Américas y la Biblia Reina-Valera (1960) traducen correctamente esta expresión, "divorciada por su marido." La Biblia Católica que usa el Vaticano en su sitio oficial de internet en inglés dice "from" que significa "de". La Biblia Latinoamericana que es otra Biblia Católica también traduce "de su marido."

Pero la Biblia Libro del Pueblo de Dios y la Nueva Biblia de Jerusalén traducen "divorciada por su marido". En la nota 163 explico porque la traducción correcta es "de su marido." De cualquier forma la discrepancia entre

---

[163] El texto Latino dice "a viro". La preposición "a" significa "de", y la palabra "viro" está en caso ablativo. El texto griego de las dos Biblias griegas con las que trabajo en esta obra dice απο (apo) ανδρος (andros) γαμων (gamon). La palabra griega απο (apo) significa primeramente "de" y así se traduce en el Nuevo Testamento siempre, excepto en este caso, o al menos salvo muy raras excepciones. El diccionario "Vox" traduce la palabra απο (apo): de, desde, de entre, lejos de, con, por. El diccionario "Liddell and Scott´s", ob. cit., también la traduce como "de", entre otras acepciones, aunque no la traduce como "por". Y el diccionario "*Liddell and Scott´s*", ob. cit., tiene más autoridad científica que el diccionario "Vox." Como ejemplo de lo que digo la Biblia Libro del Pueblo de Dios traduce la palabra "apo" con el significado "de" y no "por", en el versículo 16:21, y en el versículo 16:22 traduce la palabra υπο (upo) como "por". De cualquier forma las Biblias Libro del Pueblo de Dios y la Nueva Biblia de Jerusalén traducen en este versículo la palabra απο (apo) como "por" su marido. Y las Biblia de las Américas y La Biblia Reina-Valera (1960) traducen "del marido". Es decir que hay discrepancia. Yo creo que la traducción más natural es "de", por el significado de la palabra y sobre todo por el contexto como se verá. Y al menos se debe admitir que el texto admite esa traducción, que armoniza la Biblia y permite una interpretación correcta y misericordiosa de la misma. Digo que armoniza la Biblia porque de esa forma los tres evangelios, incluyendo el Evangelio según San Marcos, dirían que Jesús luego de tratar el caso del hombre que divorció a su mujer, trata el caso de la mujer que divorció a su marido. Digo que esta interpretación permite una interpretación misericordiosa de la Biblia, porque de esta forma se puede interpretar que existen excepciones a la regla general de la indisolubilidad matrimonial, y a la prohibición general del divorcio vincular, y es inmisericordioso no reconocer excepciones.

las traducciones sugiere que, por lo menos, el texto admite la traducción "de su marido."

La expresión "de su marido" que este versículo incluye, o por lo menos admite, sugiere con fortaleza que Jesús luego de tratar el caso del hombre que se divorcia de su mujer, en el cual trata el caso del hombre que es responsable del divorcio, trata el caso de la mujer que se divorcia de su marido, en el cual la mujer es responsable del divorcio.[164]

Esto es así porque esta solución armoniza con el Evangelio según San Marcos, que también enseña que Cristo luego de tratar el caso del hombre que se divorcia de su mujer, trata el caso de la mujer que se divorcia de su marido.

El Evangelio según San Marcos (Felipe Scío) dice: "*10:12 Y si la mujer repudiare a su marido, y se casare con otro, comete adulterio.*"[165] Las cuatro Biblias citadas dicen que en el Evangelio según San Marcos, Jesús luego de tratar el caso del hombre que se divorcia de su mujer trata el caso de la mujer que se divorcia de su marido.

La interpretación que armoniza los Evangelios debe ser preferida a otras que las ponen en conflicto. Por ello

---

[164] En algunas versiones de la Biblia, el Evangelio según San Mateo repite en el Versículo 19:9 la misma sentencia. Todo lo dicho se aplica a ese versículo también.

[165] La Biblia Libro del Pueblo de Dios traduce: y si una mujer se divorcia de su marido y se casa con otro, también comete adulterio. La Nueva Biblia de Jerusalén dice: y si ella repudia a su marido y se casa con otro comete adulterio. La Biblia de las Américas dice: y si ella se divorcia de su marido y se casa con otro, comete adulterio. La Biblia Reina-Valera (1960) dice: y si la mujer repudia a su marido y se casa con otro, comete adulterio.

se debe interpretar y entender que Jesús luego de tratar el caso del hombre que se divorcia de su mujer, trata el caso de la mujer que se divorcia de su marido, o del hombre que se casa con la mujer que se divorció de su marido.

El Marido y la Mujer Víctimas del Divorcio

Jesús hace una distinción entre el cónyuge que se divorcia de su cónyuge y el cónyuge divorciado por su cónyuge, es decir entre el cónyuge culpable del divorcio y el cónyuge víctima del mismo. Y Jesús enseña que el cónyuge divorciado de su marido que se casa con otro comete adulterio. Esta distinción de Jesús implica que el cónyuge que es divorciado por su cónyuge, que se casa de nuevo, no comete adulterio. De lo contrario la distinción no sería necesaria. Bastaría haber dicho que quien se casa con un divorciado comete adulterio.

La sentencia que se encuentra en el Evangelio según San Mateo (Felipe Scío) que dice: *"5:32 Mas yo os digo, que el que repudiare a su mujer, a no ser por causa de fornicación, la hace ser adultera"* (el subrayado me pertenece) no significa que la esposa, víctima del divorcio, tiene prohibido casarse de nuevo.

En mi opinión, no se puede concluir a partir de la expresión citada que es ilícito para una víctima de un divorcio casarse de nuevo. Yo creo esto, porque la responsabilidad del adulterio se hace recaer en el cónyuge que se divorcia del otro. Si alguien dijere, que la persona que ataca a otra con una arma de fuego, con la intención de matarla, en el caso en el que la víctima sólo puede defenderse a sí misma matando al victimario, fuerza a su víctima a matarlo, no sería correcto concluir, a partir de la expresión lo fuerza a matarlo, que el acto de defensa propia debe ser prohibido, o es ilícito en esa situación.[166]

La Excepción del Evangelio según San Mateo, Versículos 5:32 y 19:9

Las traducciones de Felipe Scío del Evangelio según

[166] Por otra parte, me parece que la expresión no está bien traducida. Los textos griegos de (Merk) y de (Nestle-Aland) dicen, siguiendo a los más importantes testigos de este Evangelio: ποιει (poiei) αυτην (auten) μοιχευθηναι (moicheuthenai). Ποιει (poiei) significa 'hace', αυτην (auten) significa a 'ella', μοιχευθηναι (moicheuthenai), es un tiempo del verbo griego μοιχευω (moicheuo), el cual significa 'cometer adulterio'. El nombre del tiempo verbal es infinitivo aoristo pasivo, y no existe en español. La palabra textualmente debería ser traducida como 'ser adulterada', 'hace a ella cometida adulterio', pero no hace sentido en español. El significado es 'la hace ser víctima de un acto de adulterio." En los tiempos pasivos, la persona referida por el verbo es quien recibe la acción denotada por el verbo. Si el verbo está en tiempo pasivo el sujeto recibe la acción del verbo. Este verbo usado en la Biblia está siendo traducido como si fuera un infinitivo activo del indicativo, y no lo es. Mounce, William D., en su obra "*Basics of Biblical Greek Grammar*", segunda edición (Michigan; Zondervan, 2003) pág. 302, enseña que la traducción del infinitivo aoristo pasivo del verbo λυω (luo), "to loose" [desatar], sería "to be loosed" [ser desatado]. De ello deduzco que la traducción del verbo que significa "cometer adulterio", sería "ser cometido adulterio." El diccionario griego-español "Vox" dice bajo la palabra griega ποιεω (poieo): hacer, fabricar, ejecutar, edificar, construir. Y bajo la palabra griega αυτος, η, ο dice: el mismo, el propio. Y dice bajo la palabra μοιχευω (moicheuo): cometer adulterio, tener comercio adúltero. Zerwick, Max en su obra "*Analysis Philologica Novi Testamenti Graeci*", ob. cit., dice tratando el versículo 5:32 μοιχευθηναι (moicheuthenai): inf. aor. pass. μοιχευω (moicheuo) τινα (tina), adulterium committo cum, pass. Seducer ad adult."

San Mateo, Versículos 5:32 y 19:9, parecen establecer el caso de fornicación, como una excepción a la regla general que dice que el hombre que se divorcia de su mujer y se casa con otra comete adulterio.[167]

Las biblias con las que trabajo en este libro utilizan distintas palabras para traducir esta excepción. La correcta traducción para la excepción es "fornicación" en mi opinión, y se refiere esto a las conductas sexuales ilícitas y matrimonios ilícitos enumerados en el libro Levítico, capítulo 18.[168]

---

[167] La palabra latina traducida por Felipe Scío como "fornicación" es "fornicatio." El texto griego dice πορνεια (porneia). Esta palabra es traducida de diversas formas en las Biblias en la actualidad. La Biblia Libro del Pueblo de Dios traduce "unión ilegal". La Nueva Biblia de Jerusalén traduce "fornicación". La Biblia de las Américas traduce "infidelidad". La Biblia Reina-Valera (1960) traduce "fornicación."

[168] La nota de la Biblia Libro del Pueblo de Dios al versículo 5:32 del Evangelio según San Mateo, y la nota de la Nueva Biblia de Jerusalén versículo 19:9 dicen que la palabra fornicación se refiere a las conductas sexuales y matrimonios ilícitos del libro Levítico, capítulo 18. El significado de la palabra se puede deducir de su utilización en el libro de los Hechos de los Apóstoles. La palabra fornicación es usada en el libro de los Hechos de los Apóstoles tres veces. La primera vez en el versículo 15:20, la segunda vez en el versículo 15:28 y la tercera vez en el versículo 21:25. El versículo 15:20 narra la oportunidad en la cual los apóstoles y presbíteros decidieron que cargas serían impuestas a los gentiles convertidos al cristianismo. Ellos decidieron que las cargas serían muy similares a las cargas que pesaban sobre los extranjeros residiendo entre los judíos. El versículo 15:28 es parte de la epístola que resultó a partir de esa decisión, y el versículo 21:25 se refiere a esta epístola. La similitud entre las cargas, que indica que los apóstoles estaban considerando las cargas que pesaban sobre los extranjeros residiendo entre los judíos al tomar su decisión, nos da una poderosa razón para pensar que la palabra fornicación, el nombre de la última carga impuesta sobre los gentiles convertidos al cristianismo, se refiere a las conductas sexuales ilícitas y matrimonios ilícitos de la Biblia, libro Levítico, capítulo 18. Estas constituyen en su conjunto, la última de las cuatro cargas impuestas sobre los extranjeros residiendo entre los judíos. Hace mucho sentido

que hayan impuesto cargas similares a casos tan similares. El antiguo caso: los extranjeros residiendo entre los judíos. El nuevo caso, los gentiles convertidos. La primer carga es impuesta en el libro Levítico versículo 17:8 y es la obligación de llevar los sacrificios u holocaustos a la entrada de la Carpa del Encuentro para ofrecerlo al Señor. En el libro de los Hechos de los Apóstoles, versículo 15:29, la primera carga impuesta a los gentiles convertidos es abstenerse de comer carne sacrificada a los ídolos. Estas son las cargas que presentan mayor diferencia entre ellas. Sin embargo la diferencia puede ser explicadas porque Cristo dijo que él quería misericordia no sacrificio, y porque hacer sacrificios no es parte del Nuevo Convenio. La segunda carga impuesta se encuentra en el libro Levítico, versículo 17:10, es la obligación de abstenerse de sangre y la segunda carga impuesta en el libro de los Hechos de los Apóstoles versículo 15:29 es abstenerse de sangre. La tercera carga impuesta en el libro Levítico se encuentra en el versículo 17:15 y es la obligación de abstenerse de comer un animal muerto o despedazado por fieras. La tercera carga impuesta por el libro de los Hechos de los Apóstoles es abstenerse de la carne de animales muertos sin desangrar. La cuarta carga impuesta en el libro Levítico se encuentra en el capítulo 18 y se trata de abstenerse de ciertas uniones sexuales ilícitas y matrimonios ilícitos. La cuarta carga impuesta en el libro de los Hechos de los Apóstoles es la obligación de abstenerse de fornicación. Fortalece esta interpretación el hecho de que en la epístola resultante del Concilio de Jerusalén se hizo coincidir con el orden en el que aparecen en el libro Levítico. Previamente en el libro de los Hechos las cargas se enumeran en un orden diferente, pero cuando se escribe la carta se ordenan según su aparición en el libro Levítico. La palabra fornicación es también utilizada en el Evangelio según San Mateo 15:19 y en el Evangelio según San Marcos versículo 7:21, aunque no es posible deducir de su utilización en estos versículos cual es su significado. Pero si se sabe que en esos versículos la palabra fornicación no es usada con el significado de adulterio, pues los mismos versículos utilizan una palabra distinta para hacer referencia al adulterio. Ello nos sugiere que cuando el Evangelio según San Mateo usa la palabra fornicación al tiempo de precisar la excepción al divorcio por cualquier causa, no utiliza a la palabra con el significado de adulterio. En el Evangelio según San Juan versículo 8:41 y en el libro Apocalipsis versículos 2:21, 9:21, 17:2, 17:4, 18:3 y 19:2, la palabra se utiliza con el significado simbólico de infidelidad para con Dios, pero la excepción no hace sentido utilizando la palabra con esta acepción. La interpretación más razonable es la que dice que la palabra se refiere a las uniones sexuales ilícitas y matrimonios ilícitos del libro Levítico, capítulo 18, por todas las razones expuestas.

cónyuge por cualquier causa a menos que el matrimonio haya tenido lugar entre personas que tienen prohibido en la Biblia, libro Levítico capítulo 18, tener unión sexual o contraer matrimonio; por ejemplo, en el caso de un matrimonio entre un padre y una hija. En esos casos el divorcio es autorizado. En verdad, es mandado.

Esta interpretación explica la excepción referida por Cristo al tiempo de responder la pregunta formulada por los fariseos. Porque hace sentido decir que no es lícito divorciarse de un cónyuge por cualquier razón, excepto cuando el matrimonio involucra por ejemplo un padre y una hija. En estos casos no se requiere una razón especial.

Recordemos que esta excepción se encuentra en el Evangelio según San Mateo, versículo 19:9. En estos versículos San Mateo relata una ocasión en que ciertos fariseos para poner a prueba a Cristo le hicieron una pregunta sobre el divorcio, que decía si es lícito a un hombre divorciar a su mujer por motivo cualquiera. Y el Evangelio según San Marcos nos da testimonio de la misma conversación sólo que omitiendo la parte de la pregunta que dice "por un motivo cualquiera" y omitiendo la parte de la respuesta de Jesús que contiene la excepción. Esto nos confirma la relación que la excepción tiene con la parte de la pregunta que dice "por un motivo cualquiera."[169]

---

[169] La excepción establecida por la palabra πορνεια (porneia), aparentemente también podría interpretarse en el sentido de que es lícito divorciarse y casarse de nuevo, cuando el cónyuge cometió una de las conductas descriptas en el libro Levítico capítulo18. A partir de la expresión que dice que con excepción del

Las Excepciones a la Regla General de Indisolubilidad Matrimonial

Con esta interpretación, los Evangelios pueden a primera vista cerrar la puerta a excepciones. Sin embargo, esta interpretación no implica que las excepciones no estén permitidas.

En primer lugar porque cuando un cónyuge comete una ofensa o una serie de ofensas que en virtud de su gravedad puedan hacer imposible la continuación del matrimonio, o irrazonable mantener a la víctima atada a las obligaciones del matrimonio, la víctima de estos actos puede considerarse indirectamente divorciada por su cónyuge.

En segundo lugar porque uno de los mandamientos de Dios es 'no matarás': sin embargo, el homicidio en legítima defensa es permitido y lícito. Del mismo modo que esta excepción es lícita y permitida, hay otras causas

caso de fornicación, quien se divorcia de su cónyuge y se casa de nuevo comete adulterio, se inferiría que en el caso de divorcio por fornicación los cónyuges podrían casarse de nuevo sin cometer adulterio. Sin embargo, bajo esta interpretación la excepción establecida no tendría ninguna relación con la parte de la pregunta que dice "por cualquier causa", que he argumentado que tiene relación; y también dejaría afuera otras excepciones que parecen más justificadas que las conductas listadas en el libro Levítico 18. No hace sentido por ejemplo que una mujer, pueda divorciarse y casarse de nuevo, cuando su marido comete adulterio con la esposa de un prójimo, por ejemplo, y una mujer que es víctima de violencia no pueda hacer lo mismo. Similar razonamiento se puede hacer en contra de quienes quisieran interpretar la palabra en el sentido de adulterio. No hace sentido que otras excepciones más justificadas que el adulterio sean excluidas de la excepción, y que sólo la excepción en el caso de adulterio sea admitida.

generales de justificación que se aplican a otros mandamientos que prohíben determinados actos, o que los comandan.

De hecho, una de las cosas que Jesús reprochó a los fariseos es que no entendían que la obligación de guardar el Sábado a veces era anulada por una obligación más importante, y que ellos no usaban su prudencia para evitar condenar gente inocente.

El Evangelio según San Mateo (Felipe Scío) dice: "*12:1 En aquel tiempo andaba Jesús un día de sábado por unos sembrados: y sus discípulos, como tuviesen hambre, comenzaron a cortar espigas, y a comer. 12:2 Y los fariseos, cuando lo vieron, le dijeron: Mira que tus discípulos hacen lo que no es lícito hacer en sábado. 12:3 Pero él les dijo: ¿No habéis leído lo que hizo David, cuando él tuvo hambre, y los que con él estaban? 12:4 ¿Cómo entró en la casa de Dios, y comió los panes de la proposición, que no le era lícito comer, ni a aquellos que con él estaban, sino a solos los Sacerdotes? 12:5 ¿O no habéis leído en la ley que los sacerdotes los sábados en el templo quebrantan el sábado, y son sin pecado? 12:6 Pues digoos, que aquí está el que es mayor que el templo. 12:7 Y si supieseis que es: Misericordia quiero, y no sacrificio: jamás condenarías a los inocentes. 12:8 Porque el Hijo del hombre es Señor aun del sábado.*" Cristo demandaba misericordia para entender esto y no condenar a los inocentes.

El Evangelio según San Mateo (Felipe Scío) dice: "*5:21 Oísteis que fue dicho a los antiguos: No matarás, y quien matare, obligado quedará a juicio;*" y nadie pretende por ello excluir la excepción de homicidio en legítima defensa.

Luego las enseñanzas de los Evangelios citadas no cierran las puertas a la admisión de otras excepciones en el Cristianismo a la regla general de la indisolubilidad matrimonial. La pregunta es: ¿Debería el Cristianismo aceptar alguna? Y la respuesta es sí. ¿Cuáles? Las excepciones que la justicia y la misericordia exigen. Personalmente no tengo dudas de que hay casos en los que es lícito para un cónyuge separarse, y luego de un lapso prudente de tiempo, casarse de nuevo.

Un buen ejemplo de un caso en el que sería lícito separarse y casarse de nuevo sería el caso en el que uno de los esposos es una grave amenaza para la vida o la salud espiritual, física o psicológica del otro, o de sus hijos. En estos casos, yo personalmente no tengo dudas de que es lícito para la víctima separarse y casarse de nuevo.

Otro ejemplo es el caso de adulterio. No tengo dudas de que es lícito para la victima de adulterio separarse y casarse de nuevo. Esta excepción incluso tiene, en mi opinión, otros fundamentos bíblicos.

El Evangelio según San Mateo (Felipe Scío) dice: "*1:18 Y la generación de Jesucristo fue de esta manera: Que siendo María su madre desposada con José, antes de que viviesen juntos, se halló haber concebido en el vientre, de Espíritu Santo. 1:19 Y José su esposo, como era justo, y no quisiese infamarla quiso dejarla secretamente.*" En mi opinión, surge de estas expresiones que no deja de ser justo el hombre que se divorcia en caso de adulterio, e incluso se casa nuevamente; y esto implicaría que es lícito hacerlo.

El libro del profeta Jeremías (Felipe Scío) dice: "*3:1 Se dice comúnmente: Si un marido repudiare a su mujer, y separándose ella de él, tomare otro marido: ¿acaso volverá más aquél a ella? ¿acaso no será aquella mujer mancillada, y contaminada? Mas tú has fornicado con muchos amadores: esto no obstante vuélvete a mí, dice el Señor, y yo te recibiré."*

Yo creo que debemos perdonar todo pecado, y que es posible que sea lo mejor algunas veces continuar un matrimonio aun en ocasión en que nuestro cónyuge comete una grave ofensa como lo sería un acto de adulterio, pero su continuación no puede ser exigida ni impuesta; y también creo que Cristo no prohibió a la víctima, que se separa justificadamente, contraer nuevas nupcias.

Esta interpretación está sólidamente apoyada en el hecho de que Cristo dice que quien se divorcia de su cónyuge y contrae nuevo matrimonio comete adulterio, pero nada dice de la víctima del divorcio. Si los dos casos fueran iguales, no hubiera habido necesidad de distinguir. Obviamente, en el caso opuesto el cónyuge inocente no comete adulterio culpable.

Fornicación - Concubinato

Algunos entienden que la excepción en la cual el divorcio es permitido, mencionada en el Evangelio según San Mateo, no se refiere a los casos de matrimonio ilegal, sino a los de concubinato (cohabitación sin compromiso de mantener la unión hasta la muerte).

Sin embargo, se puede agregar al análisis previamente efectuado, y al hecho de que no hay fundamentos para sustentar esta interpretación, que la excepción no haría sentido, porque un hombre y una mujer unidos sin estar formalmente casados, por el contrario, tienen obligación de no separarse. Es la voluntad de Dios que el hombre deje al padre y a la madre para unirse a una mujer, y ni el hombre, ni la mujer, separen esta unión. No está permitido al hombre o a la mujer unirse en otra forma, con otras reglas. Esto no quiere decir que el matrimonio deba ser impuesto en el nombre de Dios, pero si significa que Cristo no dijo que aquellos que se unen en matrimonios ilícitos en violación de la voluntad de Dios, tengan permitido separarse precisamente porque actuaron en contra de la voluntad de Dios. El hecho de que en violación de la voluntad de Dios una pareja se haya unido sin intención de permanecer unidos hasta la muerte, no los autoriza a separarse.

El libro Éxodo (Felipe Scío) dice: "*22:16 Si alguno engañare a una doncella todavía no desposada, y durmiere con ella: la dotará, y la tomará por mujer.*" Aquí el Antiguo Testamento exige a quien sólo había dormido con una doncella que se mantenga unido, ¿cuánto más lo haría respecto de quien ha estado unido en concubinato y tal vez hasta haya tenido hijos con su concubina?

Recordemos que el matrimonio es una institución natural, que existió desde el comienzo; que las ceremonias son una creación ulterior; y que las obligaciones del matrimonio existen desde antes de la creación de la ceremonia, e independientemente de ella.

A propósito, la posición acerca del concubinato y la obligación de los concubinos de permanecer unidos hasta la muerte son muy importantes para la institución marital.

Las personas evitan la ceremonia del matrimonio con el objeto de escaparle a las obligaciones matrimoniales. La correcta interpretación de esta materia podría contribuir a la promoción del matrimonio, porque evitando el rito del matrimonio, las personas no estaría evitando las obligaciones del matrimonio.

¿Qué Llevó entonces a la Iglesia Católica y a Otras Iglesias Cristianas a Ser Tan Cerradas e Inmisericordiosas en Materia de Divorcio?

Las Epístolas de Pablo llevaron a esto. Pablo sin ninguna autoridad para mandar, (no tenía ni siquiera la autoridad de Pedro, ni del concilio, ni de la asamblea de cristianos), hablando falsamente en nombre de Dios, estableció una excepción que es contraria a la doctrina de Cristo, y que tuvo por efecto instalar en el Cristianismo la idea de que ninguna otra excepción que la que el estableció está permitida.

La Primera Epístola de Pablo a los Corintios (Felipe Scío) dice: "*7:10 Mas a aquellos, que están unidos en matrimonio, mando no yo, sino el Señor, que la mujer no se separe del marido. 7:11 Y si se separare, que se quede sin casar, o que haga paz con su marido. Y el marido tampoco deje a su mujer. 7:12 Pero a los demás, digo yo, no el Señor. Si algún hermano tiene mujer infiel, y ella consiente morar con él, no la deje. 7:13 Y si una mujer fiel tiene marido infiel, y él consiente morar con ella, no deje al marido. 7:14 Porque el marido infiel es santificado por la mujer fiel: y santificada es la mujer infiel por el marido fiel: porque si no vuestros hijos no serían limpios, mas ahora son santos. 7:15 Y si el infiel se separare, sepárese: porque el hermano o la hermana no está sujeto a servidumbre en tales casos: pues Dios nos ha llamado en paz. 7:16 Porque: ¿Dónde sabes tú, mujer, si salvarás al marido? ¿o dónde sabes tú, marido, si salvarás a la mujer?"*

La excepción que menciono se encuentra en el versículo 7:15. Cuando Pablo de Tarso dice que en el caso de que el infiel se separare, el hermano o hermana no están sujetos a servidumbre, está implicando que la regla general es que las víctimas del divorcio están sujetas a servidumbre; que en todos los otros casos los esposos inocentes que son víctimas de divorcios permanecen atados a las obligaciones matrimoniales.

La influencia de las palabras de Pablo de Tarso en la interpretación del Evangelio de Cristo llevó a la Iglesia Católica y a otras Iglesias Cristianas a su posición actual acerca del divorcio, la cual no admite excepciones y ha dañado a tantas personas, al Cristianismo y a la sociedad en general.

Asimismo, la excepción de Pablo es, en mi opinión, opuesta a las enseñanzas de Cristo. Cristo fortaleció la idea de la indisolubilidad matrimonial que admite excepciones, pero en mi opinión, no admite ésta.

La simple separación de un cónyuge no creyente no desobliga al cónyuge cristiano de sus obligaciones matrimoniales. No digo aquí, que el divorcio no estaría autorizado luego de un lapso prudente, o en el caso de que el esposo infiel se haya unido a otra persona. No estoy hablando de estos casos. Lo que estoy diciendo es que hasta tanto no ocurra algún hecho relevante, tan grave como los mencionados, el cónyuge está obligado en matrimonio de acuerdo a la doctrina de Cristo. Ciertamente, el Espíritu Santo, ciertamente Dios, no habría inspirado a Pablo a cambiar la doctrina que Cristo enseñó.

En todo caso, haya o no sido la excepción de Pablo contraria a la doctrina de Cristo en el aspecto recién discutido, la Primera Epístola de Pablo a los Corintios, versículo 7:15, cierra las puertas a otras excepciones y da lugar a la inmisericordiosa regla que prohíbe el cónyuge que es víctima del divorcio a contraer nuevo matrimonio, y que altera las enseñanzas de Cristo. ¡Hablando de agregar cargas!

Correctamente interpretando la Biblia, sólo el cónyuge culpable del divorcio comete adulterio si contrae nuevo matrimonio. Luego los ministros cristianos sólo tendrían razones para abstenerse de ser testigos de un matrimonio en el caso de que uno de los contrayentes fuera culpable de su propio divorcio. No tendrían razón alguna para abstenerse de ser testigos de un matrimonio en el cual ninguno de los contrayentes ha sido culpable de un divorcio.

Incluso, siendo que la cuestión de las relaciones matrimoniales es tan difícil de juzgar, su juicio debería estar reservado a Dios. Los ministros ni necesitan, ni deben, ni pueden, juzgar en cada caso cual cónyuge debe tener permitido contraer nuevo matrimonio o hacer uso de los sacramentos. Esto no es función de los ministros.

Los ministros, salvo excepciones, deberían consentir y ser testigos de la celebración de nuevas nupcias de acuerdo al rito cristiano y por supuesto permitir a los cristianos divorciados hacer uso de los sacramentos, respetando el derecho de presunción de inocencia. A menos que un ministro tenga especial conocimiento de que uno de los integrantes de una pareja con voluntad de contraer matrimonio sea ciertamente culpable de su divorcio, o que su culpabilidad sea cierta y de público conocimiento, los ministros deberían permitir a los cristianos divorciados hacer uso de los sacramentos, y casarse nuevamente. Si alguien que no debiera haberlo hecho, contrae nuevo matrimonio, o hace uso de los sacramentos, que sea Dios quien lo juzgue.

Esto no afectaría negativamente a la Iglesia en ninguna manera; por el contrario. La actitud no juzgadora sería muy beneficiosa para ella. Lo que realmente daña a la Iglesia es la prohibición general, que injustamente impide a esposos que son víctimas del divorcio casarse de nuevo, la cual es, a propósito, ignorada por casi todos los cristianos, porque hoy casi nadie se casa pensando que en el caso de que sean víctimas de un divorcio se quedarían solos, y se abstendrían de formar nueva pareja.

Además, es también mi opinión, que el cónyuge culpable del divorcio no comete adulterio cuando se casa de nuevo luego de que su ex cónyuge se ha casado de nuevo, porque las personas sólo cometen adulterio cuando están casadas. Y yo creo que cuando un cónyuge víctima de un divorcio contrae nuevas nupcias, permite a su cónyuge volver a casarse, pero esta última es una opinión muy personal.

Consecuencias

La errada posición de las Iglesias Cristianas en materia de divorcio, causadas por los errores de las Epístolas de Pablo, han ocasionado tremendos daños a muchas personas en muchas maneras. ¡Cuántas vidas han sido dañadas! ¡Cuántas vidas son todavía dañadas, y que gran daño todavía se causa a la Iglesia Cristiana! ¡Cuántas víctimas de divorcio, unidas en nuevas nupcias, se sienten culpables y fuera de la gracia de Dios bajo este engaño de Pablo! ¡Cuántas víctimas de divorcio se abstuvieron de casarse de nuevo a los fines de seguir la palabra de Dios! ¡Cuántas personas se casaron de nuevo ignorando lo que creían era la palabra de Dios! ¡Qué gran daño a la obediencia de la palabra de Dios ha causado ésta errada enseñanza de Pablo de Tarso!

III.2. Celibato

Jesús eligió hombres casados para ser apóstoles. Pedro, como remarqué, era casado. Los apóstoles eligieron hombres casados cuando eligieron los siete hombres para asistirlos. El libro de los Hechos de los Apóstoles en el versículo 21:8 dice que San Felipe, uno de los siete, tenía cuatro hijas vírgenes que eran profetizas.

Es cierto que ministros, en algunas ocasiones, viajes extensos o persecuciones por ejemplo, es posible que se encuentren con más libertad o menos vulnerabilidad, en caso de ser solteros; pero es también verdad que algunas veces, en otras circunstancias, sucederá lo contrario.

Más aun, en general, los ministros son más vulnerables siendo solteros que casados, en virtud de la necesidad de estar unidos en matrimonio, que deriva de nuestra naturaleza humana. Y digo "necesidad de estar unidos en matrimonio" y no "necesidad de tener relaciones sexuales", porque la necesidad de estar unido en matrimonio va mucho más allá que la necesidad de tener relaciones sexuales.

Con respecto a los soldados se podría decir también que en algunas ocasiones podrían encontrarse con más libertad y menos vulnerables si fueran solteros; y a nadie se le ocurriría imponer el celibato en las fuerzas armadas, especialmente si la decisión de ser soldado será voluntaria.

En mi opinión, no hay nada malo en el hecho de que ministros elijan el celibato. Por el contrario, lo encuentro admirable. Pero pienso que el celibato debería siempre permanecer como una elección para los ministros. Ellos deberían tener siempre la posibilidad de contraer matrimonio. Y también pienso que para aquellos que no son ministros la abstinencia temporaria de unión sexual puede ser una práctica espiritual beneficiosa, como lo pueden ser también otras abstinencias temporarias.

Sin embargo, la imposición de celibato perpetuo a ministros es uno de los mayores errores de la Iglesia Católica Romana. Es la causa principal de la escasez de ministros. El celibato es causa de pérdida de muchos buenos ministros, que no toman la decisión de ser ministros en virtud de la imposición. Y el número de ministros que la Iglesia Católica pierde se ve incrementado porque la Iglesia Católica hace que muchos de sus potenciales ministros crean que no tienen inclinación al ministerio porque no tienen inclinación al celibato.

Más aun, la imposición de celibato perpetuo es también causa del negativo perfil y de la caída de muchos de los malos ministros de la Iglesia Católica.

El Evangelio según San Mateo (Felipe Scío) dice: "*9:37 Entonces dijo a sus discípulos: La mies verdaderamente es mucha, mas los obreros pocos. 38 Rogad pues al Señor de la mies, que envíe trabajadores a su mies.*" Trabajadores no son sencillos de encontrar. No deberíamos permitirnos perder todas las buenas personas que no se convierten en ministros a causa de la imposición del celibato.

Como he dicho, Jesús eligió a hombres casados como apóstoles y no les impuso el celibato. Si lo hubiera hecho, Pedro no habría sido elegido como apóstol. En el libro de los Hechos de los Apóstoles (Felipe Scío) hablando acerca de los apóstoles se dice: "*1:14 Todos estos perseveraban unánimes en oración con las mujeres, y con María Madre de Jesús, y con los hermanos de él.*" El Evangelio según San Lucas (Felipe Scío) dice: "*8:1 Y aconteció después, que Jesús caminaba por ciudades y aldeas, predicando y anunciado el reino de Dios: y los doce con él. 8:2 Y también algunas mujeres, que había el sanado de espíritus malignos, y de enfermedades: María, que se llama Magdalena, de la cual había echado siete demonios, 8:3 Y Juana mujer de Chusa procurador de Herodes, y Susana, y otras muchas: que le asistían de sus haciendas.*"

Algunos pretenden encontrar argumentos a favor del celibato en las palabras del Evangelio según San Mateo, versículos 19:10-12, pero no se puede concluir que Cristo estaba en favor del celibato a partir de las mismas. El Evangelio según San Mateo (Felipe Scío) dice: "*19:10 Sus discípulos le dijeron: Si así es la condición del hombre con su mujer, no conviene casarse. 19:11 Él les dijo: No todos son capaces de esto, sino aquellos a quienes es dado. 19:12 Porque hay castrados, que así nacieron del vientre de su madre: y hay castrados, que lo fueron por los hombres: y hay castrados, que a sí mismo se castraron por amor del reino de los cielos. El que puede ser capaz, séalo.*"

Estas palabras de Cristo no pueden ser utilizadas para fundamentar el celibato, porque fueron precisamente expresadas en apoyo de hombres y mujeres que decidían casarse a pesar de la regla general de la indisolubilidad matrimonial que gobierna la institución. En mi opinión, lo que Cristo dice en estos versículos es que contrayendo matrimonio y reconociendo la regla general de la indisolubilidad son importantes para el reino de Dios, y la castración a la que Jesús se refiere es la abstinencia de relaciones sexuales con una persona distinta del cónyuge, es decir la fidelidad conyugal.

El celibato Católico Romano, en la forma en que es actualmente establecido, es un producto de las Epístolas de Pablo, que han causado gran daño a la Iglesia Cristiana, fundamentalmente de la Primera Epístola de Pablo a los Corintios, Capítulo 7.

Es cierto que las personas casadas, especialmente con niños, están más expuestas a la sociedad; ¿Pero quién dice que esto es malo? Estando expuestos, les es más difícil a los ministros presentarse a sí mismos como hombres superiores en las materias de moralidad y conocimiento. Interactuando con otros, sus malas acciones y sus errores intelectuales quedan expuestos.

Yo creo que el reconocimiento por parte de todas las Iglesias Cristianas de la licitud del matrimonio de los ministros daría un impulso espectacular al Cristianismo.

La doctrina Cristiana acerca del celibato hubiera sido distinta a no ser por Pablo y por las Epístolas de Pablo.

III. 3. Mujeres Ministros

Cristo no eligió mujeres como apóstoles. Esta es una buena razón para pensar cuidadosamente antes de hacer lo contrario. Sin embargo, Cristo nunca explicó porque no lo hizo; como dije antes, él si tenía mujeres que lo seguían y proveían de bienes, que los acompañaban a él y a sus discípulos; y habían razones culturales al momento que justificaban la decisión, que hoy no existen.

Más aun, la incorporación de la mujer en el ministerio cristiano, especialmente luego de la eliminación de la negativa imposición del celibato, se me presenta como muy recomendable, y podría dar al Cristianismo y a los derechos de la mujer un gran impulso a lo largo de todo el mundo. Este impulso podría incluso influir en el mundo islámico, con significativas consecuencias para la paz y fraternidad internacional.

No hay duda de que las mujeres no tienen ninguna incapacidad natural, moral o intelectual que les impida ser ministros. Y como dije en el punto II.1 de este libro han habido mujeres profetas, y por lo menos una mujer juez en los tiempos de los jueces israelitas, que de acuerdo al libro Primero de las Crónicas versículo 17:6, fueron mandados por Dios a apacentar a Israel.

Yo creo que la doctrina Cristiana sobre la materia habría sido diferente de no haber sido por Pablo, y por sus Epístolas.

Capítulo IV. Pablo, Falso Profeta

Hay importantes argumentos para sostener la autoría por parte de Pablo de las epístolas que le son atribuidas. El hecho de que Pablo haya escrito las epístolas que hoy conocemos como Epístolas de Pablo se encuentra aparentemente bien probado. Excepto por el caso de la Epístola de Pablo a los Hebreos, en mi opinión, no hay serias dudas acerca de ninguna de las otras. Hay personas que no reconocen a algunas otras de ellas, pero aun a partir de las que reconocen podemos concluir que Pablo fue un falso profeta.

Un falso profeta es aquel que dice que ha tenido sueños divinos, o ha escuchado la palabra de Dios, cuando no ha tenido esos sueños, o no ha escuchado la palabra de Dios.[170] Pablo dijo que sus palabras eran la palabra de Dios, siendo que por el contrario, en realidad no lo eran. Lo sabemos a partir de los numerosos errores que contienen. Esto lo hace un falso profeta.

Pablo dijo que había visto a Cristo,[171]que Cristo se le

---

[170] El libro del Profeta Jeremías (Felipe Scío) dice: "*23:25 He oído lo que dijeron los profetas, que en mi nombre profetizan mentira, y dicen: He soñado, he soñado. 23:26 ¿Hasta cuándo será esto en el corazón de los profetas, que vaticinan mentira, y que profetizan los engaños de su corazón?*"

[171] La Primera Epístola de Pablo a los Corintios (Felipe Scío) dice: "*9:1 ¿No soy yo libre? ¿No soy apóstol? ¿No he visto a Jesucristo Señor nuestro? ¿No sois vosotros*

apareció y que él fue instruido por Cristo y no por los apóstoles.[172] Él dijo que él fue arrebatado hasta el tercer cielo, y que él escuchó palabras que no le es lícito pronunciar.[173] Él dijo que Cristo hablaba en él.[174] Él dijo que el predicaba la palabra de Dios;[175] que él estaba revelando el misterio del Evangelio;[176] y dio instrucción en el nombre de Jesús.[177]

---

obra mía en el Señor?"

172 La Epístola de Pablo a los Gálatas (Felipe Scío) dice: "*1:11 Porque os hago saber, hermanos, que el Evangelio que yo os he predicado, no es según hombre; 1:12 Porque yo ni he recibido ni aprendido de hombre, sino por revelación de Jesucristo.*"

173 La Segunda Epístola de Pablo a los Corintios (Felipe Scío) dice: "*12:2 Conozco a un hombre en Cristo, que catorce años ha fue arrebatado, si fue en el cuerpo, no lo sé, Dios lo sabe, hasta el tercer cielo: 12:3 Y conozco a este tal hombre, si fue en el cuerpo, o fuera del cuerpo, no lo sé, Dios lo sabe: 12:4 Que fue arrebatado al paraíso: y oyó palabras secretas, que al hombre no le es lícito hablar. 12:4 De éste tal me gloriaré: mas de mí no me gloriaré, sino en mis flaquezas.*" La obra "Biblia Comentada" de los Profesores de Salamanca, ob. cit., tomo VI, pág. 496 y la obra "Sagrada Escritura", de los Profesores de la Compañía de Jesús, ob. cit., Nuevo Testamento, tomo II, pág. 578, dicen que Pablo habla de sí mismo.

174 La Segunda Epístola de Pablo a los Corintios (Felipe Scío) dice: "*13:3 ¿O buscáis prueba de aquel que habla en mí, Cristo, el cual no es flaco en vosotros, antes es poderoso en vosotros?*"

175 La Primera Epístola de Pablo a los Tesalonicenses (Felipe Scío) dice: "2:*13 Por lo cual damos también sin cesar gracias a Dios: porque cuando oyéndonos recibisteis de nosotros la palabra de Dios, la recibisteis, no como palabra de hombre, mas (según ello es en verdad) como palabra de Dios, el cual obra en vosotros, los que creísteis.*"

176 La Epístola de Pablo a los Efesios (Felipe Scío) dice: "*6:19 Y por mí, para que me sea dada palabra en el abrir de mi boca con confianza, para hacer conocer el misterio del Evangelio: 6:20 Por el cual aun estando en la cadena, hago oficio de embajador, de manera que yo hable libremente por él, como debe hablar.*"

177 La Primera Epístola de Pablo a los Tesalonicenses (Felipe Scío) dice: "*4:1 Y en*

El hizo que su doctrina se enseñara y transmitiera, y sus epístolas fueran leídas en todas las Iglesias,[178] para enseñar, para refutar, para corregir y para instruir.[179]

Sin embargo su doctrina estaba repleta de errores, lo que significa que no es verdad que él hablaba las palabras de Dios. Él no predicó la palabra de Dios, e intencionalmente guió a los cristianos a considerar su prédica como si lo fuera. Todo esto lo hace un falso profeta.

Jesús nos previno acerca de los falsos profetas. El Evangelio según San Mateo (Felipe Scío) dice: "*24:23 Entonces si alguno os dijere: Mirad, el Cristo está aquí o allí: no le creáis. 24:24 Porque se levantarán falsos cristos, y falsos profetas, y darán grandes señales, y prodigios, de modo (que si puede ser) caigan en error aun los escogidos. 24:25 Ved que os lo he dicho de antemano. 24:26 Por lo cual si os dijeren: He aquí que está en el desierto, no salgáis: mirad que está en lo más retirado de la casa, no le creáis. 24:27 Porque como el relámpago sale del Oriente, y se deja ver hasta el*

---

lo que resta, hermanos, os rogamos y os exhortamos en el Señor Jesús, que como habéis recibido de nosotros de que manera os conviene conversar, y agradar a Dios: así también converséis para ir creciendo. 4:2 Porque ya sabéis, que preceptos os he dado por el Señor Jesús."

[178] La Epístola de Pablo a los Colosenses (Felipe Scío) dice: "*4:16 Y leída que sea esta carta entre vosotros, hacedla leer también la Iglesia de los Laodicenses: y leed vosotros la de los de Laodicea. 4:17 Y decid a Archippo: Mira, que cumplas el ministerio que has recibido del Señor.*"

[179] La Segunda Epístola de Pablo a Timoteo (Felipe Scío) dice: "*3:16 Toda escritura divinamente inspirada es útil para enseñar, para reprender, para corregir, y para instruir en la justicia: 3:17 Para que el hombre de Dios sea perfecto, y esté prevenido para toda obra buena.*"

Occidente: así será también la venida del Hijo del hombre." Pablo dijo que estuvo con Cristo y se le creyó, a pesar de que Cristo había dicho que no creyéramos si alguien dice que estuvo aquí o allí, porque él no iba a estar en ningún lado en la tierra, hasta la Segunda Venida, la Venida del Hijo del Hombre.[180]

El Evangelio según San Mateo (Felipe Scío) dice: "*7:15 Guardaos de los falsos profetas, que vienen a vosotros con vestidos de ovejas, y dentro son lobos robadores.*" Pablo era de la tribu de Benjamín. El libro Génesis dice: "*49:27 Benjamín lobo robador, a la mañana comerá la presa, y a la tarde repartirá los despojos.*" Este es el único lugar en donde yo sé que se utiliza la expresión lobo robador.

---

[180] Pablo dijo que Jesús se le apareció en el camino a Damasco. El libro de los Reyes, versículo 19:15, habla del desierto de Damasco. Me pregunto si el lugar donde Pablo dijo que se le apareció Jesús era literalmente un desierto. Además, en mi opinión, el desierto es simbólicamente, a veces, donde caminan aquellos que se han alejado de Dios, y Pablo ciertamente caminaba en el desierto al tiempo de su supuesto llamado.

Capítulo V. Pablo Inspirado por el Diablo

Desde mi niñez he creído en la existencia del Diablo sin entender mucho acerca del mismo. El Antiguo y el Nuevo Testamento hablan acerca del Diablo. Cristo habló acerca del Diablo. Sin embargo, no fue hasta que avancé en el desarrollo de este libro, que pienso que comencé a entender mas cosas acerca del mismo.

El Diablo es llamado en los Evangelios Satán, Príncipe de los Demonios, Beelzebul,[181] entre otros nombres. En el libro Apocalipsis del Nuevo Testamento él es llamado en muchas diferentes formas como veremos más adelante.

Es evidente a partir de la Biblia que el Diablo no es una suerte de oposición a Dios, en la forma como el mal se opone al bien. No es una personificación de la maldad. La Biblia enseña que el Diablo es un ser creado, como todos los demás, por Dios. Es un ser espiritual creado, con mayor jerarquía y poder que los ángeles ordinarios, con gran inteligencia y belleza, y con capacidad para ser bueno, pero que eligió el camino de la mentira y del mal y

[181] El Evangelio según San Lucas, versículo 11:15.

se hizo adversario de Dios y de los hombres.

La Biblia, en el libro del profeta Ezekiel, habla acerca del Diablo, denominándolo simbólicamente Rey de Tiro. El libro del profeta Ezekiel (Felipe Scío), dice: "*28:11 Y vino a mi palabra del Señor, diciendo: Hijo de hombre, entona lamentación sobre el rey de Tiro. 28:12 Y le dirás: Esto dice el Señor Dios: Tu, sello de semejanza, lleno de sabiduría, y colmado de hermosura, 28:13 En las delicias del paraíso de Dios estuviste: ibas cubierto de toda piedra preciosa: de sardio, topacio, y jaspe, de crisolito, y ónix, y berilo, de zafiro, y carbuncio, y esmeralda: el oro obra de tu hermosura; y tus flautas fueron preparadas el día en que fuiste criado. 28:14 Tú, Querubín extendido, y que cubre, yo te puse en el monte santo de Dios, en medio de piedras encendidas anduviste. 28:15 Perfecto en tus caminos desde el día de tu creación, hasta que fue hallada maldad en ti.*"

El Diablo parece haber tenido la ocupación de patrullar la tierra, acusar ante Dios a los hombres y castigar con el permiso de Dios a los que han pecado. Por ello es que en el Evangelio según San Lucas (Felipe Scío) dice: "*22:31 Y dijo más el Señor: Simón, Simón, mira que Satanás os ha pedido para zarandearos como trigo: 22:32 Mas yo he rogado a ti, que no falte tu fe: y tú, una vez convertido, confirma a tus hermanos.*"

El libro Apocalipsis (Felipe Scío) dice: "*12:9 Y fue lanzado fuera aquel grande dragón, aquella antigua serpiente, que se llama diablo y Satanás, que engaña a todo el mundo: y fue arrojado en tierra, y sus ángeles fueron lanzados con él. 12:10 Y oí una grande voz en el cielo, que decía: Ahora se ha cumplido la salud, y la virtud, y el reino de nuestro Dios, y el poder de su Cristo: porque es ya derribado el acusador de nuestros hermanos, que los acusaba delante de nuestro Dios día y noche."*

En el libro Job es donde creo que la ocupación del Diablo es mejor explicada. El libro Job (Felipe Scío) dice: "*1:1 Había en la tierra de Hus un hombre, por nombre Job, y él era hombre sencillo, y recto, y temeroso de Dios, y que se apartaba del mal. 1:2 Y le nacieron siete hijos, y tres hijas. 1:3 Y fue su posesión siete mil ovejas, y tres mil camellos, quinientas yuntas de bueyes, y quinientas borricas, y muchísima familia: y este varón era grande entre todo los Orientales. 1:4 Y sus hijos iban, y había convite en sus casas, cada uno en su día. Y enviaban a llamar a sus tres hermanas, para que comiesen y bebiesen con ellos. 1:5 Y cuando había pasado el turno de los días del convite, enviaba Job a ellos, y los santificaba, y levantándose de madrugada, ofrecía holocaustos por cada uno de ellos. Porque decía: No sea caso que hayan pecado mis hijos, y bendecido a Dios en sus corazones. Así hacía Job todos los días. 1:6 Pues un cierto día, como hubiesen ido los hijos de Dios para asistir delante del Señor, se halló también entre ellos Satanás. 1:7 Al cual dijo el Señor: ¿Por ventura has reparado en mi siervo Job, que no hay semejante a él en la tierra, hombre sencillo, y recto, y que teme a Dios, y se aparta del mal? 1:9 Y Satanás le respondió, y dijo: ¿Por ventura Job teme a Dios en balde? 1:10 ¿Acaso no has cercado a él, y a su casa, y a toda su hacienda en rededor, has bendecido las obras de sus manos, y sus posesiones han crecido en la tierra? 1:11 Mas extiende un poquito tu mano, y toca a todo lo que posee, y verás si no te bendice cara a cara. 1:12 Dijo pues el Señor a Satanás:*

Mira, que todo lo que tiene, está en tu mano: solamente no extiendas tu mano contra él. Y salió Satanás de la presencia del Señor. 1:13 y como un día sus hijos o hijas estuviesen comiendo, y bebiesen vino en la casa de su hermano el primogénito, 1:14 Vino a Job un mensajero, que le dijo: Los bueyes estaban arando, y las borricas paciendo junto a ellos, 1:15 Y acometieron los Sabeos, y se llevaron todo, y han pasado a cuchillo a los mozos, y yo solo he escapado para darte la noticia. 1:16 Y estando aún hablando éste, llegó otro, y dijo: Fuego de Dios cayó del cielo, e hiriendo a las ovejas y a los pastores los consumió, y escapé yo sólo para darte la noticia. 1:17 Y mientras que este aún hablaba, llegó otro, y dijo: Los Caldeos formaron tres cuadrillas, y dieron sobre los camellos, y se los llevaron, y también pasaron a cuchillo a los mozos, y yo sólo escapé a darte la noticia. 1:18 Aún estaba hablando éste, y he aquí que entró otro, y dijo: Estando comiendo tus hijos e hijas, y bebiendo vino en la casa de su hermano el primogénito, 1:19 Se dejó caer de improviso un viento impetuoso de la parte del desierto, y estremeció las cuatro esquinas de la casa, la cual cayendo oprimió a tus hijos, y murieron, y escapé yo sólo para darte la noticia. 1:20 Entonces Job se levantó, y rasgó sus vestiduras, y repelada su cabeza, postrándose en tierra, adoró, 1:21 y dijo: Desnudo salí del vientre de mi madre, y desnudo volveré allá. El Señor lo dio, el Señor lo quitó: como agradó al Señor, así se ha hecho: bendito sea el nombre del Señor. 1:22 En todas estas cosas no pecó Job con sus labios, ni habló contra Dios alguna cosa necia. 2:1 Y aconteció, que un día vinieron los hijos de Dios, y comparecieron delante del Señor, y vino también Satanás entre ellos, y se puso en su presencia. 2:2 De modo que dijo el Señor a Satanás: ¿De dónde vienes? Él cual respondiendo, dijo: He rodeado la tierra, y la he recorrido toda. 2:3 Y dijo el Señor a Satanás: ¿Por ventura has reparado en mi siervo Job, que no hay semejante a él en la tierra, varón sencillo y recto, y temeroso de Dios, y que se aparta del mal, y que aún conserva su inocencia? Mas tú me has incitado contra él, para que le afligiese en vano. 2:4 Y Satanás respondió, diciendo: Piel por piel, y todo cuanto el hombre tiene, dará por su alma. 2:5 Y si no, extiende tu mano, y toca sus huesos y carne, y entonces verás como te bendice cara a cara. 2:6 Dijo pues el Señor a Satanás: He ahí, en tu mano está, mas guarda su vida. 2:7 Con lo que Saliendo Satanás de la presencia del señor, hirió a Job con una úlcera muy mala, desde la planta del pie hasta lo alto de la cabeza. 2:8 Y él sentado en un estercolero, con un casco de teja se raía la podre. 2:9 Y su mujer le dijo: ¿Aun te estás tú en tu simplicidad? Bendice a Dios, y muérete. 2:10 Él le dijo: Como una de las mujeres necias has hablado. Si de la mano de Dios hemos recibido los bienes, ¿por qué no recibiremos los males? En todas estas cosas no pecó Job con los labios."

Yo creo que por alguna razón o por algunas razones, puede ser envidia a Dios o al hombre, orgullo, odio, desprecio al hombre, el Diablo no se limitó a acusar y a castigar con el permiso de Dios, con fines correctivos, sino que pecando comenzó a acusar y castigar al hombre con fines de apartarlo de Dios, y a tentar al hombre a apartarse de Dios. Tentar no es probar sino inducir al pecado. En el Nuevo Testamento, el Diablo aparece tentando a Cristo con gran poder.

El número y la importancia de los errores de las Epístolas de Pablo; la conducta de Pablo y sus antecedentes, que no se corresponden con aquellos de un apóstol, mucho menos uno con las característicos que Pablo se atribuye a sí mismo; la oposición de sus enseñanzas a las enseñanzas de Cristo; la naturaleza de algunas enseñanzas; los signos sobrenaturales que llevó adelante y que engañaron a los cristianos; las consecuencias de sus errores es decir sus frutos; llevan a la conclusión de que él fue un falso profeta, y no un simple falso profeta: sino uno que recibió su poder del Diablo mismo; uno inspirado por el Diablo; tal vez, en alguna forma, el Diablo mismo. Y creo que podemos reconocerlo por los frutos que realizo.

El Evangelio según San Mateo (Felipe Scío) dice: "*7:15 Guardaos de los falsos profetas, que vienen a vosotros con vestidos de ovejas, y dentro son lobos robadores. 7:16 Por sus frutos los conoceréis. ¿Por ventura cogen uvas de los espinos, o higos de los abrojos? 7:17 Así todo árbol bueno lleva buenos frutos: y el mal árbol lleva malos frutos. 7:18 No puede el árbol bueno llevar malos frutos: ni el árbol malo llevar buenos frutos. 7:19 Todo árbol, que no lleva buen fruto, será cortado y metido en el fuego. 7:20 Así pues, por los frutos de ellos los conoceréis. 7:21 No todo el que me dice, Señor, Señor, entrará en el reino de los cielos: sino el que hace la voluntad de mi Padre, que está en los cielos, ese entrará en el reino de los cielos. 7:22 Muchos me dirán en aquel día: Señor, Señor, ¿pues no profetizamos en tu nombre, y en tu nombre lanzamos demonios, y en tu nombre hicimos muchos milagros? 7:23 Y entonces yo les diré claramente: Nunca os conocí: apartaos de mi los que obráis la iniquidad."*(El subrayado me pertenece).

V.1. Signos y Prodigios

Cristo predijo que falsos profetas iban a venir y que iban a ser capaces de hacer signos y milagros capaces de engañar si fuera posible a los elegidos. Por lo tanto, no hay dudas de que un falso profeta pudo haber realizado signos y milagros. El Evangelio según San Marcos (Felipe Scío), dice: "*13:22 Porque se levantarán falsos cristos, y falsos profetas, y darán señales y portentos, para engañar, si puede ser, aun a los elegidos. 13:23 Estad pues vosotros sobre aviso: he aquí que todo os lo dije de antemano.*" El libro Apocalipsis dice, en el versículo 13:13, que la Segunda Bestia, el falso profeta, iba a ser capaz de realizar grandes señales y portentos.

En el libro de los Hechos de los Apóstoles, muchos signos y prodigios son atribuidos a Pablo. El supuesto llamado de Pablo ocurre cuando de repente una luz cayó del cielo y resplandeció sobre él.[182] En el libro de los Hechos de los Apóstoles, se dice, en el versículo 13:11, que él hizo que el mago Elymas quedará temporalmente ciego, y fuera incapaz de ver el sol. En el versículo 14:3, que hizo signos y prodigios en Iconio. En el versículo 14:8, que en Lystra curó a un hombre el cual nunca había andado. En el versículo 16:16, hizo que un espíritu

[182] El libro del profeta Isaías (Felipe Scío) dice: "*9:2 El pueblo que andaba en tinieblas vio una gran luz a los que moraban en la región de la sombra de muerte, les nació una luz.*"

adivinador saliera de una muchacha esclava. En el versículo 19:6, que impuso sus manos sobre doce personas el Espíritu Santo vino sobre ellos y comenzaron a hablar en lenguas y a profetizar. En el versículo 19:11, que Dios hacía virtudes extraordinarias por mano de Pablo, tanto que cuando los sudarios de su cuerpo, y las fajas, se aplicaban a los enfermos los dejaban las enfermedades, y salían los espíritus malignos. En el versículo 16:25, se dice que un terremoto, lo liberó a él conjuntamente con Silas y otros prisioneros en un distrito de Macedonia.

El hecho de que Pablo, siendo un falso profeta, hizo mucho signos y prodigios o haya sido acompañado por signos y prodigios, indica que fue un profeta asistido e inspirado por el Diablo.[183] El poder tiene que proceder de algún lado.

V.2. Las Obras, los Frutos, de Pablo

Ciertamente, la influencia de la religión Judeo-Cristiana ha sido sobrenaturalmente grandiosa en la historia de la humanidad. Los principios morales que el Antiguo Testamento y el Nuevo Testamento enseñan, y la cantidad de judíos y cristianos que han sido educados

---

[183] El Evangelio según San Mateo (Felipe Scío) dice: "*7:22 Muchos me dirán en aquel día: Señor, Señor, ¿pues no profetizamos en tu nombre, y en tu nombre lanzamos demonios, y en tu nombre hicimos muchos milagros? 7:23 Y entonces yo les diré claramente: Nunca os conocí: apartaos de mí los que obráis la iniquidad.*" Este pasaje claramente dice que alguien que recibió el poder de hacer milagros podría todavía pecar, y ser obrador de iniquidad.

con ellos, son una prueba inequívoca de ello. Y ciertamente, ha habido muchos judíos y cristianos de alta condición moral en el mundo.

Pero también es verdad que, en alguna medida, aunque pequeña comparada con el bien que la religión judeocristiana trajo, judíos y cristianos han cometido serios errores y pecados que han causado gran daño en el mundo. Esto es en parte consecuencia de la imperfección natural del hombre, pero en el caso de la Iglesia Cristiana es también causado en gran medida por Pablo que facilitó y promovió serias inconductas y vicios, asistido por el Diablo.

Los frutos de Pablo han sido extremadamente nocivos, y sus efectos todavía perduran hasta el presente, produciendo gran daño. Se pueden seguir los rastros de la mayoría de los peores errores y vicios de la Iglesia Católica y de la Iglesia Cristiana en general hasta las Epístolas de Pablo. Estos no habrían estado presentes en la Iglesia Cristiana en la medida en que lo estuvieron y lo están, si no fuera por la acción de Pablo y sus epístolas. Una gran cantidad de ellos son tratados en este libro luego de discutir cada error de las epístolas, bajo el título consecuencias, pero ciertamente no todos. Recordemos algunos de ellos.

Expliqué como Pablo al insultar a los judíos y a la ley dada por Dios a Moisés, dificultó y todavía dificulta la difusión del Cristianismo entre ellos. Expliqué como Pablo introduciendo irracionalidad en la Iglesia Cristiana, entre otros errores y vicios, dificultó y todavía dificulta la difusión del Cristianismo entre mucha gente.

Expliqué como Pablo tentó a la Iglesia Cristiana a entrometerse en asuntos que conciernen sólo al gobierno civil; a llevar adelante la inquisición; a caer en errores en materia de sumisión a las autoridades eclesiásticas, esclavitud, legitimidad divina de las autoridades civiles, limitación del poder de las autoridades civiles, capacidad de las personas; y expliqué como esto dificultó y todavía dificulta la difusión del Cristianismo entre muchas personas, y el advenimiento de la Democracia Constitucional, con reconocimiento de los derechos naturales del hombre, que todavía necesita ser abrazada por gran parte del mundo.

Expliqué como Pablo tiene en gran medida responsabilidad por los errores de la Iglesia Cristiana en las materias de discriminación en contra de la mujer, ministerio de la mujer, divorcio, sexo, propósito y utilización de la riqueza, celibato, y por los vicios de falta de humildad, actitud juzgadora y señaladora, que han afectado y todavía afectan a tantos cristianos seculares y no seculares. Expliqué como Pablo tiene en gran medida responsabilidad por la mala costumbre de muchos cristianos de apartar a otros cristianos que piensan en forma diferente, por el solo hecho de pensar diferente. Expliqué como estos errores dificultaron y todavía dificultan la difusión del Cristianismo a lo largo de todo el mundo.

Aquellos que entienden la amenaza que el terrorismo islámico representa para el bien del mundo, deberían comprender que la derrota de este gran mal depende de la victoria de estos valores y virtudes afectadas por

Pablo.

El terrorismo internacional musulmán existe en la medida en que existe, en virtud de la existencia de países en los cuales se permite y promueve la sumisión de los hombres, discriminación en contra de la mujer, confusión entre Estado y religión, y personas son enseñadas a despreciar, juzgar, señalar, separar y castigar a los que piensan diferente, especialmente a aquellos que son o se convierten al Cristianismo o reconocen los derechos humanos naturales fundamentales. Los terroristas internacionales musulmanes usan prejuicio y desprecio de quienes no somos musulmanes a los efectos de reclutar fanáticos en contra de nosotros, y como un disfraz de sus verdaderos motivos y propósitos. El prejuicio y el desprecio les da excusa para hacer el mal en contra de aquellos que no son musulmanes, y así apropiarse de sus bienes, y disfrutar del poder que deriva de la dominación. El terrorismo musulmán internacional existe, en la extensión en que lo hace, en virtud de culturas en los cuales el Cristianismo es prohibido y el Islam es impuesto, usando algunos de los mismos errores y vicios que Pablo introdujo en la Iglesia Cristiana, sin los cuales no podría ser impuesto.

Si uno es un hombre o una mujer de familia musulmana, y decide convertirse al Cristianismo, y va a estar bajo una seria amenaza si lo hace, entonces no es libre para ser cristiano, no tiene libertad de religión. Si las mujeres musulmanes casadas, que se convierten al cristianismo, van a estar bajo una seria amenaza en contra de su vida, entonces no tienen libertad de religión. Si uno viene de una familia musulmana y no tiene permitido tener ninguna otra religión que la musulmana, entonces no es musulmán por elección. Es un musulmán por imposición.

Si uno es un musulmán que viene de una familia musulmana y no tiene permitido practicar su religión musulmana de acuerdo a su propio entendimiento de la misma, no tiene libertad de religión. Si uno es un musulmán y no tiene permitido creer que el Corán tiene errores, no tiene libertad de religión. Su fe no es elegida, sino impuesta.

El terrorismo internacional musulmán existe, en la medida en que lo hace, a causa de la acción de los terroristas musulmanes locales que desprecian, prejuzgan, juzgan y castigan, por ejemplo, a aquellos musulmanes que deciden cambiar de religión, a aquellos musulmanes que ejercitan su religión de acuerdo a su propio entendimiento, y a aquellos musulmanes que contraen matrimonio con no musulmanes, con castigos que pueden llegar hasta la pena de muerte.

En gran medida el bien de nuestro mundo depende de la derrota de los vicios y errores que Pablo de Tarso introdujo al Cristianismo, que son los mismos que permiten al terrorismo musulmán internacional y local, poner en riesgo el bien del mundo, violar la libertad de ser cristianos e imponer la religión musulmana en cientos de miles de personas.

La derrota de la amenaza que las tiranías seculares ponen sobre el mundo también depende de esto. Y cuando digo tiranías estoy incluyendo a las tiranías de las mayorías. En gran medida el bien del mundo depende de la derrota de los errores y vicios de las Epístolas de Pablo, tratadas en este libro, y del reconocimiento de Pablo como un falso profeta.

Sostener que las Epístolas de Pablo son la palabra de Dios nos dificulta trabajar efectivamente por la libertad, por la Democracia Constitucional, y nos dificulta darles la posibilidad a todas las personas del mundo de elegir ser cristianas, cumpliendo así con la misión que Jesús nos encomendó.

Si el reconocimiento del derecho de las personas de instituir a sus propias autoridades, en el marco de una Democracia Constitucional con reconocimiento de los derechos naturales del hombre, es tan importante para el bien del mundo: ¿Cómo podremos los cristianos trabajar efectivamente para ese objetivo mientras todavía mantengamos que las Epístolas de Pablo, que sostienen que todas las autoridades han sido instituidas por Dios, son la palabra de Dios? ¿Cómo podrá el Cristianismo trabajar efectivamente en contra de las autoridades que cometen crueldades en esas tiranías, mientras sostenga que las Epístolas de Pablo, que sostienen que todas las autoridades son ministros de Dios para ejecutar la ira de Dios sobre los que hacen lo malo, son palabra de Dios? ¿Cómo podrá el Cristianismo trabajar efectivamente por la limitación del poder de los gobernantes, en virtud del hecho de que las autoridades tienen una tendencia a abusar del poder, mientras sostenga que las Epístolas de Pablo, que dicen que las autoridades no son de temer para quienes hacen el bien, sino para los que hacen el mal, son palabra de Dios?

¿Cómo podrá el Cristianismo trabajar efectivamente por la libertad de religión, diciéndole a las personas que ninguna Iglesia debería estar por sobre las autoridades civiles, mientras todavía mantenga que las Epístolas de Pablo, que enseñan que los cristianos se deben someter a las autoridades religiosas, son palabra de Dios? ¿Cómo podrá el Cristianismo convencer a musulmanes que ninguna Iglesia debería estar por sobre las autoridades civiles, mientras todavía mantenga que las Epístolas de Pablo, que dicen que el hombre espiritual juzga a todo y es juzgado por nadie, y que los cristianos deben juzgar a los cristianos, son palabra de Dios?

¿Cómo podrá el Cristianismo trabajar efectivamente por el reconocimiento de los derechos de la mujer mientras todavía mantenga que las Epístolas de Pablo, que sostienen que la mujer debe ser sometida en todo a sus esposos, que ninguna mujer debe enseñar o tener autoridad sobre el hombre, que la cabeza de la mujer es su esposo, que la mujer debe rezar y profetizar con un velo en la cabeza, en virtud de los ángeles, y como señal de sujeción, son la palabra de Dios?

¿Cómo podrá el Cristianismo hacer que los musulmanes que lo hacen, que desprecian a los que no son musulmanes, entiendan que es errado hacerlo, mientras todavía sostenga que las Epístolas de Pablo que dicen que los hijos de no creyentes son impuros, que llaman injustos a aquellos que no son cristianos, que mandan a cristianos a casarse sólo con cristianos, basado en el prejuicio de que los no cristianos son igual a injusticia, inequidad u oscuridad, son la palabra de Dios?

¿Cómo podrá el Cristianismo trabajar efectivamente en contra de la actitud juzgadora de los fundamentalistas musulmanes, mientras todavía mantenga que las Epístolas de Pablo, que no sólo sostienen que los no cristianos son igual a oscuridad, sino que también sostiene que los cristianos deben juzgar a los cristianos, y debemos expulsar de entre nosotros a los cristianos malignos, son la palabra de Dios?

¿Cómo podrá el Cristianismo trabajar efectivamente en contra de los musulmanes terroristas, mientras todavía sostenga que las Epístolas de Pablo, en las cuales Pablo dice que cuando él estaba persiguiendo, torturando y matando cristianos, él estaba caminando sin tacha en la justicia de la ley dada por Dios a Moisés, son palabra de Dios?

Evitando que el Cristianismo pueda trabajar efectivamente en contra de estos errores y vicios fue otra manera como Pablo dificultó y todavía dificulta la difusión del Cristianismo entre muchas personas.

Distorsionando la doctrina cristiana él dificultó y todavía dificulta que muchas personas vean la luz del Evangelio de Cristo, no sólo en estos países sino en países cristianos también. Hay muchas personas en los Estados Unidos y en otros países de mayoría cristiana que no pueden ver la luz de la palabra de Jesús a causa de los errores introducidos por Pablo en la Iglesia Cristiana. Incluso muchos cristianos no entienden la doctrina y la importancia de la Democracia Constitucional a causa de las Epístolas de Pablo.

Todo esto debería dar una buena idea del gran daño que Pablo y sus epístolas han causado, y todavía causan. Sin embargo, si yo tuviera que elegir la peor obra de Pablo diría que es la siguiente: Pablo es responsable de que la palabra de Cristo no haya sido aprendida por la mayoría de los cristianos, especialmente en la forma en la que fue expresada por Cristo a los apóstoles, conforme al testimonio de los Evangelios. Con este mal fruto Pablo evitó que la palabra de Dios viviera en el corazón de muchos hombres. En esta forma Pablo evitó y todavía evita que muchos la aprendan, entiendan, y la pongan en práctica. Esto también pone en riesgo el bien y la paz del mundo. Si los países de mayoría cristiana fueran más cristianos en su actuación nacional e internacional sería más difícil promover el odio y la guerra contra los mismos, y también atacar los valores que defendemos.

Más aun, Pablo distrajo la atención de muchos cristianos, que a causa de la influencia de Pablo, no prestaron la debida atención a las materias a las cuales Cristo nos enseñó que debíamos hacerlo, y en lugar de ello, guiados por Pablo, pusieron énfasis en materias respecto de las cuales Cristo no lo hizo. De esa forma impidió y todavía impide la salvación de muchas personas. Los ministros cristianos deberían siempre predicar comenzando por la palabra de Jesús, sobre todo cuando predican acerca de una materia sobre la cual Jesús predicó explícitamente.

Yo creo que Pablo puede ser reconocido como un falso profeta por sus frutos, y no sólo como un simple falso profeta, pero como uno inspirado por el Diablo.

La primera meta de todas las Iglesias Cristianas

debería ser que todos sus miembros conozcan los cuatro Evangelios desde el comienzo hasta el final, y promover que todos los cristianos presten la debida atención a los temas que Cristo indicó como más importantes, y a liberar a la doctrina Cristiana de la doctrina de Pablo.

La Iglesia Cristiana en general y la Iglesia Católica en particular están en condiciones de dar un impulso espectacular al Cristianismo si llevan adelante estos cambios, y Cristo está ansioso de ayudarnos en esta empresa. El Cristianismo debe reconocer a Pablo como un falso profeta y permanecer fiel a Jesús. El mundo necesita un Cristianismo fiel a Jesús.

Capítulo VI. El Libro de los Hechos de los Apóstoles

VI.1. Autor

Todo lo dicho hasta el momento seguramente abre el interrogante acerca del libro de los Hechos de los Apóstoles. Porque el mismo dice que el Señor se le apareció a Pablo de Tarso, para hacer de él un instrumento para llevar su nombre ante los gentiles, los reyes y los hijos de Israel. Dice que Pablo de Tarso lleno del Espíritu Santo hizo quedar ciego a un mago, por ejemplo. Y por las razones explicadas en este libro sabemos que Dios no escogió a Pablo, y sabemos que ni Jesús, ni el Padre, ni el Espíritu Santo inspiraron, guiaron, ni confirmaron las palabras del Falso Apóstol Pablo. Todo esto fue parte del engaño de Pablo de Tarso, que ya ha sido tratado en este libro. El asunto ahora es determinar la posición a tener respecto del libro de los Hechos de los Apóstoles, y para ello es conveniente repasar algunos aspectos acerca del mismo.

El libro de los Hechos de los Apóstoles, a diferencia de los demás libros del Nuevo Convenio, nos ha llegado en dos versiones de diferente extensión, una de las cuales es más extensa que la otra en una décima parte: la versión Occidental, que es la más extensa, y la versión

Alejandrina que es la versión más breve. La gran diferencia de extensión, entre las versiones de este libro, es lo que no ocurre con los demás libros. Ambas versiones son consideradas auténticas, aunque la versión breve Alejandrina es la que la crítica moderna sigue. Esto nos dice que la versión original, una o la otra, ha sido editada. Algunos dicen que ha sido editada por el mismo autor, aunque otros atribuyen la edición a una persona distinta. Habría también para algunos una tercera versión, la Bizantina, aunque la mayoría de los estudiosos cree que es una versión de desarrollo posterior.

El libro puede ser dividido en dos partes. Una parte que nos habla acerca de los apóstoles y de la Iglesia en los primeros tiempos luego de la resurrección de Jesús, y otra parte, que diciendo nada o muy poco de lo que ocurrió con los doce apóstoles luego, nos habla acerca del Apóstol Pablo. El libro comienza hablando acerca de los doce y luego gira la atención del lector desde los doce apóstoles hacia el apóstol Pablo.

La autoría del libro es atribuida a Lucas. Se cree que el autor del Evangelio es el mismo autor del libro de los Hechos de los Apóstoles, entre otras razones, en virtud de la introducción de ambos libros que están dedicadas a Teofilus.

El libro contiene algunos pasajes escritos en la primera persona del plural. Ellos son explicados diciendo que el autor estaba acompañando a Pablo en esos pasajes, aunque, en mi opinión, esto no explica sufientemente esta inclusión. Juan y Mateo, que escribieron los Evangelios que llevan su nombre, y que estuvieron presentes con

Jesús en muchos de los hechos que narran, no usaron la primera persona del plural, en mi opinión, porque querían reservar todo el protagonismo a Jesús. Haber estado presente no implica que uno debiera o fuera a usar la primera persona del plural al escribir un libro como el libro de los Hechos de los Apóstoles, sobre todo teniendo en cuenta la forma como se habían escrito los Evangelios. Por ello digo que la explicación no es suficiente para mí. Queda abierto el interrogante acerca de los mismos.

De cualquier forma, esos pasajes en primera personal del plural dan testimonio de que el autor de los mismos no es un testigo personal de todos los otros eventos narrados en el libro de los Hechos de los Apóstoles, y de que él usó otras fuentes para escribir acerca de ellos.

Yo creo que alguien usó fuentes auténticas para escribir este libro para el Falso Apóstol Pablo de Tarso. Por ello el libro se estructura de la forma como lo hace, hablando primero de los doce para luego cambiar el foco a la figura de Pablo. Difícil de saber si fue una persona que confiaba en Pablo de Tarso, si fue una persona engañada, o cuánto sabía de Pablo de Tarso y de su verdadera misión. Lo cierto es que contiene hechos verdaderos y falsos, y que el mismo libro se contradice internamente en lo que se refiere a la supuesta aparición de Jesús a Pablo, como veremos seguidamente.[184]

---

[184] He advertido que la conjunción "kai" [y] es usada en la primera parte de este libro de los Hechos en forma considerablemente más frecuente que en la segunda parte. Sería interesante estudiar su uso en ambas versiones del libro de los Hechos, la versión occidental y la alejandrina, para comparar las diferencias

a. Acerca de las Diferencias Entre los Relatos del Supuesto Llamado de Pablo

Hay tres relatos de la historia del supuesto llamado del Falso Apóstol Pablo en el libro de los Hechos de los Apóstoles, que tienen significativas diferencias entre ellas. A decir verdad, sólo el primero de los relatos constituye un relato de los hechos. El segundo y tercero son relatos de lo que el Falso Apóstol Pablo dijo acerca de estos hechos, en dos ocasiones.

El libro de Hechos de los Apóstoles (Felipe Scío) dice: "*9:1 Saulo pues respirando aun amenazas y muerte contra los discípulos del Señor, se presentó al príncipe de los sacerdotes. 9:2 Y le pidió cartas para las sinagogas de Damasco, con el fin de llevar presos a Jerusalén a cuantos hallase de esta profesión, hombres y mujeres. 9:3 Y yendo de camino, aconteció que estando ya cerca de Damasco, repentinamente le rodeó un resplandor de luz del cielo. 9:4 Y cayendo en tierra, oyó una voz que le decía: Saulo, Saulo, ¿por qué me persigues? 9:5 Él dijo: ¿Quién eres, Señor? Y él: Yo soy Jesús, a quien tú persigues: dura cosa te es cocear contra el aguijón. 9:6 Y temblando, y despavorido, dijo: ¿Señor, que*

que existen en su uso en ellas. Al margen, no me extrañaría que se terminara descubriendo que existía un libro con la primera parte del libro de los Hechos de los Apóstoles, indepentiente de la segunda parte del mismo, o que la primera parte del libro de los Hechos, comenzando con el versículo 1:12, haya sido parte del Evangelio que hoy se denomina según San Lucas; y hasta que los primeros versículos del libro de los Hechos hayan constituido el final del Evangelio según San Marcos, y que alguien con posterioridad haya escrito y agregado la introducción al libro de los Hechos para hacerlo aparentar un segundo libro.

quieres que yo haga? 9:7 Y el Señor a él: Levántate, y entra en la ciudad y allí se te dirá lo que te conviene hacer. Y los hombres, que le acompañaban, quedaron atónitos oyendo bien la voz, y no viendo a ninguno. 9:8 Y Saulo se levantó de tierra, y abiertos los ojos no veía nada. Y ellos llevándole por la mano, le metieron en Damasco. 9:9 Y estuvo allí tres días sin ver, y no comió ni bebió. 9:10 Y en Damasco había un discípulo por nombre Ananías: y le dijo el Señor en visión: Ananías. Y él respondió: heme aquí Señor. 9:11 Y el Señor a él: Levántate, y ve al barrio que se llama Derecho: y busca en casa de Judas a uno de Tarso llamado Saulo: porque he aquí está orando. 9:12 Y vio un hombre, por nombre Ananías, que entraba a él, y que le imponía las manos para que recobrase la vista. 9:13 Y respondió Ananías: Señor, he oído decir a muchos de este hombre cuantos males hizo a tus santos en Jerusalén. 9:14 Y este tiene poder de los príncipes de los sacerdotes de prender a cuantos invoquen tu nombre. 9:15 Mas el Señor le dijo: Ve, porque este me es un vaso escogido para llevar mi nombre delante de las gentes, y de los reyes, y de los hijos de Israel. 9:16 Porque yo le mostraré cuantas cosas le es necesario padecer por mi nombre. 9:17 Y fue Ananías, y entró en la casa: y poniendo las manos sobre él dijo: Saulo hermano, el Señor Jesús, que se te apareció en el camino por donde venías, me ha enviado para que recobres la vista, y seas lleno de Espíritu Santo. 9:18 Y al instante se cayeron de sus ojos unas como escamas, y recobró la vista: y levantándose fue bautizado. 9:19 y después que tomó alimento, recobró las fuerzas. Y estuvo algunos días con los discípulos, que estaban en Damasco." (El subrayado me pertenece)

El libro de Hechos de los Apóstoles (Felipe Scío) dice: "*22:6 Y acaeció que cuando yo iba, y estaba ya cerca de Damasco al medio día, me vi rodeado súbitamente de una grande luz del cielo: 22:7 Y cayendo en tierra, oí una voz que me decía: Saulo, Saulo, por qué me persigues? 22:8 Y yo respondí: ¿Quién eres, Señor? Y me dijo: yo soy Jesús Nazareno, a quien tú persigues. 22:9 Y los que estaban conmigo vieron en verdad la luz, mas no oyeron la voz del que hablaba conmigo. 22:10 Y dije: ¿Que haré Señor? Y el Señor me respondió: Levántate, y ve a Damasco: y allí te será dicho lo que te conviene hacer. 22:11 Y como no viese por la claridad de aquella luz, me llevaron de la mano los compañeros, y me condujeron a Damasco. 22:12 Y un cierto Ananías, varón según la ley, de quien daban testimonio todos los judíos que allí moraban, 22:13 Viniendo a mí, y poniéndoseme delante, me dijo: Saulo hermano, recibe la vista. Y en el mismo punto le vi a él. 22:14 Y él me dijo: El Dios de nuestros padres te ha predestinado para que conocieses su voluntad, y vieses al Justo, y oyeses la voz de su boca: 22:15 Porque tú serás testigo suyo delante de todos los hombres de las cosas que has visto y has oído. 22:16 ¿Y ahora qué te detienes? Levántate, y bautízate, y lava tus pecados, invocando su nombre. 22:17 Y así fue, que cuando volví a Jerusalén, y estaba orando en el templo, fui arrebatado fuera de mí. 22:18 Y le vi que me decía: Date prisa y sal presto de Jerusalén: porque no recibirán tu testimonio de mí. 22:19 Y yo dije: Señor, ellos mismos saben que yo era el que encerraba en cárceles, y azotaba por las sinagogas a los que creían en ti. 22:20 Y cuando se derramaba la sangre de Esteban testigo tuyo, yo estaba presente, y lo consentía, y guardaba las ropas de los que le mataban. 22:21 Y me dijo: Ve, porque yo te enviaré a las naciones de lejos.*" (El subrayado me pertenece).

El libro de Hechos de los Apóstoles (Felipe Scío) dice: "*26:13 Al medio día vi, oh rey, en el camino una lumbre del cielo, que sobrepujaba el resplandor del sol, que me rodeó a mí, y a los que iban conmigo. 26:14 Y habiendo caído todos nosotros en tierra, oí una voz que me decía en lengua hebrea: Saulo, Saulo, ¿por qué me persigues? Dura cosa te es cocear contra el aguijón. 26:15 Y yo dije: ¿Quién eres Señor? Y él dijo: Yo soy Jesús, a quien tú persigues. 26:16 Mas levántate, y está sobre tus pies: porque por esto te he aparecido, para ponerte por ministro y testigo de las cosas, que has visto, y de las que yo te mostraré en mis apariciones, 26:17 Librándote del pueblo, y de los gentiles, a los cuales yo te envió ahora. 26:18 Para que les abras los ojos, y se conviertan de las tinieblas a la luz, y del poder de Satanás a Dios, y para que reciban perdón de sus pecados, y suerte entre los santos por la fe, que es en mí.*" (El subrayado me pertenece).

En el primer relato, el autor-editor del libro de los Hechos de los Apóstoles da un relato de hechos; y en este relato, Jesús solamente dijo al Falso Apóstol Pablo: "*...Saulo, Saulo, ¿por qué me persigues? 9:5 Él dijo: ¿Quién eres, Señor? Y él: Yo soy Jesús, a quien tú persigues: dura cosa te es cocear contra el aguijón. 9:6 Y temblando, y despavorido, dijo: Señor, ¿qué quieres que yo haga? 9:7 Y el Señor a él: Levántate, y entra en la ciudad y allí te se dirá lo que te conviene hacer.*"

En el segundo relato, el Falso Apóstol Pablo dice que Jesús le dijo: "*22:10 ...levántate, y ve a Damasco: y allí te será dicho lo que te conviene hacer.*"

En el tercer relato el Falso Apóstol Pablo dice que Jesús le dijo: "*26:16 Mas levántate, y está sobre tus pies: porque por esto te he aparecido, para ponerte por ministro y testigo de las cosas, que has visto, y de las que yo te mostraré en mis apariciones, 26:17 Librándote del pueblo, y de los gentiles, a los cuales yo te envío ahora. 26:18 Para que les abras los ojos, y se conviertan de las tinieblas a la luz, y del poder de Satanás a Dios, y para que reciban perdón de sus pecados, y suerte entre los santos por la fe, que es en mí.*"

Obviamente las palabras de Jesús en el primer y en el segundo relato, por un lado, y las del tercer relato por el otro, son sustancialmente diferentes.

Inclusive, algunas de las palabras que se le atribuye a Jesús en el tercer relato fueron atribuidas previamente a Ananías, en los otros relatos. En el segundo relato de este supuesto evento, el libro de los Hechos de los Apóstoles dice que Ananías le dijo a Pablo: "...*El Dios de nuestros padres te ha predestinado para que conocieses su voluntad, y vieses al Justo, y oyeses la voz de su boca: 22:15 Porque tú serás testigo suyo delante de todos los hombres de las cosas que has visto y has oído. 22:16 ¿Y ahora que te detienes? Levántate, y bautízate, y lava tus pecados, invocando su nombre.*" En el tercer relato, el libro dice que Pablo dijo que Jesús, no Ananías, dijo: "26:16...*porque por esto te he aparecido, para ponerte por ministro y testigo de las cosas, que has visto, y de las que yo te mostraré en mis apariciones, 26:17 Librándote del pueblo, y de los gentiles, a los cuales yo te envío ahora. 26:18 Para que les abras los ojos, y se conviertan de las tinieblas a la luz, y del poder de Satanás a Dios, y para que reciban perdón de sus pecados, y suerte entre los santos por la fe, que es en mí.*" Estas versiones son incompatibles.

Es importante destacar, que a juzgar por los pasajes en primera persona del plural del libro de los Hechos de los Apóstoles, el autor editor del libro de los Actos parece haber estado presente en Jerusalén al tiempo en que el Falso Apóstol Pablo supuestamente dio el segundo relato; y que el autor también parece haber estado presente cuando el Falso Apóstol Pablo dio el tercer relato, o al menos muy poquito después que lo brindó. Y es de destacar que no estuvo presente cuando los hechos supuestamente ocurrieron.

Esto significa que, en virtud de que el autor-editor dice que los hechos ocurrieron en una manera, y luego presenta al Falso Apóstol Pablo dando no una, sino dos diferentes versiones de los mismos, el autor-editor implica que el Falso Apóstol Pablo mintió en las otras instancias, y que el Falso Apóstol Pablo puso en la boca de Jesús palabras que Jesús no pronunció. O Pablo puso en la boca de Jesús palabras que Jesús no pronunció, o el autor editor del libro de los Hechos de los Apóstoles mintió cuando puso esas palabras en la boca del Falso Apóstol Pablo. Las tres versiones no pueden ser verdaderas al mismo tiempo. La existencia de estas tres versiones de los hechos hace evidente que al menos una de las mismas es falsa, y sabemos que de hecho son todas falsas porque Pablo fue un falso profeta, a quien no se le apareció Jesús.

Es remarcable que el autor-editor del libro de los

Hechos de los Apóstoles presenta a Pablo atribuyendo palabras a Jesús que él no habló, y dando falso testimonio de esa forma, en el tiempo en que, de haber sido un verdadero testigo de Jesús, debería haber estado recibiendo asistencia del Espíritu Santo, del Espíritu de la Verdad, para testificar la verdad en contra de sus perseguidores y carceleros.[185]

b. Acerca de la Cuestión de si Jesús se Apareció o Aparecerá a Alguien antes de su Segunda Venida

Independientemente de las obras del Falso Apóstol Pablo, como dije en la Introducción de este libro, los

[185] El libro del profeta Jeremías (Felipe Scío) dice: "*23:25 He oído lo que dijeron los profetas, que en mi nombre profetizan mentira, y dicen: he soñado, he soñado. 23:26 ¿Hasta cuándo será esto en el corazón de los profetas, que vaticinan mentira, y que profetizan engaños de su corazón? 23:27 Los cuales quieren hacer, que se olvide mi pueblo de mi nombre por los sueños de ellos, que cada uno cuenta a su más cercano: así como los padres de ellos se olvidaron de mi nombre por causa de Baal. 23:28 El profeta, que tiene sueño, cuente sueño; y el que tiene mi palabra, hable mi palabra con verdad: ¿qué tienen que ver las pajas con el trigo, dice el Señor? 23:29 ¿Por ventura mis palabras no son como fuego?, dice el Señor; ¿y como martillo que quebranta una peña? 23:30 Por tanto he aquí yo, dice el Señor, contra los profetas, que hurtan mis palabras cada una a su más cercano. 23:31 He aquí yo contra los profetas, dice el Señor, que toman sus lenguas, y dicen: Dice el Señor, 23:32 he aquí yo, dice el Señor, contra los profetas que sueñan mentiras, que las contaron, y engañaron a mi pueblo con su mentira, y con sus milagros: no habiéndolos yo enviado, ni dado mandato alguno a esos, que nada aprovecharon a este pueblo, dice el Señor. 23:33 Pues si te preguntare este pueblo, o un profeta, o un sacerdote, diciendo: ¿Cuál es la carga del señor? Les dirás: vosotros sois la carga. Porque yo os arrojaré, dice el Señor. 23:34 Y el profeta, y el sacerdote, y el pueblo, que dice: cargo del Señor: yo visitaré a aquel hombre y a su casa. 23:35 Esto diréis cada uno a su más cercano, y a su hermano: ¿Qué respondió el Señor? ¿Y qué habló el Señor? 23:36 Y no se mentará más carga del Señor: porque a cada uno será carga su palabra: y trastornasteis las palabras del Dios viviente, y del Señor de los ejércitos nuestro Dios. 23:37 Esto dirás al profeta: Que te respondió el Señor, y que habló el Señor.* (El subrayado me pertenece)

Evangelios enseñan que luego de la Ascensión de Jesús, Jesús no se aparecería a nadie hasta la Venida del Hijo del Hombre, la Segunda Venida de Jesús. Mucho menos se iba a aparecer a alguien distinto que sus apóstoles y para traer más revelación pública.[186] Como consecuencia, la supuesta aparición al Falso Apóstol Pablo es, de por si, contraria a los Evangelios y hasta contradictoria con otras enseñanzas del libro de los Hechos de los Apóstoles.[187] Y creo que es más preciso decir las supuestas apariciones al

---

[186] El Catecismo de la Iglesia Católica, Primera Parte, Artículo I, pto. III, bajo el título Cristo Jesús, pto. 66 dice: "*La economía cristiana, como alianza nueva y definitiva, nunca pasará; ni hay que esperar otra revelación pública antes de la gloriosa manifestación de nuestro Señor Jesucristo". Sin embargo, aunque la Revelación esté acabada, no está completamente explicitada; corresponderá a la fe cristiana comprender gradualmente todo su contenido en el transcurso de los siglos.*" Concilio Vaticano II, Constitución Dogmática, Dei Verbum, Sobre la Divina Revelación, capítulo I, La Revelación en Si Misma, Sobre la Divina Revelación, bajo el título "En Cristo culmina la revelación", punto 4, dice: "*Después que Dios habló muchas veces y de muchas maneras por los Profetas, "últimamente, en estos días, nos habló por su Hijo". Pues envió a su Hijo, es decir, al Verbo eterno, que ilumina a todos los hombres, para que viviera entre ellos y les manifestara los secretos de Dios; Jesucristo, pues, el Verbo hecho carne, "hombre enviado, a los hombres", "habla palabras de Dios" y lleva a cabo la obra de la salvación que el Padre le confió. Por tanto, Jesucristo -ver al cual es ver al Padre-, con su total presencia y manifestación personal, con palabras y obras, señales y milagros, y, sobre todo, con su muerte y resurrección gloriosa de entre los muertos; finalmente, con el envío del Espíritu de verdad, completa la revelación y confirma con el testimonio divino que vive en Dios con nosotros para librarnos de las tinieblas del pecado y de la muerte y resucitarnos a la vida eterna.*" No lo dice explícitamente, pero lo cierto es que la revelación de Jesucristo culmina con su Ascensión. Luego de su Ascensión, luego del envío del Espíritu de la verdad, Jesús no se aparecería a nadie, y mucho menos para escoger a otra persona para instruirlo privadamente y hacerlo el nuevo apóstol de los gentiles.

[187] El libro de los Hechos de los Apóstoles versículos 9:17; 23:11 y 26:16. La Primera Epístola de Pablo a los Corintios, versículo 15:8.

Falso Apóstol Pablo, porque el libro de los Hechos de los Apóstoles da cuenta de otra aparición, no visión, en el versículo 23:11. En este punto quiero recordar algunos de los pasajes de los Evangelios que nos enseñan que Jesús no se aparecería a nadie hasta la Venida del Hijo del Hombre, su segunda venida.

El Evangelio según San Mateo (Felipe Scío) dice: "24:3 *Y estando sentado el en el monte del Olivar, se llegaron a él sus discípulos en secreto, y le dijeron: Dinos, ¿cuándo serán estas cosas? ¿Y qué señal habrá de tu venida, de la consumación del siglo? 24:4 Y respondiendo Jesús, les dijo: Guardaos que no os engañe alguno. 24:5 Porque vendrán muchos en mi nombre, y dirán: Yo soy el Cristo: y a muchos engañarán."* Y luego el Evangelio según San Mateo (Felipe Scío) dice: "24:23 *"Entonces si alguno os dijere: Mirad, el Cristo está aquí o allí: no le creáis. 24:24 Porque se levantarán falsos cristos, y falsos profetas, y darán grandes señales, y prodigios de modo (que si puede ser) caigan en error aun los escogidos. 24:25 Ved que os lo he dicho de antemano. 24:26 Por lo cual si os dijeren: He aquí que está en el desierto, no salgáis: mirad que está en lo más retirado de la casa, no lo creáis. 24:27 Porque como el relámpago sale del oriente, y se deja ver hasta el occidente: así será también la venida del Hijo del hombre. 24:28 Donde quiera que estuviere el cuerpo, allí se juntarán también las águilas"*[188]

---

[188] *La obra "La Sagrada Escritura"*, de los Profesores de la Compañía de Jesús, ob. cit., Nuevo Testamento, tomo I, pág. 294 dice: "*El motivo por el que no se deben dejarse seducir por todas las catástrofes y calamidades enumeradas hasta ahora ni por los rumores de si está en el desierto o en sitios ocultos, es que Cristo en su segunda venida a juzgar a los hombres aparecerá como un relámpago visible a todos los hombres, sin que tengan necesidad de buscarle en ningún sitio de la tierra.*" La obra

Jesús nos enseñó que si alguien dice que él está aquí, o allá, no salgamos, no le creamos. Esto incluye a los que dicen que estuvieron con Cristo luego de su ascensión diciendo aquí estuvo. Cuando Jesús enseña 'no creáis en aquellos que dicen Jesús está aquí', él estaba incluyendo a los que dicen "Jesús estuvo aquí", y "esto es lo que me dijo". Nadie debió haber nunca creído en Pablo cuando él decía que estuvo con Jesús. Pablo vino y dijo que Jesús estuvo con él en el camino a Damasco y fue creído. Jesús dice que su venida será como un relámpago, implicando que su próxima venida sería la Venida del Hijo del Hombre. Al decir ello también nos dijo que no se iba a aparecer a nadie hasta esa venida.

El Evangelio según San Juan (Felipe Scío) dice: "*14:2 En la casa de mi Padre hay muchas moradas. Si así no fuera, yo os lo hubiera dicho: Pues voy a aparejaros el lugar. 14:3 Y si me fuere, y os aparejaré lugar: vendré otra vez, y os tomaré a mí mismo, para que en donde yo estoy, estéis también vosotros. 14:4 También sabéis a donde yo voy, y sabéis el camino. 14:5 Tomás le dice: Señor, no sabemos a dónde vas. ¿Pues cómo podemos saber el camino? 14:6 Jesús le dice: Yo soy el camino, y la verdad, y la vida: nadie viene al Padre, sino por mí.*" Jesús luego de su ascensión iba a estar con el

---

"*Catena Aurea*" de Santo Tomás de Aquino, (Buenos Aires: Cursos de Cultura Católica, 1946), tomo II, San Mateo, pág. 257, dice: "*San Gregorio:... mas el Señor declara que ni se ha de ocultar en lugar alguno, ni que ha de ser visto por algunos en particular, sino que declara terminantemente que ha de venir estando presente en todas partes y a vista de todos; por esto sigue diciendo: Así como el relámpago sale de Oriente y se deja ver hasta el Occidente, así, etc.*" Es mi opinión que cuando el Evangelio según San Mateo dice en donde esté el cuerpo allí se juntarán los buitres, está usando la palabra cuerpo para referirse a su palabra.

Padre para regresar sólo al tiempo de la Segunda Venida. Por eso dice vendré otra vez, y no "vendré otras veces", por ejemplo. Él iba a estar con nosotros, pero no apareciéndose a nosotros para enseñarnos, no eligiendo a otro apóstol para enseñarnos. Él iba a estar presente haciendo morada en nosotros.

El Evangelio según San Juan (Felipe Scío) dice "*16:5 No os dije estas cosas al principio, porque estaba con vosotros. Mas ahora voy a aquel que me envió y ninguno de vosotros me pregunta: ¿A dónde vas? 16:6 Antes porque os he dicho estas cosas, la tristeza ha ocupado vuestro corazón. 16:7 Mas yo os digo la verdad. Que conviene a vosotros que yo me vaya: porque si no me fuere, no vendrá a vosotros el Consolador: mas si me fuere, os lo enviaré.*" Jesús nos dijo que, después de que el Espíritu Santo viniere, él iba a estar con el Padre, no apareciéndose a nadie; mucho menos para para enseñarle, y para hacer de otro hombre un nuevo profeta para traer nuevas palabras de Dios: nueva revelación pública. Mucho menos apenas dos años después de su ascensión.

El libro de Hechos de los Apóstoles (Felipe Scío) dice: "*1:9 Y cuando esto hubo dicho, viéndolo ellos, se fue elevando: y le recibió una nube, que le ocultó a sus ojos. 1:10 Y estando mirando al cielo cuando él se iba, he aquí se pusieron al lado de ellos dos varones con vestiduras blancas: 1:11 Los cuales también les dijeron: Varones Galileos, ¿qué estáis mirando al cielo? Jesús, que de vuestra vista se ha subido al cielo, así vendrá, como le habéis visto ir al cielo.*" En la Biblia hay hombres que fueron arrebatados al cielo. El libro Segundo de los Reyes, versículo 2:11, cuenta como Elías fue arrebatado al cielo, y como sus discípulos querían enviar hombres a tratar de encontrarlo, y de hecho lo hicieron sin resultado positivo. Esta enseñanza del libro de los Hechos de los Apóstoles, versículo 1:11, comunica lo mismo; dice sin lugar a dudas que Jesús no iba a ser visto hasta la Segunda Venida.

El libro de Hechos de los Apóstoles (Felipe Scío) dice: "*3:19 Arrepentíos pues, y convertíos, para que vuestros pecados os sean perdonados. 3:20 Para que cuando vinieren los tiempos del refrigerio delante del Señor, y enviare a aquel Jesucristo, que a vosotros fue predicado, 3:21 al cual ciertamente es menester que el cielo reciba hasta los tiempos de la restauración de todas las cosas, las cuales habló Dios por boca de sus santos profetas, que han sido desde el siglo.*" Pedro dice esto luego de la Ascensión de Jesús y antes de la supuesta aparición a Pablo. Dice Pedro aquí que Jesús iba a estar con el Padre hasta el tiempo de la restauración de todas las cosas, cosa que ocurre luego de la Venida del Hijo del Hombre.[189]

Estas enseñanzas que he citado muestran claramente como los Evangelios y el mismo libro de los Hechos de los Apóstoles enseñan que Jesús luego de la Ascensión iba a estar con el Padre hasta su Segunda Venida.

Más allá de esto que es claro, hay otras cuestiones que me parece interesante destacar. El Evangelio según San

---

[189] La obra "Biblia Comentada", de los Profesores de Salamanca, tomo VI, pág. 47 dice comentando este versículo: "*No hay duda de que alude con esto a la parusía o segunda venida del Señor, prometida por los ángeles el día de la ascensión, a la que seguirán tiempos de refrigerio y de restauración de todas las cosas. Hasta que lleguen esos tiempos, Cristo seguirá retenido en el cielo (v.21), aquel cielo al que subió en su ascensión.*"

Juan dice que Jesús luego de su pasión no se aparecería a nadie fuera de los discípulos de Jesús. Ni siquiera antes de su Ascensión Jesús se iba a aparecer a quienes no eran sus discípulos. El Evangelio según San Juan (Felipe Scío) dice: "*14:19 Todavía un poquito: y el mundo ya no me ve. Mas vosotros me veis: porque yo vivo, y vosotros viviréis. 14:20 En aquel día vosotros conoceréis que yo estoy en mi Padre, y vosotros en mí, y yo en vosotros. 14:21 Quien tiene mis mandamientos, y los guarda, aquel es el que me ama. Y el que me ama, será amado de mi Padre. Y yo le amaré, y me le manifestaré a mí mismo. 14:22 Le dice entonces Judas, no aquel Iscariotes: Señor, ¿qué es la causa, que te has de manifestar a nosotros, y no al mundo?*"

Y el libro de los Hechos de los Apóstoles dice que Pedro dijo, después de que a Pablo supuestamente se le habría aparecido Jesús, que Jesús no se apareció a nadie luego de la resurrección, sino a los que comieron y bebieron con él. Es decir que el libro de los Hechos de los Apóstoles dice que Pedro dijo que Jesús no se apareció a Pablo al momento de su supuesta conversión.

El libro de Hechos de los Apóstoles (Felipe Scío) dice: "*10:40 A éste lo resucitó Dios al tercer día, y quiso que se manifestase, 10:41 No a todo el pueblo, sino a los testigos que Dios había ordenado antes: a nosotros que comimos, y bebimos con él, después que resucitó de entre los muertos.*"

Podemos ver a partir de estas citas que la supuesta aparición de Jesús a Pablo de Tarso es contraria a los Evangelios y a otros pasajes del propio libro de los Hechos de los Apóstoles. El libro de los Hechos de los Apóstoles contradice las enseñanzas de los Evangelios y se contradice internamente en lo concerniente a Pablo de Tarso, lo cual por un lado hace más evidente la falsedad de la supuesta aparición a Pablo, y de algunos de los hechos que lo tienen por protagonista, y al mismo tiempo nos da testimonio de que las fuentes relativas a los doce apóstoles fueron preservadas. Nos dice que no se eliminaron los testimonios inconvenientes al Falso Apóstol Pablo, o al menos no se eliminaron todos los pasajes inconvenientes. Creo que esto nos marca la forma como el libro de los Hechos de los Apóstoles debe ser recibido.

Conclusión

Yo creo que, a pesar de los errores, debemos aceptar el libro de los Hechos de los Apóstoles como libro que contiene sagrada escritura, creyendo que todo lo que dice el mismo con respecto a Jesús y a los doce Apóstoles es verdad, a menos que algo resulte evidentemente errado, como el asunto de la aparición de Jesús, o la cuestión de Pablo de Tarso estando repleto de Espíritu Santo, por citar ejemplos.

Yo creo que el libro de los Hechos de los Apóstoles contiene palabras de Dios, testimonio del ministerio de Jesús y de los doce apóstoles y de la acción del Espíritu Santo, respecto de los cuales no tenemos motivos para descreer; pero al mismo tiempo relata hechos que los doce apóstoles no presenciaron, que contrarían enseñanzas de los Evangelios y de Jesús, y que tuvieron por protagonista a una persona respecto de los cuales los apóstoles no tenían misión de dar testimonio, que fue un falso profeta, que dijo que Jesús se le apareció, siendo que Jesús explícitiamente nos dijo que no creyéramos si alguien nos decía que él estuvo aquí o allá.

Yo creo que debemos creer en los demás hechos, a decir los que tienen por protagonistas a los doce apóstoles y al Espíritu Santo confirmando su testimonio, porque creo que esos hechos tienen testimonio apostólico, y no contradicen ni a Jesús, ni a los Evangelios. Creo que apóstoles escogidos, preparados y acreditados públicamente en persona por Cristo Jesús, fueron testigos de estos hechos. Ellos fueron hechos apóstoles para ser testigos de ellos, y su testimonio fue preservado en fuentes verdaderas, que han estado en manos de la Iglesia desde su composición, y que son preservadas en el libro de los Hechos de los Apóstoles. Recordemos que las fuentes usadas en la composición del libro de los Hechos de los Apóstoles anteceden al libro mismo.

Capítulo VII. Inerrancia e Inspiración de las Epístolas de Pablo y del Libro de los Hechos de los Apóstoles– Infalibilidad de la Iglesia Católica - Infalibilidad de las demás Iglesias Cristianas

He tratado una cantidad de enseñanzas y declaraciones erradas y enviciadas contenidas en las Epístolas de Pablo. Sin lugar a dudas, en virtud de ser erradas y enviciadas, esas enseñanzas y declaraciones no son palabra de Dios. Y en virtud de la naturaleza y la cantidad de los errores, las epístolas que las contienen no pueden ser consideradas escritas bajo inspiración del Espíritu Santo. Todo lo que es errado y enviciado en las Epístolas de Pablo no es obra de Dios, ni directa, ni indirectamente.

No estamos tratando en el caso de las Epístolas de Pablo con un caso en el que documentos que contienen la palabra de Dios, o fueron escritos bajo inspiración del Espíritu Santo, tienen errores. Las Epístolas de Pablo no son siquiera sagrada escritura.

Quienes hayan declarado que las Epístolas de Pablo son inerrantes, la palabra de Dios, Sagrada Escritura, cometieron muy serios errores. Este es el caso de la Iglesia Católica, y de todas las Iglesias Cristianas que yo conozco, que como todas las demás Iglesias son falibles. Y cuando se comete un error se lo reconoce, se pide perdón, y se procura no repetirlo.

La Iglesia Católica Romana, en el Concilio de Trento, declaró: "*Ahora bien, creyó deber suyo escribir adjunto a este decreto un índice (o canon) de los libros sagrados, para que a nadie pueda ocurrir duda sobre cuales son los que por el mismo Concilio son recibidos. Son los que a continuación se escriben: del Antiguo Testamento... Del Nuevo Testamento: Los 4 Evangelios, según Mateo, Marcos, Lucas y Juan; los Hechos de los Apóstoles, escritos por el Evangelista Lucas, 14 Epístolas del Apóstol Pablo: a los Romanos, 2 a los Corintios, a los Gálatas, a los Efesios, a los Filipenses, a los Colosenses, 2 a los Tesalonicenses, 2 a Timoteo, a Tito, a Filemón, a los Hebreos; 2 del Apóstol Pedro, 3 del Apóstol Juan, 1 del Apóstol Santiago, 1 del Apóstol Judas y el Apocalipsis del Apóstol Juan. Y si alguno no recibiere como sagrados y canónicos los libros mismos íntegros con todas sus partes, tal como se han acostumbrado a leer en la Iglesia Católica y se contienen en la antigua edición vulgata latina, y despreciare a ciencia y conciencia las tradiciones predichas, sea anatema. Entiendan, pues, todos, por qué orden y camino, después de echado el fundamento de la confesión de la fe, ha de avanzar el Concilio mismo y de qué testimonios y auxilios se ha de valer principalmente para confirmar los dogmas y restaurar en la Iglesia las costumbres."*[190]

La Iglesia Católica en el Primer Concilio Vaticano, (1893 1870) declaro: "*Capítulo 2,5. Ahora bien, esta revelación sobrenatural, según la fe de la Iglesia universal declarada por el santo Concilio de Trento, se contiene en los libros escritos y en las tradiciones no escritas, que recibidas por los Apóstoles de boca de Cristo mismo, o por los mismos Apóstoles bajo la inspiración del Espíritu Santo transmitidas como de mano en mano, han llegado hasta nosotros (conc. Trid., v. 783). Estos libros del Antiguo y del Nuevo Testamento, íntegros con todas sus partes, tal como se enumeran en el decreto del mismo Concilio, y se contienen en la antigua edición Vulgata Latina, han de ser recibidos por sagrados y canónicos. Ahora bien, la Iglesia los tiene por sagrados y canónicos, no porque compuestos por sola industria humana, hayan sido luego aprobados por ella; ni solamente porque contengan la revelación sin error; sino porque escritos por inspiración del Espíritu Santo, tienen a Dios por autor, y como tales han sido entregados a la misma Iglesia (Can. 4)."*[191]

Y la Iglesia Católica en el segundo Concilio Vaticano

---

[190] Concilio de Trento (1545-1563), sesión cuarta, 8 de abril de 1546, "Aceptación de los Libros Sagrados y las tradiciones de los Apóstoles." Denzinger, Heinrich "*Enchiridion symbolorum*" n° 784.

[191] Concilio Vaticano (1869-1870), Constitución dogmática sobre la fe católica, Sesión III, 24 de abril 24 de 1870, cap. 2. De la Revelación, Denzinger, Heinrich "Enchiridion Symbolorum" n° 1787.

declaró: "*11. "Las verdades reveladas por Dios, que se contienen y manifiestan en la Sagrada Escritura, se consignaron por inspiración del Espíritu Santo. La santa madre Iglesia, según la fe apostólica, tiene por santos y canónicos los libros enteros del Antiguo y del Nuevo Testamento con todas sus partes, porque, escritos bajo la inspiración del Espíritu Santo, tienen a Dios como autor y como tales se le han entregado a la misma Iglesia. Pero en la redacción de los Libros sagrados, Dios eligió a hombres, que utilizó usando de sus propias facultades y medios, de forma que obrando Él en ellos y por ellos, escribieron, como verdaderos autores, todo y sólo lo que Él quería".*[192]

El caso del libro de los Hechos de los Apóstoles es diferente, porque a mi juicio, contiene palabras de Dios, y además testimonio apostólico de la vida de Jesús, de la vida de los apóstoles y de la acción del Espíritu Santo. El libro de los Hechos de los Apóstoles es a mi juicio un caso en el que fuentes verdaderas, un relato verdadero de hechos relativos a la vida de Jesús, de los apóstoles y de la acción del Espíritu Santo, sagrada escritura, fue utilizado para la edición de un libro que contiene sagrada escritura y también escritura de hombre con errores, y hasta falso testimonio. Si se estudia el Antiguo Testamento atentamente esto no debería extrañar tanto.

El Cristianismo a la luz de un examen racional y fiel a Jesús del contenido del libro de los Hechos de los

[192] Concilio Vaticano Segundo. Constitución Dogmática Dei Verbum. Sobre la Divina Revelación. capítulo III. Inspiración Divina de la Sagrada Escritura y su Interpretación, p.11. Noviembre de 1965. http://www.vatican.va/archive/hist_councils/ii_vatican_council/documents/vat-ii_const_19651118_dei-verbum_sp.html.

Apóstoles debe admitir que contiene errores, y debe reconocer aquellos errores que no se pueden explicar sin violentar la razón o la verdad de los Evangelios.

El hecho de que la Iglesia Católica haya cometido un error al considerar las Epístolas de Pablo como sagrada escritura, y al interpretar el libro de los Hechos de los Apóstoles, no significa que todo lo que haya hecho o haga sea equivocado. El hecho de que ciertos puntos de su doctrina y fe sean inciertos o dudosos no significa que toda su doctrina sea incierta o dudosa; no priva de valor a toda su doctrina y fe. Lo mismo puede decirse de las otras Iglesias Cristianas, las cuales, entiendo, nunca proclamaron su infalibilidad; infalibilidad nunca ha sido su fundamento.

No puede ser concluido a partir de la falibilidad de la Iglesia Católica en particular, ni de la falibilidad de la Iglesia Cristiana en general, ni a partir del serio error de sostener que las Epístolas de Pablo son sagrada escritura, que Dios no asistió a la Iglesia Cristiana permanentemente ni especialmente en ciertas circunstancias, o que la Iglesia Cristiana, será, o puede ser, derrotada. En el Antiguo Testamento Dios prometió asistencia y victoria al pueblo Judío[193]y cumplió su promesa, sin hacer de sus autoridades civiles, eclesiásticas o militares, personas perfectas e infalibles. La Iglesia Cristiana puede evitar la derrota a pesar de la falibilidad e imperfección de sus autoridades y miembros si Dios quiere. La Iglesia Cristiana puede alcanzar victoria

[193] Libro Éxodo, versículo 23:22.

cometiendo errores.

El hecho de que un libro de la Biblia contenga errores tampoco compromete el éxito de la Iglesia Cristiana, ni los fundamentos de la misma. Lo único que compromete es la enseñanza de la religión cristiana desde una posición cerrada al razonamiento, pues la admisión de los errores exige la fundamentación de todas las enseñanzas, y la asegura.

En cualquier caso, lo que es claro, lo que puede ser concluido a partir de la exposición de errores efectuada, es que la Iglesia Cristiana debe reconocer sus errores, y revisar toda la doctrina e instituciones construidas sobre la base de las Epístolas de Pablo.

El Cristianismo no necesita de las Epístolas de Pablo para construir su doctrina. La palabra de Cristo preservada en los Evangelios, y la palabra de Dios preservada en el resto de la Biblia, interpretada a la luz del Evangelio de Cristo, son la verdadera palabra de vida con la que nos tenemos que nutrir.

Todo esto que he dicho es verdad independientemente del asunto de la autoría de las Epístolas de Pablo. El Antiguo y el Nuevo Testamento existieron antes que Pablo, y antes que sus epístolas fueran equivocadamente consideradas palabras de Dios, y no serán afectados por el reconocimiento de la falsedad de las Epístolas de Pablo, ni por la admisión de los errores del libro de los Hechos de los Apóstoles, sino por el contrario: reafirmados.[194] Las Epístolas de Pablo y

[194] En mi opinión, habría sido muy difícil, diría que imposible, para una persona extraña a la Iglesia, para una persona que no perteneciera a la iglesia incorporar

el libro de los Hechos en su versión final no fueron escritos hasta por lo menos dos décadas luego de la Ascensión de Cristo, y sólo se hicieron disponibles a toda la Iglesia Cristiana y fueron considerados la palabra de Dios, al menos por una parte de la Iglesia Cristiana, mucho tiempo después. El Cristianismo se alimentó en un comienzo de la palabra de Jesús, que fue siempre reconocida como palabra de Dios por el Cristianismo.

---

falsos escritos en la misma, e inducir a la Iglesia a considerarlas sagrada escritura, antes de que falsos escritos hubieran sido incorporados a los mismos; y muy difícil para alguien parte de la Iglesia Cristiana. Sin embargo, en mi opinión, para alguien con la posición de Pablo, o un muy reconocido discípulo suyo, habría sido posible.

Capítulo VIII. Como Vivir un Cristianismo Fiel a Jesús

Para vivir un Cristianismo fiel a Jesús debemos aprender y poner en práctica la palabra de Jesús, que encontramos en los Evangelios, y las otras enseñanzas de la Biblia, entendidas bajo la luz dada por Cristo para ello.

Aquel que considera a las Epístolas del Falso Apóstol Pablo, o a las palabras de cualquier otro hombre que contradigan a las palabras de Jesús, la palabra de Dios, no es un fiel discípulo de Jesús. Es un acto de infidelidad el tratar a las palabras de Pablo como si fuesen la palabra de Dios.

Podemos vivir nuestro Cristianismo sin considerar a las Epístolas de Pablo la palabra de Dios, y sin considerar palabra de Dios a ninguna enseñanza que se encuentra en las otras Epístolas del Nuevo Testamento o del libro de los Hechos de los Apóstoles que contradigan la palabra de Jesús, contenida en los Evangelios.

Si por alguna razón usted no tiene una Iglesia con quien reunirse los Domingos para recordar a Jesús celebrando la Eucaristía, y hacer uso de los Sacramentos, entre otros motivos y propósitos, sin adorar a Pablo y/o a sus Epístolas, o si usted no cuenta con un ministro cristiano para administrarle los sacramentos que no le requerirá que trate a las Epístolas de Pablo como la palabra de Dios, no olvide que cualquier cristiano puede ser un ministro cristiano, y no olvide que cualquier cristiano puede ser un ministro extraordinario de los sacramentos. Todos estamos llamados a ser ministros de la Iglesia Cristiana. La administración de los sacramentos es muy simple; cualquier cristiano puede aprender a administrarlos. Los sermones en la iglesia cristiana deberían comenzar por la palabra de Jesús. Todos podemos leer la palabra de Dios. Todos podemos comentar la palabra de Jesús, o al menos leer comentarios hechos por otra persona. Hay numerosos comentarios de la palabra de Jesús disponibles para la lectura.

Si usted no cuenta con un cristiano fiel a Jesús con quien reunirse en los domingos no desespere. Tarde o temprano encontrará otra oveja de Jesús con quien reunirse los domingos, que reconozca la voz de Jesús, y que reconozca que la voz del Falso Apóstol Pablo no es la voz de Jesús.

No contar con una comunidad cristiana no puede ser un impedimento para la cristiandad de ninguna persona. Rechazar a Pablo no es excusa válida para no ser un cristiano fiel a Jesús; por el contrario. Consiga la información que necesita.

En los primeros tiempos, y en los tiempos de persecuciones, muchos cristianos se encontraron a sí mismos en esta situación, y no obstante ello pusieron en práctica su fe, permaneciendo fieles a Jesús. Y ellos no contaron con la educación, libros, bibliotecas, computadoras, autos, teléfonos inteligentes, y toda la tecnología con la que muchos contamos en nuestros días.

Tenemos que aprender la palabra de Jesús tal como

se encuentra en los Evangelios. Tenemos que dedicarle tiempo a la lectura y a nuestra educación cristiana. Tenemos que dedicarle tiempo a Cristo, si queremos ser sus discípulos, si queremos que sea nuestro maestro. Y él nos habla a través de los Evangelios.

Al concluir este libro haré algunos comentarios que tal vez ayuden a algún lector con el desafío de ser cristiano, especialmente un cristiano fiel a Jesús. Seguidamente, analizaré que dice el libro Apocalipsis acerca de todo esto.

-Parte II-

Capítulo I. Pablo de Tarso y el Libro Apocalipsis

Si usted está sorprendido por la primera parte de este libro, prepárese para más. Luego de una breve introducción, comenzará a interiorizarse en uno de los más fascinantes libros de la Biblia.

Como dije al comienzo de esta obra, la Biblia consta de dos partes: El Antiguo Testamento y el Nuevo Testamento. Ambas partes están integradas respectivamente por varios libros. El libro Apocalipsis es parte del Nuevo Testamento, y San Juan es considerado su autor; el mismo San Juan, que es autor de uno de los Evangelios. Hay importantes argumentos para sostener esta atribución.[195]

---

[195] El testimonio al que yo personalmente le doy al momento más importancia es al testimonio de San Justino Mártir. En la obra *"Biblia Comentada"*, de los Profesores de Salamanca, ob. cit., tomo VII, pág. 301 se dice: "*Unos cincuenta años después de la muerte de San Juan en Éfeso escribía allí mismo San Justino (153) su Diálogo con Trifón, en el que dice expresamente: Además hubo entre nosotros un varón, por nombre Juan, uno de los apóstoles de Cristo, el cual profetizó en la Revelación (Apocalipsis) que le fue hecha, que los que hubieren creído en Cristo pasarían mil años en Jerusalén. San Policarpo (155), que fue discípulo inmediato del apóstol San Juan, considera el Apocalipsis como divinamente inspirado, y cita expresiones idénticas a las del Apocalipsis. De Papías (c.130) nos dice Andrés de Cesárea que afirmaba la autenticidad del Apocalipsis. También San Ireneo (hacia 190), heredero de las tradiciones efesinas por haber vivido en Éfeso cierto tiempo, identifica*

Juan fue uno de los primeros discípulos de Cristo, junto con su hermano Santiago. Ellos fueron dos de los doce apóstoles, y Juan, entre los apóstoles, ciertamente tuvo una posición importante.[196]

El libro Apocalipsis, de acuerdo al libro mismo, fue escrito por un hombre llamado Juan, cuando estaba exiliado en la Isla de Patmos, cercana a las costas del Asia Menor, por predicar la palabra de Dios y por dar testimonio de Jesús.[197] La palabra Apocalipsis proviene de la palabra griega Aπo-καλυψις (Apocalipsis), que significa revelación.[198]

---

al autor del Apocalipsis con el apóstol San Juan. Tiene igualmente mucha importancia el claro testimonio del Fragmento de Muratori (de hacia 170): Apocalypsis etiam Iohannis...recipimus. En el resto del siglo II, y en la primera mitad del siglo siguiente, fueron muchos los escritores eclesiásticos que consideraron el Apocalipsis como obra del apóstol San Juan. Es usado por Clemente de Alejandría (hacia 215), por Orígenes (hacia 233) y por Tertuliano (hacia 207). Algunos autores de esta época, o incluso del siglo anterior, llegaron a escribir comentarios sobre el Apocalipsis. De estos últimos fue Melitón, obispo de Sardes (hacia 170), una de la ciudades a las que va dirigido el Apocalipsis. Es evidente el peso que tiene el argumento de la unanimidad de la tradición en los dos primeros siglos, acerca de la autenticidad y canonicidad del Apocalipsis". En la obra la "*Sagrada Escritura*", de los Profesores de la Compañía de Jesús, ob. cit., Nuevo Testamento Tomo III, pág. 564 se dice:"...*Es manifiesto que durante los dos primeros siglos el Apocalipsis fue recibido en toda la Iglesia como escrito divinamente inspirado, obra de Juan el Apóstol*".

[196] El Evangelio según San Juan (Felipe Scío) dice: "*19:25 Y estaba junto a la cruz de Jesús su Madre, y la hermana de su Madre María de Cleofás, y María Magdalena. 19:26 Y como vio Jesús a su Madre, y al discípulo que amaba, que estaba allí, dijo a su Madre: Mujer, he ahí tu hijo. 19:27 Después dijo al discípulo: He ahí tu Madre. Y desde aquella hora el discípulo la recibió por suya.*" El discípulo que Jesús amaba era San Juan.

[197] Apocalipsis, versículo 1:9.

[198] El Diccionario griego-español "Vox" dice descubrimiento, revelación,

No debería haber necesidad de decir que los razonamientos y las conclusiones que he formulado en la primera parte de este libro son independientes de la interpretación del libro Apocalipsis que formularé, pero de cualquier manera me parece importante destacarlo.

El libro Apocalipsis es un libro profético, escrito en el género literario apocalíptico, en el cual es muy frecuente la utilización de simbolismos. Para entender el libro Apocalipsis se deben interpretar sus simbolismos, y las fuentes más autorizadas para usar en esa tarea, son el libro Apocalipsis mismo, el Evangelio según San Juan, los otros Evangelios, las Epístolas de Pablo, y el resto de la Biblia.

El libro Apocalipsis mismo interpreta algunos de los simbolismos que usa, lo cual es útil a la hora de descifrar otros. El versículo 17:12, acerca de la Bestia que tiene diez cuernos y siete cabezas, (Felipe Scío), dice: "17:12 *Y los diez cuernos, que has visto, son diez reyes: que aún no recibieron reino, mas recibirán poder como reyes por una hora en pos de la bestia.*" El mismo libro Apocalipsis nos interpreta esta profecía y nos confirma que está formulada con la utilización de simbolismos. No tiene ningún sentido perder tiempo tratando de encontrar un animal con diez cabezas, porque la profecía ha sido formulada con simbolismos, y no admite interpretación literal. Así como esta profecía fue y será cumplida simbólicamente, muchas de las profecías del libro Apocalipsis fueron cumplidas y serán cumplidas

---

apocalipsis.

simbólicamente, no literalmente.

Los otros libros del Nuevo y Viejo Testamento también usan simbolismos. En las parábolas y profecías de ambos podemos encontrar simbolismos. Algunas de las profecías ya han sido cumplidas y algunas han sido interpretadas. Utilizar el conocimiento que proviene de su cumplimiento o interpretación es muy útil para descifrar el significado de los simbolismos usados en la Biblia.

Los capítulos más directamente relacionados con este libro son los capítulos 12, 13, 19 y 20, pero a los efectos de comprender mejor éstos es importante comprender los demás.

Los eventos que el libro Apocalipsis describe y profetiza no son presentados en orden cronológico. Por esta razón, parte del desafío de interpretar y entender el libro Apocalipsis consiste en descifrar el orden cronológico de los eventos descriptos y profetizados en el mismo.

No intentaré en esta parte del libro interpretar y descifrar todo lo que el libro Apocalipsis dice (no estoy siquiera seguro de que sea humanamente posible hacerlo, ni de que sea el plan de Dios que lo podamos hacer en estos tiempos). Sin embargo, si intentaré interpretar su significado y mensaje general.

1.1. Pablo y la Segunda Bestia del Libro Apocalipsis

Con respecto a los capítulos 12, 13, 19 y 20 del libro

Apocalipsis, como una introducción, quiero decir que ellos hablan, entre otras cosas, de como reaccionó el Diablo cuando Jesús nació; como se propuso matar a Jesús y destruir a la naciente Iglesia Cristiana y de como el Diablo usó al Imperio Romano para estos propósitos.

Estos capítulos predijeron que en el futuro el Diablo iba a utilizar a otros Imperios, Estados, u Organizaciones, y reveló la acción de un hombre, un falso profeta, al servicio del Diablo y con poder recibido del mismo, quien usando signos, prodigios y predicando, lograría causar enormes males en el mundo: la Segunda Bestia del libro Apocalipsis. La descripción de este falso profeta encaja perfectamente con Pablo de Tarso y con nadie más. También predicen la acción de otro falso profeta que sería el Segundo Cuerno de la Segunda Bestia que también traería mucho mal.

Asimismo narran una intervención de Jesús previa a su Segunda Venida, y el embellecimiento de la Iglesia Cristiana, que representa para mí lo que será el regreso de la Iglesia Cristiana a la verdadera palabra de Dios, a la verdadera palabra de Jesús, que se encuentra preservada en los Evangelios, libre de la doctrina de Pablo.

Y revelan, en mi opinión, como el Diablo será derrotado, y apresado, para dar comienzo a un periodo indeterminado de tiempo en el cual el Diablo estará encerrado, y en el cual aquellos que murieron viviendo en Cristo, actuarán en la tierra en el modo como los ángeles actúan, o con el servicio de ángeles. Y ellos revelan detalles acerca de la Segunda Venida de Jesús (la Venida del Hijo del Hombre) y acerca del Juicio Final.

Los fundamentos de esta interpretación serán analizados a continuación, al analizar cada capítulo, a veces dividiendo capítulos en grupos de versículos a los fines de un mejor entendimiento. Los capítulos 17 y 18 son analizados conjuntamente con estos otros porque son muy útiles para su comprensión.

Capítulo 12

El capítulo 12 del libro Apocalipsis (Felipe Scío) dice: "*12:1 Y apareció en el cielo una grande señal: Una mujer cubierta del sol, y la luna debajo de sus pies, y en su cabeza una corona de doce estrellas. 12:2 Y estando en cinta, clamaba con dolores de parto, y sufría dolores por parir. 12:3 Y fue vista otra señal en el cielo: y he aquí un grande dragón bermejo, que tenía siete cabezas, y diez cuernos: y en sus cabezas diez diademas, 12:4 Y la cola de él arrastraba la tercera parte de las estrellas del cielo, y las hizo caer sobre la tierra: y el dragón se paró delante de la mujer, que estaba de parto: a fin de tragarse al hijo, luego que ella le hubiese parido. 12:5 Y parió un hijo varón, que había de regir todas las gentes con vara de hierro: y su hijo fue arrebatado para Dios, y para su trono. 12:6 Y la mujer huyó al desierto, en donde tenía un lugar aparejado de Dios, para que allí la alimentasen mil doscientos y sesenta días. 12:7 Y hubo una grande batalla en el cielo: Miguel y sus ángeles lidiaban con el dragón, y lidiaba el dragón, y sus ángeles. 12:8 Y no prevalecieron éstos, y nunca más fue hallado su lugar en el cielo. 12:9 Y fue lanzado fuera aquel grande dragón, aquella antigua serpiente, que se llama Diablo y Satanás, que engaña a todo el mundo: y fue arrojado en tierra, y sus ángeles fueron lanzados con él. 12:10 Y oí una grande voz en el cielo, que decía: Ahora se ha cumplido la salud, y la virtud, y el reino de nuestro Dios, y el poder de su Cristo: porque es ya derribado el acusador de nuestros hermanos, que los acusaba delante de nuestro Dios día y noche. 12:11 Y ellos le han vencido por la sangre del cordero, y por la palabra de su testimonio, y no amaron sus vidas hasta la muerte. 12:12 Por lo cual regocijaos, cielos, y los que moráis en ellos. Ay de la tierra, y de la mar, porque descendió el Diablo a vosotros con grande ira, sabiendo, que tiene poco tiempo. 12:13 Y cuando el dragón vio, que había sido derribado en tierra, persiguió a la mujer, que parió el hijo varón. 12:14 Y fueron dadas a la mujer dos alas de grande águila, para que volase al desierto a su lugar, en donde es guardada por un tiempo, y dos tiempos, y la mitad de un tiempo, de la presencia de la serpiente. 12:15 Y la serpiente lanzó de su boca en pos de la mujer, agua como un río, con el fin de que fuese arrebatada de la corriente. 12:16 Mas la tierra ayudó a la mujer: y abrió la tierra su boca, y sorbió el río, que había lanzado el dragón de su boca. 12:17 Y se airó el dragón contra la mujer: y se fue a hacer guerra contra los otros de su linaje, que guardan los mandamientos de Dios, y tienen el testimonio de Jesucristo. 12:18 Y se paró sobre la arena de la mar."*

Versículos 12:1-2: "*12:1 Y apareció en el cielo una grande señal: Una mujer cubierta del sol, y la luna debajo de sus pies, y en su cabeza una corona de doce estrellas. 12:2 Y estando en cinta, clamaba con dolores de parto, y sufría dolores por parir.*"

Esta mujer que Juan ve en este versículo 12:1 representa a la comunidad judía. Ahora, en mi opinión, no a toda la comunidad judía, sino aquellos que formaban parte del pueblo de Dios, que amaban a Dios y hacían su voluntad. El simbolismo utilizado para identificar a la mujer, entre otras razones, nos dice que representa al pueblo judío.

El hecho de que la mujer tiene una corona de doce estrellas en su cabeza sugiere que, o bien representa a la comunidad judía en referencia a las doce tribus de Israel, o bien representa a la comunidad cristiana en referencia a los doce apóstoles.

Sin embargo, el hecho de que la mujer en el versículo 12:5 del libro Apocalipsis dará a luz a un niño, nos dice que representa a la comunidad judía y no a la comunidad cristiana; porque en el estudio de ese versículo, veremos que ese niño es Jesús. Si Jesús es el niño, entonces sabemos que la mujer, la madre, no es la comunidad cristiana, porque la comunidad cristiana no existió en forma previa a Cristo.

Más aun, en el versículo 12:17 del libro Apocalipsis, el Dragón, encolerizado por el fracaso de su ataque sobre la mujer, marchó a hacer la guerra en contra del resto de su descendencia – aquellos que obedecen los mandamientos de Dios y se aferran al testimonio de Jesús. Estos constituyen la naciente comunidad cristiana, o al menos son parte de la misma.[199] Si el Dragón luego de fracasar

---

[199] En la obra "Biblia Comentada" de los profesores de Salamanca, se dice: "*Los que ven en la Mujer la representación de Israel se fundan en razones que, a nuestra*

en su ataque a la mujer marchó a hacer la guerra al resto de la descendencia, quienes se aferran al testimonio de Jesús, los cuales constituían o formaban parte de la comunidad cristiana, luego la mujer no era la comunidad cristiana, al menos en su totalidad y al menos en ese momento.

El uso de este simbolismo de la mujer parturienta, o de la mujer en labores de parto, para representar a la comunidad judía, tiene precedentes en el Antiguo Testamento.

El libro del profeta Miqueas (Felipe Scío) dice: *"4:10*

---

manera de ver, son de mucho peso. Son muchos los lugares de los profetas del Antiguo Testamento en que Israel es representado bajo la figura de la mujer. Dejando aparte la esposa del Cantar de los Cantares, podemos descubrir la personificación de Israel en Oseas (2,19-20), en Jeremías (3,6-10), y en Ezequiel (16,22). Éste último nos presenta a las dos hermanas Oola y Ooliba, que representan los reinos de Samaria y Judá. Los libros apócrifos siguen también la misma norma, como se puede ver en 4 Esdras (9,38-10,59). Y en el Nuevo Testamento encontramos esas mismas personificaciones (Gál., 4,26s; Heb. 11,10; 12,22; 13,14; Ap. 19,8; 21,11). Por otra parte, la imagen de Sion en dolores de parto no era desconocida en el Antiguo Testamento. El profeta Miqueas exclama: Te dueles y gimes, hija de Sion, como mujer en parto porque vas a salir ahora de la ciudad y morarás en los campos y llegarás hasta Babilonia (Miq. 4,10). Isaías nos presenta a los israelitas oprimidos que claman a Yahvé: Como la mujer encinta cuando llega el parto se retuerce y grita en sus dolores, así estábamos nosotros lejos de ti, ¡oh Yahvé! (Is. 26,17). Y en otro lugar, el mismo profeta nos habla de la multiplicación de la nueva Jerusalén en estos términos. Antes de ponerse de parto ha parido; antes de sentir los dolores dio a luz un hijo. ¿Quién oyó cosa semejante? ¿Quién vio nunca tal? ¿Nace un pueblo en un día? Una nación, ¿nace toda de una vez? Pues Sion ha parido a sus hijos antes de sentir los dolores (Is. 66, 7-8). Además, el autor del Apocalipsis nos dice expresamente en el v.6 que la Mujer huyó al desierto, en donde fue alimentada por Dios hasta que desapareció el peligro de parte de sus enemigos. Por el libro Éxodo sabemos que Israel huyó de Egipto al desierto de Sinaí, en donde fue alimentado por Dios con el maná caído del cielo hasta que se convirtió en un pueblo bien constituido, capaz de enfrentarse y resistir a los pueblos enemigos...". Profesores de la Universidad Pontificia de Salamanca "*Biblia Comentada*", ob. cit., tomo VII, bajo "Apocalipsis" versículos 12:1-6, pág. 427.

Duélete, y anda con afán, hija de Sion, como la que está de parto, porque ahora saldrás de la ciudad, y morarás en el campo, y llegarás hasta Babilonia: allí serás librada, allí te rescatará el Señor de la mano de los enemigos." - Sion es otro símbolo que se usa en la Biblia frecuentemente para hacer referencia a la comunidad judía. En este versículo 4:10 la comunidad judía es representada como una mujer en labores de parto.

El libro del profeta Isaías (Felipe Scío) dice: "*26:17 Como la que concibe, cuando se acerca el parto, dolorida da gritos en sus dolores: así hemos sido delante de ti, Señor;*" Ésta es otra oportunidad en la que el símbolo de la mujer en labor de parto es usado en la Biblia para representar a la comunidad judía.

En el capítulo 17 del libro Apocalipsis Juan también ve a una mujer, pero su aspecto y su descripción de ninguna forma coinciden con el aspecto y la descripción de la mujer del capítulo 12. Más adelante veremos quien es esta otra mujer.

En estos primeros versículos Juan ve y describe a la comunidad judía, al pueblo de Dios, en el momento previo al nacimiento de Jesús.

Los versículos 12:3-6 dicen: "*12:3 Y fue vista otra señal en el cielo: y he aquí un grande dragón bermejo, que tenía siete cabezas, y diez cuernos: y en sus cabezas diez diademas, 12:4 Y la cola de él arrastraba la tercera parte de las estrellas del cielo, y las hizo caer sobre la tierra: y el dragón se paró delante de la mujer, que estaba de parto: a fin de tragarse al hijo, luego que ella le hubiese parido. 12:5 Y parió un hijo varón, que había de regir todas las gentes con vara de hierro: y su hijo fue arrebatado para Dios, y para su trono. 12:6 Y la mujer huyó al desierto, en donde tenía un lugar aparejado de Dios, para que allí la alimentasen mil doscientos y sesenta días."*

El enorme dragón bermejo del versículo 12:3 es el Diablo. En otras traducciones se dice que su color es rojo. De hecho el texto griego dice que su color era como el fuego. El libro Apocalipsis (Felipe Scío) hablando de este dragón, pocos versículos más adelante, dice: "*12:9 Y fue lanzado fuera aquel grande dragón, aquella antigua serpiente, que se llama diablo y Satanás, que engaña a todo el mundo: y fue arrojado en tierra, y sus ángeles fueron lanzados con él.*"

Las estrellas del versículo 12:4, arrastradas por la cola del dragón, son sus ángeles, que habrían sido nada menos que la tercera parte de los ángeles del cielo. En los versículos 1:16-20 del libro Apocalipsis los siete ángeles de Jesús son llamados estrellas, y en el versículo citado en el párrafo previo, el libro Apocalipsis dice que el Diablo fue arrojado con sus ángeles.[200]

El hijo de la mujer, acerca de quien el versículo 12:5 del libro Apocalipsis está hablando, es Jesús, porque Jesús fue arrebatado para Dios y para su trono. Esto se refiere a la Ascensión de Jesús al cielo. Más aun, este

[200] En el Antiguo Testamento, libro del profeta Daniel (Felipe Scío) se dice: "*8:9 Y de una de ellas salió una asta pequeña: y creció mucho hacia el Mediodía y hacia el Oriente, y hacia la fortaleza. 8:10 Y se elevó hasta contra la fortaleza del cielo: y derribó de la fortaleza, y de las estrellas, y hollólas.*"

versículo 12:5 que estamos interpretando dice "*Y parió un hijo varón, que había de regir todas las gentes con vara de hierro..*" y esta expresión es tomada del Antiguo Testamento, libro de los Salmos (Felipe Scío), versículo 2:7, que habla acerca del Mesías, el hijo de Dios, diciendo: "*2:7 El Señor me dijo. Mi hijo eres tú, yo te he engendrado hoy. 2:8 Pídeme, y te daré las gentes en herencia tuya, y en posesión tuya los términos de la tierra. 2:9 Los gobernarás con vara de hierro, y como a vaso de alfarero los quebrantarás.*"

La mujer que huye al desierto, es el pueblo judío, pero surge del versículo 12:13, que esta huida acontece luego de que el Diablo fue arrojado del Cielo, lo cual ocurre luego de la Ascensión de Jesús de acuerdo al versículo 12:6. Y la mujer, el pueblo judío, el verdadero pueblo judío, el que era parte del pueblo de Dios, luego de la Ascensión de Jesús, había aceptado a Jesús, se había convertido, por lo que la mujer que huye al desierto es aquí, en mi opinión, el pueblo judío convertido o si se quiere la Iglesia Cristiana de origen judío. Más adelante en el libro Apocalipsis, se verá, que el término Mujer es ya usado indistintamente para referirse a todos los cristianos, a todo el pueblo de Dios.

Juan ve aparecer al Diablo y prepararse para devorar a Cristo en el momento de su nacimiento. Y Juan ve el nacimiento de Cristo y su Ascensión, y a la mujer huyendo al desierto por un periodo de 1260 días.

La cifra de 1260 días, mencionada en el versículo 12:6, es igual a 3 años y medio (360 días, 1 año, x 3 =1080 + 180 días, ½ año = 1260), y a la cifra de 42 meses (36 meses + 6 meses= 42), que son usadas en la Biblia, simbólicamente, para representar un tiempo de persecuciones; o un periodo en el que se deja actuar con más libertad al Diablo.[201] Aquí el libro Apocalipsis nos dice que se permitió actuar con más libertad al Diablo por un tiempo luego de la resurrección de Cristo.

Versículos 12:7-12: "*12:7 Y hubo una grande batalla en el cielo: Miguel y sus ángeles lidiaban con el dragón, y lidiaba el dragón, y sus ángeles. 12:8 Y no prevalecieron estos, y nunca más fue hallado su lugar en el cielo. 12:9 Y fue lanzado fuera aquel grande dragón, aquella antigua serpiente, que se llama diablo y Satanás, que engaña a todo el mundo: y fue arrojado en tierra, y sus ángeles fueron lanzados con él. 12:10 Y oí una grande voz en el cielo, que decía: Ahora se ha cumplido la salud, y la virtud, y el reino de nuestro Dios, y el poder de su Cristo: porque es ya derribado el acusador de nuestros hermanos, que los acusaba delante de nuestro Dios día y noche. 12:11 Y ellos le han vencido por la sangre del cordero, y por la palabra de su testimonio, y no amaron sus vidas hasta la muerte. 12:12 Por lo cual regocijaos, cielos, y los que moráis en ellos. Ay de la tierra, y de la mar, porque descendió el diablo a vosotros con grande ira, sabiendo, que tiene poco tiempo.*"

Miguel es un ángel de Dios.[202] Juan ve una batalla entre

---

[201] En la Biblia, libro del profeta Daniel, versículos 7:25 y 12:7, la cifra es usada.

[202] En la Biblia, libro del profeta Daniel, versículo 10:13, Miguel también es presentado como un muy importante ángel. Él es llamado uno de los primeros

los ángeles de Dios, bajo el mando de Miguel, en contra del Diablo y sus ángeles, que culmina con la derrota de éstos, quienes son echados del cielo hacia la tierra.

Surge de estos versículos del libro Apocalipsis, que originalmente el Diablo tenía permitido estar en el cielo. Recordemos lo que hemos visto previamente acerca del libro Job del Antiguo Testamento. De acuerdo a este libro, era ocupación del Diablo acusar a los pecadores ante Dios y castigarlos con el permiso de Dios. El Diablo hablaba personalmente con Dios.

Recordemos lo que el Nuevo Testamento enseña acerca del Diablo en el Evangelio según San Lucas (Felipe Scío.), en el cual Jesús dice a Pedro: "*22:31 Y dijo más el Señor: Simón, Simón, mira, que Satanás os ha pedido para zarandearnos como trigo.*" Este versículo presenta al Diablo pidiendo permiso a Dios para zarandear a Pedro, actuando como si hubiera sido su lugar hacerlo por alguna razón.

El libro Apocalipsis parece decir aquí, que luego de la resurrección de Cristo el Diablo fue privado de esa ocupación, y que el Diablo fue arrojado del cielo a la tierra. Personalmente, yo creo que desde ese momento no le iba a ser permitido castigar o dañar directamente a aquellas personas que pertenecen al Reino de Dios, que no son de este mundo ya, al menos mientras estén en gracia con Dios, y mientras estén caminando en el Reino de Dios, es decir comportándose correctamente.

El que no tenga permitido castigar o dañar

---

príncipes.

directamente a quienes ya no son de este mundo, no impide al Diablo perseguirlos a través de otras personas que son todavía de este mundo.

Tal vez tampoco impida al Diablo tentar a los que ya no son de este mundo, a quienes ya pertenecen al Reino de Dios, sobre todo cuando éstos, a pesar de pertenecer al Reino de Dios, no están limpios, en el sentido de que no tienen los pecados perdonados, y no tienen el espíritu en correcta disposición.[203]

En mi opinión, cuando el libro Apocalipsis dice 'tierra' o 'habitantes de la tierra', se está refiriendo a cristianos y judíos, excluyendo a aquellos cristianos y judíos que no son ya de este mundo. Se los llama habitantes de la tierra en oposición a quienes no son ya de esta tierra, quienes son los discípulos de Jesús. En el versículo 17:8 el libro Apocalipsis dice que se maravillaron los habitantes de la tierra, quienes aclara, son aquellos cuyos nombres no están en el libro de la vida desde la creación del mundo, es decir aquellos que son de la tierra. Lo mismo dice el versículo 13:8 del libro Apocalipsis. El Evangelio según San Juan (Felipe Scío) dice: *"3:31 El que de arriba viene, sobre todo es. El que es de la tierra, terreno es, y de la tierra habla. El que viene del cielo, sobre todos es. 3:32 Y lo que vio y oyó, eso testifica, y nadie recibe su testimonio. 3:33 El que ha recibido su testimonio, confirmó que Dios es verdadero. 3:34 Porque el que Dios envió, las palabras de Dios habla:*

[203] La tentación pienso que puede consistir en la facultad del Diablo de fortalecer malos sentimientos y excitar malas ideas o malos deseos. Tal vez presentar obstáculos materiales a nuestro Cristianismo. Crear oportunidades para que caigamos.

porque Dios no le da el espíritu por medida." Terreno es, tierra es, dice Jesús en el Evangelio según San Juan, el que es de la tierra; el que es habitante de la tierra entiendo yo.

Y cuando dice 'mar', en mi opinión, el libro Apocalipsis significa naciones, multitudes, lenguas: gentiles en general. En el versículo 17:15 el libro Apocalipsis dice que las aguas sobre las que se sienta la Bestia son pueblos, multitudes, naciones y lenguas.

En una forma o la otra, Juan ve que el Diablo fue arrojado del cielo a la tierra y que él iba a intentar hacer mal a los hombres; por ello dice el versículo 12:12 del libro Apocalipsis (Felipe Scío): "*...Ay de la tierra, y de la mar, porque descendió el diablo a vosotros con grande ira, sabiendo, que tiene poco tiempo.*"

En el Evangelio según San Juan (Felipe Scío) Jesús dice: "*12:28 Padre, glorifica tu nombre. Entonces vino una voz del cielo, que dijo: Ya lo he glorificado, y otra vez lo glorificaré. 12:29 Las gentes que estaban allí, cuando oyeron la voz, decían que había sido un trueno. Otros decían: Un ángel le ha hablado. 12:30 Respondió Jesús, y dijo: No ha venido esta voz por mi causa, sino por causa de vosotros. 12:31 Ahora es el juicio del mundo: ahora será lanzado fuera el príncipe de este mundo.*"

El Evangelio según San Lucas (Felipe Scío) dice: "*10:17 Y volvieron los setenta y dos con gozo, diciendo: Señor, aun los demonios se nos sujetan en tu nombre. 10:18 Y les dijo: Veía a Satanás como un relámpago, que caía del cielo. 10:19 Veis, que os he dado potestad de pisar sobre serpientes, y escorpiones, y sobre todo el poder del enemigo: y nada os dañará. 10:20 Más en esto no os gocéis, porque los espíritus os están sujetos: antes gozaos, de que vuestros nombres están escritos en los cielos."*

Versículos 12:13-17. "*12:13 Y cuando el dragón vio que había sido derribado en tierra, persiguió a la mujer, que parió el hijo varón. 12:14 Y fueron dadas a la mujer dos alas de grande águila, para que volase al desierto a su lugar, en donde es guardada por un tiempo, y dos tiempos, y la mitad de un tiempo, de la presencia de la serpiente. 12:15 Y la serpiente lanzó de su boca en pos de la mujer, agua como un río, con el fin de que fuese arrebatada de la corriente. 12:16 Mas la tierra ayudó a la mujer: y abrió la tierra su boca, y sorbió el río, que había lanzado el dragón de su boca. 12:17 Y se airó el dragón contra la mujer: y se fue a hacer guerra contra los otros de su linaje, que guardan los mandamientos de Dios, y tienen el testimonio de Jesucristo. 12:18 Y se paró sobre la arena de la mar."*

Estos versículos dicen que cuando el Diablo fue arrojado a la tierra, persiguió al pueblo judío, y que el pueblo judío fue ayudado a escapar de él. Y los versículos repiten que el pueblo judío iba a estar en el desierto por un periodo de tiempo, que representa el tiempo de las persecuciones. Este periodo de "un tiempo, tiempos y medio tiempo", se interpreta como de tres años y medio, igual a 42 meses y 1260 días.

Ahora, el verdadero pueblo judío, el verdadero pueblo de Dios, como dije, a esta altura, ya había aceptado a Jesús.[204] Por ello, esta persecución se refiere a la persecución de la Iglesia Cristiana de origen judío. Esto es apoyado por el hecho de que el versículo 12:17 dice que luego de perseguir a la Mujer el Diablo se fue a hacer la guerra al resto de su linaje, más literalmente al resto de su descendencia, o al resto del producto de su semilla. En mi opinión, esta expresión tiene por objeto confirmarnos que la Mujer en ese momento era ya la Iglesia Cristiana de origen judío.

Más adelante en el estudio del Apocalipsis, veremos que se usa la palabra Mujer para hacer referencia a la Iglesia Cristiana en general.

De esa forma, lo que estaría diciendo el libro Apocalipsis, cuando dice que el Diablo, luego de la Ascensión de Jesús, primero persiguió a la Mujer, y que la tierra ayudó a la Mujer, es que el Diablo primero persiguió a la Iglesia Cristiana de origen judío, pero estos fueron protegidos y tragados por la tierra; y que entonces el Diablo se fue a perseguir a los demás cristianos, a los gentiles cristianos.

---

[204] Más allá de la explicación que di ut supra las palabras persecución y guerra pueden referirse simbólicamente a persegir para hacer súbditos, en vez de matar físicamente. El principal objetivo del Diablo, en mi opinión, no es matarnos físicamente. Su principal objetivo es alejarnos de Cristo, alejarnos de Dios, hacer fracasar a Dios. El Diablo pudo haber ido primero detrás del pueblo judío para hacerlos hijos suyos y perseguidores de los cristianos, con Pablo de Tarso a la cabeza, pero al fracasar en esta empresa, por perder apoyo entre los judíos, pudo haber decidido ir en contra de los cristianos infiltrando a Pablo en la Iglesia y tratando de hacer fieles a su doctrina de entre éstos. Otra posibilidad de interpretación es entender que el Diablo primero procuró perseguir al pueblo Judío, instigando o tentando a Roma a perseguir a los judíos, pero ellos fueron protegidos, y terminaron aliándose con Roma. Luego entonces el Diablo se dispuso a hacer la guerra a la Iglesia Cristiana, guerra que lideró Pablo de Tarso, aprovechando esta alianza.

Esa persecución de la Mujer, de los judíos convertidos, en mi opinión se refiere a la persecución llevada adelante por Pablo de Tarso, que recordemos obraba con autoridad de Roma que era la Primera Bestia. Cuando el libro Apocalipsis dice que la tierra ayudó a la mujer a escapar de esa persecución, en mi opinión dice que los judíos que no aceptaron a Cristo, que todavía eran de este mundo, que serían la tierra, ayudaron a los judíos convertidos, que serían la mujer, a escapar de la persecución.

Las dos alas de un gran águila que fue dada a la Mujer nos recuerdan lo que la Biblia, libro Éxodo, (Felipe Scío) dice: *"19:3 Y Moisés subió a Dios, y llamóle el Señor desde el monte, y dijo: Esto dirás a la casa de Jacob, y anunciarás a los hijos de Israel. 19:4 Vosotros mismos habéis visto lo que he hecho a los egipcios, de que manera os he llevado sobre alas de águila, y tomado para mí. 19:5 Pues si oyereis mi voz, y guardareis mi pacto, seréis para mí una porción escogida entre todos los pueblos: porque mía es toda la tierra."*

Es muy importante advertir que quien ataca a los judíos y a los cristianos es el Diablo, a pesar del hecho de que el autor material no fue el Diablo.[205] ¿Cómo atacó el Diablo? Lo veremos luego: A través de dos bestias que eran dominadas por el Diablo y estaban a su servicio. Una de esas bestias fue Roma, probablemente es más preciso decir que una de las cabezas de una de esas bestias fue Roma. Y el ataque a los Cristianos gentiles en mi opinión hace referencia a las persecuciones llevadas adelante por

[205] El libro Apocalipsis, versículo 2:10, también confirma esto.

los Romanos, en tiempos del Emperador Nerón y subsiguientes.

Capítulo 13

Los versículos 13:1-10 del libro Apocalipsis (Felipe Scío): *"13:1 Y vi salir de la mar una bestia, que tenía siete cabezas, y diez cuernos, y sobre sus cuernos diez coronas, y sobre sus cabezas nombres de blasfemias. 13:2 Y la bestia que vi, era semejante a un leopardo, y sus pies como pies de oso, y su boca como de león. Y le dio el dragón su poder, y grande fuerza. 13:3 Y vi una de sus cabezas como herida de muerte: y fue curada su herida mortal. Y se maravilló toda la tierra en pos de la bestia. 13:4 Y adoraron al dragón, que dio poder a la bestia: y adoraron a la bestia, diciendo: ¿Quién hay semejante a la bestia? ¿Y quién podrá lidiar con ella? 13:5 Y le fue dada boca con que hablaba altanerías y blasfemias y le fue dado poder de hacer aquello cuarenta y dos meses. 13:6 Y abrió su boca en blasfemias contra Dios, para blasfemar su nombre, y su tabernáculo, y a los que moran el cielo. 13:7 Y le fue dado que hiciese guerra a los santos, y que los venciese. Y le fue dado poder sobre cada tribu, y pueblo, y lengua y nación. 13:8 Y le adoraron todos los moradores de la tierra: aquellos cuyos nombres no están escritos en el libro de la vida del cordero, que fue muerto desde el principio del mundo. 13:9 Si alguno tiene oreja, oiga. 13:10 El que hiciere a otro esclavo, en esclavitud perecerá; quien con cuchillo matare, con cuchillo es preciso que muera. Aquí está la paciencia, y la fe de los Santos."*

San Juan, en estos versículos, ve aparecer una bestia. La bestia surge del mar, y tiene siete cabezas y diez cuernos. En el versículo 17:9 del libro Apocalipsis Juan revela el misterio de la bestia, diciendo que las siete cabezas son siete colinas sobre las cuales la mujer está sentada, y también diez reyes, y que los diez cuernos son diez reyes que no han recibido su reino todavía, pero que por una hora recibirán autoridad como reyes junto con la bestia. La bestia que Juan ve aquí es una de las cabezas de la Primera Bestia. Esa cabeza es el Imperio Romano, que se convierte en una bestia cuando el Diablo toma control del mismo.

Yo interpreto que la Primera Bestia es el Imperio Romano bajo el control del Diablo, porque el libro Apocalipsis dice que la bestia surge del mar, y para Juan, el autor del libro Apocalipsis, quien estaba en Patmos, una isla del Mar Egeo, que es parte del Mar Mediterráneo, si la Bestia surge del mar, surge del Imperio Romano. El Imperio Romano rodeaba y dominaba el Mar Mediterráneo, al que denominaban en Latín "Mare Nostrum"'' (mar nuestro). El Mare Nostrum era el mar de Roma. Si surgía del mar, surgía de Roma.

Estos versículos dicen que a la bestia se le dio poder para hacer la guerra a los santos, y en los primeros tiempos del Cristianismo, el Imperio Romano llevó adelante persecuciones en contra de los cristianos, y muchos cristianos murieron en las manos de autoridades del Imperio Romano, confesando santamente a Cristo como su salvador.

Si es afirmado que a la bestia le fue dado poder de

hacer guerra a los santos y conquistarlos; y sabemos que fue el Imperio Romano quien en los hechos hizo la guerra en contra de los santos, matando a muchos; la conclusión es que la Primera Bestia actuaba a través del Imperio Romano.

Además el versículo 17:3 del libro Apocalipsis dice que las siete cabezas de la bestia, que yo sostengo con importantes argumentos que es la Primera Bestia, son también siete colinas, y recordemos que siete históricas colinas formaban parte del corazón de la ciudad de Roma: El monte Aventino, el monte Capitolino, el monte Celio, el monte Esquilino, el monte Palatino, el monte Quirinal y el monte Viminal.

También opino que cuando el versículo 13:1 del libro Apocalipsis dice que la bestia viene del mar nos dice que era Roma. Yo creo ello porque la palabra aguas, se refiere a naciones, multitudes, pueblos y lenguas, y Roma estaba compuesta de naciones, multitudes, pueblos y lenguas.[206]

El hecho de que el Imperio Romano haya estado bajo el control del Diablo es evidente a partir del versículo 2:10 del libro Apocalipsis, en el cual la Iglesia de Esmirna es prevenida de que el Diablo iba a poner en prisión y perseguir a algunos de ellos, siendo que el autor material de estos actos iba a ser el Imperio Romano. Se verá más

---

[206] En la Biblia, en ocasiones, me parece que se habla del mar como el lugar donde habita Leviatán, la Serpiente, Satanás, el Diablo, por lo que creo que cuando estos versículos dicen que esta bestia surge de la mar, también puede estar diciendo que surge del lugar donde estaba el Diablo, de los dominios del Diablo o del Diablo mismo.

adelante que esto es también evidente a partir del versículo 17:3 en el cual Juan ve a otra mujer, que es el Diablo, sentada cobre una Bestia bermeja o escarlata o roja, que es el Imperio Romano. En el análisis del capítulo 17, expondré los argumentos en los que baso estas interpretaciones.

Un Estado poderoso, en las manos de una autoridad con poder ilimitado, que dice tener autoridad dada por Dios, cuando es gobernada por una autoridad inmoral, es verdaderamente una gran fuente, y una poderosa herramienta, de maldad. Esto es especialmente verdad cuando la autoridad es anticristiana y está bajo el control del Diablo, o de un espíritu a su servicio. En ese caso, es verdaderamente una bestia.

Estos versículos narran como el Diablo tomando control del Imperio Romano, personalmente o a través de un espíritu a su servicio, lo convirtió en una bestia, y como a la bestia le fue permitido hacer guerra a los santos e incluso matar a muchos, todo lo cual se refiere a los hechos históricos de las persecuciones y matanzas de los apóstoles y cristianos de la naciente Iglesia. Ellos cuentan como la bestia, el Imperio Romano, recibió poder sobre cada tribu, nación, lengua, lo cual hace referencia al gran número y variedad de naciones que eran parte del Imperio Romano.

Tal vez el Diablo tomo control de la Bestia a través de un espíritu. El versículo 16:13 del libro Apocalipsis (Felipe Scío) dice: "*Y vi salir de la boca del dragón, y de la boca de la bestia, y de la boca del falso profeta tres espíritus inmundos a manera de ranas.*"

Habitantes de la tierra, como dije, son aquellos judíos y cristianos que todavía viven en este mundo. Estos son los que adoraron a la bestia.

La Biblia Nueva Biblia de Jerusalén y la Biblia de las Américas, usan el tiempo futuro en el versículo 13:8. Los textos griegos de las obras con las que trabajo en este libro también usan el tiempo futuro. El hecho de que el libro Apocalipsis use el tiempo futuro en este versículo para esta profecía, diciendo que los habitantes de la tierra adorarán a la Bestia, pienso que está dirigido al mismo tiempo a comunicar un mensaje particular. En mi opinión estos versículos también dicen que todos los habitantes de la tierra adorarán a la Bestia, haciendo referencia al Gran Día de la Ira de Dios que tendrán que enfrentar todos los habitantes de la tierra, que no serán salvados el día de la Segunda Venida de Jesús; y en donde todos aquellos que no sean salvados del mismo estarán en las manos del Diablo y de la Bestia. Esto será explicado más adelante en el análisis de otros capítulos del libro Apocalipsis.

Versículos 13:11-18 del libro Apocalipsis (Felipe Scío): "*13:11 Y vi otra bestia que subía de la tierra, y que tenía dos cuernos semejantes a los del Cordero, mas hablaba como el dragón. 13:12 Y ejercía todo el poder de la primera bestia en su presencia;* e *hizo que la tierra, y sus moradores adorasen a la primera bestia, cuya herida mortal fue curada.* 13:*13 E hizo grandes maravillas, de manera que aun fuego hacía descender del cielo a la tierra a la vista de los hombres. 13:14 Y engañó a los moradores de la tierra con los prodigios que se le permitieron hacer delante de la bestia, diciendo a los moradores de la tierra, que hagan la figura de la bestia, que tiene herida de espada y vivió. 13:15 Y le fue dado que comunicase espíritu a la figura de la bestia, y que hable la figura de la bestia: y que haga que sean muertos todos aquellos que no adorasen la figura de la bestia. 13:16 Y a todos los hombres pequeños, y grandes, ricos y pobres, libres, y siervos hará tener una señal en su mano derecha, o en sus frentes. 13:17 Y que ninguno pueda comprar, o vender, sino aquel que tiene la señal, o nombre de la bestia, o el número de su nombre. 13:18 Aquí hay sabiduría, quien tiene inteligencia, calcule el número de la bestia. Porque es número de hombre, y el número de ella seiscientos sesenta y seis.*"

Versículo 13:11. "*Y vi otra bestia que subía de la tierra, y que tenía dos cuernos semejantes a los del Cordero, mas hablaba como el dragón.*"

Estos versículos comienzan a hablar de otra Bestia: la Segunda Bestia. Esta Bestia surge de la tierra. Yo concuerdo con aquellos que interpretan que la tierra en este versículo es el Asia Menor, porque para Juan, que estaba en Patmos, una isla del Mar Egeo muy cercana al Asia Menor, la tierra era el Asia Menor. Cuando este versículo dice que viene de la tierra significa que la Segunda Bestia fue nacida en el Asia Menor.[207]

---

[207] La obra "Biblia Comentada" de los Profesores de Salamanca, pág. 447 dice: "*Después de la visión de la primera Bestia, San Juan ve otra Bestia, que se diferencia de la primera. La primera sale del mar, es decir, viene del occidente; la segunda, en cambio, viene de la tierra, o sea, para Juan, que estaba en Patmos, la tierra era el Asia*

También creo que significa que vino de aquellos judíos que era todavía de este mundo. Las palabras traducidas como mundo y tierra en la Biblia traducen la misma palabra griega. Pablo fue nacido en el Asia Menor y vino de los judíos que eran todavía de este mundo.

Además el libro Apocalipsis dice en el versículo 13:11 que la Segunda Bestia surge de la tierra, y el versículo 9:8 del libro de los Hechos de los Apóstoles relata el supuesto llamado de Pablo diciendo que Pablo luego de caer al piso por una luz venida del cielo, se levantó de la tierra. El libro de los Hechos de los Apóstoles (Felipe Scío) dice: "*9:8 Y Saulo se levantó de la tierra, y abiertos los ojos no veían nada. Y ellos llevándole por la mano, le metieron en Damasco.*"

Más aun, el versículo que dice que la Segunda Bestia viene de la tierra, en mi opinión, también tiene por objetivo identificar a Pablo con la Segunda Bestia, dirigiendo nuestra atención a las palabras de Juan Bautista, que pueden ser leídas en el Evangelio según San Juan (Felipe Scío) que dicen: "*3:31 El que de arriba viene, sobre todo es. El que es de la tierra, terreno es, y de la tierra habla. El que viene del cielo, sobre todos es. 3:32 Y lo que vio y oyó, eso testifica, y nadie recibe su testimonio. 3:33 El que ha recibido su testimonio, confirmó que Dios es verdadero. 3:34 Porque el que Dios envió, las palabras de Dios habla: porque Dios no le da el espíritu por medida.*" Estas palabras enseñan que sólo el que viene de arriba, Cristo, habla las palabras de Dios sin límite, porque Dios no le dio el espíritu por medida, sino sin medida.

Menor."

Pablo, como expliqué en el capítulo 4 de la primera parte de este libro, en el cual sostengo que es un falso profeta, dijo que Jesús habló por medio de él; dijo que las palabras que enseñó eran palabra de Dios; y predicó como si la palabra de Dios le hubiera sido dada a él para instruir sin medida.

Otros hombres han recibido la palabra de Dios, pero en sueños, apariciones de ángeles, en manera limitada, no de la forma como Pablo supuestamente la recibió. Un profeta que recibe una visión, y cuenta la visión, recibe la palabra de Dios en forma limitada y habla la palabra de Dios en forma limitada. Los doce apóstoles, daban testimonio de lo que habían visto y oído. No hablaban como si su propia palabra fuera palabra de Dios.

En mi opinión San Juan, diciendo que la Segunda Bestia surgió de la tierra, también quería llamar nuestra atención a esas palabras del Evangelio según San Juan que destacan que sólo el que viene de arriba, el Hijo, recibe el espíritu sin medida y está en condiciones de hablar la palabra de Dios del mismo modo; y enseña que quienquiera que no siendo Dios, no viniendo de arriba, habla como si hubiera recibido la palabra sin medida es un falso profeta.

Dirigiendo nuestra atención a estas palabras del Evangelio según San Juan, San Juan nos estaba diciendo que Pablo fue un falso profeta que vino de la tierra.

Muchos de estos versículos del libro Apocalipsis, que tienen relación con la Segunda Bestia, tienen por objetivo llamar nuestra atención a determinados pasajes de la Biblia, especialmente del Evangelio según San Juan, y a pasajes de las Epístolas de Pablo, que nos hacen saber que Pablo fue un falso profeta.

Los dos cuernos de la Segunda Bestia son probablemente una indicación de que la Segunda Bestia actuaría a través de dos personas de similares características, o sería dos personas de similares características. En el libro Apocalipsis, capítulo 17, se dice que los diez cuernos de la Primera Bestia son diez reyes. Esto sugiere que los cuernos de la Segunda Bestia, al que se llama falso profeta, indican que la Segunda Bestia actuaría a través de dos falsos profetas, o que habría dos falsos profetas diferentes que iban a ser la Segunda Bestia. En el versículo 5:6 el libro Apocalipsis habla de un Cordero, que tenía siete cuernos, y siete ojos, que son los siete Espíritus de Dios. En el Antiguo Testamento, libro del profeta Daniel, versículos 8:1-27, hay una profecía de un carnero con dos cuernos, interpretada por el mismo Daniel, que dice que los dos cuernos representan a los reyes de Media y Persia.

El hecho de que la Segunda Bestia del libro Apocalipsis tenga dos cuernos como los de un cordero indica que la Segunda Bestia parecería ser un cristiano. La palabra cordero en el libro Apocalipsis se usa exclusivamente para nombrar a Jesús (por ejemplo versículo 17:14). En el resto de la Biblia la palabra cordero es simbólicamente usada para referirse a Cristo, a sus apóstoles y a sus discípulos. Los cristianos en general son llamados ovejas; el cordero es la oveja joven, muy frecuentemente usada para sacrificios. El Evangelio según San Lucas (Felipe Scío) dice: "*10:1 y después de esto señaló el Señor también otros setenta y dos. Y los envió de dos en dos delante de sí a cada ciudad y lagar, a donde él había de venir. 10:2 Y les decía: La mies ciertamente es mucha, más los trabajadores pocos. Rogad pues al Señor de la mies que envíe trabajadores a su mies. 10:3 Id: He aquí que yo os envío como corderos en medio de lobos.*" La Primera Epístola de Pablo a los Corintios (Felipe Scío) dice: "*5:7 Limpiad la vieja levadura, para que seáis una nueva masa, como sois ázimos. Porque Cristo, que es nuestra Pascua, ha sido inmolado.*" Cristo es el codero de la Pascua inmolado, sacrificado. Todo esto nos indica que la palabra cordero se usa con el significado simbólico de discípulo de Jesús; de cristiano.

El hecho de que la Segunda Bestia debe parecer un cristiano es confirmado también por la última parte del versículo 13:11, que estamos analizando, que dice "pero hablaba como un dragón", lo cual significa que hablaba como el Diablo. Esta expresión corrobora lo que dije antes, porque sugiere que hablando como el Dragón, el hacía lo opuesto a lo que se esperaba de él, a causa de los dos cuernos como de cordero que tenía.

Ningún emperador Romano podría encajar en estas descripciones por muchas razones. Pablo lo hace. El libro de Hechos de los Apóstoles enseña que Pablo fue nacido en Tarso de Cilicia,[208]en el Asia Menor, fue un judío todavía de este mundo, se levantó de la tierra, predicó como si hubiera recibido la palabra de Dios en forma ilimitada, parecía un cristiano, un cordero, pero habló como un dragón, como el Diablo.

---

[208] El libro de los Hechos de los Apóstoles (Felipe Scío) dice: "*22:3 Y dijo: Yo soy judío, que nací en Tarso de Cilicia, pero me crié en esta ciudad. Instruido a los pies de Gamaliel según verdad en la ley de nuestro padres, celador de la ley, así como todos vosotros lo sois el día de hoy.*"

Versículo 13:12 del libro Apocalipsis (Felipe Scío) dice: "*13:12 Y ejercía todo el poder de la primera bestia en su presencia; e hizo que la tierra, y sus moradores adorasen a la primera bestia, cuya herida mortal fue curada.*"

La primera parte de este versículo dice que la Segunda Bestia ejercía toda la autoridad de la Primera Bestia en su presencia. La Biblia Libro del Pueblo de Dios, y la Nueva Biblia de Jerusalén traducen en lugar de "en su presencia": "a su servicio" "al servicio de esta." La Biblia de las Américas traduce "en su presencia" pero en la nota dice "o por su autoridad." Y como dije antes, la Primera Bestia, en esos tiempos, era el Imperio Romano bajo el control del Diablo, o de un espíritu demoníaco actuando en su beneficio, o por su autoridad.[209]

Este versículo se aplica a Pablo porque todo indica que él debe haber contado con la autorización de Roma para llevar adelante la persecución de los cristianos que el comandó, y que parece haber terminado al tiempo de su supuesto llamado. El probablemente llevó adelante el primer genocidio que los cristianos padecieron autorizado y apoderado por altas autoridades de Roma. El Evangelio según San Juan dice que Jesús fue llevado ante Pilatos porque los judíos no tenían autorización para ejecutar la pena de muerte, lo cual era la voluntad de la jerarquía judía con respecto a Jesús.[210] Esto sugiere que,

---

[209] La misma palabra griega traducida "en beneficio" es utilizada en sentido figurado en Lucas 1:6 y 1:15, por ejemplo. También en Hebreos 13:21.

cuando poco tiempo luego de la pasión de Jesús, más o menos dos años, Pablo persiguió, encarceló y condenó a muerte a cristianos, él tenía autorización y poder dado por Roma, y estaba ejerciendo el poder de la Primera Bestia en su beneficio. El libro de Hechos de los Apóstoles narrando la liberación de Pedro y Juan de manos del Sanedrín (Felipe Scío) dice: "*4:27 Porque verdaderamente se ligaron a una en esta ciudad contra tu santo hijo Jesús, al que ungiste, Herodes, y Poncio Pilato con los gentiles, y con los pueblos de Israel.*"

Inclusive, llama la atención el hecho de que, Pablo, además de ser judío, fue romano de nacimiento, y en una ocasión en que estaba encarcelado, recibió un destacamento de 200 soldados, setenta hombres montados, y doscientos hombres con lanzas, de parte de Roma para protegerlo.[211]

Cuando el libro Apocalipsis dice que la Primera Bestia tenía la herida de la espada y revivió, en mi opinión, hace referencia al hecho del fracaso de la persecución de Roma liderada por Pablo de Tarso en contra de los cristianos. Esta persecución, recordemos, fue llevada adelante con la autorización de Roma, pues solo Roma tenía el poder y la autoridad para ejecutar la pena de muerte. Y ocurrió en tiempos en que según el libro de los Hechos de los Apóstoles, Roma se había aliado a los

---

[210] El Evangelio según San Juan (Felipe Scío) dice: "*18:31 Pilato les dijo entonces: Tomadle allá vosotros y juzgadle según vuestra ley. Y los Judíos le dijeron: No nos es lícito a nosotros matar a alguno.*"

[211] El libro de los Hechos de los Apóstoles, versículo 23:23.

judíos en contra de los cristianos. La palabra de Cristo, que es llamada simbólicamente "espada" en el libro Apocalipsis y en otros libros de la Biblia, derrotó a esta persecución, y parecía a ese punto que pronto terminaría acabando con la Roma Imperial. Estaba herida la Primera Bestia con una herida que parecía mortal, pero luego, con la falsa conversión de Pablo de Tarso y con su prédica, la herida es curada, la doctrina de Pablo hace al Cristianismo menos mortal para el Imperio y para la ideología que conlleva, y la sostiene; y la Primera Bestia sobrevive.

La segunda parte de este versículo 13:12 del libro Apocalipsis (Felipe Scío) dice: "*e hizo que la tierra, y sus moradores adorasen a la primera bestia, cuya herida mortal fue curada.*"

Este versículo dice que la Segunda Bestia hizo a los habitantes de la tierra adorar a la Primera Bestia, quien al momento era el Imperio Romano bajo el control del Diablo.

El Evangelio según San Juan (Felipe Scío) dice: "*4:23 Mas viene la hora, y ahora es cuando los verdaderos adoradores adoran al Padre en espíritu y en verdad. 4:24 Dios es espíritu: y es menester que aquellos que le adoren, le adoren en espíritu y en verdad.*"

¿Y quién adora en espíritu y en verdad? Aquel que hace la voluntad de Dios, adora a Dios en espíritu y en verdad.[212] La palabra adoración es usada en estos versículos del Evangelio según San Juan con un significado distinto del tradicional. Adora a Dios el que hace la voluntad de Dios.[213]

En mi opinión el libro Apocalipsis usa la palabra adorar en este versículo para hacer referencia a una conducta similar, pero respecto de la Bestia. Adora a la Bestia el que hace la voluntad de la Bestia.

---

[212] La palabra griega traducida como adorar en estos versículos del Evangelio según San Juan son προσκυνηται (proskunetai) y προσκυνησουσιν (proskunesousin), que son en realidad una misma palabra, la misma palabra griega traducida como adorar en el versículo del libro Apocalipsis que estamos ahora analizando.

[213] El libro del profeta Isaías (Felipe Scio.) dice: "*1:10 Oíd la palabra del Señor, oh Príncipes de Sodoma, recibid en vuestros oídos la ley de nuestro Dios, oh pueblo de Gomorrha. 1:11 ¿Qué me sirve a mí la muchedumbre de vuestros sacrificios, dice el Señor? harto estoy. No quiero holocaustos de carneros, ni sebo de animales gruesos, ni sangre de becerros, y de corderos, y de machos de cabrío. 1:12 Cuando venías delante de mí ¿Quién demandó estas cosas de vuestras manos, para que vinieseis a pasear en mis atrios? 1:13 No ofrezcáis más sacrificios en vano: el incienso es abominación para mí. Neomenia, y Sábados y otras fiestas no las sufriré: son inicuas vuestras juntas. 1:14 Vuestras calendas y vuestras solemnidades las aborrece mi alma. Me son enojosas, cansado estoy de sufrirlas. 1:15 Y cuando extendiereis vuestras manos, apartaré mis ojos de vosotros; y cuando multiplicareis vuestras oraciones, no os oiré: porque vuestras manos llenas están de sangre. 1:16 Lavaos, purificaos, apartad de mis ojos la malignidad de pensamientos. Cesad de obrar perversamente. 1:17 Aprended a hacer bien: buscad lo justo, socorred al oprimido, haced justicia al huérfano, defended a la viuda. 1:18 Y venid, y acusadme, dice el Señor: si fueren vuestros pecados como la grana, como nieve serán emblanquecidos: y si fueren rojos como el carmesí, como lana blanca serán. 1:19 Si quisiereis y me oyereis comeréis los bienes de la tierra. 1:20 Mas si no quisiereis, y me provocareis a enojo: la espada os devorará, porque la boca del Señor habló.*" (El subrayado me pertenece) El libro del profeta Isaías (Felipe Scío) dice: "*58:6 ¿Por ventura el ayuno que yo escogí, no es antes bien éste? Rompe las ataduras de impiedad, desata los hacecillos que deprimen, despacha libres a aquellos, que están quebrantados, y rompe toda carga. 58:7 Parte con el hambriento tu pan, a los pobres y peregrinos mételos en tu casa: cuando vieres al desnudo, cúbrelo, y no desprecies tu carne.*"

El libro Apocalipsis dice que la Segunda Bestia hace que la tierra y sus habitantes adoren en espíritu a la Bestia, y actúen acorde al espíritu de la Bestia, a la doctrina de la Bestia.

Se puede decir que Pablo hizo a los habitantes de la tierra adorar en espíritu a la Bestia, haciendo a la gente actuar acorde al espíritu de la Bestia, la doctrina de la Bestia, contenida en las Epístolas de Pablo.

Por otra parte, se puede agregar, que si bien la palabra "adorar" significa reverenciar con sumo honor o respeto a un ser considerándolo como cosa divina; reverenciar y honrar a Dios con el culto religioso que le es debido; también significa amar con extremo, tener puesta la estima o veneración en una persona o cosa, o gustar extremadamente.

El libro Apocalipsis, narrando una conversación entre Juan y uno de los ángeles de los siete copas (Felipe Scío) dice: "*22:6 Y me dijo: Estas palabras son muy fieles y verdaderas. Y el Señor Dios de los espíritus de los profetas envió su ángel, para mostrar a sus siervos que cosas han de ser hechas presto. 22:7 Y he aquí vengo aprisa. Bienaventurado el que guarda las palabras de la profecía de este libro. 22:8 Y yo Juan, soy el que he oído, y he visto estas cosas. Y después que las oí y las vi, me postré a los pies del ángel que me las mostraba para adorarle. 22:9 Y me dijo: Guárdate no lo hagas: porque yo siervo soy contigo, y con tus hermanos los profetas, y con aquellos que guardan las palabras de la profecía de este libro: Adora a Dios.*" La palabra adorar está siendo usada aquí con el significado de tener puesta la estima o veneración en una persona, yo diría que sumisión. San Juan no tenía intención de tratar al ángel como si fuera Dios aquí, aunque le estaba dando un trato de altísimo respeto, honor, devoción; le estaba mostrando una veneración indebida; le estaba mostrando sumisión. Por eso el ángel le dice "yo soy siervo contigo", reconociendo que él no era su señor, que a él no debía someterse, que él era también un siervo del único Señor, al que debemos sumisión: Dios.

El acto de dar honor o respeto a una persona, veneración, como si fuera un autoridad instituida por Dios para ejecutar la ira de Dios sobre los que actúan mal, es en mi opinión, adorar, especialmente cuando la autoridad se hace adorar como si fuera Dios.

Se puede decir que Pablo hizo a los habitantes de la tierra, al menos a los habitantes de la tierra que estaban en Roma, adorar a la Primera Bestia, o al Imperio Romano, porque él envió una epístola a los Romanos, en tiempo en que Roma era la Primera Bestia, enseñando que todas las autoridades han sido instituidas por Dios; enseñando que quienquiera que se rebele en contra de la autoridad se rebela en contra del orden divino, y que aquellos que lo hagan se traerán sobre si la condenación; enseñando que las autoridades no representan amenaza para los que obran el bien, pero sólo para los que obran el mal; enseñando que las autoridades son siervos de Dios para ejecutar la ira o justicia de Dios sobre los que actúan mal, y que todos tienen que estar sometidos a ellos y darles respeto y honor. Recordemos lo que dice la Epístola de Pablo a los Romanos (Felipe Scío): "*13:1 Toda alma esté sometida a las potestades superiores: Porque no hay potestad sino de Dios: y las que son, de Dios son ordenadas. 13:2 Por lo cual el que resiste a la potestad, resiste a la ordenación de Dios. Y los que le resisten, ellos mismos atraen a si la condenación. 13:3 Porque los príncipes no son para temer de los que obran lo Bueno sino lo malo. ¿Quieres tu no temer a la potestad? Haz lo Bueno, y tendrás alabanza de ella. 13:4 Porque es ministro de Dios para tu bien Mas si hicieres lo malo, teme: porque no en vano trae la espada. Pues es ministro de Dios: vengador en ira contra aquel, que hace lo malo. 13:5 Por lo cual es necesario, que le estéis sometidos, no solamente por la ira, mas también por la conciencia. 13:6 Por esta causa pagáis también tributos: porque son ministros de Dios, sirviéndole en esto mismo. 13:7 Pues pagad a todos lo que se les debe: a quien tribute, tributo: a quien pecho, pecho: a quien temor, temor: a quien honra, honra.*"[214] Esta epístola fue enviada a los romanos al tiempo en que Nerón era el emperador de Roma. Recordemos que Nerón fue un emperador que pidió a los ciudadanos romanos adorar a Roma y a su propia persona como dioses. Los cristianos no fueron enseñados ni comandados por Pablo a llamar Dios a Nerón, ni al Imperio romano, pero si fueron enseñados a dar al emperador honor y respeto, como si hubiera sido una autoridad constituida por Dios, como si fuera un ministro de Dios para ejecutar la ira o justicia de Dios sobre los que actúan mal, y no era ni uno, ni lo otro. Si fueron enseñados a someterse a los Emperadores. Ese tipo de actos cuadran en el concepto más amplio de la palabra

[214] La Epístola de Pablo a los Romanos, versículos 13:1-7.

adorar.

En síntesis se puede decir que Pablo hizo a los habitantes de la tierra adorar en espíritu a la Bestia, haciendo a la gente actuar acorde al espíritu de la Bestia, la doctrina de la Bestia, contenida en las Epístolas de Pablo. Y también se puede decir que lo hizo haciendo que se le dé honra al Emperador de Roma como si hubiera sido una autoridad instituida por Dios, un servidor de Dios para ejecutar la ira o justicia de Dios sobre el que hace el mal, y enseñando que todos deben someterse al mismo como si lo fuere.

El versículo 13:13 del libro Apocalipsis (Felipe Scío) dice: "*E hizo grandes maravillas, de manera que aun fuego hacía descender del cielo a la tierra a la vista de los hombres.*"

Los signos son actos sobrenaturales que Dios usa para dar fe de que profetas son hombres de Dios. En el Evangelio según San Marcos, Jesús (Felipe Scío) dice: "*16:17 Y estas señales seguirán a los que creyeren. Lanzarán demonios en mi nombre: hablarán nuevas lenguas. 16:18 Quitarán serpientes, y si bebieren alguna cosa mortífera, no los dañará: pondrán las manos sobre los enfermos, y sanarán.*"[215] Cuando el versículo 13:13 del libro Apocalipsis dice que la Segunda Bestia realizó grandes signos está diciendo que realizó actos como éstos.

[215] La palabra griega traducida como "señales" en este versículo del Evangelio según San Marcos es la misma palabra griega utilizada en este versículo del libro Apocalipsis que estamos analizando, traducida como "maravillas". La palabra griega es σημεια (semeia).

Hacer caer fuego del cielo a la tierra es un signo. En el Antiguo Testamento, libro segundo de los Reyes, versículo 1:10, el profeta Elías pide a Dios que haga caer fuego del cielo a la tierra para probar que él es un hombre de Dios.[216] En el Nuevo Testamento, Evangelio según San Lucas (Felipe Scío) dice: "*9:51 Y como se acercase el tiempo de su asunción, hizo firme semblante de ir a Jerusalén. 9:52 Y envió delante de sí mensajeros: ellos fueron, y entraron en una ciudad de los samaritanos, para prevenirle posada. 9:53 Y no le recibieron, por cuanto hacía semblante de ir a Jerusalén. 9:54 Y cuando lo vieron Santiago, y Juan sus discípulos, dijeron: Señor, ¿quieres que digamos que descienda fuego del cielo y los acabe? 9:55 Mas él, volviéndose hacia ellos, los riñó, diciendo: No sabéis, de que espíritu sois. 9:56 El Hijo del hombre no ha venido a perder las almas, sino a salvarlas. Y se fueron a otra aldea.*"[217]

La Segunda Bestia entonces, de acuerdo al libro Apocalipsis, hizo signos que podían llevar a personas a pensar que era un profeta, un hombre de Dios. La Segunda Bestia no sólo parecía un cordero, parecía un cristiano, sino que incluso hizo signos que lo hicieron parecer un profeta y un apóstol. En el libro Job de la

---

[216] El Cuarto Libro de los Reyes, llamado Libro Segundo de los Reyes en parte de las Biblias, (Felipe Scío) dice: "*1:10 Y respondiendo Elías, dijo al Capitán de los cincuenta: Si soy hombre de Dios, descienda fuego del cielo, y devore a ti, y a tus cincuenta. Descendió pues fuego del cielo, y lo devoró a él y a los cincuenta que con él estaban.*"

[217] En la biblia, libro del profeta Job, versículo 1:16, al Diablo se le permite poner su mano en las pertenencias de Job, y él lo hace haciendo que fuego descienda del cielo a la tierra.

Biblia, Satán hace caer fuego del cielo a la tierra sobre sus ovejas y sirvientes.[218]

Estas expresiones se aplican a Pablo porque él hizo muchos signos, por lo menos esto es lo que el libro de Hechos de los Apóstoles dice, que lo hicieron parecer un cristiano, un profeta, un apóstol, un hombre de Dios, lo cual benefició a la Primera Bestia y al Dragón, al convencer a mucha gente de que su doctrina, llena de vicios, era la palabra de Dios.

Se puede agregar, que el libro de Hechos de los Apóstoles dice que la supuesta llamada de Dios a Pablo, ocurre cuando una luz cae del cielo a la tierra sobre él y sobre aquellos que lo acompañaban.[219] La luz que cayó del cielo que precedió el supuesto llamado de Pablo pudo haber sido un signo que realizó para parecer un hombre de Dios. Por otra parte, la palabra griega πυρ (pur) traducida en este versículo como fuego también significa luz.[220] Por esta razón, lo que este versículo podría estar diciendo es que la Segunda Bestia iba a poder hacer caer luz del cielo.[221]

---

[218] El libro Job, versículo 1:16.

[219] El libro de los Hechos de los Apóstoles (Felipe Scío) dice: "*9:3 Y yendo por el camino, aconteció que estando ya cerca de Damasco, repentinamente le rodeó un resplandor de luz del cielo. 9:4 Y cayendo en tierra, oyó una voz que le decía: Saulo, Saulo, ¿por qué me persigues?*"

[220] El diccionario griego-español "Vox" dice que la palabra πυρ (pur) significa fuego del cielo, rayo o relámpago, luz de las antorchas, brillo de los ojos, ardor, ímpetu, fuerza irresistible, pasión.

[221] En el Evangelio según San Lucas (Felipe Scío) Juan Bautista dice: "*3:16 Respondió Juan, y dijo a todos: Yo en verdad os bautizo con agua: más vendrá otro más*

El hecho de que la Segunda Bestia debe haber parecido un profeta es confirmado en otros versículos del libro Apocalipsis; por ejemplo el versículo 19:20, en el cual la Segunda Bestia es hasta llamado falso profeta. No pudo tratarse de un hombre que trató de difundir la religión imperial, o un sacerdote de la religión imperial. Nadie cuadra en estas descripciones excepto Pablo, y mucho menos como él lo hace.

Versículo 13:14: "*Y engañó a los moradores de la tierra con los prodigios que se le permitieron hacer delante de la bestia, diciendo a los moradores de la tierra, que hagan la figura de la bestia, que tiene herida de espada y vivió.*"

La primera parte de este versículo 13:14 dice: "*Y engañó a los moradores de la tierra con los prodigios que se le permitieron hacer delante de la bestia.*"[222]

---

fuerte que yo, de quien no soy digno de desatar la correa de sus zapatos: él os bautizará en Espíritu Santo, y fuego." En el Evangelio según San Lucas (Felipe Scío) Jesús dice: "*12:49 Fuego vine a poner en la tierra: ¿Y qué quiero sino que arda?*". El libro del Profeta Jeremías (Felipe Scío) dice: "*23:29 ¿Por ventura mis palabras no son como fuego?, dice el Señor; ¿y como martillo que quebranta una peña?*" Es posible que la palabra de Dios haya sido llamada simbólicamente fuego, y que el versículo esté destacando que la Segunda Bestia hasta podría hacer que la palabra de Jesús o de Dios descendiera y prendiera en personas, a pesar de ser un falso profeta. Ciertamente, el hecho de que Pablo de Tarso hubiera hecho verdaderos discípulos de Cristo, puede haber confundido a muchos, y haber hecho parecer a Pablo de Tarso, un hombre de Dios.

[222] La misma palabra griega traducida "en beneficio" es utilizada en sentido figurado en Lucas 1:6 y 1:15, por ejemplo. También en Hebreos 13:21.

Como dije, otras Biblias traducen en beneficio de la Bestia. En mi opinión, la interpretación de esta parte no ofrece ninguna dificultad. Dice que los moradores o habitantes de la tierra, que eran los judíos y cristianos que todavía eran de este mundo, fueron engañados, porque los verdaderos cristianos, los que ya no son de este mundo, no son engañados por Pablo. Ellos pueden distinguir entre la palabra de Jesús y la palabra de Pablo, y entre los frutos de uno y del otro, o al menos ignorar o no poner en práctica las erradas enseñanzas de Pablo.

Esta parte del versículo 13:14 se aplica a Pablo porque, como dije, de acuerdo al libro de Hechos de los Apóstoles, Pablo hizo muchos signos, que convencieron a muchas personas de que él era un profeta, de que debían imitarle, de que debían considerar sus epístolas palabra de Dios; y en esa forma los engañó, lo cual fue muy beneficioso a la primera Bestia y al Dragón.

La segunda parte de este versículo 13:14 dice: "*diciendo a los moradores de la tierra, que hagan la figura de la bestia, que tiene herida de espada y vivió.*"

Algunas biblias en lugar de 'figura' traducen 'imagen'. Yo pienso que la palabra imagen es una mejor traducción que la palabra figura.[223]

---

[223] La Biblia Libro del Pueblo de Dios, la Biblia Nueva de Jerusalén, la Biblia de las Américas y la Biblia Reina-Valera (1960), que son las cuatro traducidas directamente del texto griego, dicen "imagen" en lugar de "figura". La palabra griega traducida como 'figura' es εικονα (eikona), que significa imagen. El

La Segunda Bestia les dice a los habitantes de la tierra que hagan una imagen de la Bestia, que tiene la herida de la espada y vivió, lo cual nos indica que se trata de la Primera Bestia, porque el versículo 13:3 dice acerca de la Primera Bestia: "*Y vi una de sus cabezas como herida de muerte: y fue curada su herida mortal.*" Y el versículo 13:12 dice: "*...e hizo que la tierra, y sus moradores adorasen a la primera bestia, cuya herida mortal fue curada.*"

La palabra imagen también está siendo usada con un significado simbólico. La misma palabra griega traducida como imagen en este versículo del libro Apocalipsis, fue usada por Pablo para referirse a Cristo, diciendo que Cristo es la imagen de Dios. La Epístola de Pablo a los Colosenses (Felipe Scío) dice, refiriéndose al hijo de Dios: "*1:15 El que es imagen del Dios invisible, el primogénito de toda criatura.*" La Epístola de Pablo a los Hebreos (Felipe Scío) dice: "*1:3 El cual siendo resplandor de la gloria, y la figura de la sustancia, y sustentándolo todo con la palabra de su virtud, habiendo hecho la purificación de los pecados, está sentado a la diestra de la Majestad en las alturas:*" La Segunda Epístola de Pablo a los Corintios (Felipe Scío) dice: "*4:4 En los cuales el Dios de este siglo cegó los entendimientos de los incrédulos, para que no les resplandezca la luz del Evangelio de la gloria de Cristo, el cual es la imagen de Dios.*" En estos versículos que he transcripto las palabras imagen y figura traducen la

---

diccionario griego-español "Vox" dice: imagen, figura, retrato; semejanza, comparación; representación. La palabra ícono deriva de esta palabra griega. El Diccionario griego-inglés "Liddell and Scott's", ob. cit., dice: A figure, image, likeness.

misma palabra griega. La imagen y la figura aquí no son una cosa. Pablo hasta dice que Cristo es imagen y figura de Dios. Ello nos dice que la imagen a la que se refiere el libro Apocalipsis no necesariamente tiene que referirse a una cosa. Puede ser una cosa, pero también puede ser una persona. Cristo sería la imagen de Dios porque irradiaría la Gloria de Dios.

La Epístola de Pablo a los Romanos (Felipe Scío) dice: "*8:29 Porque los que conoció en su presencia, a éstos también predestinó, para ser hechos conformes a la imagen de su Hijo, para que él sea el primogénito entre muchos hermanos.*" La Segunda Epístola de Pablo a los Corintios (Felipe Scío) dice: "*3:18 Así todos nosotros registrando a cara descubierta la gloria del Señor, somos transformados de claridad en claridad en la misma imagen, como por el Espíritu del Señor.*" La palabra griega traducida como imagen en estos versículos es también la misma palabra usada en el versículo del libro Apocalipsis que estamos analizando, traducida como "figura." Este último versículo nos da la clave para descifrar como la Bestia les dijo a otros que hicieran una imagen, y como la descripción se aplica a Pablo.

Pablo de Tarso implica aquí que los cristianos deben reflejar la Gloria de Dios y convertirse en una imagen de Dios. Con estas palabras Pablo está diciendo a cristianos que se conviertan en una imagen de Dios. Al mismo tiempo Pablo dice de sí mismo que él se está convirtiendo en una imagen de Dios, y pide a los cristianos imitarlo; pide a los cristianos que intenten ser como él mismo es. De esta manera mediante engañó los hizo convertirse en una imagen de Dios diferente del real. De esa forma engañó a los habitantes de la tierra para convertirse en una imagen de la Bestia.

La Primera Epístola de Pablo a los Tesalonicenses (Felipe Scío) dice: "*1:6 Y vosotros os hicisteis imitadores nuestros, y del Señor, recibiendo la palabra con mucha tribulación con gozo del Espíritu Santo. 1:7 De modo que os habéis hecho modelo a todos los que han creído en Macedonia, y en Achaya. 1:8 Porque por vosotros fue divulgada la palabra del Señor, no sólo en Macedonia, y en la Achaya, sino que se propagó por todas partes la fe que tenéis en Dios, de modo que nosotros no tenemos necesidad de decir cosa alguna.*"

En esta obra ya cité varios versículos a través de los cuales Pablo pidió a los habitantes de la tierra que lo imitaran. En el punto IV de la primera parte de este libro cité varios versículos en los cuales Pablo hizo que los habitantes de la tierra consideraran sus epístolas la palabra de Dios. He tratado en este libro muchas importantes conductas equivocadas de Pablo y los errores de las Epístolas de Pablo. Pidiendo a los habitantes de la tierra que imiten su conducta y diciéndoles que consideren sus epístolas, que estaban llenas de errores, la palabra de Dios, él con engaño hizo que se transformaran a sí mismos en una imagen de Dios muy diferente del real, lo cual fue útil y servicial a la Primera Bestia. Pablo ni fue una imagen del Dios vivo y verdadero con su vida, ni dejó ver como es el verdadero Dios con su palabra. Pablo distorsionó la imagen de Dios para que los habitantes de la tierra no pudieran ver como

Dios es.

En mi opinión, usando en este versículo del libro Apocalipsis la figura de la imagen de Dios, San Juan también quería llamar nuestra atención a las afirmaciones de Pablo en las que dice que Jesús, el hijo, es la imagen de Dios. Estas afirmaciones son erradas porque Jesús, el hijo, no es la imagen de Dios: es Dios. En dos oportunidades, por lo menos, Pablo de Tarso lo hace.

Más aun, San Juan quería llamar nuestra atención a la Segunda Epístola de Pablo a los Corintios, versículo 4:4, que dice: "*4:4 En los cuales el Dios de este siglo cegó los entendimientos de los incrédulos, para que no les resplandezca la luz del Evangelio de la gloria de Cristo, el cual es la imagen de Dios.*" En este versículo, Pablo llama al Diablo dios, cuando dice "el dios de esta era". El Diablo es llamado en los Evangelios "príncipe de este mundo" pero no "dios de este mundo." Hay un solo Dios en este mundo, y no es el Diablo. El Diablo de ninguna manera es dios de nada. Es errado llamar dios al Diablo. Esto no es lenguaje del Nuevo Testamento.[224]

---

[224] Por otra parte, hay otro significado de la palabra imagen con la que esta palabra puede ser interpretada. La Segunda Epístola de Pablo a los Corintios (Felipe Scío) dice: "*4:4 En los cuales el Dios de este siglo cegó los entendimientos de los incrédulos, para que no les resplandezca la luz del Evangelio de la gloria de Cristo, el cual es la imagen de Dios.*" La palabra griega traducida como "el cual" también significa "que." Usando la palabra "que" en lugar de la palabra "cual", la parte final del versículo diría "que es la imagen de Dios", y podría referirse tanto a la palabra "luz" como a la palabra "Cristo", pues la palabra griega traducida como "que" o "el cual" está en género masculino, y están son las dos palabras de género masculino más cercanas a este pronombre relativo. Interpretando que se refiere a la palabra luz, este versículo estaría diciendo que la luz del Evangelio de la gloria de Cristo es la imagen de Dios. La luz del evangelio es imagen de Dios, porque el Evangelio nos deja conocer como es Dios. El libro de Hechos de los

De cualquier forma, la falsa imagen de Dios que Pablo dijo a los habitantes de la tierra que hicieran con sus propias vidas es una imagen para la Primera Bestia, y de la Primera Bestia, porque la Segunda Bestia estaba al servicio de la Primera Bestia. Fue útil y fue preparada para ayudar a la constitución y el funcionamiento de todos los otros cuernos y cabezas de la Primera Bestia. Fue preparada para ayudar al establecimiento y supervivencia de las tiranías y teocracias. Esta es la razón por la cual las Epístolas de Pablo todavía lo hacen. Más aun, es también la imagen de la Primera Bestia, porque nos deja ver como es la Primera Bestia y que es lo que quiere la Primera Bestia.

El versículo 13:15 del libro Apocalipsis (Felipe Scío) dice: "*Y le fue dado que comunicase espíritu a la figura de la*

Apóstoles (Felipe Scío) dice: "*26:23 Que el Cristo había de padecer, que había de ser el primero de la resurrección de los muertos, para anunciar la luz al pueblo, y a las gentes.*" Aquí la palabra luz está siendo usada simbólicamente para referirse a la palabra de Dios, porque lo que Cristo proclamó fue la palabra de Dios, su Evangelio, que es la imagen de Dios. Cuando el versículo 13:14 del libro Apocalipsis dice que la Segunda Bestia les dijo que hicieran una imagen de la Bestia, se puede decir que la Segunda Bestia los hizo hacer un evangelio para la Bestia. Este versículo 13:14 del libro Apocalipsis, interpretado en esta forma, se aplicaría a Pablo, porque él ordenó a los habitantes de la tierra que hicieran de su Evangelio una imagen para la Bestia, la palabra de la Bestia contenida en las epístolas atribuidas a Pablo. Ya he hablado de como Pablo predicó un evangelio diferente del Evangelio de Jesús. En el capítulo IV de la primera parte de este libro discutí como Pablo hizo que los habitantes de la tierra consideraran sus epístolas la palabra de Dios. Este versículo podría estar diciendo que Pablo ordenó a los habitantes de la tierra hacer una imagen de la Primera Bestia cuando los hizo leer sus epístolas, creer en sus epístolas, hacer creer en sus epístolas, y hacer considerar a sus epístolas la palabra de Dios.

bestia, y que hable la figura de la bestia: y que haga que sean muertos todos aquellos que no adoren la figura de la bestia."

La primera parte de este versículo dice: "*Y le fue dado que comunicase espíritu a la figura de la bestia, y que hable la figura de la bestia.*"[225]

Haciendo a los habitantes de la tierra transformarse en imágenes de la Bestia comunicó espíritu a la imagen e hizo que la misma hablara a través de ellos. Logrando que las erradas enseñanzas de las epístolas a él atribuidas actuarán en aquellos transformado en imágenes de la Bestia, el hizo hablar a la imagen.

Todos aquellos que enseñan los errores de las Epístolas de Pablo, crean doctrina sobre su base, e imitan las erradas conductas de Pablo, dan espíritu y palabra a la imagen de la Bestia, de modo que pueda hablar.

La Primera Epístola de Pablo a los Tesalonicenses (Felipe Scío) dice: "*1:6 Y vosotros os hicisteis imitadores nuestros, y del Señor, recibiendo la palabra con mucha tribulación, con gozo del Espíritu Santo. 1:7 De modo que os habéis hecho modelo a todos los que han creído en Macedonia, y en Achaya. 1:8 Porque por vosotros fue divulgada la palabra del Señor, no sólo en la Macedonia, y en la Achaya, sino que se propagó por todas partes la fe que tenéis en Dios, de modo que nosotros no tenemos necesidad de decir cosa alguna.*"

La Primera Epístola de Pablo a los Tesalonicenses

[225] La palabra griega traducida como espíritu es πνευματι (pneumati) que significa espíritu. Espíritu es uno de los significados de esta palabra.

(Felipe Scío) dice: *"2:13 Por lo cual damos también sin cesar gracias a Dios: porque cuando oyéndonos recibisteis de nosotros la palabra de Dios, la recibisteis, no como palabra de hombres, mas (según ellos es en verdad) como palabra de Dios, el cual obra en vosotros, los que creísteis."* Los que reciben la palabra de Pablo de Tarso como palabra de Dios permiten que la Bestia obre en ellas, y dan vida y dan espíritu y dan palabra a la imagen de la Bestia.

No todos los cristianos, que creen que las Epístolas de Pablo son palabra de Dios, dan espíritu en su propia persona a la imagen de Pablo, a la imagen de la Bestia. Sólo aquellos que realmente obedecen y creen lo que las Epístolas dicen, y tratan de vivir conforme a ellas, lo hacen. La mayoría de los cristianos no saben siquiera qué dicen estas epístolas.

Sin embargo, todos aquellos que sostienen que las Epístolas de Pablo son palabra de Dios si contribuyen en mayor o menor medida a dar espíritu a la imagen de la Bestia en otras personas.

La segunda parte de este versículo 13:15 dice: "*...y que haga que sean muertos todos aquellos que no adoren la figura de la bestia.*"[226]

Ya hemos visto como la Segunda Bestia hace que los habitantes de la tierra adoraren a la Bestia. Una de esas formas es hacer que los judíos y cristianos que todavía eran y son de este mundo actúen conforme al espíritu, a

[226] La palabra griega traducida como matar es αποκτανθωσιν (apoktanthosin), que es un tiempo del verbo αποκτεινω (apokteino).

la imagen y a la doctrina de la Segunda Bestia, que está contenida en las Epístolas de Pablo. Ahora debemos analizar como hace que sean matados los que no la adoran.

La misma palabra griega traducida como 'sean muertos' en este versículo es usada por Pablo con un significado simbólico en sus epístolas. La Segunda Epístola de Pablo a los Corintios (Felipe Scío) dice: "3:6 *El que también nos ha hecho ministros idóneos del Nuevo Testamento: no por la letra, mas por el espíritu: porque la letra mata, y el espíritu vivifica.*"[227] Pablo dice que la letra simbólicamente mata porque hace a las personas pecar. Él usa la palabra "mata" aquí con el sentido de muerte espiritual.

Esta segunda parte del versículo 13:15 del libro Apocalipsis se puede interpretar en el sentido de que dice que Pablo hizo a personas pecar y morir tentándolos a rechazar el Cristianismo. Los errores de las Epístolas de Pablo tientan a personas a rechazar el Cristianismo, y de esa forma las mata. La Epístola de Pablo a los Romanos (Felipe Scío) dice: *"7:11 Porque el pecado, tomando ocasión del mandamiento, me engañó y por él me mató."* Aquellos que rechazan el Cristianismo, a causa de las enseñanzas de Pablo, mueren. Las enseñanzas de Pablo no son excusa para rechazar las enseñanzas de Jesús. Todos debemos reconocer a las enseñanzas de Pablo como falsas, y a las enseñanzas de Cristo como verdaderas.

Reconocer que las Epístolas de Pablo son falsas es una

[227] La palabra griega traducida como matados en este versículo es αποκτεννει (apoktenei), que también es un tiempo del verbo αποκτεινω (apokteino).

parte esencial de ser verdaderamente cristiano. Debemos ser victoriosos sobre el Diablo, las Bestias, la imagen de la Bestia, y sobre el número de la Bestia. Los que ya no somos de este mundo, los que estamos en el Reino de Dios, que continuamos fiel a Jesús, y rehusamos adorar a Pablo, no morimos.[228]

Versículo 13:16: "*13:16 Y a todos los hombres pequeños, y grandes, ricos y pobres, libres, y siervos hará tener una señal en su mano derecha, o en sus frentes.*"

La señal o marca a que hace referencia este versículo, no es una marca física. Es una marca en la mente, en el alma, en el corazón, de los que la recibieron.

El libro Apocalipsis (Felipe Scío) dice: "*14:1 Y miré y he aquí el Cordero que estaba en pie sobre el monte Sion, y con él ciento cuarenta y cuatro mil, que tenían escrito sobre sus frentes el nombre de él, y el nombre de su padre.*" La marca que tienen estos hombres no es una marca física. Ellos tienen la doctrina de Jesús en sus mentes. En varias otras oportunidades se usa en la Biblia la palabra marca con este sentido.[229]

---

[228] También se podría interpretar en el sentido de que dice que hace que los que no lo reconozcan sean excluidos de la Iglesia. El libro de los Hechos de los Apóstoles (Felipe Scío) dice: "*3:22 Porque Moisés dijo: Profeta os levantará el Señor vuestro Dios de entre vuestros hermanos, como a mí: a él oiréis en todo cuanto os dijere. 3:23 Y acontecerá: que toda alma, que no oyere a aquel profeta, será exterminado del pueblo.*" La palabra traducida por "exterminado" no es la misma palabra griega utilizada en el libro Apocalipsis pero es una palabra íntimamente vinculada con el concepto de muerte espiritual. Quienes eran excluidos del pueblo morían espiritualmente.

En la Biblia, libro Deuteronomio (Felipe Scío), a continuación de los requerimientos, decretos, leyes y mandamientos de Moisés, se dice: "*11:18 Asentad estas mis palabras en vuestros corazones y en vuestras almas, y tenedlas pendientes por señal en vuestras manos, y ponedlas entre vuestros ojos.* 11:19 *Enseñad a vuestros hijos a meditarlas, cuando estuvieres de asiento en tu casa, y anduvieres por el camino, y cuando te acostares y levantares.*"

Interpretando la palabra marca del versículo 13:16 simbólicamente, se aplica a Pablo porque él hizo que pequeños y grandes, ricos y pobres, hombres libres y esclavos, reciban su marca en su mente, la doctrina de la Primera Bestia, del Dragón y del Diablo. Y los hizo actuar conforme a su doctrina.

Con respecto a la marca en la mano derecha, yo pienso que significa que se hizo a las personas actuar conforme a la doctrina de la Bestia. La mano derecha, para los diestros por supuesto, es la mano con la que la

---

[229] El libro Apocalipsis (Felipe Scío) dice: "*7:3 Diciendo: No hagáis mal a la tierra, ni a la mar, ni a los árboles, hasta que señalemos a los siervos de nuestro Dios en sus frentes. 7:4 Y oí el número de los señalados, que eran ciento cuarenta y cuatro mil señalados, de todas las tribus de los hijos de Israel.*" El libro Apocalipsis (Felipe Scío) dice: "*22:3 Y no habrá allí jamás maldición: sino que los tronos de Dios, y del Cordero estarán en ella, y sus siervos le servirán. 22:4 Y verán su cara: y su nombre estará en las frentes de ellos.*" El Evangelio según San Juan (Felipe Scío) dice: "*6:27 Trabajad no por la comida que perece, mas por la que permanece para la vida eterna, la que os dará el Hijo del hombre. Porque a éste señaló el Padre el Dios.*" La Epístola de Pablo a los Romanos (Felipe Scío): "*4:11 Y recibió la señal de la circuncisión, como sello de la justicia de la fe, que tuvo en el prepucio: a fin que fuese padre de todos los que creen estando en el prepucio, y que también a ellos les sea imputado a justicia.*" La Primera Epístola de Pablo a los Corintios (Felipe Scío) dice: "*9:2: Y aunque para los otros no fuera apóstol, para vosotros ciertamente lo soy: porque vosotros sois el sello de mi apostolado en el señor.*"

gente escribe, firma, y hace otros actos importantes de su vida.

Versículo 13:17: "*y que ninguno pueda comprar o vender, sino aquel que tiene la señal o nombre de la Bestia o el número de su nombre.*"

Las palabras comprar o vender son usadas en la Biblia literalmente y también simbólicamente, pero veremos que estas palabras están siendo usadas aquí también con un significado simbólico. El libro Apocalipsis (Felipe Scío) dice: "*5:9 Y cantaban un nuevo cántico, diciendo: Digno eres, Señor, de tomar el libro, y de abrir sus sellos: porque fuiste muerto, y nos has redimido para Dios con tu sangre, de toda tribu, y lengua y pueblo y nación.*" La palabra redimir significa rescatar y comprar de nuevo. La palabra redimir en este versículo está siendo usada con un significado simbólico. La Vulgata Latina usa diferentes palabras en estos dos versículos pero el texto griego usa la misma palabra "comprar" en ellos.[230]

Cristo fue muerto, y con su sangre el redimió o compró hombres para Dios. Éste es el significado que entiendo debemos dar a la palabra comprar en este versículo 13:17 que estamos analizando.

Pablo de Tarso también usa la palabra comprar con el significado de adquirir nuevos discípulos. La Primera Epístola de Pablo a los Corintios (Felipe Scío) dice: "*6:19 O no sabéis, que vuestros miembros son templo del Espíritu*

[230] La palabra del texto griego traducida como comprar es αγοραζω (agorazo).

Santo, que está en vosotros, el que tenéis de Dios, y que no sois vuestros; 6:20 Porque comprados fuisteis por grande precio. Glorificad a Dios, y llevadle en vuestro cuerpo." La Primera Epístola de Pablo a los Corintios (Felipe Scío) dice: "*7:23 Por precio sois comprados, no os hagáis siervos de hombres.*"

Este versículo 13:17 del libro Apocalipsis se aplica a Pablo porque él hizo que nadie pudiera comprar o vender discípulos cristianos, en el sentido en el que Cristo nos compró. Hizo que nadie pudiera ser un ministro cristiano, sin aceptar la señal o marca de la Bestia, sin poner en sus mentes la doctrina de Pablo; sin ponerla en sus manos y actuar conforme a esta doctrina.

La marca que Pablo hizo poner en la frente es la marca de la Segunda Bestia, porque él la puso: y es la señal o marca de la Primera Bestia porque la Segunda Bestia actuaba en su beneficio.[231]

El versículo 13:18: "*Aquí hay sabiduría. Quien tiene inteligencia, calcule el número de la Bestia, porque es número de hombre: y el número de ella es seiscientos sesenta y seis.*"

Con respecto al número, opino que se refiere a la Segunda Bestia. Parece que sistemáticamente, cuando el libro Apocalipsis se refiere a la Primera Bestia, lo indica expresamente, como en los versículos 13:12, 13:14; y 13:15.

El número no tiene que tener relación con un nombre

[231] El libro Isaías versículos 55:1 habla de comprar y vender pan de vida.

necesariamente, porque el versículo dice que es el número de un hombre, no el número de un nombre de un hombre.

El hecho de que el versículo 15:2 del libro Apocalipsis (Felipe Scío) dice, "*Y vi así como un mar de vidrio revuelto con fuego, y a los que vencieron a la bestia, y su figura, y el número de su nombre, que estaban sobre la mar de vidrio, teniendo las arpas de Dios*", no significa que debemos calcular el número del nombre de la Bestia. Hay un número de un hombre, y hay un número del nombre de un hombre.

Debemos calcular el número de la Bestia y ser victoriosos sobre el número del nombre de la Bestia. El número del nombre de la Bestia es el número de personas que tienen su marca, y creen en su doctrina. El versículo 14:1 del libro Apocalipsis habla acerca de los 144.000 que tienen el nombre del Cordero y de su Padre escritos en sus frentes. El número de 144.000 es el número del nombre del Cordero y de su Padre.

A los fines de calcular el número de la Bestia, el libro Apocalipsis nos da el número de un hombre. Descubriendo a quien pertenece ese número, seremos capaces de identificar quienes son los hombres que constituyen el número de la Bestia.

La expresión que dice que el número de la Bestia es un número de hombre, también indica que la Segunda Bestia es un hombre, no una institución. Es un hombre, no el Imperio Romano por ejemplo.

Ya sabemos quien fue el primer cuerno de la Segunda Bestia: fue el falso apóstol y falso profeta Pablo de Tarso.

Todas las claves previas nos permiten conocer esto con certeza. Además, las consecuencias de las acciones de la Segunda Bestia de acuerdo al libro Apocalipsis son muy importantes y transcendentes. Para ocupar el lugar que la Segunda Bestia tiene en el libro Apocalipsis, en la historia, debe haber tenido una grave y duradera acción maligna. Si alguien es la Segunda Bestia, o al menos su primer cuerno, es claro que esa persona fue Pablo. Por lo tanto, este acertijo consiste en realidad en descubrir como se aplica a Pablo de Tarso.

El notorio número de un hombre, que encontramos en todas las Biblias hoy, es 666, pero hay importantes manuscritos y documentos de la antigüedad que contienen el número 616 en lugar del número 666. De los antiguos fragmentos de copias del libro Apocalipsis, y de las antiguos copias del libro Apocalipsis, no se puede conocer con certeza cual es el verdadero número.[232]

Ireneo, quien vivió en el siglo II d.C.,[233] en su libro "Adversus haerenses" 5, 30, 1-3, da testimonio de la existencia de la variante 616, pero la tienen como un error.[234] Él dijo que los hombres que habían visto al

---

[232] La obra "Biblia Comentada", de los Profesores de Salamanca, ob. cit., tomo VII, bajo Apocalipsis, versículos 13:11-18, pág. 451, dice: *"El texto original no es seguro, pues algunos códices dan el número 616, y los otros el 666."*

[233] Quasten, Johannes, "Patrología", "Biblioteca de Autores Cristianos" Edición Española preparada por Ignacio Oñatibia, (Madrid; La Editorial Católica S.A., MCMLXI), pág. 276, dice que la fecha de nacimiento de Ireneo no es conocida pero probablemente fue entre el año 140 y el 160 A.D.

[234] La obra "Biblia Comentada", de los Profesores de Salamanca, ob. cit., tomo VII, bajo Apocalipsis versículos 13:11-18, pág. 451.

Apóstol Juan cara a cara sostuvieron que el número correcto es 666.[235] Su testimonio es un importante argumento a favor del número 666, pero ciertamente, no llega ni siquiera cerca a ser lo suficientemente importante como para cerrar la disputa. Por ello el número sobrevivió en copias de la Biblia, a pesar de su opinión, por mucho tiempo, luego de que su libro fuera escrito, y todavía estamos discutiendo acerca de ella.

Digo que su testimonio no es lo suficientemente importante como pare cerrar la disputa, entre otras razones, y además de lo ya dicho, porque Ireneo también dijo, por ejemplo, que Jesús vivió hasta una edad avanzada, hasta viejo, y dijo que recibió esta información de discípulos de Juan el Apóstol, que fueron enseñados por Juan esta misma cosa.[236] Tenemos razones para descreer del testimonio y del juicio de Ireneo.

En favor del número 616 está el hecho de que algunas palabras muy vinculadas a la profecía de la Bestia suman 617 en gematría griega, un tipo de numerología muy popular en tiempos antiguos. El hecho de que estas palabras difieran en solo un número con el número 616 es un argumento en su favor, pues se enseña que en esta disciplina la diferencia en un solo número es admitida. Y la cantidad y el significado de las palabras que difieren en un solo número, que parece demasiada y además

---

[235] Ireneo, "Contra las Herejías", Libro V, capítulo 30, párrafo 1.

[236] Ireneo "Contra las Herejías" libro II, capítulo 22.

intencional como para ser coincidencia, dan fundamentos a esta regla de la gematría.

La suma de los valores de las letras de las palabras griegas το θηριον (to therion) que significan "la Bestia" (libro Apocalipsis 13:18), que son las palabras que se usan para hacer referencia a la bestia nada menos que en el versículo que nos da el acertijo, y la suma de los valores de las palabras τη πονηρα (te ponera) "el maligno" (Mateo 12:45) suman 617. La suma de los valores de las letras de las palabras griegas η ταρση (e tarse) 'el Tarso', que fueron utilizadas para individualizar a Saúl o Pablo en el libro de Hechos de los Apóstoles, versículos 9:30, 11:25, y 22:3, es también 617.

El hecho de que estas tres palabras o expresiones sumen 617, me hace preguntarme si el número de la Bestia χις (616) que se escribiría terminando con la letra griega digamma, cuyo valor es 6 como aparece en el Papiro 115, no fue originalmente el número χιζ (617) terminando con la letra griega zeta, cuyo valor es 7, en su lugar.[237]

---

[237] Washburn, Del, en su libro "Theomatics II" (Maryland: Scarborough House, 1994), revela que ésta y otras palabras y expresiones con un significado relacionado a la Bestia suman 616, 617 o 615 en gematría griega o hebrea. También revela que hay muchas otras que son múltiplos de 616. El destaca que, las palabras griegas "la Bestia" (Apocalipsis 13:18) το θηριον (to therion) y "maligno" (Mateo 12:45) τη πονηρα (te ponera) suman 617. El afirma que está científicamente probado que esto no es casual, y que estas causalidades conjuntamente con otras muchas que él cita en su libro, prueban que la Biblia fue escrita por Dios. Es un libro que en mi opinión merece atención. En la página 500, el libro dice: [Mi abrumadora conclusión luego de mucha investigación acerca de todos los pasajes relacionados, es que el número correcto es el 616. Ahora estoy comenzando a obtener un sólido entendimiento de la importancia de este número. Usted se sorprenderá positivamente del contenido de este

De cualquier forma, si el número es 616, podría aplicarse a Pablo de diversas formas. Una forma sería interpretando que la cifra 616 nos dice que la Segunda Bestia es el uno que está en medio de los doce. Pablo de Tarso es la Segunda Bestia porque él es el hombre en medio de los doce apóstoles. Y la suma de los numero 6 +1+ 6 resulta en 13, cuando se podría decir que Pablo fue el 'apóstol' 13. También el hecho mencionado de que en gematría griega el valor de las palabras η ταρση (e tarse) 'el Tarso', que fueron utilizadas para individualizar a Saúl o Pablo en el libro de Hechos de los Apóstoles, versículos 9:30, 11:25, y 22:3, sea 617, y ello al mismo tiempo que el valor de las palabras το θηριον (to therion), que significan "la Bestia" (libro Apocalipsis 13:18), utilizadas en este versículo del libro Apocalipsis que estamos analizando, sea 617, no solo juega a favor del número 616, sino que señalan a Pablo de Tarso como la Segunda Bestia.[238]

---

capítulo. El número 616 se relaciona a la bestia en una forma que es inequívoca] – Al margen, también me parece interesante que en el versículo 14:12 del libro de los Hechos de los Apóstoles la gente de Listra llama a Pablo 'Hermes', y como se puede ver en antigua literatura griega, como por ejemplo en los llamados 'Himnos Homéricos a Hermes' o en 'la Ilíada' Hermes fue un dios griego descripto como un mensajero de los dioses, con gran elocuencia, y también un engañador, un mentiroso, un ladrón, entre otras cualidades malignas. La palabra griega Hermes en caso genitivo, Ερμου (Hermou), significa 'de Hermes', suma 615 en gematría griega. – Otra cosa que me parece interesante es que el Saúl del Antiguo Testamente es hijo de Κις (kis), siendo que el número 616, aparece escrito en el Papiro 115 de la siguiente forma Χις (Ksis).

[238] Las palabras 'Saúl' y 'Hades' eran muy similares en hebreo, y su escritura se dice que era idéntica. En el Salmo 18 del texto Masorético las dos palabras son usadas, y parece ser que como parte de un juego de palabras. Un interesante análisis de este ha sido realizado por Beaufort Clifton Addison III. Copyright ©

Es interesante, por otra parte, que las palabras griegas τη πορνε[239] (te porne), que significan o "para la prostituta", o "con la prostituta" suman 616; y son usadas en el versículo 6:16 de la Primera Epístola de Pablo a los Corintios. El número de los versículos fue agregado con posterioridad a que los libros fueran escritos, pero no obstante es una asombrosa "coincidencia".[240]

Si alguien pregunta: ¿a quién pertenece el número? Se podría contestar: a la prostituta. En el capítulo 17, como veremos seguidamente, el Diablo es llamado la gran prostituta. ¿Tenía por objeto el número decir que Pablo estaba inspirado por el Diablo?; ¿que la Segunda Bestia, Pablo, de alguna manera, era el Diablo mismo hecho hombre?

Por otra parte, en el otro caso, de ser el número correcto el número 666, éste se aplica a Pablo de Tarso, porque las palabras griegas η ταρση (e tarse) [Tarso], que se refieren al lugar de nacimiento de Pablo y que se escogieron para individualizarlo, que en gematría griega

---

1998 Beaufort Clifton Addison III, All Rights Reserved [todos los derechos reservados]. La palabra griega Hades en griego se escribe Αδης (Hades). A mí me parece que el libro Apocalipsis parece referirse a la Segunda Bestia como Hades en el versículo 20:14, siendo que la traducción Hebrea es tan parecida a la palabra Saúl.

[239] Las palabras griegas τη πορνε (te porne) están en caso dativo. La palabra τη (te) es el caso dativo de la palabra ος, η, τω (os, e, to).

[240] La suma de los valores de las letras tau (τ) = 300 + eta (η) = 8 + pi (π) = 80 + omicron (o)= 70 + rho (ρ) = 100 + ni (ν) = 50 + eta (η)= 8 resulta en 616. La adición de los números 300+8+80+70+100+50+8=616.

suman 617, de ser escritas con alfabeto hebreo, suman 666, utilizando los valores de la gematría hebrea.

La suma de las letras Taw (400) + Ahleph (1) + Rehsh (200) + Sahmekh (60) y Heh (5), resultaría en 666. El alfabeto hebreo no tenía vocales al comienzo, pero algunas consonantes desde antiguo, comenzaron a ser usadas como vocales. Dos de esas consonantes fueron las letras "Ahleph" y "He." La letra "Ahleph" en el medio de la palabra era equivalente a la vocal "a". La letra "He" usada al final de la palabra representaba las vocales a, e y o.[241] Y la letra "He" es la quinta letra del alfabeto hebreo, siendo que la quinta letra del alfabeto griego es la letra Épsilon (e), todo lo cual habría hecho la elección de esta consonante, entre las consonantes que usaban como vocales, la más natural para escribir la letra griega η (e) en el lenguaje hebreo, a mi juicio. Tarso era la Segunda Bestia: Pablo de Tarso.

I. 2. Pablo y la Intervención de la Palabra de Dios

Mientras descubría todo esto, y escribía este libro, absolutamente perplejo, me comencé a formular algunas preguntas: ¿Cómo sería el mundo sin la actuación del Diablo y de las Bestias? ¿Cómo sería la Iglesia Cristiana construida sobre la base de la doctrina expresada por Jesús a los doce apóstoles, y liberada de la influencia de Pablo? ¿Cómo sería un mundo con la fiel y verdadera

[241] Goñi, Blas y Juan Labayen "*Gramática Hebrea Teórico-Práctica*", (Pamplona: Editorial Aramburu, 1945), tercera edición, pág. 3.

palabra de Dios actuando como debería? ¿Vería alguna vez el mundo este día? Las respuestas a algunas de estas preguntas pueden ser encontradas en los capítulos del libro Apocalipsis, que analizaremos a continuación.

Comenzaré con los capítulos 17 y 18. El capítulo 17 habla acerca del Diablo y de la Primera Bestia. El capítulo 18 habla acerca de la caída del Diablo. La lectura y el entendimiento de estos dos capítulos son muy útiles para la comprensión del libro Apocalipsis y del Antiguo Testamento. Luego de la lectura y de unos breves comentarios acerca de ellos analizaremos los capítulos 19 y 20, los cuales arrojan luz a algunas de las preguntas mencionadas.

Capítulo 17

Capítulo 17 del libro Apocalipsis (Felipe Scío) dice: "*17:1 Y vino uno de los siete ángeles, que tenían las siete copas, y me habló, diciendo: Ven acá, y te mostraré la condenación de la grande ramera, que está sentada sobre las muchas gentes. 17:2 Con quien fornicaron los reyes de la tierra, y se embriagaron los moradores de la tierra con el vino de la prostitución. 17:3 Y me arrebató en espíritu al desierto. Y vi una mujer sentada sobre una bestia bermeja, llena de nombres de blasfemia, que tenía siete cabezas, y diez cuernos. 17:4 Y la mujer estaba cercada de púrpura, y de escarlata, y adornada de oro, y de piedras preciosas y de perlas, y tenía un vaso de oro en su mano lleno de abominación, y de la inmundicia de su fornicación. 17:5 Y en su frente escrito un nombre: Misterio: Babilonia la grande, madre de las fornicaciones, y abominaciones de la tierra. 17:6 Y vi aquella mujer embriagada de la sangre de los santos, y de la sangre de los mártires de Jesús. Y cuando la vi, quedé maravillado de grande admiración. 17:7 Y me dijo el ángel: ¿Por qué te maravillas? Yo te diré el misterio de la mujer, y de la bestia, que le trae, la cual tiene siete cabezas, y diez cuernos. 17:8 La bestia, que has visto, fue, y no es, y saldrá del abismo, e irá en muerte: y se maravillarán los moradores de la tierra (aquellos cuyos nombres no están escritos en el libro de la vida desde la creación del mundo) cuando vean la bestia, que era, y no es. 17:9 Y aquí hay sentido, que tiene sabiduría. Las siete cabezas son siete montes, sobre los que está sentada la mujer y también son siete reyes. 17:10 Los cinco murieron, el uno es, y el otro aún no vino: y cuando viniere, conviene, que dure poco tiempo. 17:11 Y la bestia que era, y no es: y ella es la octava: y es de los siete, y va a la perdición. 17:12 Y los diez cuernos, que has visto, son diez reyes: que aún no recibieron reino, mas recibirán poder como reyes por una hora en pos de la bestia. 17:13 Éstos tienen un mismo designio, y darán su fuerza y poder a la bestia. 17:14 Éstos pelearán contra el Cordero, y el Cordero los vencerá: porque es el Señor de los señores, y el Rey de los reyes: y los que están con él, son llamados escogidos, y fieles. 17:15 Y me dijo: Las aguas, que viste en donde la ramera está sentada, son pueblos, y gentes, y lenguas. 17:16 Y los diez cuernos, que viste en la bestia, éstos aborrecerán a la ramera, y la reducirán a desolación, y la dejarán desnuda, y comerán sus carnes, y a ella la quemarán con fuego. 17:17 Porque Dios ha puesto en sus corazones, que hagan lo que le place: que den su reino a la bestia, hasta que estén cumplidas las palabras de Dios. 17:18 Y la mujer que viste, es la grande ciudad, que tiene señorío sobre los reyes de la tierra."*

Este capítulo habla del juicio de la Gran Prostituta y acerca de su identidad. Un ángel le muestra a Juan una mujer sentada sobre una Bestia, que no es otra que la Primera Bestia del capítulo 13, y la mujer sentada en ella es el Diablo. A continuación, explicaré las bases de estas afirmaciones.

La Bestia del capítulo 17 de acuerdo a su versículo 3 tiene siete cabezas y diez cuernos, la misma cantidad que la Primera Bestia del capítulo 13, de acuerdo al versículo 13:1. La Bestia del capítulo 17 de acuerdo a su versículo 6 se embriagaba con la sangre de los santos y con la sangre de los mártires de Jesús; y a la Primera Bestia del capítulo 13, de acuerdo a su versículo 7, le fue permitido hacer la guerra a los santos y que los venciese. Las siete cabezas de la Bestia del capítulo 17 son siete colinas, como las siete históricas colinas de la antigua Roma: El monte Aventino, el monte Capitolino, el monte Celio, el monte Esquilino, el monte Palatino, el monte Quirinal, el monte Viminal; y la Primera Bestia del capítulo 13, o al menos una de sus cabezas, fue Roma, como dije. La Bestia del capítulo 17, de acuerdo a su versículo 3, estaba llena de nombres de blasfemia, de la misma forma que la Primera Bestia del capítulo 13 estaba llena de nombre de blasfemia, de acuerdo a su versículo1.

La mujer sentada en la Bestia debe ser distinguida por supuesto, de la Bestia sobre la cual está sentada. La mujer no es la Primera Bestia, y no es Roma, que es una de las cabezas de la Primera Bestia.

La mujer es el Dragón, el Diablo, que dirigía a la Primera Bestia. Recordemos que el versículo 13:4 enseñó que el Dragón le dio a la Primera Bestia su poder, su trono, conjuntamente con gran autoridad, y que el versículo 12:17 lo hace responsable de las persecuciones de Cristo y de la Iglesia Cristiana, cuando el autor material de estas fue Roma, una de las cabezas de la Primera Bestia. Y recordemos que en el capítulo 2:10 se dice a la Iglesia de Esmirna, que el Diablo iba a poner a algunos de ellos en prisión, siendo que el autor material de esos actos sería Roma. Esto también nos dice que era el Diablo el que dirigía a la Bestia.

Más aun, es importante advertir que la mujer es llamada de las siguientes formas: en el capítulo 17:5 la Gran Babilonia, o Babilonia la Grande, la Madre de las Prostitutas o Rameras y de las Abominaciones de la Tierra; en el capítulo 17:8 la mujer es llamada la Gran Ciudad; y en el Capítulo 19:2 es llamada la Gran Prostituta. Prestando atención a las diferentes maneras como se denomina a la mujer se verá claramente que ella es el Diablo.

En el capítulo 19:2 se dice, por ejemplo, que la Gran Prostituta, que es la mujer, corrompió a la tierra con sus adulterios o pervirtió a la tierra con su prostitución. Y los capítulos 12:9; 20:3; 20:7; y 20:10 dicen que fue el Dragón, el Diablo, la Serpiente Antigua, quien con engaño llevo a la perdición al mundo.

En el capítulo 18:24 se dice acerca de la Gran Prostituta, que es la mujer, que en ella fue encontrada la sangre de los profetas y de los santos y de todos los que han sido matados sobre la tierra; y todo esto sólo puede ser dicho acerca del Diablo.

En el capítulo 17:18 se dice que la mujer es la Gran Ciudad que manda sobre los reyes de la tierra; y en el Evangelio es el Diablo el que es presentado con esa posición. El Evangelio según San Mateo (Felipe Scío) dice: "*4:8 De nuevo le subió el diablo a un monte muy alto: y le mostró todos los reinos del mundo, y la gloria de ellos, 4:9 Y le dijo: Todo esto te daré, si cayendo me adorares. 4:10 Entonces le dijo Jesús: Vete Satanás: porque escrito está: Al Señor tu Dios adorarás, y a él sólo servirás.*" El Evangelio según San Lucas (Felipe Scío) dice: "*4:5 Y le llevó el diablo a un monte elevado, y le mostró todos los reinos de la redondez de la tierra en un momento de tiempo. 4:6 Y le dijo: Te daré todo este poder, y la gloria de ellos: porque a mí se me ha dado, y a quien quiero los doy.*"

En el versículo 17:2 se dice acerca de la mujer, que con ella fornicaron los reyes de la tierra, y los moradores o habitantes de la tierra se embriagaron con el vino de su prostitución; y esto sólo puede ser dicho con relación al Diablo.

Por último, el versículo 20:7 describe los tiempos previos al Juicio Final, hablándonos de la caída de Satán; y la Gran Ciudad es destruida en el versículo 16:19, cuando la séptima copa de la ira de Dios es derramada, la cual es derramada inmediatamente antes del Juicio Final. La Gran Ciudad, que es la mujer de acuerdo al versículo 17:18, es destruida cuando la última batalla en contra de Satán tiene lugar, de acuerdo al capítulo 20:7.

Todo esto claramente indica que la mujer del capítulo 17 es el Diablo, el Gran Dragón Rojo, la Antigua Serpiente, la Gran Prostituta, Babilonia, la Madre de las Prostitutas, la Madre de las Abominaciones de la Tierra, la Gran Ciudad.

Por otra parte, hace sentido que el Diablo sea juzgado inmediatamente antes que el Juicio Final, junto con los que vivieron en la Gran Babilonia, la Gran Ciudad, que es el Diablo. Se le llama Gran Ciudad a la ciudad del Diablo por oposición a la Ciudad Santa, donde mora el pueblo de Dios.

Capítulo 18

El capítulo 18 del libro Apocalipsis (Felipe Scío) dice: "*18:1 Y después de esto vi descender del cielo otro ángel, que tenía gran poder: y la tierra fue esclarecida de su gloria. 18:2 Y exclamó fuertemente, diciendo: Cayó, cayó, Babilonia la grande: y se ha convertido en morada de demonios, y en guarida de todo espíritu inmundo, y en albergue de toda ave sucia, y abominable. 18:3 Porque todas las gentes han bebido del vino de la ira de la fornicación: y los reyes de la tierra han fornicado con ella: y los mercaderes de la tierra se han enriquecido con el poder de sus delicias. 18:4 Y oí otra voz del cielo, que decía: Salid de ella pueblo mío, para que no tengáis parte en sus pecados, y que no recibáis de sus plagas. 18:5 Porque sus pecados han llegado hasta el cielo y se ha acordado el Señor de sus maldades. 18:6 Tornadle a dar así como ella os ha dado, y pagadle el doble según sus obras: en la copa que ella os dio a beber, dadle a beber doblado. 18:7*

Cuanto ella se ha glorificado, y ha vivido en deleites: tanto daréis de tormento y llanto: porque dice en su corazón: Yo estoy sentada reina: y no soy viuda: y no veré llanto. 18:8 Por esto en un día vendrán sus plagas, muerte y llanto, y hambre, y será quemada con fuego, porque es fuerte el Dios, que le juzgará. 18:9 Y llorarán, y se herirán los pechos sobre ella los reyes de la tierra, que fornicaron con ella, y vivieron en deleites, cuando ellos vieron el humo de su quema. 18:10 Estando lejos por miedo de los tormentos de ella, dirán: Ay, ay de la gran ciudad de Babilonia aquella ciudad fuerte: porque en una hora vino su condenación. 18:11 Y los mercaderes de la tierra llorarán, y se lamentarán sobre ella: porque ninguno comprará más sus mercaderías. 18:12 Mercaderías de oro, y de plata, y de piedras preciosas, y de margaritas, y de lino finísimo, y de escarlata, y de seda, y de grana (y toda madera olorosa, y todo vaso de marfil y todo vaso de piedras preciosas, y de cobra, y de hierro y mármol, 18:13 y canela) y de olores, y de ungüentos, y de incienso, y de vino, y de aceite, y de flor de harina, y de trigo, y de bestias de carga, y de ovejas, y de caballos, y de carrozas, y de esclavos, y de almas de hombres. 18:14 Y las frutas del deseo de tu alma se retiraron de ti, y todas las cosas gruesas, y hermosas te han faltado, y no las hallarán ya más. 18:15 Los mercaderes de estas cosas, que se enriquecieron, estarán lejos de ella por miedo de los tormentos de ella, llorando, y haciendo llanto, 18:16 Y diciendo: Ay, ay de aquella gran ciudad, que estaba cubierta de lino finísimo y de escarlata, y de grana, y cubierta de oro, y de piedras preciosas, y de margaritas. 18:17 Que en una hora han desaparecido tantas riquezas. Y todo gobernador, y todos los que navegan en mar, y los marineros, y cuantos trafican sobre la mar, estuvieron a lo lejos. 18:18 Y viendo el lugar del incendio de ella, dijeron voces diciendo: ¿Qué ciudad hubo semejante a esta grande ciudad? 18:19 Y echaron polvo sobre sus cabezas, y dieron alaridos, y llorando, y lamentando decían: Ay, ay de aquella gran ciudad, en la cual se enriquecieron todos los que tenían navíos en la mar, de los precios de ella: porque en una hora ha sido desolada. 18:20 Regocíjate sobre ella, cielo, y vosotros santos, apóstoles y profetas: porque Dios ha juzgado vuestra causa cuanto a ella. 18:21 Y un ángel fuerte alzó una piedra como una grande piedra de Molino, y la echó a la mar, diciendo: Con tanto ímpetu será echada Babilonia aquella grande ciudad, y ya no será hallada jamás. 18:22 Ni jamás en ti se oirá vos de tañedores de cítara, ni de músicos, ni de tañedores de flauta, y trompeta no se oirá en ti más: y maestro de ninguna arte no será hallado en ti jamás: y ruido de muela no se oirá en ti jamás. 18:23 Y luz de antorcha no lucirá jamás en ti: y voz de esposo ni de esposa no se oirá más en ti: porque tus mercaderes serán los príncipes de la tierra: porque tus hechicerías erraron todas las gentes. 18:24 Y en ella ha sido hallada la sangre de los profetas y de los santos: y de todos los que fueron muertos sobre la tierra."

Este capítulo 18 habla del juicio del Diablo y explica las razones que le guiaron a su condenación.

Capítulo 19

El capítulo 19 del libro Apocalipsis (Felipe Scío) dice: "*19:1 Después de esto oí como voz de muchas gentes en el cielo, que decían: Aleluya: la salud, y la gloria, y el poder es a nuestro Dios. 19:2 Porque sus juicios verdaderos son y justos, que ha condenado a la grande ramera, que pervirtió la tierra con su prostitución, y ha vengado la sangre de sus siervos de las manos de ella. 19:3 Y otra vez dijeron: Aleluya, y el humo de ella sube en los siglos de los siglos. 19:4 Y se postraron los veinte y cuatro ancianos, y los cuatro animales, y adoraron a Dios, que estaba sentado sobre el trono, y decían: Amén: Aleluya. 19:5 Y salió del trono una voz, que decía: Decid loor a nuestro Dios todos sus siervos: y los que le teméis pequeños y grandes. 19:6 Y oí como vos de mucha gente, y como ruido de muchas aguas, y como vos de grandes truenos, que decían: Aleluya porque reinó el Señor nuestro Dios el Todopoderoso. 19:7 Gocémonos, y alegrémonos, y démosle gloria: porque son venidas las bodas del Cordero, y su Esposa esta ataviada. 19:8 Y le fue dado, que se cubra de finísimo lino resplandeciente y blanco. Y este lino fino son las virtudes de los santos. 19:9 Y me dijo: Escribe: Bienaventurados los que han sido llamados a la cena de las bodas del Cordero, y me dijo: Estas palabras de Dios son verdaderas. 19:10 Y me postré a sus pies para adorarlo. Y me dice: Mira, no lo hagas: yo soy siervo contigo, y con tus hermanos, que tienen el testimonio de Jesús. Adora a Dios. Porque el testimonio de Jesús es espíritu de profecía. 19:11 Y vi el cielo abierto, y apareció un caballo blanco: y el que estaba sentado sobre él, era llamado Fiel y Veraz, el cual con justicia juzga, y pelea. 19:12 Y sus ojos eran como llama de fuego, y en su cabeza muchas coronas, y tenía un nombre escrito que ninguno ha conocido sino el mismo. 19:13 Y vestía una ropa teñida en sangre: y su nombre es llamado el Verbo de Dios. 19:14 Y le seguían las huestes, que hay en el cielo, en caballos blancos, vestidos todos de lino finísimo blanco y limpio. 19:15 Y salía de su boca una espada de dos filos, para herir con ella a las gentes. Y el mismo las regirá con vara de hierro: y el pisa el lagar del vino del furor de la ira de Dios Todopoderoso. 19:16 Y tiene en su vestidura, y en su muslo escrito: Rey de los reyes, y Señor de los señores. 19:17 Y vi un ángel, que estaba en el sol, y clamó en voz alta, diciendo a todas las aves, que volaban por medio del cielo: Venid, y congregaos a la grande cena de Dios. 19:18 Para comer carnes de reyes, y carnes de tribunos, y carnes de poderosos, carnes de caballos y de los que en ellos cabalgan, y carnes de todos, libres, y esclavos, y pequeños, y grandes. 19:19 Y vi la bestia, y los reyes de la tierra, y las huestes de ellos congregadas para pelear con el que estaba sentado sobre el caballo, y con su hueste. 19:20 Y fue presa la bestia, y con ella el falso profeta: que hizo en su presencia las señales, con que había engañado a los que recibieron la marca de la bestia, y adoraron su imagen. Estos dos fueron lanzados vivos en un estanque de fuego ardiendo, y de azufre. 19:21 Y los otros murieron con la espada, que sale de la boca del que estaba sentado sobre el caballo y se hartaron todas las aves de las carnes de ellos.*"

Los versículos 19:1-4 dicen: "*19:1 19:1Después de esto oí como vos de muchas gentes en el cielo, que decían: Aleluya: la salud, y la gloria, y el poder es a nuestro Dios. 19:2 Porque sus juicios verdaderos son y justos, que ha condenado a la grande ramera, que pervirtió la tierra con su prostitución, y ha vengado la sangre de sus siervos de las manos de ella. 19:3 Y otra vez dijeron: Aleluya, y el humo de ella sube en los siglos de los siglos. 19:4 Y se postraron los veinte y cuatro ancianos, y los cuatro animales, y adoraron a Dios, que estaba sentado sobre el trono, y decían: Amén: Aleluya."*

Estos versículos describen una celebración en el Cielo en virtud de que el Diablo ha sido juzgado o condenado. En el análisis del capítulo 20 se verá que este juicio trae la prisión del Diablo por un periodo simbólico de 1000 años. Se verá que la duración de este periodo puede ser mayor o menor a 1000 años, y que ello dependerá de la conducta humana. Y se verá que luego de este periodo el Diablo será liberado por un breve periodo, para luego ser echado al infierno por siempre.

Los versículos 19:5-10 dicen: *19:5 Y salió del trono una voz, que decía: Decid loas a nuestro Dios todos sus siervos: y los que le teméis pequeños y grandes. 19:6 Y oí como vos de mucha gente, y como ruido de muchas aguas, y como vos de grandes truenos, que decían: Aleluya porque reinó el Señor nuestro Dios el Todopoderoso. 19:7 Gocémonos, y alegrémonos, y démosle gloria: porque son venidas las bodas del Cordero, y su Esposa esta ataviada. 19:8 Y le fue dado, que se cubra de finísimo lino resplandeciente y blanco. Y este lino fino son las virtudes de los santos. 19:9 Y me dijo: Escribe: Bienaventurados los que han sido llamados a la cena de las bodas del Cordero, y me dijo: Estas palabras de Dios son verdaderas. 19:10 Y me postré a sus pies para adorarlo. Y me dice: Mira, no lo hagas: yo soy siervo contigo, y con tus hermanos, que tienen el testimonio de Jesús. Adora a Dios. Porque el testimonio de Jesús es espíritu de profecía."*

La esposa del versículo 19:7 es la Iglesia Cristiana; no la Iglesia Cristiana en el sentido institucional, sino en el sentido de la totalidad de la comunidad de cristianos. La palabra traducida como esposa, es la misma palabra traducida como mujer en el capítulo 12 por ejemplo. En virtud de que la boda, como se verá luego, aún no ha sucedido, es más preciso llamarla novia que esposa, como hacen las traducciones más recientes. Y una traducción más literal sería mujer.

El capítulo 21 (Felipe Scío) dice: "*21:9 Y vino uno de los siete ángeles, que tenían las siete copas llenas de las siete plagas postreras: y habló conmigo, diciendo: Ven acá, y te mostraré la Esposa, que tiene al Cordero por esposo. 21:10 Y me llevó en espíritu a un monte grande y alto, y me mostró la ciudad santa de Jerusalén, que descendía del cielo de la presencia de Dios.*" Sin lugar a dudas la novia en estos versículos, la novia del Cordero, no es la construcción descripta en los versículos subsiguientes, sino los hombres y mujeres que están en su interior, el pueblo de Dios, los hombres que tienen permitido entrar a la Ciudad de Dios, a la Nueva Jerusalén. Recordemos esas palabras del Evangelio según San Mateo (Felipe Scío), en los cuales Jesús dice: "*7:21 No todo el que me dice, Señor, Señor, entrará en el reino de los cielos: sino el que hace la voluntad de mi Padre, que está en los cielos, ese entrará en el reino de los cielos.*"

Ahora, retornando a los versículos en análisis, surge de los mismos que la novia del Cordero, quien es el pueblo de Dios, los cristianos, se ha ataviado, o preparado; se ha engalanado con las virtudes de los santos. Esto significa que la esposa, o la novia, la Iglesia Cristiana, no estaba ataviada, no estaba vestida con las virtudes de los santos hasta ese momento. Y esa preparación de la Esposa es celebrada en el Cielo con la figura del banquete de bodas. Se dice en el versículo 19:9: "*...Bienaventurados son los que han sido invitados a la cena de las bodas del Cordero,*" Esto trae a memoria la parábola del Evangelio según San Mateo (Felipe Scío) que dice: "*22:1 Y respondiendo Jesús, les volvió a hablar otra vez en parábolas, diciendo: 22:2 Semejante es el reino de los cielos a cierto rey, que hizo bodas a su hijo. 22:3 Y envió sus siervos a llamar a los convidados a las bodas, mas no quisieron ir. 22:4 Envió de nuevo otros siervos, diciendo: Decid a los convidados: He aquí he preparado mi banquete, mis toros, y los animales cebados están ya muertos, todo está pronto. 22:5 Mas ellos le despreciaron, y se fueron, el uno a su granja, y el otro a su tráfico. 22:6 Y los otros echaron mano de los siervos, y después de haberlos ultrajado, los mataron. 22:7 Y el rey, cuando oyó, se irritó: y enviando sus ejércitos, acabó con aquellos homicidas y puso fuego a su ciudad. 22:8 Entonces dijo a sus siervos: Las bodas ciertamente están aparejadas, mas los que habían sido convidados, no fueron dignos, 22:9 Pues id a las salidas de los caminos, y a cuantos hallareis, llamadlos a las bodas. 22:10 Y habiendo salido sus siervos a los caminos, congregaron cuantos hallaron, malos y buenos: y se llenaron las bodas de convidados. 22:11 Y entró el rey para ver a los que estaban a la mesa, y vio allí un hombre, que no estaba vestido con vestidura de boda. 22:12 Y le dijo: Amigo, ¿Cómo has entrado aquí no teniendo vestido de boda? Mas el* *enmudeció. 22:13 Entonces el rey dijo a sus ministros: Atadlo de pies y manos, arrojadle en las tinieblas exteriores: allí será el llorar y crujir de dientes. Porque muchos son los llamados, y pocos los escogidos.*"

La boda, se verá luego, no sucede en este momento, aunque la preparación de la boda si lo hace. En mi opinión, la preparación de la boda no es otra cosa que la santidad que alcanza la Iglesia Cristiana al reconocer a Pablo como falso profeta y al seguir a la doctrina de Cristo, libre de la mala influencia del apóstol Pablo. Al final de este capítulo, creo que será más sencillo comprender los fundamentos de esta opinión.

Los versículos 19:11-21 dicen: "*19:11 Y vi el cielo abierto, y apareció un caballo blanco: y el que estaba sentado sobre él, era llamado Fiel y Veraz, el cual con justicia juzga, y pelea. 19:12 Y sus ojos eran como llama de fuego, y en su cabeza muchas coronas, y tenía un nombre escrito que ninguno ha conocido sino el mismo. 19:13 Y vestía una ropa teñida en sangre: y su nombre es llamado el Verbo de Dios. 19:14 Y le seguían las huestes, que hay en el cielo, en caballos blancos, vestidos todos de lino finísimo blanco y limpio. 19:15 Y salía de su boca una espada de dos filos, para herir con ella a las gentes. Y el mismo las regirá con vara de hierro: y el pisa el lagar del vino del furor de la ira de Dios Todopoderoso. 19:16 Y tiene en su vestidura, y en su muslo escrito: Rey de los reyes, y Señor de los señores. 19:17 Y vi un ángel, que estaba en el sol, y clamó en voz alta, diciendo a todas las aves, que volaban por medio del cielo: Venid, y congregaos a la grande cena de Dios. 19:18 Para comer carnes de reyes, y carnes de tribunos, y carnes de poderosos, carnes de caballos y de los que en ellos cabalgan, y carnes de todos, libres, y esclavos, y pequeños, y grandes. 19:19 Y vi la bestia, y los reyes de la tierra, y las huestes de ellos congregadas para pelear con el que estaba sentado sobre el caballo, y con su hueste. 19:20 Y fue presa la bestia, y con ella el falso profeta: que hizo en su presencia las señales, con que había engañado a los que recibieron la marca de la bestia, y adoraron su imagen. Estos dos fueron lanzados vivos en un estanque de fuego ardiendo, y de azufre. 19:21 Y los otros murieron con la espada, que sale de la boca del que estaba sentado sobre el caballo y se hartaron todas las aves de las carnes de ellos."*

El jinete del versículo 19:11 es Jesús. La espada de dos filos que sale de su boca es su palabra. Coincido con los que dicen que la expresión 'los regirá con vara de hierro' se refiere a la firmeza e inmutabilidad de su palabra, que regirá a las naciones.

El gran banquete mencionado en el versículo 19:17 es el mismo mencionado en versículo 19:9, lo cual habla acerca de la unidad del capítulo.

La Bestia capturada es la Primera Bestia de los capítulos 13 y 17. El libro Apocalipsis parece estar diciendo que la Primera Bestia dirigirá una organización internacional de Estados, formal o informal. Parece decirlo porque el versículo 19:19 dice que la Bestia y los reyes de la tierra y sus ejércitos son vistos reunidos para enfrentar al jinete, Jesús, y a su ejército, lo cual implica que los reyes están bajo el control de la Bestia. Ahora podría ser una organización de personas, estilo logia, con gran influencia y poder en diversos estados.

Cuando la Primera Bestia es capturada, la Segunda Bestia también es capturada. El primer cuerno de la Segunda Bestia, Pablo, es capturado simbólicamente cuando los cristianos reconocen su doctrina como la doctrina de un falso profeta; y el segundo cuerno, cuando éste es a su vez reconocido como un falso profeta.

En el mismo capítulo, en el cual la preparación de la Iglesia Cristiana es descripta, la captura de la Segunda Bestia también es descripta. En el capítulo 20, se verá que esto sucede antes de la Venida del Hijo del Hombre. La Venida del Hijo del Hombre es la venida de Jesús que ocurre al comienzo del fin de nuestro mundo. La llamo con este nombre "Venida del Hijo del Hombre", porque es la manera como la que los Evangelios la denominan, y como una manera de diferenciarla de la primera venida, que es la encarnación, y de la intervención de la Palabra de Dios de este capítulo 19.

La razón por la que sabemos que la preparación de la Iglesia Cristiana y la captura de la Segunda Bestia ocurren antes de la Venida del Hijo del Hombre, es que luego de estos eventos, el Diablo y las Bestias son encarceladas por 1000 años; y el libro Apocalipsis, versículo 20:5, nos dice que la resurrección de los muertos, que sabemos ocurre inmediatamente luego de la Venida del Hijo del Hombre, ocurre luego de que los 1000 años han terminado.

Más aun, los Evangelios y el libro Apocalipsis describen la Venida del Hijo del Hombre, y ni uno ni otro dejan lugar para el periodo de 1000 años luego de la misma, como se verá con detenimiento a la hora de analizar el resto de los capítulos del libro Apocalipsis.

¿Que describe en síntesis este capítulo 19?

En mi opinión, comienza describiendo la celebración en el Cielo porque estaba por comenzar el castigo del Diablo, su encarcelamiento por 1000 años, para ser liberado por un breve periodo, luego del cual será enviado al infierno por siempre. Esta celebración ocurre antes de su encarcelamiento.

Luego describe la celebración de la preparación de la novia del Cordero. La novia del Cordero es la Iglesia Cristiana, los cristianos, y la celebración de su preparación es la celebración de la santidad que alcanza la Iglesia Cristiana cuando Pablo es reconocido como un falso profeta.

Luego de ello, el capítulo 19 describe una intervención especial de Cristo. Esta intervención es realizada con su palabra. Por ello el versículo 19:15 dice: "*y salía de ella una espada de dos filos para herir con ella a las naciones.*" Por ello se dice que el jinete es la palabra de Dios. El hecho de que Cristo es llamado 'verbo de Dios' o 'palabra de Dios' en este versículo es muy significativo; tiene por razón de ser dejarnos saber que Cristo no intervendría con una venida personal, sino que con su palabra.

Con excepción de este versículo San Juan no denomina a Cristo "la palabra de Dios." Lo llama "la Palabra", pero no "la Palabra de Dios." Cristo es la

Palabra; y la Palabra es Dios; Cristo es Dios; pero Cristo no es de Dios; Cristo no puede ser de Dios si es Dios. No es correcto en mi opinión llamar a Cristo "la Palabra de Dios"; si es correcto llamarlo "la Palabra." Hasta donde llega mi conocimiento en el resto de la Biblia el Hijo no es llamado la Palabra de Dios.

San Juan usa en el libro Apocalipsis la expresión palabra de Dios con el significado de doctrina, mensaje o enseñanzas de Dios, lo cual es distinto y es correcto. El capítulo 20:4 (Felipe Scío), por ejemplo, dice: "*Y vi sillas, y se sentaron sobre ellas, y les fue dado juicio: y las almas de los degollados por el testimonio de Jesús, y por la palabra de Dios...*" En el resto de la Biblia la expresión palabra de Dios es usada muchas veces con este mismo significado.

¿Por qué San Juan se refiere a Cristo como la Palabra de Dios en este capítulo 19 del libro Apocalipsis? En mi opinión, como dije, porque nos quería hacer saber que la intervención de Cristo a la que se hace referencia en el mismo será una intervención con su palabra, no una venida personal.

Jesús interviene con su palabra y hace que la misma reine, la verdadera palabra de Dios, preservada en los Evangelios, y con ese acto, en mi opinión, el Cristianismo de muchos será fortalecido y multiplicará sus frutos; muchos gentiles se convertirán, mientras que otros encontrarán muerte espiritual rechazando a Cristo.

En mi opinión, esto ocurrirá cuando los cristianos se dediquen a aprender toda la palabra de Cristo de la manera como fue expresada a los doce, y luego de que la doctrina Cristiana sea liberada de la influencia de Pablo.

Esta intervención de la Palabra de Dios a muchas personas, en virtud de la acción de Cristo, sólo puede tener lugar cuando las personas lean y entiendan la palabra de Dios, recibiendo a Cristo en sus vidas, para venir a hacer su hogar en ellos. El Evangelio según San Juan (Felipe Scío) dice: *"14:23 Jesús respondió, y le dijo: Si alguno me ama guardará mi palabra, y mi Padre le amará, y vendremos a él, y haremos morada en él."*

Lo que sigue es una gran reacción de la Primera Bestia, que se prepara para la guerra en contra de Cristo y su ejército. Pero la guerra no ocurre, porque Cristo y su ejército capturan a la Primera Bestia y a la Segunda Bestia.

Con la captura de la Primera Bestia una gran organización internacional de Estados, o gobernantes, o de personas con gran poder, tal vez una logia, es disuelta, o pierde todo su poder. Esto podría ocurrir, por ejemplo, como consecuencia de pacíficas revoluciones en determinados estados, o violentas; posiblemente trayendo democracias constitucionales con reconocimiento de los derechos naturales de los hombres a esos países.

La captura de la Segunda Bestia consiste en el reconocimiento por parte de la Iglesia Cristiana de Pablo como un falso profeta, y probablemente el reconocimiento de la falsedad de otro falso profeta, si los dos cuernos de la Segunda Bestia representan a dos personas, como yo creo claramente lo hacen. Pablo es el primer cuerno. Y creo que es claro quien es el segundo cuerno de la Segunda Bestia. Sin embargo creo que antes de ingresar en este asunto debemos primero quitar la viga de nuestro ojo.[242]

Que ocurrirá exactamente no sabremos con detalle, pero sabemos que Pablo es la Segunda Bestia, al menos su primer cuerno; y ciertamente podemos comprender, siendo Pablo un falso profeta, en que medida Cristo valoraría que la Iglesia Cristiana reconociera a Pablo de Tarso como tal, y como esto podría ser motivo de una celebración en el Cielo. Y no es difícil aceptar que los hombres necesitamos de la intervención de Cristo para llevar adelante la purificación de la doctrina de nuestras Iglesias y para derrotar al Diablo.

La intervención de Cristo no es la Primera Venida, la Encarnación. No es tampoco la Segunda Venida, la Venida del Hijo del Hombre, anunciada en los Evangelios, en el libro Apocalipsis y en el Antiguo Testamento, y que conlleva la resurrección de los muertos.[243]No lo es, porque esta intervención no trae la resurrección de los muertos, sino que da comienzo a un periodo indeterminado de 1000 años en que el Diablo y las Bestias con capturados y apresados. Es una intervención que Cristo lleva adelante con su Palabra, que ocurre en algún momento e el espacio de tiempo que transcurre entre estas dos venidas.

Con respecto al orden cronológico, con el capítulo 19 continuando al capítulo 13, no hay problema, porque los capítulos del libro Apocalipsis no siguen un orden

---

[242] El Evangelio según San Mateo, versículo 7:4.

[243] Evangelio según San Mateo versículo 24:39.

cronológico.

Con relación a la unidad del capítulo 19, y específicamente los grupos de versículos 19:1-10 y 19:11-21, yo pienso que se puede establecer con certeza por diferentes razones. La primera razón es una razón de contexto. La celebración del juicio del Diablo es razonable que ocurra antes del encarcelamiento por 1000 años, como explicaré con más detalles en el análisis del capítulo 20. La segunda razón es textual. El banquete referido en el versículo 19:9 es el mismo banquete referido en el versículo 19:17.

Capítulo 20

El capítulo 20 del libro Apocalipsis (Felipe Scío) dice: "*20:1Y vi descender del cielo un ángel que tenía la llave del abismo, y una grande cadena en su mano. 20:2 Y prendió al dragón la serpiente antigua, que es el diablo y Satanás, y lo ató por mil años. 20:3 Y lo metió en el abismo, y lo encerró, y puso sello sobre él, para que no engañe más a las gentes hasta que sean cumplidos los mil años: y después de esto conviene, que sea desatado por un poco de tiempo. 20:4 Y vi sillas, y se sentaron sobre ellas, y les fue dado juicio: y las almas de los degollados por el testimonio de Jesús, y por la palabra de Dios, y los que no adoraron la bestia, ni a su imagen, ni recibieron su marca en sus frentes, o en sus manos, y vivieron y reinaron con Cristo mil años. 20:5 Los otros muertos no entraron en vida, hasta que se cumplieron los mil años. Esta es la primera resurrección. 20:6 Bienaventurado y santo, el que tiene parte en la primera resurrección: en estos no tiene poder la segunda muerte: antes serán sacerdotes de Dios y de Cristo, y reinarán con él mil años. 20:7 Y cuando fueren acabados los mil años, será desatado Satanás, y saldrá de su cárcel, y engañará las gentes, que están en los cuatro ángulos de la tierra, a Gog, y a Magog, y los congregará para batalla, cuyo número es como la arena de la mar. 20:8 Y subieron sobre la anchura de la tierra, y cercaron los reales de los santos, y la ciudad amada. 20:9 Y Dios hizo descender fuego del cielo, y los tragó. Y el diablo, que los engañaba, fue metido en el estanque de fuego, y de azufre: en donde también es la bestia. 20:10 Y el falso profeta será atormentado día y noche en los siglos de los siglos. 20:11 Y vi un grande trono blanco, y uno que estaba sentado sobre él, de cuya vista huyó la tierra y el cielo, y no fue hallado el lugar de ellos. 20:12 Y vi los muertos, grandes y pequeños, que estaban de pie delante del trono, fueron abiertos los libros: y fue abierto otro libro, que es el de la vida: y fueron juzgados los muertos por las cosas, que estaban escritas en los libros, según sus obras. 20:13 Y dio la mar los muertos que estaban en ella: y la muerte y el infierno dieron los muertos, que estaban en ellos: y fue hecho juicio de cada uno de ellos según sus obras. 20:14 Y el infierno y la muerte fueron arrojados en el estanque del fuego. 20:15 Y el que no fue hallado escrito en el libro de la vida, fue lanzado en el estanque del fuego."*

Los versículos 20:1-3 dicen: "*20:1 Y vi descender del cielo un ángel que tenía la llave del abismo, y una grande cadena en su mano. 20:2 Y prendió al dragón la serpiente antigua, que es el diablo y Satanás, y le ató por mil años. 20:3*

Y lo metió en el abismo, y lo encerró, y puso sello sobre él, para que no engañe más a las gentes hasta que sean cumplidos los mil años: y después de esto conviene, que sea desatado por un poco de tiempo."

Aquí el libro Apocalipsis nos deja saber que después de la preparación o engalanamiento de la novia, después de la intervención de Cristo con su Palabra, la cual trae la victoria de la palabra de Dios, el Diablo es encarcelado y comienza un periodo en el cual ni el Diablo ni las Bestias tendrán permitido actuar. El periodo de 1000 años es un periodo simbólico.

En contraste con el periodo de 3 años y medio, usado para indicar los periodos en el cual el Diablo tiene permitido causar más daño, el periodo de 1000 años sugiere un periodo largo, o al menos potencialmente largo; tal vez un periodo completo.

En la Biblia, el periodo simbólico de mil años es usado en otras oportunidades. El libro de los Salmos (Felipe Scío) dice: "*89(90):4 Porque mil años delante de tus ojos, son como el día de ayer, que pasó: y como centinela en la noche.*"[244] En mi opinión, los precedentes nos permiten

---

[244] El libro Eclesiastés (F.T.A.) dice: "*6:6 Aunque haya vivido dos mil años, si él no disfrutó de sus bienes: ¿por ventura no se apresuran todas las cosas a un mismo lugar?* El periodo de 1000 años es mencionado en la epístola de la Biblia conocida como Segunda Epístola de Pedro (Felipe Scío) que dice: "*3:3 Sabiendo esto primeramente, que en los últimos tiempos vendrán impostores artificiosos, que andarán según sus propias concupiscencias. 3:4 Diciendo: ¿Dónde está la promesa o venida de él? Porque desde que los padres durmieron todo permanece así como en el principio de la creación. 3:5 Cierto ellos ignoran, voluntariamente, que los cielos eran primeramente, y la tierra de agua, y por agua estaba asentado por palabra de Dios: 3:6 Por las cuales cosas aquel mundo de entonces pereció anegado en agua. 3:7 Mas los cielos, que son ahora, y*

inferir que el periodo simbólico de 1000 años, bien puede constituir un periodo largo o corto, lo cual significa que es un periodo indeterminado de tiempo.

Adviértase que el libro Apocalipsis no dice que será un periodo de justicia, paz y prosperidad. Sólo dice que el Diablo y las Bestias estarán encarcelados y no tendrán permitido actuar en ninguna forma. El Evangelio según San Juan (Felipe Scío) dice, citando a Jesús: "*17:11 Y ya no estoy en el mundo, mas éstos están en el mundo, y yo voy a ti. Padre santo, guarda por tu nombre a aquellos, que me diste: para que sean una cosa, como también nosotros. 17:12 Mientras que yo estaba con ellos, los guardaba en tu nombre. Guardé a los que me diste, y no pereció ninguno de ellos, sino el hijo de perdición, para que se cumpliese la Escritura. 17:13 Mas ahora voy a ti, hablo esto en el mundo, para que tengan mi gozo cumplido en sí mismos. 17:14 Yo les di la palabra, y el mundo los aborreció porque no son del mundo. 17:15 No te ruego, que los quites del mundo, sino que los guardes del mal." El Evangelio según San Mateo* (Felipe Scío) dice: "*18:7 ¡Ay del mundo por los escándalos! ¡Porque necesario es que vengan escándalos: mas ay de aquel hombre, por quien viene el escándalo!*"

Habrá en los 1000 años injusticias, guerras, hambre, pero éstos no serán causados por el Diablo. Habrá terremotos, enfermedades, y otros desastres naturales, pero el Diablo no estará a través de ellos tratando de sacar lo peor de los hombres. Personalmente incluso

---

la tierra, por la misma palabra se guardan, reservados para el fuego en el día del juicio, y de la perdición de los hombres impíos. 3:8 Mas esto sólo no se os encubra, muy amados, que un día delante del Señor es como mil años, y mil años como un día."

creo, que habrá demonios menores, pero el Diablo no estará actuando. El Diablo será liberado por un periodo corto de tiempo, sólo luego de que los 1000 años sean cumplidos.

Los versículos 20:4-6 dicen: "*20:4 Y vi sillas, y se sentaron sobre ellas, y les fue dado juicio: y las almas de los degollados por el testimonio de Jesús, y por la palabra de Dios, y lo que no adoraron la bestia, ni a su imagen, ni recibieron su marca en sus frentes, o en sus manos, y vivieron y reinaron con Cristo mil años. 20:5 Los otros muertos no entraron en vida, hasta que se cumplieron los mil años. Esta es la primera resurrección. 20:6 Bienaventurado y santo, el que tiene parte en la primera resurrección: en esto tiene poder la segunda muerte: antes serán sacerdotes de Dios y de Cristo, y reinarán con el mil años.*"

Estos versículos nos dejan saber que ciertas personas, en virtud de haber alcanzado suficiente gracia a los ojos de Dios, son resucitadas primero, antes que el resto de las personas. El Evangelio según San Marcos da testimonio de Moisés y Elías resucitados hablando con Cristo antes de su pasión y resurrección.[245]

---

[245] El Evangelio según San Marcos (Felipe Scío) dice: "*8:39 Y les decía: En verdad os digo, que hay algunos de los que están aquí, que no degustarán la muerte, hasta que vean el reino de Dios, que viene con poder.* 9:1 *Y seis días después tomó Jesús consigo a Pedro y a Santiago, y a Juan: y los llevó solos a un monte alto en lugar apartado, y se transfiguró en presencia de ellos. 9:2 Y sus vestidos se tornaron resplandecientes, y en extremo blancos como la nieve, tanto, que ningún batanero sobre la tierra los puede hacer tan blancos. 9:3 Y les apareció Elías con Moisés: y estaban conversando con Jesús. 9:4 Y tomando Pedro la palabra, dijo a Jesús: Maestro bien será que nos estemos aquí: y hagamos tres tiendas: para ti una, para Moisés otra, y para Elías otra." 9:5*

El Evangelio según San Mateo (Felipe Scío) dice: "*27:50 Mas Jesús clamando segunda vez con grande voz, entregó el espíritu. 27:51 Y he aquí se rasgó el velo del templo en dos partes de alto a bajo, y tembló la tierra, y se hendieron las piedras. 27:52 Y se abrieron los sepulcros: y muchos cuerpos de santos, que habían muerto resucitaron. 27:53 Y saliendo de los sepulcros después de la resurrección de él, vinieron a la santa ciudad, y aparecieron a muchos. 27:54 Mas el Centurión, y los que con él estaban guardando a Jesús, visto el terremoto, y las cosas que pasaban, tuvieron grande miedo, y decían: Verdaderamente Hijo de Dios era éste*"

Los primeros resucitados tienen permitido ser sacerdotes con Dios y reinar con Cristo cuando los 1000 años comienzan, en los cuales el Diablo y las Bestias están encarcelados. En mi opinión, éstos primeros resucitados podrán actuar en la tierra en la forma en que los ángeles lo hacen, o con el servicio de ángeles.[246] Sin embargo, aún habrá desastres naturales y humanos.

El hecho de que ellos reinarán durante los 1000 años no significa que no tienen permitido actuar antes.

Esta cuestión del reinado de los primeros resucitados,

Porque no sabía lo que se decía: pues estaban atónitos de miedo. 9:6 Y vino una nube, que les hizo sombra: y salió una voz de la nube, que decía: Este es mi Hijo el amado, oídle. 9:7 Y mirando luego alrededor, no vieron más a nadie consigo sino solamente a Jesús. 9:8 Y cuando bajaban del monte, les mandó, que a nadie dijesen lo que habían visto: hasta que el Hijo del hombre hubiese resucitado de entre los muertos."

[246] El libro del profeta Zacarías (Felipe Scío), Dios le dice a Josué: "*3:7 Esto dice el Señor de los ejércitos: Si anduvieres por mis caminos, y guardares mis preceptos, tú también serás juez o gobernador de mi casa, y custodio de mi templo, y te daré algunos de estos ángeles que ahora están aquí presentes para que vayan contigo.*"

como veremos luego en el análisis de los capítulos 4, 5 y 6, contribuye a la deducción de la cronología de los hechos del libro Apocalipsis.

El versículo 20:5, que dice que el resto de los muertos no resucitarán hasta que los 1000 años hayan terminado, es fundamental, porque nos permite saber con certeza que la intervención de Cristo a través de su palabra ocurre en forma previa a la Venida del Hijo del Hombre, cuando la resurrección de los muertos acontece.[247] Nos permite saber que los mil años ocurren antes de la Venida del Hijo del Hombre. También nos dice que la intervención de Cristo no consiste en una venida personal de Jesús, porque la próxima venida personal de Cristo es la Venida del Hijo del Hombre que da comienzo al fin del mundo.[248]

Los versículos 20:7-11 dicen: "*20:7 Y cuando fueren acabados los mil años, será desatado Satanás, y saldrá de su cárcel, y engañará a las gentes, que están en los cuatro ángulos de la tierra, a Gog, y a Magog, y los congregará para batalla, cuyo número es como la arena de la mar. 20:8 Y subieron sobre la anchura de la tierra, y cercaron los reales de los santos, y la ciudad amada. 20:9 Y Dios hizo descender fuego del cielo, y los tragó. Y el diablo, que los engañaba, fue*

---

[247] El Evangelio según San Mateo, versículo 24:39.

[248] El capítulo 5 presenta a hombres reinando como sacerdotes en la tierra antes de la apertura del sexto sello (versículo 5:10). Como la Venida del Hijo del Hombre acontece luego de la apertura del sexto sello, sabemos que los mil años comienzan antes de la Venida del Hijo del Hombre, y sabemos que la Venida de la Palabra de Dios ocurre antes de la Venida del Hijo del Hombre.

metido en el estanque de fuego, y de azufre: en donde también es la bestia. 20:10 Y el falso profeta será atormentado día y noche en los siglos de los siglos."

Estos versículos hablan de la batalla final entre el Diablo y sus ángeles, y Dios y sus ángeles. Es la caída final de la Gran Prostituta, la Gran Babilonia, la Gran Ciudad, el Diablo. De ninguna manera esta batalla puede ser confundida con la batalla de capítulo 19 por razones obvias. Esta batalla del capítulo 20 ocurre cuando los 1000 años han terminado; la batalla de capítulo 19 ocurre antes de que el periodo de 1000 años comience. El Diablo en el capítulo 20 es arrojado al lago de fuego por siempre; en el capítulo 19 el Diablo es encarcelado por 1000 años.

Versículos *20:11-15: "20:11 Y vi un grande trono blanco, y uno que estaba sentado sobre él, de cuya vista huyó la tierra y el cielo, y no fue hallado el lugar de ellos. 20:12 Y vi los muertos, grandes y pequeños, que estaban de pie delante del trono, fueron abiertos los libros: y fue abierto otro libro, que es el de la vida: y fueron juzgados los muertos por las cosas, que estaban escritas en los libros, según sus obras. 20:13 Y dio la mar los muertos que estaban en ella: y la muerte y el infierno dieron los muertos, que estaban en ellos: y fue hecho juicio de cada uno de ellos según sus obras. 20:14 Y el infierno y la muerte fueron arrojados en el estanque del fuego. 20:15 Y el que no fue hallado escrito en el libro de la vida, fue lanzado en el estanque del fuego."*

El Juicio Final es descripto aquí. El Evangelio según San Mateo (Felipe Scío) habla del juicio final diciendo: "*25:31 Y cuando viniere el Hijo del hombre en su majestad, y todos los ángeles con él, se sentará entonces sobre el trono de su majestad.* 25:32 *Y serán todas las gentes ayuntadas ante él, y apartará los unos de los otros, como el pastor aparta a las ovejas de los cabritos. 25:33 Y pondrá las ovejas a su derecha, y los cabritos a la izquierda. 25:34 Entonces dirá el rey a los que estarán a su derecha: Venid benditos de mi Padre, poseed el reino que os está preparado desde el establecimiento del mundo: 25:35 Porque tuve hambre, y me disteis de comer: tuve sed: y me disteis de beber: era huésped, y me hospedasteis: 25:36 estaba en la cárcel, y me vinisteis a ver. 25:37 Entonces le responderán los justos, y dirán: Señor, ¿cuándo te vimos hambriento, y te dimos de comer: o sediento, y te dimos de beber? 25:38 ¿Y cuándo te vimos huésped, y te hospedamos: o desnudo y te vestimos? 25:39 ¿O cuándo te vimos enfermo, o en la cárcel, y te fuimos a ver? 25:40 Y respondiendo el Rey, les dirá: En verdad os digo, que en cuanto le hicisteis a uno de estos mis hermanos pequeñitos, a mí lo hicisteis. 25:41 Entonces dirá también a los que estarán a la izquierda: Apartaos de mí malditos al fuego eterno, que esta aparejado para el diablo, y para sus ángeles. 25:42 Porque tuve hambre, y no me disteis de comer: tuve sed, y no me disteis de beber: 25:43 Era huésped: y no me hospedasteis: desnudo, y no me cubristeis: enfermo, y en la cárcel, y no me visitasteis. 25:44 Entonces ellos también le responderán, diciendo: ¿cuándo te vimos hambriento, o sediento, o huésped, o desnudo, o enfermo, o en la cárcel, y no te servimos? 25:45 Entonces les responderá, diciendo: En verdad os digo: que en cuanto no lo hicisteis a uno de esos pequeñitos, ni a mí lo hicisteis. 25:46 E irán estos al suplicio eterno: y los justos a la vida eterna.*"

Capítulo II. El Libro Apocalipsis, las Señales de la Venida del Hijo del Hombre, la Venida del Hijo del Hombre y la Gran Tribulación, el Juicio Final y la Nueva Jerusalén

II.1. Introducción

Con el fin de fortalecer la convicción del lector con respecto a la interpretación de los capítulos del libro Apocalipsis que acabo de formular, voy a analizar ahora el resto de los capítulos de la segunda parte del libro Apocalipsis. Y lo haré principalmente sirviéndome de los Evangelios.

El libro Apocalipsis, luego de los Evangelios, en mi opinión, es el libro más fascinante que se ha escrito. El entendimiento general del libro Apocalipsis no sólo traerá mayor convicción al lector con respecto a la interpretación hecha en este libro de los capítulos 12, 13,

17, 18, 19 y 20, sino que también permitirá al lector entender mejor el resto de la Biblia, especialmente los libros de los profetas del Antiguo Testamento.

Con excepción de los tres primeros capítulos, que contienen cartas a las Iglesias de la naciente Iglesia Cristiana,[249] y los capítulos 12, 13, 17, 18, 19 y 20 ya

---

[249] Personalmente yo creo que los tres primeros capítulos del libro Apocalipsis tienen mensajes para todos los cristianos en general, y son mucho más que simples cartas a las Iglesias de Asia. Yo creo que ellas tienen pistas para ayudarnos a entender el mensaje de los otros capítulos. El libro Apocalipsis, capítulo 2, carta a la Iglesia en Éfeso (Felipe Scío) dice: "*2:2 Sé tus obras y tu trabajo, y tu paciencia, y que no puedes sufrir los malos: y que probaste aquellos, que se dicen ser apóstoles, y no lo son: y los has hallado mentirosos.*" La Primera Epístola de Pablo a los Corintios (Felipe Scío) dice: "*15:32 Si (como hombre) lidié con bestias en Éfeso, ¿qué me aprovecha, si no resucitan los muertos? Comamos y bebamos, que mañana moriremos.*" Considerando que Pablo dice que luchó en Éfeso, ¿Está el libro Apocalipsis confirmándonos que Pablo era una bestia?

El versículo 2:6 del libro Apocalipsis, todavía en la carta a la Iglesia de Éfeso, (Felipe Scío) dice: "*Mas esto tienes, que aborreces los hechos de los nicolaitas, que yo también aborrezco.*" Nadie parece saber quienes eran los nicolaitas pero algunos creen que la palabra 'Nicolaiteans' se refiere a aquellos que dominan a las personas; tal vez a las personas elegidas por Dios. Esto es basado en el hecho de que la palabra 'Nicolaitas' estaría compuesta de las palabras νικη (nike) y λαος (laos). Y ya hemos visto como se construían palabras compuestas. El diccionario griego-español "Vox" dice que la palabra νικη (nike) significa victoria, triunfo éxito. La palabra νικη (nike) es usada en la Biblia con el significado de victoria en el libro Apocalipsis 15:2 y en Mateo 12:20. Es usada en la Primera Epístola de Pablo a los Corintios (Felipe Scío), versículo 15:57, diciendo: "*Mas gracias a Dios, que nos dio la victoria por nuestro Señor Jesucristo.*" El diccionario griego-español "Vox" dice que λαος (laos) significa multitud, muchedumbre, ejército tropa, infantería, ejércitos de tierra, pueblo, nación, pueblo de Dios, pueblo de Israel, pueblo cristiano. La palabra 'laos' es usada en la Biblia con el significado de personas escogidas por Dios, por ejemplo, en el libro Apocalipsis versículo 5:9 y en Evangelio según San Juan 11:50. También es usada en la Epístola de Pablo a los Hebreos versículo 7:5. Pablo, y el número de Pablo, dominaban sobre algunas Iglesias Cristianas, y especialmente sobre las personas más humildes que eran enseñadas a someterse a las autoridades eclesiásticas y civiles. ¿Está el libro Apocalipsis llamando a Pablo y a sus seguidores "Nicolaitas"?

analizados, el resto de los capítulos del libro Apocalipsis hablan exclusivamente acerca de lo siguiente: 1. De las Señales de la Venida del Hijo del Hombre. 2. De la Venida del Hijo del Hombre, y de que ocurre inmediatamente después. 3. Del Juicio Final. 4. Del Nuevo Mundo con el Nuevo Cielo y la Nueva Tierra.

Los signos previos a la Venida del Hijo del Hombre son una serie de males que la precederán y que nos indicarán su inminente llegada. El libro Apocalipsis profetiza que primero habrá espada, hambre, muerte y bestias de la tierra. Esto podría suceder literalmente, o

---

El libro Apocalipsis (Felipe Scío), capítulo 2, carta a la Iglesia de Pérgamo, dice: "*2:13 Se en donde moras, en donde está la silla de Satanás: y conservas mi nombre, y no negaste mi fe. Y en aquellos días Antipas mi fiel testigo, que fue muerto entre vosotros, donde Satanás mora.*" Pergamino, era un material en el cual libros eran escritos. Literalmente pergamino deriva del latín y del griego y significa de pérgamo (ver Real Academia Española). La doctrina del Diablo estaba viviendo y siendo reproducida en las Epístolas de Pablo que fueron escritas en el material de pergamino. Es interesante advertir que la doctrina de Pablo fue ubicada en la Biblia, que es un lugar sagrado. El Evangelio según San Mateo versículo 24:15 habla acerca de la destrucción de Jerusalén, respecto de la cual el profeta Daniel también habló. El profeta Daniel habló acerca de la abominación de la desolación erigida en el ala del templo. Las Epístolas de Pablo podrían ser consideradas erigidas en el ala de la Biblia.

El libro Apocalipsis (Felipe Scío), capítulo 2, carta a la Iglesia de Thiatira, dice: "*2:24 Y a los demás que estáis in Thiatira: Todos los que no siguen esta doctrina, y que no han conocido las profundidades de Satanás, como ellos las llaman que yo no pondré sobre vosotros otra carga.*" La Primera Epístola de Pablo a los Corintios (Felipe Scío) dice: "*2:10 Mas Dios nos lo reveló a nosotros por su Espíritu: porque el espíritu lo escudriña todo, aun las profundidades de Dios.*" Pablo escribió que enseñó profundidades, secretos que he explicado no eran de Dios. ¿Estaba el libro Apocalipsis hablando de los profundos secretos que Pablo decía enseñar? La palabra griega traducida como profundidades en estos versículos es la misma palabra griega βαθη (bathe).

Además, también creo que los tres primeros capítulos tienen mensajes para aquellos que deberán enfrentar el Grand Día de la Ira de Dios.

simbólicamente, o sus anuncios podrían tener el propósito de revelar otros signos de la Venida del Hijo del Hombre, o sus razones y sus causas.

Personalmente, yo creo que una de los principales propósitos de estas señales es hacernos saber que la Venida del Hijo del Hombre será la consecuencia de la conducta del hombre.

Habrá una tribulación previa en esos días, pero los hombres no sabremos en detalle que sucederá hasta que suceda. Los fundamentos de esta opinión serán analizados en las próximas páginas.

Lo primero que ocurre cuando el Hijo del hombre viene, cuando el fin del mundo comienza, es la Siega de los Elegidos, o Reunión de los Elegidos. En este evento ocurre "el Señalado o Marcado de la Frente de los Siervos de Dios." Jesús envía a sus ángeles a segar a los elegidos, a reunir a ciertas personas para llevarlas a estar con Dios, marcándolas simbólicamente en la frente y rescatándolas de la Vendimia de la Viña, del Gran Día de la Ira del Cordero, de la Gran Tribulación, que el resto de las personas deberá enfrentar.

La Venida del Hijo del Hombre, seguida de la Siega es el tiempo de la resurrección de los muertos. El libro Apocalipsis enseña que ciertas personas, porque han hallado gracia suficiente a los ojos de Dios, resucitarán antes de la Venida del Hijo del Hombre: pero el resto resucitará cuando los 1000 años hayan concluido; al tiempo de su venida.

La Siega, la Reunión de los Elegidos, el Marcado de la Frente de los Siervos de Dios, es realizada entre los muertos resucitados y entre las personas vivas al momento de la Venida del Hijo del Hombre.

Luego los no elegidos, los que no fueron parte de la Siega, los que no fueron sellados o marcados, son arrojados a un lugar en donde deberán enfrentar el día que es llamado la Vendimia de la Viña, el Gran Día de la Ira del Cordero, la Gran Tribulación, y el Gran Día del Señor Todopoderoso, entre otros nombres similares que se le dan. En ese día, en ese lugar, muchas personas serán purificadas, alcanzarán santidad y gracia a los ojos de Dios, y serán rescatados del mismo. Otros padecerán la Segunda Muerte, que los priva definitivamente de toda posibilidad de salvación. Es difícil determinar en concreto que sucederá en este lugar.

Cuando la Vendimia de la Viña comienza, como dije, también llamada el Gran Día de la Ira del Cordero, el Gran Día de la Ira de Dios, la Gran Tribulación, entre otros nombres, el Diablo es liberado, y dos testigos de Dios, dan testimonio. Estos dos testigos son matados por el Diablo y resucitados por Dios. Pareciera ser que los dos testigos son dos personas, pero también podrían constituir dos Iglesias, y la muerte y resurrección de estas dos Iglesias podría ocurrir simbólicamente en alguna forma.

La Vendimia de la Viña culmina con la derrota y el encarcelamiento final del Diablo en el lago de fuego o infierno. El Gran Dragón Rojo, la Mujer sentada sobre la Primera Bestia, la Gran Prostituta, la Gran Babilonia, la Gran Ciudad, es arrojada al lago de fuego, al infierno, por siempre, conjuntamente con la Segunda Bestia.

El Juicio Final sigue. Todos los hombres tienen que comparecer ante Jesús para ser juzgados. Luego, el libro Apocalipsis describe el nuevo mundo, con el nuevo cielo, y la nueva tierra, que es llamada Nueva Jerusalén.

No hay lugar, luego de la Venida del Hijo del Hombre, para la intervención de Cristo con su palabra, descripta en el capítulo 19; ni para los 1000 años del reinado de Cristo y de los primeros resucitados, con el Diablo encarcelado, que describe el capítulo 20. Esto confirma que los eventos descriptos en los capítulos 19 y 20 ocurren antes de la Venida del Hijo del Hombre. A continuación, explicaré los fundamentos de esta interpretación que he formulado como introducción.

II.2. Las Signos de la Venida del Hijo del Hombre – Capítulos 4, 5 y 6

En los capítulos 4, 5 y 6 el libro Apocalipsis habla de los tiempos previos a la Venida del Hijo del Hombre, que es la Segunda Venida de Jesús, el comienzo del fin de este mundo. Como he dicho, el libro Apocalipsis aparentemente dice que previamente a la Venida del Hijo del Hombre habrá guerras, hambre, muerte, y bestias de la tierra. Y esto puede suceder literalmente, o simbólicamente puede ser la representación de otros eventos que van a preceder o causar la Venida del Hijo del Hombre.

Capítulo 4

El capítulo 4 del libro Apocalipsis (Felipe Scío) dice: *"4:1Después de esto miré: y vi una puerta abierta en el cielo, y la primera voz que oí, era como de trompeta, que hablaba conmigo, diciendo: Sube acá, y te mostraré las cosas que es necesario sean hechas después de estas. 4:2 Y luego fui en espíritu: y he aquí un trono, que estaba puesto en el cielo, y sobre el trono estaba uno sentado. 4:3 Y el que estaba sentado, era al parecer semejante a una piedra de jaspe, y de sardia: y había alrededor del trono un iris de color esmeralda. 4:4 Y alrededor del trono veinte y cuatro sillas, y sobre las sillas veinte y cuatro ancianos sentados, vestidos de ropas blancas, y en sus cabezas coronas de oro: 4:5 Y del trono salían relámpagos y voces, y truenos: y delante del trono siete lámparas ardiendo, que son los siete espíritus de Dios. 4:6 Y la vista del trono había como un mar transparente como el vidrio semejante al cristal: y en medio del trono, y alrededor del trono, cuatro animales llenos de ojos delante y detrás. 4:7 Y el primer animal semejante a un león, y el segundo animal semejante a un becerro, y el tercer animal, que tenía cara de hombre, y el cuatro animal semejante a un águila volando. 4:8 Y los cuatro animales, cada uno de ellos tenía seis alas: y alrededor, y dentro están llenos de ojos: y no cesaban día y noche de decir: Santo, Santo, Santo, el Señor Dios omnipotente, el que era, y el que es, y el que ha de venir. 4:9 Y cuando aquellos animales deban gloria, y honra, y bendición al que estaba sentado sobre el trono, que vive en los siglos de los siglos, 4:10 Los veinte y cuatro ancianos se postraban delante del que estaba sentado en el trono, y adoraban al que vive en los siglos de los siglos, y echaban sus coronas delante del trono diciendo: 4:11 Digno eres Señor Dios nuestro, de recibir gloria, y honra, y virtud: porque tú has criado todas las cosas, y por tu voluntad eran y fueron creadas."*

El capítulo 4 es introductorio. Nos presenta a Dios, a los 24 ancianos (versículo 4:4), a los siete espíritus de Dios (versículo 4:5), a las cuatro criaturas vivientes o animales (versículo 4:7) y también al gran mar de cristal que se encuentra frente al trono de Dios (versículo 4:6).

Los 24 ancianos simbolizan a los hombres santos del Antiguo y Nuevo Testamento. El Evangelio según San Mateo (Felipe Scío), dice: "*19:28 Y Jesús les dijo: En verdad os digo, que vosotros, que me habéis seguido, cuando en la regeneración se sentará el Hijo del hombre en el trono de su majestad, os sentaréis también vosotros sobre doce sillas, para juzgar a las doce tribus de Israel.*" El libro Apocalipsis (Felipe Scío) dice: "*20:4 Y vi sillas, y se sentaron sobre ellas, y les fue dado juicio: y las almas de los degollados por el testimonio de Jesús, y por la palabra de Dios, y lo que no adoraron la bestia, ni a su imagen, ni recibieron su marca en sus frentes, o en sus manos, y vivieron y reinaron con Cristo mil años. 20:5 Los otros muertos no entraron en vida, hasta que se cumplieron los mil años. Esta es la primera resurrección. 20:6 Bienaventurado y santo, el que tiene parte en la primera resurrección: en esto tiene poder la segunda muerte: antes serán sacerdotes de Dios y de Cristo, y reinarán con el mil años.*" En el Antiguo Testamento, libro del profeta Zacarías (Felipe Scío), Dios le dice a Josué: "*3:7 Esto dice el Señor de los ejércitos: Si anduvieres por mis caminos, y guardares mis preceptos, tú también serás juez o gobernador de mi casa, y custodio de mi templo, y te daré algunos de estos ángeles que ahora están aquí presentes para que vayan contigo.*"[250]

Los siete espíritus son los siete ángeles de las siete iglesias. El versículo 1:20 del libro Apocalipsis (Felipe Scío) dice: "*El misterio de las siete estrellas, que has visto en mi diestra, y los siete candeleros de oro: las siete estrellas son los ángeles de las siete Iglesias: y los siete candeleros, son las siete iglesias.*" En mi opinión, el número de siete Iglesias es un número simbólico usado para representar a los ángeles de todas las iglesias. Pareciera ser que cada Iglesia Cristiana tiene un ángel.

Las cuatro criaturas vivientes o animales son una clase de seres vivientes muy poderosa: Serafines. En general, son considerados ángeles, una clase muy importante de ángeles. En la Biblia, libro del profeta Isaías (Felipe Scío), se dice: "*6:1 En el año que murió el rey Ozías, vi al Señor sentado en un solio alto y elevado; y las cosas que estaban debajo de él, llenaban el templo. 6:2 Serafines estaban sobre él: seis alas, tenía el uno y seis alas el otro: con dos cubrían el rostro de él, y con dos cubrían los pies de él, y con dos volaban. 6:3 Y daban voces el uno al otro, y decían: "Santo, Santo, Santo, Señor Dios de los ejércitos, llena está toda la tierra de su gloria. 6:4 Y estremeciéronse los dinteles y quicios a la voz del que gritaba, y llenóse la casa de humo.*" Estos seres identificados como Serafines en el Antiguo

---

[250] Algunos piensan que simbolizan a los patriarcas del Antiguo Testamento y a los doce apóstoles del Nuevo Testamento Profesores de Salamanca "*Biblia Comentada*", ob. cit., tomo VII, bajo Apocalipsis versículos 4:1-11, p. 368. El Evangelio según San Mateo, versículo 19:28.

Testamento, comparten las mismas características que las cuatro criaturas vivientes: están muy cerca de Dios, tienen seis alas, y dicen cosas muy similares a las que las cuatro criaturas del libro Apocalipsis dicen. Recordemos que en el versículo 4:8 del libro Apocalipsis (Felipe Scío) las cuatro criaturas dicen: *"Santo, Santo, Santo, el Señor Dios omnipotente, el que era, y el que es, y el que ha de venir"*, y el versículo 6:3 del libro del profeta Isaías (Felipe Scío) dice: *"6:3 Y daban voces el uno al otro, y decían: "Santo, Santo, Santo, Señor Dios de los ejércitos, llena está toda la tierra de su gloria."* Por esta razón son considerados Serafines.

Con respecto a la cronología del libro Apocalipsis, es importante advertir que el versículo 4:1 dice que lo que va a ser mostrado y descripto en el capítulo 4 es lo que sucederá después. Esto indica que el capítulo 4 describe eventos que ocurrieron luego de la primera venida de Jesús, la encarnación. Recordemos que Juan tuvo estas visiones y escribió el libro Apocalipsis luego de la muerte y resurrección de Jesús.

Capítulo 5

El capítulo 5 del libro Apocalipsis (Felipe Scío) dice: *"5:1 Y vi en la mano derecha del que estaba sentado en el trono, un libro escrito dentro y fuera, sellado con siete sellos. 5:2 Y vi un ángel fuerte, que decía a grandes voces: ¿Quién es digno de abrir el libro, y desatar sus sellos? 5:3 Y ninguno podía, ni en el cielo, ni en la tierra, ni debajo de la tierra abrir el libro, ni mirarlo. 5:4 Y yo lloraba mucho, porque no fue hallado ninguno digno de abrir el libro, ni mirarlo. 5:5 Y uno de los ancianos me dijo: No llores: he aquí el león de la tribu de Judá, la raíz de David que ha vencido, para abrir el libro, y desatar sus siete sellos. 5:6 Y miré: y vi en medio del trono y de los cuatro animales, y en medio de los ancianos, un Cordero en pie así como muerto, que tenía siete cuernos, y siete ojos, que son los siete Espíritus de Dios, enviados por toda la tierra. 5:7 Y vino, y tomó el libro de la mano derecha del que estaba sentado en el trono. 5:8 Y cuando hubo abierto el libro, los cuatro animales, y los veinte y cuatro ancianos se postraron delante del Cordero, teniendo cada uno harpas, y copas de oro llenas de perfumes, que son las oraciones de los santos: 5:9 Y cantaban un nuevo cántico, diciendo: Digno eres, Señor, de tomar el libro, y de abrir sus sellos porque fuiste muerto, y nos has redimido para Dios con tu sangre, de toda tribu, lengua, y pueblo, y nación. 5:10 Y nos has hecho para nuestro Dios reino y sacerdotes, y reinaremos sobre la tierra. 5:11 Y vi, y oí vos de muchos ángeles alrededor del trono, y de los animales, y de los ancianos: y en el número de ellos millares de millares, 5:12 que decían en alta vos: Digno es el Cordero que fue muerto, de recibir virtud, y divinidad, y sabiduría, y fortaleza, y honra, y gloria, y bendición. 5:13 Y a toda criatura que hay en el cielo, y sobre la tierra, y debajo de la tierra, y las que hay en el mar y cuanto allí hay: oí decir a todas: Al que está sentado en el trono, y al Cordero: bendición, y honra, y gloria, y poder en los siglos de los siglos. 5:14 Y los cuatro animales decían: Amén. Y los veinte y cuatro ancianos cayeron sobre sus rostros y adoraron al que vive en los siglos de los siglos."*

Este capítulo 5 habla acerca del libro y de los sellos

que van a ser abiertos en el capítulo siguiente: el capítulo 6. Presenta al Cordero, que es Cristo, pareciendo como si hubiera sido muerto o matado. Se refiere a Cristo como al León de la tribu de Judá, la raíz de David, y nos revela que, como se verá más adelante, comienza el proceso del fin del mundo y el advenimiento del nuevo mundo, que Cristo puede promover porque vivió santamente y dio la vida por el mundo.

Ya he explicado, al momento de analizar el capítulo 13, que Cristo, en algunas oportunidades, es llamado Cordero en el libro Apocalipsis y que el simbolismo está relacionado con el significado de sacrificio que su venida y su pasión tuvo para el perdón de los pecados.

Por otra parte, es importante advertir dos cosas. En primer lugar, que este capítulo revela que la apertura de los sellos ocurre después de la primera venida de Cristo, la encarnación, y luego de que ha triunfado. En segundo lugar, que el capítulo presenta a los 24 ancianos, que son los hombres santos, los primeros resucitados, reinando como sacerdotes en la tierra antes de la apertura del sexto sello (versículo 5:10). Recordemos que los primeros resucitados iban a estar reinando como sacerdotes luego del comienzo de los 1000 años, y luego del encarcelamiento del Diablo. Esto indica que la apertura del sexto sello comienza luego del comienzo de los 1000 años, luego del encarcelamiento del Diablo, y por consiguiente luego de la intervención de Jesús con su palabra, que es descripta en el capítulo 19. El versículo 20:4 dice que luego de la intervención de Jesús el Diablo será encarcelado y un periodo de 1000 años comenzará en el cual Cristo y los primeros resucitados reinarán en la tierra.

Capítulo 6

El capítulo 6 del libro Apocalipsis (Felipe Scío) dice: "*6:1 Y vi que el Cordero abrió uno de los siete sellos, y oí que uno de los cuatro animales decía, como con vos de trueno: Ven, y verás. 6:2 Y miré: y vi un caballo blanco: y el que estaba sentado sobre él, tenía un arco, y le fue dada una corona, y salió victorioso para vencer. 6:3 Y cuando abrió el segundo sello, oí el segundo animal, que decía: Ven y verás. 6:4 Y salió otro caballo Bermejo: y fue dado poder al que estaba sentado sobre él, para que quitase la paz de la tierra, que se matasen los unos a los otros, y le fue dada una grande espada. 6:5 Y cuando abrió el tercer sello, oí al tercer animal, que decía: Ven, y verás. Y apareció un caballo negro: y el que estaba sentado sobre él, tenía en su mano una balanza. 6:6 Y oí como una voz en medio de los cuatro animales que decía: Dos libras de trigo por un denario, y seis libras de cebada por un denario, más no hagas daño al vino ni al aceite. 6:7 Y cuando abrió el cuarto sello, oí la voz del cuarto animal, que decía: Ven, y verás. 6:8 Y apareció un caballo pálido: y el que estaba sentado sobre él, tenía por nombre Muerte, y le seguía el infierno: y le fue dado poder sobre las cuatro partes de la tierra, para matar con espada, con hambre, y con mortandad, y con bestias de la tierra. 6:9 Y cuando abrió el quinto sello, vi debajo del altar las almas de los que habían sido muertos por la palabra de Dios, y por el testimonio que tenían, 6:10 Y clamaban en voz alta, diciendo: ¿Hasta cuándo Señor, (santo y verdadero) no juzgas y no vengas nuestra sangre de los que moran sobre la tierra? 6:11 Y fueron dadas a cada uno de ellos unas ropas blancas: y les fue dicho, que reposasen aún un poco de tiempo, hasta que se cumpliese el número de sus consiervos y el de sus hermanos, que también han de ser muertos como ellos. 6:12 Y miré cuando abrió el sexto sello: y he aquí fue hecho un grande terremoto, y se tornó el sol negro como un saco de cilicio, y la luna fue hecho toda como sangre: 6:13 Y las estrellas del cielo cayeron sobre la tierra, como la higuera deja caer sus higos, cuando es movida de grande viento. 6:14 Y el cielo se recogió como un libro que se arrolla: y todo monte, y toda isla fueron movidas de sus lugares: 6:15 Y los reyes de la tierra, y los príncipes, y los tribunos, y los ricos, y los poderosos, todo siervo, y libre se escondieron en las cavernas, y entre los peñascos de los montes: 6:16 Y decían a los montes, y a las peñas: Caed sobre nosotros, y escondednos de la presencia del que está sentado sobre el trono, y de la ira del Cordero: 6:17 Porque llegado es el grande día de la ira de ellos: ¿y quién podrá sostenerse en pie?"*

Los versículos 6:1-2 "*6:1Y vi que el Cordero abrió uno de los siete sellos, y oí que uno de los cuatro animales decía, como con vos de trueno: Ven, y verás. 6:2 Y miré: y vi un caballo blanco: y el que estaba sentado sobre él, tenía un arco, y le fue dada una corona, y salió victorioso para vencer.*"

Jesús abre el primero de los siete sellos. Juan ve un caballo blanco con un jinete, que sale victorioso para vencer. Este jinete sobre el caballo blanco es Jesús. El capítulo 19, como hemos visto, también presenta un caballo blanco y revela que quien viene montando en el caballo es Jesús, en lo que yo denomino la intervención de Jesús con su palabra. En mi opinión, el caballo blanco de estos versículos es el mismo caballo blanco que es referido en la intervención de Cristo a través de su palabra en el capítulo 19, que ya hemos analizado. No encuentro ninguna razón para pensar que es uno distinto.

La visión del jinete y del caballo blanco, que salió victorioso para vencer, está confirmando que la apertura del primer sello ocurrirá luego de la intervención de Cristo a través de su palabra referida en el capítulo 19, que será seguida del encarcelamiento del Diablo, que es encerrado y sellado en su encierro.

Los eventos que siguen luego de la apertura de los sellos ocurren luego de la intervención de Cristo a través de su palabra y del encarcelamiento del Diablo que dan comienzo al periodo de 1000 años acerca del cual ya he hecho referencia.

Los versículos 6:3-4: *"6:3 Y cuando abrió el segundo sello, oí el segundo animal, que decía: Ven y verás. 6:4 Y salió otro caballo Bermejo: y fue dado poder al que estaba sentado sobre él, para que quitase la paz de la tierra, que se matasen los unos a los otros, y le fue dada una grande espada."*

Estos versículos parecen indicar que luego de que el segundo sello sea abierto habrá guerras, o una gran guerra, como una guerra mundial.

Pero la expresión 'quitase la paz de la tierra' puede simbólicamente significar otro tipo de paz. El Evangelio según San Mateo (Felipe Scío) dice: "*10:34 No penséis que vine a meter paz sobre la tierra: no vine a meter paz, sino espada. 10:35 Porque vine a separar al hombre contra su padre, y a la hija contra su madre, y a la nuera contra su suegra. 10:36 Y los enemigos del hombre, los de su casa. 10:37 El que ama a padre, o a madre más que a mí no es digno de mí. Y el que ama a hijo, o a hija más que a mí, no es digno de mí.*" Con la espada que Jesús trae, que no es otra cosa que su palabra, no hay paz, hay confrontación. Acá se usa la palabra "espada" con el significado simbólico de palabra. A lo mejor la expresión "quita la paz de la tierra" significa que habrá confrontación, pero no física sino ideológica, tal vez religiosa.

No necesariamente la paz quitada debe tratarse de grandes conflictos armados entre naciones. A lo mejor sólo significa que Dios permitirá conflictos entre los hombres, que atraerán condena los unos sobre los otros.[251]

Los versículos 6:5-6 dicen: "*6:5 Y cuando abrió el tercer sello, oí al tercer animal, que decía: Ven, y verás. Y apareció un caballo negro: y el que estaba sentado sobre él, tenía en su mano una balanza. 6:6 Y oí como una voz en medio de los cuatro animales que decía: Dos libras de trigo por un denario, y seis libras de cebada por un denario, mas no hagas daño al vino ni al aceite.*"

---

[251] El libro del profeta Zacarías (Felipe Scío) dice: "*8:10 Porque antes de aquellos días no tenían jornal los hombres, ni tenían paga las bestias, ni había paz para el que entraba, ni para el que salía a causa de la tribulación: y abandoné a todos los hombres, cada uno contra su vecino. 8:11 Mas ahora no lo haré así como en los días precedentes con las reliquias de este pueblo, dice el Señor de los ejércitos.*"

Estos versículos diciendo que con un denario se compraran sólo dos libras de trigo, sugieren que habrá pobreza y hambre luego de la apertura del tercer sello.

En el Evangelio según San Mateo, versículo 20:2, hay una parábola en la que un terrateniente acuerda con un obrero la paga de un denario por el día de trabajo. Que se diga que con un día de trabajo solo se comprarán dos libras de trigo sugiere que habrá pobreza.

El aceite y el vino son usados en los Sacramentos. La expresión y no dañes el aceite y el vino puede significar que la práctica del Cristianismo no será impedida. Tal vez el versículo dice que, a pesar de los males que la apertura de este tercer sello traerá, las personas que busquen a Dios a través de Jesús, podrán encontrarlo. Esto favorecería la idea de que la pobreza y el hambre serán de bienes y alimentos materiales, no espirituales.[252]

Cuando la Biblia vaticina hambre, no necesariamente quiere significar hambre de bienes materiales o naturales. El libro del Profeta Amós (Felipe Scío), anuncia días de hambre espiritual: "*8:11 He aquí vienen los días, dice el Señor: y enviaré hambre sobre la tierra: no hambre de pan, ni sed de agua, sino de oír la palabra del Señor. 8:12 Y se conmoverán de mar a mar, y desde el Aquilón hasta el Oriente: discurrirán buscando la palabra del Señor, y no la hallarán.*" Estas palabras del libro del Profeta Amós, en mi opinión, hablan acerca de los tiempos posteriores a la

[252] Con aceite y vino trata el buen Samaritano las heridas del asaltado en el Evangelio según San Lucas 10:34. Con aceite hacían funcionar las lámparas las vírgenes del Evangelio según San Mateo 25:3.

Venida del Hijo del Hombre, que comienza el fin del mundo. Si ellos se refieren a los tiempos posteriores a la Venida del Hijo del Hombre, fortalecerían la interpretación que dice que el hambre que el tercer sello predice es un hambre de alimentos naturales. Ello es así, porque estos versículos dicen, que días vienen en los cuales habrá hambre de escuchar las palabras del Señor. Si los días que traerán hambre de alimentos espirituales sucederán luego de la Venida del Hijo del Hombre, entonces el hambre del sexto sello, que ocurre antes de la Venida del Hijo del Hombre, como veremos, es probablemente un hambre de alimentos naturales. De cualquier forma, es importante advertir que el anuncio de hambre en la Biblia no necesariamente significa hambre de bienes naturales, y debemos estar prevenidos de ello, aun cuando en este caso los versículos 6:5-6 parecieran anunciar hambre de alimentos naturales.

Versículos 6:7-8: "*6:7 Y cuando abrió el cuarto sello, oí la voz del cuarto animal, que decía: Ven, y verás. 6:8 Y apareció un caballo pálido: y el que estaba sentado sobre él, tenía por nombre Muerte, y le seguía el infierno: y le fue dado poder sobre las cuatro partes de la tierra, para matar con espada, con hambre, y con mortandad, y con bestias de la tierra.*"

Estos versículos parecen decir que luego de la apertura de este sello, el cuarto, habrá más guerras, hambre, plagas y bestias de la tierra. La palabra griega traducida como plagas es θανατω (thanato) que significa muerte. Las palabras griegas traducidas como bestias de la tierra, son θηριων (therion) της (tes) γης (ges), que significan bestias de la tierra.[253] Espada, hambre, muerte y bestias de la tierra vendrán luego de la apertura de este sello.

Aun cuando para Dios nada es imposible, en mi opinión, no parece que habrá literalmente bestias de la tierra matando a personas inmediatamente antes de que el fin del mundo comience; a menos que estemos hablando de enfermedades pandémicas, por ejemplo.

Los males anunciados en estos versículos pueden ser interpretados en forma simbólica. Aun más, cada uno de los males puede tener más de un significado, y la interpretación conjunta de todos los males puede tener su propia interpretación.

La expresión 'bestias de la tierra', por ejemplo, puede no referirse a animales, sino a falsos profetas. El libro del Profeta Ezequiel (Felipe Scío) se dice: "*34:4 No fortalecisteis lo que estaba flaco, y no sanasteis lo enfermo, y lo que estaba quebrado no lo atasteis, y lo descarriado no lo tornasteis, y no buscasteis lo perdido; sino que con aspereza, y con imperio dominabais sobre ellas. 34:5 Y fueron descarriadas mis ovejas, porque no había pastor, y se hicieron presa de todas las bestias del campo, y fueron descarriadas.*" Las bestias del campo en estos versículos son, en mi

---

[253] La Biblia Vulgata de San Jerónimo dice bestiis terrae. La Biblia Libro del Pueblo de Dios dice fieras salvajes. La Nueva Biblia de Jerusalén dice fieras de la tierra. La Biblia de las Américas dice fieras de la tierra. La Biblia Reina-Valera (1960) dice fieras de la tierra. El texto griego dice Θηριων (therion) της (tes) γης (gues). La palabra griega para "bestias" aquí es la misma que usa el libro del profeta Ezequiel versículo 34:5 y el propio libro Apocalipsis cuando habla de la Primera Bestia y de la Segunda Bestia.

opinión, falsos profetas. Las bestias de la tierra pueden ser falsos profetas que capturan a las ovejas a partir de la falta de ministros, de cosechadores en la tierra sembrada por el Señor. El Evangelio según San Mateo (Felipe Scío) dice: "*9:36 Y cuando vio aquellas gentes se compadeció de ellas: porque estaban fatigadas y decaídas, como ovejas, que no tienen pastor. 9:37 Entonces dijo a sus discípulos: la mies verdaderamente es mucha, más los obreros pocos. 9:38 Rogad al Señor de la mies, que envíe trabajadores a su mies.*" Los trabajadores son los ministros. El Evangelio enseña que la escasez de cosechadores es un mal, algo que debemos temer. El libro Apocalipsis, diciendo que habrá bestias de la tierra, puede estar diciendo con lenguaje simbólico que habrá escasez de ministros, y que la acción de los falsos profetas será permitida.[254]

Otra posibilidad es que la enumeración conjunta de los males tenga el propósito de llamar la atención acerca de las razones que traerán los males anunciados, a través de la asociación con pasajes del Antiguo Testamento, en los cuales los males acaecieron, o fueron anunciados, por la misma razón.

En la Biblia, libro del Profeta Ezequiel (Felipe Scío) se dice: "*14:21 Porque esto dice el Señor Dios: Y aun si enviare*

---

[254] El libro Génesis (Felipe Scío) dice: "*3:1 Pero la serpiente era más astuta que todos los animales de la tierra que había hecho el Señor Dios. La cual dijo a la mujer: ¿Por qué os mandó Dios, que no comieseis de todo árbol del paraíso?*" El libro Génesis (Felipe Scío) dice: "*3:14 Y dijo el Señor Dios a la serpiente: Por cuanto has hecho esto, maldita eres entre todos los animales, y bestias de la tierra: sobre tu pecho andarás, y tierra comerás todos los días de tu vida.*" La Serpiente, que es Satán, es llamada bestia de la tierra. Cuando el libro Apocalipsis habla acerca de las bestias de la tierra puede estar hablando del Diablo y de sus ángeles.

yo sobre Jerusalén cuatro durísimos castigos, espada, y hambre, y bestias malignas, y pestilencia para matar de ella hombres, y ganados: 14:22 Sin embargo quedará salvación de los que saquen a sus hijos, e hijas: he aquí que entrarán a vosotros, y veréis el camino de ellos, y sus invenciones, y os consolaréis del mal, que traje sobre Jerusalén, en todas las cosas, que cargue sobre ella. 14:23 Y os consolarán, cuando viereis el camino de ellos, y sus invenciones; y conoceréis, que no sin causa hice todo lo que hice en ella, dice el Señor Dios."

Versículos 6:9-11: *"6:9 Y cuando abrió el quinto sello, vi debajo del altar las almas de los que habían sido muertos por la palabra de Dios, y por el testimonio que tenían, 6:10 Y clamaban en voz alta, diciendo: ¿Hasta cuándo Señor, (santo y verdadero) no juzgas y no vengas nuestra sangre de los que moran sobre la tierra? 6:11 Y fueron dadas a cada uno de ellos unas ropas blancas: y les fue dicho, que reposasen aún un poco de tiempo, hasta que se cumpliese el número de sus consiervos y el de sus hermanos, que también han de ser muertos como ellos."*

De estos versículos me gustaría destacar nuevamente que en mi opinión la expresión "habitantes de la tierra" es usada en oposición a habitantes del Reino de Dios. Los habitantes de la tierra son los judíos y cristianos habitantes de este mundo, los que viven en este mundo, de acuerdo a sus valores. Cristo no era de este mundo, como tampoco lo eran sus discípulos.[255]

Y lo que aquellos que han sido matados a causa de la palabra de Dios piden, en mi opinión, es que se abrevien esos días, en beneficio de los que lo están padeciendo, y que venga pronto el final; piden que el día del Juicio llegue; que el castigo del Diablo llegue, con el Nuevo Mundo, para que acabe el sufrimiento de los que todavía pueden salvarse. El versículo 19:2 del libro Apocalipsis dice, refiriéndose al juicio de la Gran Prostituta, que es el Diablo: "*... y ha vengado la sangre de sus siervos de las manos de ella.*"

El Evangelio según San Mateo (Felipe Scío) dice: "*24:21 Porque habrá entonces grande tribulación, cual no fue desde el principio del mundo hasta ahora, ni será. 24:22 Y si no fuesen abreviados aquellos días, ninguna carne sería salva: mas por los escogidos aquellos días serán abreviados.*" [256]

Todo esto indica que todo sucederá cuando el final del mundo comienza, como veremos con posterioridad. Y en mi opinión también significa que inmediatamente antes de la Venida del Hijo del Hombre habrá más martirios.

---

[255] El Evangelio según San Juan (Felipe Scío) dice: "*8:23 Y les decía: Vosotros sois de abajo: yo soy de arriba. Vosotros sois de este mundo, yo no soy de este mundo.*" Los versículos 15:18-19 del mismo Evangelio (Felipe Scío) dicen: "*15:18 Si el mundo os aborrece: sabed que me aborreció a mí antes que a vosotros. 15:19 Si fuerais del mundo, el mundo amaría lo que era suyo: mas porque no soy del mundo, antes yo os escogí del mundo, por eso os aborrece el mundo.*"

[256] La Grande Tribulación, es la Vendimia de la Viña, el Gran Día de la Ira del Cordero.

Versículos 6:12-17: "*6:12 Y miré cuando abrió el sexto sello: y he aquí fue hecho un grande terremoto, y se tornó el sol negro como un saco de cilicio, y la luna fue hecho toda como sangre: 6:13 Y las estrellas del cielo cayeron sobre la tierra, como la higuera deja caer sus higos, cuando es movida de grande viento. 6:14 Y el cielo se recogió como un libro que se arrolla: y todo monte, y toda isla fueron movidas de sus lugares: 6:15 Y los reyes de la tierra, y los príncipes, y los tribunos, y los ricos, y los poderosos, todo siervo, y libre se escondieron en las cavernas, y entre los peñascos de los montes: 6:16 Y decían a los montes, y a las peñas: Caed sobre nosotros, y escondednos de la presencia del que está sentado sobre el trono, y de la ira del Cordero: 6:17 Porque llegado es el grande día de la ira de ellos: ¿y quién podrá sostenerse en pie?*"

Juan ve un gran terremoto y una serie de señales en el cielo. Estos versículos confirman que los capítulos 4, 5 y 6 son previos a la Venida del Hijo del Hombre. La Venida del Hijo del Hombre es la venida de Jesús anunciada en los Evangelios como el comienzo del fin del mundo. Los signos descriptos en estos versículos, que ocurren luego de la apertura del sexto sello, son aquellos que el Evangelio según San Mateo, versículo 24:29, y que el Evangelio según San Marcos, versículo 13:24, describen que ocurrirán en forma previa a la Venida del Hijo del Hombre, y que traen el comienzo del fin del mundo.

El Evangelio según San Mateo (Felipe Scío) dice: "*24:29 Y luego después de la tribulación de aquellos días el sol se oscurecerá, y la luna no dará su lumbre y las estrellas caerán del cielo, y las virtudes del cielo serán conmovidas. 24:30 Y entonces aparecerá la señal del Hijo del hombre en el cielo: y entonces plañirán todas las tribus de la tierra, y verás el Hijo del hombre que vendrá en las nubes del cielo con grande poder y majestad."*

El libro Apocalipsis (versículo 6:12) dice "y se tornó el sol negro..."; y el Evangelio según San Mateo (versículo 24:29) dice "el sol se oscurecerá". El libro Apocalipsis (versículo 6:12) dice "y la luna fue hecha toda como sangre"; y el Evangelio según San Mateo (versículo 24:29) dice "la luna no dará su lumbre". El libro Apocalipsis (versículo 6:13) dice "las estrellas del cielo cayeron sobre la tierra; y el Evangelio según San Mateo (versículo 24:29) dice "las estrellas caerán del cielo. El libro Apocalipsis (versículo 6:13) dice "las estrellas del cielo cayeron sobre la tierra, como la higuera deja caer sus higos, cuando es movida de grande viento"; y el Evangelio según San Mateo (versículo 24:29) dice "y las virtudes del cielo serán conmovidas".

El libro Apocalipsis (capítulo 6) presenta esta serie de eventos luego de una tribulación; y el Evangelio según San Mateo (versículo 24:29) dice que esto sucederá inmediatamente luego de la tribulación de esos días.

Sin lugar a dudas las dos series de versículos hablan de las señales previas a la Venida del Hijo del Hombre. Y el Evangelio según San Marcos (versículo 13:24) describe en una forma muy similar a la que el Evangelio según San Mateo describe estos mismos eventos: las señales previas a la Venida del Hijo del Hombre.

Se puede agregar, que los versículos 6:15-17 del libro

Apocalipsis (Felipe Scío) dicen: "*6:15 Y los reyes de la tierra, y los príncipes, y los tribunos, y los ricos, y los poderosos, todo siervo, y libre se escondieron en las cavernas, y entre los peñascos de los montes: 6:16 Y decían a los montes, y a las peñas: Caed sobre nosotros, y escondednos de la presencia del que está sentado sobre el trono, y de la ira del Cordero: 6:17 Porque llegado es el grande día de la ira de ellos: ¿y quién podrá sostenerse en pie?*" Los hombres se esconden en rocas porque el Cordero está a la vista; y el Evangelio según San Mateo (Felipe Scío) dice: "*24:30 y entonces aparecerá la señal del hijo del hombre en el cielo: y entonces plañirán todas las tribus de la tierra, verán al Hijo del hombre que vendrá en las nubes del cielo con grande poder y majestad.*"

Más adelante, expondré otras razones que confirman esta conclusión. Por ejemplo, explicaré como el Diablo será liberado en el Gran Día de la Ira del Cordero que sigue a la apertura de este sello, que indica que los 1000 años estarán concluidos (Apocalipsis 20:3), y que los hombres muertos estarán resucitados (Apocalipsis 20:5). Si los hombres muertos estarán resucitados, entonces la Venida del Hijo del Hombre habrá ya ocurrido.

Luego de que el sexto sello sea abierto, las señales previas a la Venida del Hijo del Hombre ocurrirán, y el fin del mundo comenzará con la Venida del Hijo del Hombre.

Pero, volviendo a la cuestión de las señales, y a los males anunciados, se conoce que habrá una tribulación, pero poco se puede saber en realidad en cuanto a que sucederá en concreto.

Personalmente, yo creo que la razón principal de los males anunciados con los sellos es prevenir a los cristianos acerca del hecho de que será la conducta y las obras de los hombres los que precipitarán el fin del mundo.

El fin del mundo vendrá, cuando el mundo haya dado su espalda a Dios; cuando la ausencia de amor y justicia reinen; cuando, a pesar de que el Diablo esté encarcelado, y los primeros resucitados estén gobernando junto a Cristo, haya pocos cristianos. Tal vez habrá una persecución en contra de estos cristianos. Tal vez los hombres tendrán una nueva religión. O tal vez en el futuro el Evangelio de Pablo estará nuevamente instalado en el lugar santo, donde sólo la palabra de Dios debería estar.

Si hay algo que la Biblia enseña, es que Dios no actúa sin motivo. La Biblia, libro del Profeta Isaías (Felipe Scío) dice: "*24:4 Lloró la tierra, y cayó, y desfalleció: cayó el orbe, y desfalleció la alteza del pueblo de la tierra. 24:5 Y la tierra fue inficionada por esos moradores: porque traspasaron las leyes, mudaron el derecho, rompieron la alianza sempiterna. 24:6 Por esto la maldición devorará la tierra, y pecarán los moradores de ella; y por esto darán en locuras los que moran en ella, y quedarán pocos hombres. 24:7 Lloró la vendimia, enfermó la vid, gimieron todos los que se alegraban de corazón.*" El libro del Profeta Jeremías (Felipe Scío) dice: "*44:23 Por cuanto sacrificasteis a los ídolos y pecasteis contra el Señor, y no oísteis la voz del Señor, y no anduvisteis en su ley, y en sus mandamientos, y testimonios: por eso os vinieron estos males, como se ven en este día.*" La Biblia, libro del Profeta Ezequiel (Felipe Scío) dice: "*39:21 Y pondré mi gloria entre las gentes: y verán todas las gentes la venganza que habré hecho, y la mano que habré puesto sobre ellos. 39:22 Y sabrán la casa de Israel, que yo soy el Señor Dios de ellos desde aquel día, y de allí adelante. 29:23 Y sabrán las gentes, que por su maldad ha sido cautivada la casa de Israel, porque me abandonaron, y aparté mi rostro de ellos: y los entregué en las manos de los enemigos, y cayeron todos a espada.*"

Los hombres necesitan estar preparados para persistir en la fe ante toda circunstancia, ante cualquier tribulación; desde circunstancias como hambre, guerra, enfermedades pandémicas, otros grandes desastres naturales, grandes injusticias, persecuciones ideológicas o religiosas, engaños de falsos profetas; hasta circunstancias más improbables como podría ser, por ejemplo, una invasión de extraterrestres, si los hubiere. Y no digo esto porque crea que el fin del mundo comenzará como una invasión de extraterrestres, si existe tal cosa. Sólo lo digo para ilustrar hasta cuan lejos la preparación para persistir en la fe tiene que llegar.[257]

[257] Mi padre solía destacar que el Diablo y los demonios parecen tener o haber tenido cierto dominio sobre la materia, sobre las cosas materiales. Y que si esto fuera cierto y lo tuvieran todavía, y si a ellos no se les permitiera poder material en nuestro planeta o se les permitiera muy poco, pero en lugares muy alejados se les permitiera construir cuerpos y otros artefactos, es posible que fueran ellos los responsables de los objetos voladores no identificados, y que demonios fueran sus tripulantes.

II.3. La Venida del Hijo del Hombre – la Siega – el Gran Día de la Ira del Cordero – Capítulos 14:14-16; 7:1-8; 8; 9; 10; 11:14-10; 15; 16; 7:9-17; 11:1-14

El capítulo 6 concluye justo antes de la Venida del Hijo del Hombre, que comienza el fin del mundo, con la visión de las señales de la Venida del Hijo del Hombre. El último versículo del capítulo 6 del libro Apocalipsis (Felipe Scío) dice: "6:16..."*y escóndenos de la presencia del que está sentado sobre el trono, y de la ira del Cordero, 6:17 Porque llegado es el grande día de la ira de ellos: y ¿quién podrá sostenerse en pie?*"

En estos capítulos que analizaremos seguidamente, el libro Apocalipsis describe que ocurrirá desde la Venida del Hijo del Hombre hasta el Juicio Final.

Lo primero que ocurre luego de la Venida del Hijo del Hombre, es la Siega, también llamada Reunión de los Elegidos en los Evangelios.[258] La Siega o Reunión de los Elegidos es llevada adelante entre todos los hombres, incluso aquellos que están muertos. La Venida del Hijo del Hombre es el tiempo de la resurrección de los muertos. La Siega es descripta en los capítulos 14:14-16 y 7:1-8 del libro Apocalipsis.

Luego de la Siega, es el tiempo de la Vendimia de la Viña de las naciones, la cual es el Gran Día de la Ira de del Cordero, anunciado en el final del capítulo 6. Es también llamada el Gran Día del Dios Todopoderoso, mencionado en el capítulo 16:14 del libro Apocalipsis, y

---

[258] El Evangelio según San Mateo versículo 24:31, y el Evangelio según San Marcos versículo 13:27.

es también la Gran Tribulación mencionada en los Evangelios y el libro Apocalipsis, capítulo 14.[259]

La Vendimia de la Viña, o Gran Tribulación o Gran Día de la Ira del Cordero o Gran Día del Dios Todopoderoso, es descripta en los capítulos 14:17-20, 8, 9, 11:14-19, 15, 16, y comienza con la apertura del séptimo sello, y el tocado de las trompetas.

El libro Números (Felipe Scío) dice: "*10:1 Y habló el Señor a Moisés, diciendo: 10:2 Hazte dos trompetas de plata batida a martillo, con las que puedas convocar a la multitud, cuando deba moverse el campamento. 10:3 Y cuando hicieres ruido con las trompetas, se congregará a ti toda la multitud a la puerta del tabernáculo de la alianza.*" El capítulo 10 del libro Números nos ilustra el significado simbólico de las trompetas del libro Apocalipsis, que son sonadas durante la Vendimia de la Viña.

Algunos versículos de otros capítulos hacen referencia a este evento de la Vendimia de la Viña, pero los capítulos y versículos mencionados hablan específicamente acerca de él.

Cuando la séptima trompeta es tocada, entonces las siete copas de la ira de Dios son derramadas, con las siete plagas. Los capítulos 15 y 16 describen el vertido de las siete copas con las siete plagas.

Todo esto constituye la Vendimia de la Viña, la Gran Tribulación, el Gran Día de la Ira del Cordero, el Gran Día del Dios Todopoderoso. El Diablo es liberado durante el mismo. Dos testigos también actúan, dando

[259] El Evangelio según San Mateo versículo 24:15; El Evangelio según San Marcos 13:14; El Evangelio según San Lucas versículo 21:20.

testimonio de Jesús y de su palabra.

Luego de la Vendimia de la Viña viene el Juicio Final. El libro Apocalipsis habla del Juicio Final en el versículo 20:11; el Evangelio según San Mateo en el versículo 25:31.

Esto es un resumen de los acontecimientos predichos en el libro Apocalipsis en análisis. Seguidamente, discutiré en particular estos acontecimientos.

II.3.1. La Siega o Reunión de los Elegidos

He dicho que la primera cosa que ocurre de acuerdo al libro Apocalipsis luego de la Venida del Hijo del Hombre es la Siega o Reunión de los Elegidos. Esto es descripto en los capítulos 14:14-16 y 7:1-8 del libro Apocalipsis.

Capítulos 14:14-16. La Siega de la Tierra y la Reunión de los Elegidos

Los versículos 14:14-16 del libro Apocalipsis (Felipe Scío) dicen: "*14:14 Y miré, y he aquí una nube blanca: y sobre la nube sentado uno semejante al Hijo del hombre, que tenía en su cabeza una corona de oro, y en su mano una hoz aguda. 14:15 Y salió otro ángel del templo, clamando en voz alta al que estaba sentado sobre la nube: Echa la hoz, y siega: porque es venida la hora de segar, por estar ya seca la mies de la tierra. 14:16 Y el que estaba sentado sobre la nube, echó hoz sobre la tierra, y la tierra fue segada.*"

Quien está sentado sobre la nube es el Hijo del

hombre, Jesús, y estos acontecimientos son también predichos en el Evangelio según San Mateo, versículo 24:30, y San Marcos, versículo 13:17. El Evangelio según San Mateo (Felipe Scío), luego de describir los signos de la venida del Hijo del hombre dice: "*24:30 Y entonces aparecerá la señal del Hijo del hombre en el cielo: y entonces plañirán todas las tribus de la tierra, y verán al Hijo del hombre que vendrá en las nubes del cielo con grande poder y majestad. 24:31 Y enviará sus ángeles con trompetas, y con grande voz: y allegarán sus escogidos de los cuatro vientos, desde lo sumo de los cielos hasta los términos de ellos.*" Con claridad se puede advertir que la Siega que estos versículos 14:14-16 del libro Apocalipsis anuncian es la Reunión de los Elegidos del Evangelio.

La siega que este versículos del libro Apocalipsis predicen es también la siega del Evangelio según San Mateo versículo 13:24. El Evangelio según San Mateo (Felipe Scío) dice: "*13:24 Otra parábola les propuso diciendo: Semejante es el reino de los cielos a un hombre, que sembró buena simiente en su campo. 13:25 Y mientras dormían los hombres, vino su enemigo, y sembró cizaña en medio del trigo, y se fue. 13:26 Y después que creció la yerba, e hizo fruto, apareció también entonces la cizaña. 13:27 Y llegando los siervos del padre de familias, le dijeron: ¿Señor, por ventura no sembrasteis buena simiente en tu campo? ¿Pues de dónde tiene cizaña? 13:28 Y les dijo: Hombre enemigo ha hecho esto. Y le dijeron los siervos: ¿quieres que vamos, y la cojamos? 13:29 No, les respondió: no sea que cogiendo la cizaña, arranquéis también con ella el trigo. 13:30 Dejad crecer lo uno y lo otro hasta la siega, y en el tiempo de la siega diré a los segadores: Coged primeramente la cizaña, y atadla en manojos para quemarla: más el trigo recogedlo en mi granero.”*

“…13:36 Entonces despedidas las gentes, se vino a casa: y llegándose a él sus discípulos, le dijeron: Explícanos la parábola de la cizaña del campo.” 13:37 Él les respondió, y dijo: El que siembra la buena simiente, es el Hijo del hombre. 13:38 Y el campo es el mundo. Y la buena simiente son los hijos del reino. Y la cizaña son los hijos de la iniquidad. 13:39 Y el enemigo, que la sembró, es el diablo. Y la siega, es la consumación del siglo. Y los segadores son los ángeles. 13:40 Por manera que así como es cogida la cizaña, y quemada al fuego: así será en la consumación del siglo. 13:41 Enviará el Hijo del hombre sus ángeles, y cogerán de su reino todos los escándalos, y a los que obren iniquidad: 13:42 Y echarlos han en el horno de fuego. Allí será el llanto, y el crujir de dientes. 13:43 Entonces los justos resplandecerán como el sol en el reino de su Padre. El que tiene orejas para oír, oiga.”

El libro Apocalipsis y los Evangelios dicen que la Siega, o la Reunión de los Elegidos, siguen a la Venida del Hijo del Hombre.

Se puede agregar que en la Siega o Reunión de los Elegidos, mencionada en el libro Apocalipsis versículo 14:14, acontece el “Señalado de los Siervos de Dios” del capítulo 7:1-8 del libro Apocalipsis

Capítulo 7:1-8. La Siega de la Tierra y El Sellado de los Siervos de Dios

El capítulo 7:1-8 del libro Apocalipsis (Felipe Scío) dice: *“7:1Después de esto vi cuatro ángeles que estaban sobre los cuatro ángulos de la tierra, y tenían los cuatro vientos de la tierra, para que no soplasen sobre la tierra, ni sobre la mar, ni en ningún árbol. 7:2 Y vi otro ángel que subía del nacimiento del sol, y tenía la señal del Dios vivo: y clamó en alta voz a los cuatro ángeles, a quienes era dado poder de dañar a la tierra, y la mar, 7:3 Diciendo: No hagáis mal a la tierra, ni a la mar, ni a los árboles, hasta que señalemos a los siervos de nuestro Dios en sus frentes. 7:4 Y oí el número de los señalados, que eran ciento y cuarenta y cuatro mil señalados, de todas las tribus de los hijos de Israel. 7:5 De la tribu de Judá, doce mil señalados: De la tribu de Rubén, doce mil señalados: De la tribu de Gad, doce mil señalados: 7:6 De la tribu de Aser, doce mil señalados; De la tribu de Neftalí, doce mil señalados: De la tribu de Manases, doce mil señalados: 7:7 De la tribu de Simeón, doce mil señalados: De la tribu de Leví, doce mil señalados: De la tribu de Issachar, doce mil señalados. 7:8 De la tribu de Zabulón, doce mil señalados: De la tribu de José, doce mil señalados: Y de la tribu de Benjamín doce mil señalados."*

El capítulo 6 del libro Apocalipsis concluye describiendo la Venida del Hijo del Hombre, y anunciando el Gran Día de la Ira del Cordero. El capítulo 7 habla acerca del Sellado de los Siervos del Señor. Y ello es porque entre la Venida del Hijo del Hombre y el Gran Día de la Ira del Cordero, acontece la Siega o Reunión de los Elegidos, en la cual los elegidos son sellados y salvados de ese Gran Día de la Ira del Cordero, también llamado Vendimia de la Viña y Gran Tribulación entre otros nombres.

La ubicación en el capítulo 7 sugiere que el Sellado de los Siervos de Dios es parte de la Siega del capítulo 14:14-16. El Sellado de los Siervos de Dios es predicho en el capítulo 7, siguiendo al capítulo 6, que, como he destacado, concluye hablando de la Venida del Hijo del Hombre, y sabemos que la Siega o Reunión de los Elegidos es lo que ocurre a continuación de la venida.

La ubicación en el capítulo 7 también sugiere que ocurre antes del Gran Día de la Ira del Cordero, que comienza a ser descripto en el capítulo 8.

Sabemos que el Sellado de los Siervos ocurre antes de la apertura del séptimo sello, que relata el capítulo 8, independientemente de su ubicación en este libro, porque el capítulo 7, que describe el sellado, comienza describiendo como Juan ve 4 ángeles sobre los cuatro ángulos de la tierra reteniendo los cuatro vientos de la tierra, a quienes se les dice en el versículo 7:3: "*Diciendo: no hagáis mal a la tierra, ni a la mar, ni a los árboles, hasta que señalemos a los siervos de nuestro Dios en sus frentes.*"; y la tierra y los árboles (Apocalipsis versículo 8:7) y el mar (Apocalipsis versículo 8:8) son dañados luego de que suenan las dos primeras trompetas del capítulo 8, que comienzan el Gran Día de la Ira del Cordero.

Más aun, el hecho de que los ángeles, que retienen los cuatro vientos hasta que el sellado sea realizado, estarán ubicados en los cuatro ángulos de la tierra, el lugar en donde estarán los ángeles de la Reunión de los Elegidos del Evangelio según San Mateo, versículo 24:30, y San Marcos, versículo 13:27, confirma que el sellado ocurre antes que los eventos descriptos en el capítulo 8, que son parte del Gran Día de la Ira del Cordero.

El Evangelio según San Mateo (Felipe Scío) dice: "*24:30 Y entonces parecerá la señal del Hijo del hombre en el cielo: y entonces plañirán todas las tribus de la tierra, y verás al Hijo del hombre que vendrá en las nubes del cielo con grande poder y majestad. 24:31 Y enviará sus ángeles con trompetas, y con grande vos: y allegarán sus escogidos de los cuatro vientos, desde lo sumo de los cielos hasta los términos de ellos.*" El capítulo 7 del libro Apocalipsis (Felipe Scío) dice: "*7:1Después de esto vi cuatro ángeles que estaban sobre los cuatro ángulos de la tierra, y tenían los cuatro vientos de la tierra, para que no soplasen sobre la tierra, ni sobre la mar, ni en ningún árbol.*" Claramente, esto ocurre inmediatamente luego de la Venida del Hijo del Hombre.

Además, el libro Apocalipsis enseña que el producto de la Siega, que son los elegidos del Evangelio según San Mateo versículo 24:31, los hijos del reino del Evangelio según San Mateo versículo 13:38, son salvados de la Vendimia de la Viña, la cual, como dije, es el Gran Día de la Ira del Cordero, el Gran Día del Dios Todopoderoso o Gran Tribulación; y estas personas que son las selladas, son sirvientes de Dios, y por lo tanto, hijos del reino. Todo indica que deben ser parte de la Siega, y de la Reunión de los Elegidos.

Antes de describir el Gran Día de la Ira del Cordero, con la apertura del séptimo sello, y el sonado de las siete trompetas, y el derramado de las siete copas, Juan ubica este capítulo 7 para hacernos saber que los Siervos de Dios serán sellados y salvados de este Gran Día de la Ira del Cordero.

La Siega, la Reunión de los Elegidos, el Sellado de la Frente de los Siervos de Dios, se lleva adelante entre muertos y vivos. El Evangelio enseña que la Venida del Hijo del Hombre, la segunda venida de Jesús, trae la resurrección de los muertos.

La Parábola del Sirviente del Evangelio según San Mateo 24:45, ubicada entre la Venida del Hijo del Hombre, versículo 24:30, y el Juicio Final, versículo 25:31, que se refiere a la Venida del Hijo del Hombre, se aplica tanto a personas vivas como a muertas.

El Evangelio según San Mateo (Felipe Scío) dice: "*24:44 Por tanto estad apercibidos también vosotros porque a la hora que menos pensáis, ha de venir el Hijo del hombre. ¿Quién crees que es el siervo fiel y prudente a quien su señor puso sobre su familia, para que les dé de comer a tiempo? 24:46 Bienaventurado aquel siervo, a quien hallare su señor así haciendo, cuando viniere. 24:47 En verdad os digo, que le pondrá sobre todos sus bienes. 24:48 Mas si dijere aquel siervo mal en su corazón: Se tarda mi señor en venir. 24:49 Y comenzare a maltratar a sus compañeros, y a comer, y beber con los que se embriagan: 24:50 vendrá el señor de aquel siervo el día que no espera; y a la hora que no sabe: 24:51 Y lo separará, y pondrá su parte con los hipócritas. Allí será el llorar, y el crujir de dientes.*"

Lo mismo puede decirse de la Parábola de las Diez Vírgenes del Evangelio según San Mateo (Felipe Scío): "*25:1 Entonces será semejante el reino de los cielos a diez vírgenes, que tomando sus lámparas, salieron a recibir al esposo y a la esposa. 25:2 Mas las cinco de ellas eran fatuas, y las cinco prudentes. 25:3 Y las cinco fatuas, habiendo tomados sus lámparas, no llevaron consigo aceite. 25:4 Mas las prudentes tomaron aceite en sus vasijas juntamente con las lámparas. 25:5 25:5 Y tardándose el esposo comenzaron a cabecear, y se durmieron todas. 25:6 Cuando a la media noche se oyó gritar. Mirad que viene el esposo salid a recibirle. 25:7 Entonces se lavantaron todas aquellas vírgenes, y aderezaron sus lámparas. 25:8 Dijeron las fatuas a las prudentes: Dadnos de vuestro aceite, porque nuestras lámparas se apagan. 25:9 Respondieron las prudentes, diciendo: Porque tal vez no alcance para nosotras, y para vosotras, id antes a los que lo venden, y comprad para vosotras. 25:10 Y mientras que ellas fueron a comprarlo, vino el esposo, y las que estaban apercibidas, entraron con él a las bodas, y fue cerrada la puerta. 25:11 Al fin vinieron también las otras vírgenes, diciendo: Señor, Señor, ábrenos. 25:12 Mas el respondió, y dijo. En verdad os digo, que no os conozco. 25:13 Volad, pues, porque no sabéis el día, ni la hora."*

Y lo mismo puede decirse de la Parábola de los Talentos del Evangelio según San Mateo (Felipe Scío), que dice: "*25:14 Porque así es, como un hombre, que al partirse lejos, llamó a sus siervos, y les entregó sus bienes. 25:15 Y dio al uno cinco talentos, y al otro dos, y al otro dio uno, a cada uno según su capacidad y se partió luego. 25:16 El que había recibido los cinco talentos, se fue a negociar con ellos, y ganó otros cinco. 25:17 Asimismo el que había recibido dos, ganó otro dos. 25:18 Mas el que había recibido uno, fue y cavó en la tierra y escondió allí el dinero de su señor. 25:19 Después de largo tiempo vino el Señor de aquellos siervos, y los llamó a cuentas. 25:20 Y llegando el que había recibido los cinco talentos, presentó otros cinco talentos, diciendo: Señor, cinco talentos me entregaste, he aquí otros cinco he ganado de más. 25:21 Su señor le dijo: Muy bien, siervo bueno y fiel; porque fuiste fiel en lo poco, te pondré sobre lo mucho, entra en el gozo de tu señor. 25:22 Y se llegó también el que había recibido los dos talentos, y dijo: Señor, dos talentos me entregaste, aquí tienes otros dos que me he ganado. 25:23 Su Señor le dijo: Bien está, siervo bueno y fiel: porque fuiste fiel sobre lo poco, te pondré sobre lo mucho, entra en el gozo de tu señor. 25:24 Y llegando también el que había recibido un talento, dijo: Señor sé que eres un hombre de recia condición, siegas en donde no sembraste, y allegas en donde no esparciste. 25:25 Y temiendo me fui, y escondí tu talento en tierra: he aquí tienes lo que es tuyo. 25:26 Y respondiendo su señor, le dijo: Siervo malo y perezoso, sabías que siego en donde no siembro, y que allego en donde no he esparcido: 25:27 Pues debiste haber dado mi dinero a los banqueros, y viniendo yo hubiera recibido ciertamente con usura lo que es mío. 25:28 Quitadle pues el talento, y dádselo al que tiene diez talentos. 25:29 Porque será dado a todo el que tuviere, y tendrá más: mas al que no tuviere, le será quitado aun lo que parece que tiene. 25:30 Y al siervo inútil echadlo en las tinieblas exteriores: allí será el llorar y el crujir de dientes."*

En mi opinión, el hecho de que en la Reunión de los Elegidos del Evangelio según San Mateo, versículo 24:31, que es la Siega del capítulo 14 del libro Apocalipsis, y el Sellado de la Frente de los Siervos de Dios del capítulo 7 del libro Apocalipsis, se dice que los elegidos serán reunidos de los cuatro vientos, de un extremo del cielo al otro, fue utilizada para confirmar que la Siega tiene lugar entre los muertos resucitados y los vivos. La Reunión de los Elegidos no es sólo llevada adelante desde los cuatro vientos, sino también desde un extremo del cielo al otro. Las personas muertas no están ni en la tierra, ni en el cielo, pero Jesús, diciéndonos que la reunión es llevada adelante entre un extremo del cielo al otro, dice que cubre todo lugar en el cual los muertos pudieran estar.

II.3.2. La Vendimia de la Viña de la Tierra – El Gran Día de la Ira del Cordero – La Gran Tribulación

Había dicho que el capítulo 6, que hablaba de los signos previos a la Venida del Hijo del Hombre, concluía con la visión de la Venida del Hijo del Hombre y anunciando la inminente llegada del Gran Día de la Ira del Cordero.

Y dije que la Siega o Reunión de los Elegidos o Sellado de los Siervos de Dios seguía inmediatamente a la Venida del Hijo del Hombre. Los dos últimos versículos del capítulo 6 del libro Apocalipsis (Felipe Scío) dicen: "6:16..."*y escóndenos de la presencia del que está sentado sobre el trono, y de la ira del Cordero, 6:17 Porque llegado es el grande día de la ira de ellos: y ¿quién podrá sostenerse en pie?*"

Sigue a la Siega, o Reunión de los Elegidos o Sellado de los Siervos de Dios, este Gran Día de la Ira del Cordero que es anunciado en el final del capítulo 6, y que es descripto con la figura de la Vendimia de la Viña de la

Tierra.

Este día es llamado Gran Día de la Ira del Cordero, Vendimia de la Viña de la Tierra, Gran Día del Dios Todopoderoso, y Gran Tribulación, entre otros nombres. Veamos primero lo que dice el libro Apocalipsis acerca de este día usando la figura de la Vendimia de la Viña de la Tierra.

Capítulo 14:17-20. La Vendimia de la Viña de la Tierra

Capítulo 14:17-20 del libro Apocalipsis (Felipe Scío) dice: "*14:17 Y salió otro ángel del templo, que hay en el cielo, que tenía también una hoz aguda. 14:18 Y salió del altar otro ángel, que tenía poder sobre el fuego: y clamó en voz alta a aquel, que tenía la hoz agua, diciendo: Mete tu hoz aguda, y vendimia los racimos de la viña de la tierra porque maduras están las uvas de ella. 14:19 Y metió el ángel su hoz aguda en la tierra, y vendimió la viña de la tierra, y echó la vendimia en el grande lago de la ira de Dios. 14:20 Y fue hollado el lago fuera de la ciudad, y salió sangre del lago hasta los frenos de los caballos por mil y seiscientos estadios.*"

El capítulo 14 se refiere a la Vendimia luego de la descripción de la Siega, que sigue a la Venida del Hijo del Hombre.

El Evangelio según San Mateo (Felipe Scío) dice acerca de la Siega: "*13:36 Entonces despedidas las gentes, se vino a casa: y llegándose a él sus discípulos, le dijeron: Explícanos la parábola de la cizaña del campo. 13:37 Él les respondió, y dijo: El que siembra la buena simiente, es el Hijo del hombre.*

13:38 Y el campo es el mundo. Y la buena simiente son los hijos del reino. Y la cizaña son los hijos de la iniquidad. 13:39 Y el enemigo, que la sembró, es el diablo. Y la siega, es la consumación del siglo. Y los segadores son los ángeles. 13:40 Por manera que así como es cogida la cizaña, y quemada al fuego: así será la consumación del siglo. 13:41 Enviará el hijo del Hombre sus ángeles, y cogerán de su reino todos los escándalos, y a los que obran iniquidad: 13:42 Y echarlos han en el horno del fuego. Allí será el llanto, y el crujir de dientes. 13:43 Entonces los justos resplandecerán como el sol en el reino de su Padre. El que tiene orejas para oír, oiga." El destino de la cizaña es ser echada al horno de fuego, donde habrá llanto y crujido de dientes.

El libro Apocalipsis da más detalles de la suerte de los escándalos y agentes de iniquidad, de los causadores de escándalos y de los que andan sin ley, del destino de la cizaña, enseñando acerca de la Vendimia de la Viña de la Tierra. El versículo 14:19 del libro Apocalipsis (Felipe Scío) dice: *"Y metió el ángel su hoz aguda en la tierra, y vendimió la viña de la tierra, y echó la vendimia en la grande lago de la ira de Dios."*

El ángel metió su hoz en la Tierra y reunió la uva de la vendimia y la arrojó al lago de la ira de Dios, el cual es el lugar en donde la Vendimia de la Viña será realizada.

Esta Vendimia, que tiene lugar en el lago de la ira de Dios, no es otra cosa que el Gran Día de la Ira del Cordero, descripta con la apertura del séptimo sello y el derramado de las siete copas de la ira de Dios; y es al mismo tiempo la Gran Tribulación, y el horno de fuego de los Evangelios.[260]

Luego de la Venida del Hijo del Hombre, sigue la Siega de la Tierra, seguida de la Vendimia de la Viña, que es el Gran Día de la Ira del Cordero. Por ello el capítulo 6 del libro Apocalipsis (Felipe Scío) termina diciendo: "*6:16...escóndenos de la presencia del que está sentado sobre el trono, y de la ira del Cordero: 6:17 Porque llegado es el grande día de la ira de ellos: ¿Y quién podrá sostenerse en pie?*"

La Vendimia de la Viña es la reunión del fruto de la viña. El uso de esta figura de la vendimia para hacer referencia al Gran Día de la Ira del Cordero, en mi opinión, nos hace saber que el Gran Día de la Ira del Cordero tiene por objetivo obtener fruto, darles a las personas que lo deben enfrentar oportunidad de alcanzar salvación. De hecho, muchas personas encontraran salvación en el Gran Día de la Ira del Cordero, en la Vendimia de la Viña, también llamada la Gran Tribulación. El capítulo 7:14 nos deja saber esto.

Se puede agregar que este capítulo, diciendo que la vendimia será llevada adelante en el lago de la Ira de Dios, nos hace saber que aquellos que lo enfrenten deberán vivir una gran tribulación, que es la Gran Tribulación, el Gran Día de la Ira del Cordero.

El libro Apocalipsis describe la Vendimia de la Viña, no sólo en el capítulo 14, sino también en los capítulos 8, 9, 10, 11:14-18, y capítulos 15 y 16, todo lo cual analizaremos a continuación.

---

[260] El libro del Profeta Malaquías, por ejemplo, habla del Día del Señor como un día encendido como horno, en el versículo 4:1.

Capítulos 8, 9, 10 y 11:14-18. La Apertura del Séptimo Sello y las Siete Trompetas

La Vendimia de la Viña, el Gran Día de la Ira del Cordero, la Gran Tribulación, comienza a ser descripta con detalle en el capítulo 8, con la apertura del séptimo sello.

Sabemos que el capítulo 8 habla de la Vendimia de la Viña, acerca del Gran Día de la Ira de Dios, entre otras razones, porque el capítulo 6 termina anunciando la Venida del Hijo del Hombre y el Gran Día de la Ira del Cordero; y la Vendimia de la Viña es lo que sigue a la Siega y a la Venida del Hijo del Hombre.

Con la apertura del séptimo sello, comienzan a sonar las siete trompetas, y ciertos acontecimientos suceden. Esto es lo que comentaré seguidamente, transcribiendo los capítulos 8, 9, 11:14-18. Aunque no podemos saber concretamente mucho acerca de ellos, podemos entender su mensaje general.

Capítulo 8

El capítulo 8 del libro Apocalipsis (Felipe Scío) dice: "*8:1 Y cuando él abrió el séptimo sello, fue hecho silencio en el cielo, casi por media hora. 8:2 Y vi siete ángeles que estaban de pie delante de Dios: y le fueron dadas siete trompetas. 8:3 Y vino otro ángel, y se paró delante del altar teniendo un incensario de oro: y le fueron dados muchos perfumes, para que pusiese de las oraciones de todos los santos sobre el altar de oro, que estaba ante el trono de Dios. 8:4 Y subió el humo de los perfumes de las oraciones de los santos de mano del ángel delante de Dios. 8:5 Y el ángel tomó el incensario, y lo llenó del fuego del altar, y lo echó en la tierra, y fueron hechos truenos, y voces, y relámpagos, y terremoto grande. 8:6 Y los siete ángeles, que tenían las siete trompetas, se aprestaron para tocarlas. 8:7 Y el primer ángel tocó la trompeta, y fue hecho granizo, y fuego, mezclados con sangre, lo que cayó sobre la tierra, y fue abrasada la tercera parte de la tierra, y fue abrasada la tercera parte de los árboles, y quemada toda la yerba verde. 8:8 Y el segundo ángel tocó la trompeta: y fue echado en el mar como un grande monte ardiendo en fuego, y se tornó en sangre la tercera parte de la mar. 8:9 Y murió la tercera parte de las criaturas, que había animadas en la mar: y la tercera parte de los navíos pereció. 8:10 Y el tercer ángel tocó la trompeta: y cayó del cielo una grande estrella, ardiendo como una hacha, y cayó en la tercera parte de los ríos, y en las fuentes de las aguas: 8:11Y el nombre de la estrella se dice Ajenjo, y la tercera parte de las aguas se convirtió en ajenjo: y murieron mucho hombres por las aguas, porque se tornaron amargas. 8:12 Y el cuarto ángel tocó la trompeta: y fue herida la tercera parte del sol, y la tercera parte de las estrellas, de manera que se oscureció la tercera parte de ellos, y no resplandecía la tercera parte del día, y lo mismo de la noche. 8:13 Y vi, y oí la voz de un águila, que volaba por medio del cielo, que decía en alta voz: Ay, ay, ay de los moradores de la tierra, por las otras voces de los ángeles, que habían de tocar la trompeta."*

El capítulo 8 comienza a describir una tribulación,

como no ha habido hasta ese entonces, y nunca más habrá luego de ella. No hay dudas acerca de ello.

En la interpretación de estos males hay que tener presente los simbolismos de la Biblia. Hay que considerar que cuando se dice que alguien mata en la Biblia, no siempre significa que se da muerte física, o espiritual, sino que a veces significa que se da vida espiritual, matando al ser de este mundo para dar nacimiento en ese ser a otro ser, a un nuevo ser, que ya no es de este mundo. En el libro de los Hechos de los Apóstoles a Pedro se le ordena en una visión matar y comer animales considerados impuros, la cual significaba matar y comer a los gentiles, en el sentido de hacerlos morir y nacer de nuevo como discípulos del Reino.[261]

La palabra árboles, por ejemplo, se usa en la Biblia para designar a los hombres apartados de Dios, soberbios y poderosos. También se les llama montañas, peñas, entre otras figuras. El libro del Profeta Isaías (Felipe Scío) dice: "*2:12 Porque el día del Señor de los ejércitos será sobre todo soberbio, y altivo, y sobre todo arrogante. 2:13 Y sobre todos los cedros del Líbano altos, y erguidos, y sobre todas las encinas del Basán. 2:14 Y sobre todos los montes altos y sobre todos los collados elevados. 2:15 Y sobre toda torre eminente, y sobre todo muro fortificado. 2:16 Y sobre todas las naves de Tharsis, y sobre todo lo que es hermosos a la vista. 2:17 Y será encorvada la arrogancia de los hombres, y será abatida la altivez de los varones, y sólo el Señor será ensalzado aquel día.*" La lectura de este capítulo del libro de Isaías es muy

[261] Libro de los Hechos de los Apóstoles, versículos 10:13 y 11:7.

clarificadora en lo concerniente a la utilización de las palabras árboles y montañas, y de los simbolismos en general.

La palabra tierra es usada en referencia a los habitantes de este mundo, por oposición a los habitantes del Reino; la palabra mar, ríos y aguas para designar a los gentiles y tal vez también a quienes están en los dominios de Leviatán, que es el Diablo, Satanás, la Antigua Serpiente. Y la palabra estrellas se usa simbólicamente para hacer referencia a los ángeles.

Al margen, también hay que tener presente la cuestión de la segunda muerte. En el libro Apocalipsis se menciona a la segunda muerte en los versículos 20:6, 20:14 y 21:14. Yo entiendo que se refiere a la muerte que reciben quienes son parte de la vendimia, y que les quita definitivamente toda posibilidad de salvación.

Estos versículos literalmente anuncian males sobre la tierra, los árboles, el mar y los ríos y las fuentes de agua, y sobre las estrellas, pero pueden estar haciendo referencia a los hombres alejados de Dios, altivos, soberbios, poderosos, a quienes están en los dominios del Diablo, y a los malos ángeles, por ejemplo.

Personalmente me resulta indudable que habrá tribulación, pero no me resulta indudable si debe interpretarse a las palabras árboles, tierra, ríos, y mar, en forma simbólica o literal, aunque me inclino pronunciadamente por la interpretación simbólica.

Más allá de esto quiero llamar la atención al versículo 8:13 que dice: "*Y vi, y oí la voz de un águila, que volaba por medio del cielo, que decía en alta voz: Ay, ay, ay de los moradores de la tierra, por las otras voces de los ángeles, que habían de tocar la trompeta."* Cuatro trompetas han sonado ya y este versículo menciona tres "ay" que están por venir. Cada uno de estos 'ay' corresponde a una de las trompetas que están por ser sonadas. Este asunto tendrá importancia más adelante para ubicar cronológicamente la acción de los dos testigos del capítulo 11 del libro Apocalipsis.

Capítulo 9

El capítulo 9 del libro Apocalipsis (Felipe Scío) dice: "*9:1Y el quinto ángel tocó la trompeta: y vi que una estrella cayó del cielo en la tierra, y le fue dada la llave del pozo del abismo. 9:2 Y abrió el pozo del abismo: y subió humo del pozo, como humo de un grande horno: y se oscureció el sol y el aire con el humo del pozo: 9:3 Y del humo del pozo salieron langostas a la tierra: y les fue dado poder, como tienen poder los escorpiones de la tierra: 9:4 Y les fue mandado, que no hiciesen daño a la yerba de la tierra, ni a cosa alguna verde, ni a ningún árbol: sino solamente a los hombres, que no tienen la señal de Dios en sus frentes: 9:5 Y les fue dado, que no los matasen: sino que los atormentasen cinco meses: y su tormento, como tormento de escorpión cuando hiere a un hombre. 9:6 Y en aquellos días buscarán los hombres la muerte, y no la hallarán: y desearan morir, y huirá la muerte de ellos. 9:7 Y las figuras de las langostas eran parecidas a caballos aparejados para batalla: y sobre sus cabezas tenían como coronas semejantes al oso: y sus cabezas era así como caras de hombres. 9:8 Y tenían cabellos como cabellos de mujeres. Y sus dientes eran como dientes de leones: 9:9 Y vestían lorigas como lorigas de hierro: y el estruendo de sus alas, como estruendo de carros de muchos caballos, que corren al combate: 9:10 Y tenían colas semejantes a las de los escorpiones, y había aguijones en sus colas: y su poder para dañar a los hombres cinco meses: y tenían sobre sí 9:11 Por rey un ángel del abismo llamado en hebreo Abaddon, en griego Apollyon, y en latín Exterminans. 9:12 El un ay pasó ya, y he aquí siguen aún dos ayes después de estas cosas. 9:13 Y el sexto ángel tocó la trompeta: y oí una voz de los cuatro cuernos del altar de oro, que está ante los ojos de Dios. 9:14 Que decía al sexto ángel, que tenía la trompeta: Desata los cuatro ángeles, que están atados en el grande río Éufrates. 9:15 Y fueron desatados los cuatro ángeles, que estaban aprestados para la hora, y día, y mes, y año: para matar la tercera parte de los hombres. 9:16 Y el número del ejército de a caballo veinte mil veces diez veces mil. Y oí el número de ellos. 9:17 Y así vi los caballos en visión: y los que los cabalgaban, vestían lorigas de fuego, y de color de jacinto, y de azufre: Y las cabezas de los caballos eran como cabezas de leones: y de su boca salía fuego, y humo, y azufre. 9:18 Y de estas tres plagas fue muerta la tercera parte de los hombres, del fuego y del humo, y del azufre, que salían de la boca de ellos. 9:19 Porque el poder de los caballos está en la boca de ellos, y en sus colas. Pues las colas de ellos semejantes a serpientes, que tienen cabezas: y con ellas dañan. 9:20 Y los otros hombres, que no fueron muertos de estas plagas, ni se arrepintieron de las obras de sus manos, para que no adorasen demonios, e ídolos de oro, y de plata, y de metal, y de piedra, y de madera, los cuales ni pueden ver, ni oír, ni andar. 9:21 Y no se arrepintieron de sus homicidios, ni de sus maleficios, ni de su fornicación, ni de sus hurtos."*

El capítulo 9 continúa la descripción de la Vendimia, del Gran Día de la Ira del Cordero, de la Gran Tribulación. Los males anunciados son similares a los males que a través de Moisés Dios hizo caer sobre Egipto para persuadir al Faraón de liberar y permitir emigrar al pueblo judío que estaba viviendo en Egipto.[262] Tal vez el propósito de las similitudes es indicar que el fin de estos males es hacer a las personas aceptar la voluntad de Dios y convertirse.

El hecho de que el versículo 9:4 manda que no se haga daño a nada verde sino sólo a los hombres, me sugiere que los males que anuncia el capítulo 8, tampoco se dirigen en contra de los árboles, el mar y la tierra en un sentido literal, sino figurado: se dirigen en contra de los hombres que no fueron salvados, lo cual significa que en el capítulo 8 las palabras árboles, mar y tierra se están usando con el significado simbólico que mencioné.

Al margen, es notable que en el capítulo 9:12 el libro Apocalipsis diga que el primer 'ay' ha pasado, refiriéndose a la quinta trompeta, y luego continúa hablando de la sexta trompeta, aunque insertando el capítulo 10, antes de que la séptima trompeta sea sonada.

Capítulo 10

El capítulo 10 del libro Apocalipsis (Felipe Scío) dice: *"10:1 Y vi otro ángel fuerte descender del cielo, cubierto de*

---

[262] Éxodo, versículo 7:8.

una nube, y el iris sobre su cabeza, y su cara era como el sol, y sus pies como columnas de fuego: 10:2 Y tenía en su mano un librito abierto: y puso su pie derecho sobre la mar, y el izquierdo sobre la tierra: 10:3 Y clamó en voz alta, como un león cuando ruge. Y luego que hubo clamado, siete truenos hablaron sus voces. 10:4 Y cuando los siete truenos hablaron sus voces yo las iba a escribir: y oí una voz del cielo que me decía: Sella las cosas que han hablado los siete truenos: y no los escribas. 10:5 Y el ángel, que vi estar sobre la mar, y sobre la tierra, levantó su mano al cielo: 10:6 Y juró por el que vive en los siglos de los siglos, que creó el cielo, y las cosas que hay en él: y la tierra, y las cosas que hay en ella, y la mar, y las cosas que hay en ella: Que no habrá ya más tiempo: 10:7 Mas en los días de la voz del séptimo ángel, cuando comenzare a sonar la trompeta, será consumado el misterio de Dios, como lo anunció por sus siervos los profetas. 10:8 Y oí la voz del cielo que hablaba otra vez conmigo, y que decía: Ve, y toma el libro abierto de mano del ángel, que está sobre la mar, y sobre la tierra. 10:9 Y me fui al ángel, y le dije, que me diese el libro. Y me dijo: toma el libro, y trágalo: Y hará amargar tu vientre, mas en tu boca será dulce como la miel. 10:10 Y tomé el libro de mano del ángel, y le tragué: y era dulce en mi boca como la miel: y cuando le hube tragado, fue mi vientre amargado: 10:11 Y me dijo: Es necesario que otra vez profetices a muchas gentes, y a pueblos, y a lenguas, y a reyes."

De este capítulo he advertido con interés que dice en los versículos 10:6-7, que luego del sonado de la séptima trompeta no habrá más tiempo, ya no habrá más demora, y el misterio de Dios será consumado. Esto confirma la unidad de la tribulación del séptimo sello y de las siete trompetas, con la tribulación de las siete copas con las siete plagas, que continúan a las siete trompetas.

Capítulo 11:14-19

El capítulo del libro Apocalipsis (Felipe Scío), versículos 11:14-19: "*11:14 11:14 Se pasó el segundo ay: y he aquí el tercer ay vendrá presto. 11:15 Y el séptimo ángel tocó la trompeta: y hubo en el cielo grandes voces que decían: El reino de este mundo ha sido reducido a nuestro señor, y a su Cristo, y reinará en los siglos de los siglos. Amen. 11:16 Y los veinte y cuatro ancianos, que delante de Dios están sentados en sus sillas, se postraron sobre sus rostros, y adoraron a Dios, diciendo: 11:17 Gracias te damos, Señor Dios Todopoderoso, que eres, y que eras, y que has de venir: porque has recibido tu gran poderío, y has entrado en tu reino. 11:18 Y las gentes se han airado mas ha llegado la ira, y el tiempo de ser juzgados los muertos, y de dar el galardón a tus siervos los profetas, y los santos, y a los que temen tu nombre, a los pequeñitos, y a los grandes, y de exterminar a los que inficionaron la tierra. 11:19 Y se abrió el templo de Dios en el cielo, y el arca de su testamento fue vista en su templo, y fueron hechos relámpagos, y voces, y terremoto, y grande pedrisco.*"

Cuando la séptima trompeta suena, la Ira final llega. El versículo 11:18 dice "*Y las gentes se han airado mas ha llegado la ira, y el tiempo de ser juzgados los muertos...*"

Con respecto a que ocurre luego del sonado de las

siete trompetas, este capítulo no dice mucho, pero en mi opinión, los capítulos 15 y 16 si lo hacen, los cuales son la continuación del capítulo 11.

Los capítulos 15 y 16 hablan acerca de las copas de la ira de Dios.

Capítulos 15 y16. Las Siete Copas con Sus Siete Plagas

Capítulo 15

El capítulo 15 del libro Apocalipsis (Felipe Scío) dice: "*15:1 Y vi otra señal en el cielo grande y maravillosa, siete ángeles, que tenían las siete plagas postreras: Porque en ellas es consumada la ira de Dios. 15:2 Y vi así como un mar de vidrio revuelto con fuego, y a los que vencieron a la bestia, y su figura, y al número de su nombre, que estaban sobre la mar de vidrio, teniendo las arpas de Dios. 15:3 Y que cantaban el cántico de Moisés siervo de Dios, y el cántico del Cordero, diciendo: Grandes y maravillosas son tus obras, Señor Dios Todopoderoso: justos, y verdaderos son tus caminos, Rey de los siglos. 15:4 ¿Quién no te temerá, Señor, y engrandecerá tu nombre? Porque sólo eres piadoso: y todas las gentes vendrán, y adorarán delante de ti, porque se han manifestado tus juicios. 15:5 Y después de esto, miré, y he aquí, que se abrió en el cielo el templo del tabernáculo del testimonio: 15:6 Y salieron siete ángeles del templo, que traían siete plagas, vestidos de un lino limpio y blanco, y ceñidos por el pecho de bandas de oro. 15:7 Y uno de los cuatro animales dio a los siete ángeles siete copas de oro, llenas de ira de Dios, que vive en los siglos de los siglos. 15:8 Y el templo se hinchó de humo por la majestad de Dios, y de su virtud: y no podía entrar ninguno en el templo, hasta que fuesen consumadas las siete plagas de los siete ángeles."*

El versículo 15:2 dice: "*15:2 Y vi así como un mar de vidrio revuelto con fuego, y a los que vencieron la bestia, y su figura, y el número de su nombre, que estaban sobre la mar de vidrio, teniendo las arpas de Dios.*" En mi opinión, aquellos que han sido victoriosos acerca de la Bestia y su imagen son aquellos que han sido verdaderos cristianos a pesar de la Bestia, a pesar de Pablo y de sus epístolas. Aquellos que han sido victoriosos sobre el número del nombre de la Bestia son aquellos que han descubierto a quien pertenece el número, quien es la Bestia, cual es su nombre, y fueron capaces de ser cristianos, a pesar de la acción de la gente que son parte del número del nombre de la Bestia.

El versículo 15:5 habla acerca de la apertura del templo de Dios.[263] El capítulo 11, que habla acerca del sonado de la séptima trompeta del séptimo sello, concluye con la apertura del templo de Dios, y en el capítulo 15:5 hay una apertura del templo de Dios. Ellos hablan de la misma apertura. El capítulo 15 continúa al capítulo 11. Recordemos que el libro Apocalipsis, versículo 11:18 dice: "*Y las gentes se han airado mas ha llegado la ira, y el tiempo de ser juzgados los muertos, y de*

---

[263] El templo del tabernáculo del testimonio es el templo de Dios o altar de Dios.

dar el galardón a tus siervos los profetas, y los santos, y a los que temen tu nombre, a los pequeñitos, y a los grandes, y de exterminar a los que inficionaron la tierra...", y el capítulo 16 describe el derramado de las siete copas de la ira de Dios, y el Juicio Final sigue al capítulo 16.

Recordemos lo que se dice en el capítulo 10 del libro Apocalipsis (Felipe Scío): "*10:7 Mas en los días de la voz del séptimo ángel, cuando comenzare a sonar la trompeta, será consumado el misterio de Dios, como lo anunció por sus siervos los profetas.*" En el capítulo 15 se dice: "*15:1 Y vi otra señal en el cielo grande y maravillosa, siete ángeles, que tenían las siete plagas postreras: Porque en ellas es consumada la ira de Dios.*"

Capítulo 16

El capítulo 16 del libro Apocalipsis (Felipe Scío) dice: "*16:1Y oí una grande voz del templo, que decía a los siete ángeles: Id y derramad las siete copas de la ira de Dios sobre la tierra. 16:2 Y fue el primero, y derramó su copa sobre la tierra: y vino una llaga cruel y maligna sobre los hombres que tenían la señal de la bestia: y sobre aquellos que adoraron su imagen. 16:3 Y el segundo ángel derramó su copa sobre la mar, y se tornó sangre como de un muerto: y murió en la mar toda alma viviente. 16:4 Y el tercero derramó su copa sobre los ríos, y sobre las fuentes de las aguas, y se convirtieron en sangre. 16:5 Y oí decir al ángel de las aguas: Justo eres Señor, que eres, y que eres santo, porque esto has juzgado. 16:6 Porque derramaron la sangre de los santos, y de los profetas, les has dado también a beber sangre: porque lo merecen.*

16:7 Y oí, que dijo otro desde el altar: Ciertamente Señor Todopoderoso, verdaderos, y justos son tus juicios. 16:8 Y el cuarto ángel derramó su copa sobre el sol, y le fue dado afligir a los hombres con ardor y fuego. 16:9 Y ardieron los hombres de grande ardor, y blasfemaron el nombre de Dios, que tiene poder sobre estas plagas, y no se arrepintieron para darle gloria: 16:10 Y el quinto ángel derramó su copa sobre la silla de la bestia: y se tornó su reino tenebroso, y comieron sus lenguas de dolor. 16:11 Y blasfemaron al Dios del cielo por sus dolores y por sus heridas, y no se arrepintieron de sus obras. 16:12 Y el sexto ángel derramó su copa sobre aquel grande río Éufrates, y secó su agua, para que se aparejase camino para los reyes del Oriente. 16:13 Y vi salir de la boca del dragón, y de la boca de la bestia, y de la boca del falso profeta tres espíritus inmundos a manera de ranas. 16:14 Porque son espíritus de demonios, que hacen prodigios, y van a los reyes de toda la tierra para juntarlos en batalla, para el grande día del Dios Todopoderoso. 16:15 He aquí, que vengo como ladrón. Bienaventurado el que vela, y guarda sus vestiduras, para que no ande desnudo, y vean su fealdad. 16:16 Y los congregará en un lugar, que en hebreo se llama Armagedón. 16:17 Y el séptimo ángel derramó su copa por el aire y salió una grande voz del templo desde el trono que decía: Esto es hecho. 16:18 Y fueron hechos relámpagos, y voces, y truenos, y hubo un grande temblor de tierra: tal, tan grande terremoto, cual nunca fue, desde que los hombres fueron sobre la tierra. 16:19 Y la ciudad grande fue partida en tres partes: y cayeron las ciudades de las gentes, y Babilonia la grande vino en memoria delante de Dios, para darle el cáliz del vino de la indignación de su ira. 16:20 Y toda isla huyó, y los montes no fueron hallados. 16:21 Y cayó del cielo un grande pedrisco sobre los hombres como un talento: y los hombres denostaron a Dios por la plaga del pedrisco, que fue grande en extremo."

El versículo 16:14 se refiere al Gran Día de la Ira del Cordero, como el Gran Día de la Ira del Dios Todopoderoso. El versículo 16:15 nos recuerda a esas palabras del Evangelio según San Mateo versículo 24:43, que describe como será la Venida del Hijo del Hombre; y dice que vendrá como un ladrón, en una forma inesperada, y confirma, primero, que el Gran Día del Dios Todopoderoso es el Gran Día de la Ira del Cordero, y segundo, que el Gran Día de la Ira del Cordero, sigue a la Venida del Hijo del Hombre.

Asimismo, este capítulo 16 nos confirma que el derramado de las siete copas con las siete plagas viene después de las trompetas. La Gran Ciudad, que es el Diablo, es destruida durante el derramado de las siete copas. Los últimos versículos del capítulo 16 dicen: "*16:17 Y el séptimo ángel derramó su copa por el aire y salió una grande voz del templo desde el trono que decía: Esto es hecho. 16:18 Y fueron hechos relámpagos, y voces, y truenos, y hubo un grande temblor de tierra: tal, tan grande terremoto, cual nunca fue, desde que los hombres fueron sobre la tierra. 16:19 Y la ciudad grande fue partida en tres partes: y cayeron las ciudades de las gentes, y Babilonia la grande vino en memoria delante de Dios, para darle el cáliz del vino de la indignación de su ira.*" La derrota del Diablo es lo último que ocurre.

El versículo 16:17 dice que habrá un gran terremoto, como no lo hubo desde que el hombre estuvo en la tierra. Este gran terremoto contrasta con el terremoto mencionado en el capítulo 11:18, que ocurre cuando las siete trompetas suenan. En mi opinión, esto es indicativo de que los capítulos 15 y 16 constituyen la ejecución de la séptima trompeta, y son la conclusión de la tribulación, porque el mal mayor viene al último.

Además, se puede agregar, que aunque los males que vienen luego de las seis primeras trompetas en los capítulos 8 y 11, comparados con los males que siguen a la séptima trompeta con el derramado de las copas del capítulo 16, son muy similares, los males de las copas dan la impresión de ser mucho más destructivos. El libro Apocalipsis dice que los daños que vienen luego de la mayoría de las trompetas sólo afectan a la tercera parte de sus objetivos. Los daños que siguen las copas, en cambio, parecen afectar a la totalidad de sus objetivos.

En uno o en otro caso, la Vendimia de la Viña, el Gran Día de la Ira del cordero, la Gran Tribulación, es una sola, por lo que las copas necesariamente suceden a las trompetas.

Lo que sigue luego de los eventos del capítulo 16 es descripto en el capítulo 20:10, el encarcelamiento eterno del Diablo en el lago de fuego, que da lugar al Juicio Final del capítulo 20:11del libro Apocalipsis, y del versículo 25:31 del Evangelio según San Mateo.

Antes de ingresar en el estudio de estos capítulos analizaremos otro, que da más información acerca de la Vendimia de la Viña, de la Gran Tribulación, del Gran Día de la Ira del Cordero.

Capítulo 7:9-17. Salvación en la Vendimia de la Viña de la Tierra

El capítulo 7:9-17 del libro Apocalipsis (Felipe Scío) dice: "*7:9 Después de esto vi una grande muchedumbre, que ninguno podía contar, de todas naciones, y tributos, y pueblos, y lenguas, que estaban en pie ante el trono, y delante del Cordero, cubiertos de vestiduras blancas, y palmas en sus manos. 7:10 clamaban en voz alta, diciendo: La salud a nuestro Dios, que está sentado sobre el trono, y al Cordero. 7:11 Y todos los ángeles estaban en pie alrededor del trono, y de los ancianos, y de los cuatro animales: y se dejaron caer ante el trono sobre sus rostros, y adoraron a Dios, 7:12 Diciendo, Amén. La bendición, y la claridad, y la sabiduría, y la acción de gracias, y la honra, y la virtud, y la fortaleza a nuestro Dios en los siglos de los siglos, Amén. 7:13 Y tomando la palabra uno de los ancianos, me dijo: ¿Éstos que están cubiertos de vestiduras blancas quiénes son? ¿Y de dónde vinieron? 7:14 Y le dijo: Mi Señor, tú lo sabes. Y díjome: Éstos son los que vinieron de la grande tribulación, y lavaron sus ropas, y las emblanquecieron en la sangre del Cordero: 7:15 Por esto están ante el trono de Dios, y le sirven de día y noche en su templo: y el que está sentado en el trono, morará sobre ellos. 7:16 No tendrán hambre, ni sed nunca jamás, ni caerá sobre ellos el sol, ni ningún ardor: 7:17 Porque el Cordero, que está en medio del trono, los guardará, y los llevará a fuentes de aguas, y enjuagará Dios toda lágrima de los ojos de ellos.*"

Antes de describir a la Vendimia de la Viña, también

llamada Gran Tribulación, y Gran Día de la Ira del Cordero, el libro Apocalipsis nos dice que todavía en esta Gran Tribulación habrá posibilidad de alcanzar la salvación. Yo me atrevería a decir que uno de los principales objetivos del libro Apocalipsis es dar este mensaje.

La Acción del Diablo en la Vendimia de la Viña de la Tierra

Los versículos 20:1-3 del libro Apocalipsis (Felipe Scío) dice: "*20:1Y vi descender del cielo un ángel que tenía la llave del abismo, y una grande cadena en su mano. 20:2 Y prendió al dragón la serpiente antigua, que es el diablo y Satanás, y lo ató por mil años. 20:3 Y lo metió en el abismo, y lo encerró, y puso sello sobre él, para que no engañe más a las gentes hasta que sean cumplidos los mil años: y después de esto conviene, que sea desatado por un poco de tiempo.*"

Los versículos 20:7-10 dice: "*20:7 Y cuando fueren acabados los mil años, será desatado Satanás, y saldrá de su cárcel, y engañará a las gentes, que están en los cuatro ángulos de la tierra, a Gog, y a Magog, y los congregará para batalla, cuyo número es como la arena de la mar. 20:8 Y subieron sobre la anchura de la tierra, y cercaron los reales de los santos, y la ciudad amada. 20:9 Y Dios hizo descender fuego del cielo, y los tragó. Y el diablo, que los engañaba, fue metido en el estanque de fuego, y de azufre: en donde también es la bestia. 20:10 Y el falso profeta será atormentado día y noche en los siglos de los siglos.*"

El libro Apocalipsis, versículo 20:3, dice acerca de Satanás, del Diablo, de la Antigua Serpiente, que él fue encarcelado por 1000 años por un ángel, que lo arrojó al abismo, lo encerró, y puso el sello sobre él, para que no pudiera engañar más a la gente hasta que los mil años hayan terminado.

El periodo de los mil años termina con la Venida del Hijo del Hombre, porque la Venida del Hijo del Hombre trae la resurrección de los muertos, y la resurrección de los muertos ocurre cuando los mil años han terminado.[264]

El Diablo luego es liberado para el Gran Día de la Ira del Cordero, la Vendimia de la Viña, la Gran Tribulación. Cuando el séptimo sello es abierto; esto es, cuando todos los sellos han sido abiertos (capítulo 8:1), y antes de que la séptima trompeta sea soplada, el Diablo que había sido arrojado al abismo, y encerrado y sellado, es liberado.

Estos versículos nos confirman que el Diablo es liberado y actúa durante el Gran Día de la Ira del Cordero.

La Resurrección de los Muertos y la Vendimia de la Viña de la Tierra

El versículo 20:4 del libro Apocalipsis (Felipe Scío): "*20:4 Y vi sillas, y se sentaron sobre ellas, y les fue dado juicio: y las almas de los degollados por el testimonio de Jesús, y por la palabra de Dios, y lo que no adoraron la bestia, ni a su imagen, ni recibieron su marca en sus frentes, o en sus manos, y vivieron y reinaron con Cristo mil años.*"

[264] El libro Apocalipsis, versículo 20:5.

El libro Apocalipsis versículo 20:4 enseña que algunos hombre resucitan primero: "*las almas de los degollados por el testimonio de Jesús, y por la palabra de Dios, y los que no adoraron a la bestia, ni a su imagen, ni recibieron su marca en sus frentes, o en sus manos, y vivieron y reinaron con Cristo mil años.*" Aquellos que resucitan primero serán aquellos que han sido decapitados por el testimonio de Jesús y de la palabra de Dios, y que no han adorado a la Bestia, ni a su imagen (la imagen de Pablo que surge de las Epístolas o las Epístolas mismas) y no han recibido la marca en sus frentes ni en sus manos, lo cual significa que ni pusieron en sus mentes su doctrina, ni la pusieron en práctica.

Yo creo que es correcto decir que aquellos que mueren siendo fieles a Jesús, es decir, sin tener la marca de la Segunda Bestia en sus mentes y en sus manos, lo cual implica no creer en la doctrina de Pablo y no estar poniéndola en práctica, tienen oportunidad de ser parte de la primera resurrección.

Los Evangelios también enseñan que hay algunos hombres que resucitan primero. El Evangelio según San Mateo (Felipe Scío), hablando acerca de la muerte y la resurrección de Cristo dice: "*27:52 Y se abrieron los sepulcros: y muchos cuerpos de santos, que habían muerto resucitaron. 27:53 Y saliendo de los sepulcros después de la resurrección de él, vinieron a la santa ciudad, y aparecieron a muchos.*" El Evangelio según san Lucas (Felipe Scío) dice: "*23:39 Y uno de aquellos ladrones, que estaban colgados, le injuriaba, diciendo: Si tú eres el Cristo, sálvate a ti mismo, y a nosotros.* 23:40 *Mas el otro respondiendo, le reprendió, diciendo. Ni aun tú temes a Dios, estando en el mismo suplicio. 23:41 Y nosotros en verdad por nuestra culpa, porque recibimos lo que merecen nuestras obras: mas éste ningún mal ha hecho. 23:42 Y decía a Jesús: Señor, acuérdate de mí, cuando vinieres a tu reino. 23:43 Y Jesús le dijo: En verdad te digo: Que hoy serás conmigo en el paraíso."* Estos versículos enseñan que algunas personas ya han resucitado, y otras resucitarán primero.

Con respecto al resto, la resurrección de la muerte ocurre cuando los mil años terminan, cuando ocurre la Venida del Hijo del Hombre, que es la Segunda Venida de Jesús, porque la Siega, la Reunión de los Elegidos, el Sellado de los Siervos de Dios, es llevada adelante incluyendo a los resucitados.

Los muertos no elegidos, y las personas vivas no elegidas, enfrentan el Gran Día de la Ira del Cordero, la Vendimia de la Viña, la Gran Tribulación.

Por ello Cristo advirtió con tanta insistencia a la gente que estuvieran preparados, y hablaba de la tribulación como algo respecto de la cual todos debían estar advertidos, incluso los que estaban vivos al momento de su prédica.

El libro Apocalipsis enseña que, independientemente de cuando ocurra nuestra muerte, todos aquellos que no mueran como fieles y sabios sirvientes, enfrentarán la Gran Tribulación, y serán arrojados, antes del Juicio Final, a las tinieblas exteriores de la Parábola de los Talentos del Evangelio según San Mateo versículo 25:30, a la Vendimia de la Ira de Dios del libro Apocalipsis versículo 14:20. Esta es la última oportunidad de alcanzar salvación y de entrar al Reino de Dios. Al Reino de Dios las personas ingresan viviendo de acuerdo a la doctrina de Cristo o no entran.

Algunos de aquellos que mueren como fieles y sabios sirvientes serán parte de la primera resurrección, como dije anteriormente. Los demás que Dios decida salvar, resucitarán al tiempo de la Venida del Hijo del Hombre, y serán salvados conjuntamente con los que se encuentren vivos al tiempo de la Venida del Hijo del Hombre, y que Dios decida también salvar. Estos serán sellados y salvados de la Gran Tribulación, que el resto, aquellos que no sean elegidos, tendrá que enfrentar.

La Gran Tribulación de los Evangelios y la Vendimia de la Viña de la Tierra

El Evangelio según San Mateo (Felipe Scío) dice: "*24:15 Por tanto, cuando viereis que la abominación de la desolación, que fue dicha por el profeta David está en el lugar santo, el que lee, entienda: 24:16 Entonces los que están en la Judea, huyan a los montes. 24:17 Y él que en el tejado, no descienda a tomar alguna cosa de su casa: 24:18 Y él que en el campo, no vuelva a tomar su túnica. 24:19 ¡Mas ay de las preñadas, y de las que crían en aquellos días! 24:20 Rogad pues, que vuestra huida no suceda en invierno, o en sábado. 24:21 Porque habrá entonces grande tribulación, cual no fue desde el principio del mundo hasta ahora, ni será. 24:22 y si no fuesen abreviados aquellos días, ninguna carne sería salva: más por los escogidos aquellos días serán abreviados. 24:23 Entonces si alguno os dijere: Mirad, el Cristo está aquí o allí: no le creáis. 24:24 Porque se levantarán falsos cristos, y falsos profetas, y darán grandes señales, y prodigios, de modo (que si puede ser) caigan en error aun los escogidos. 24:25 Ved que os lo he dicho de antemano. 24:26 Por lo cual si os dijeren: He aquí que está en el desierto, no salgáis: mirad que está en lo más retirado de la casa, no le creáis. 24:27 Porque como el relámpago sale del Oriente, y se deja ver hasta el Occidente: así será también la venida del Hijo del hombre. 24:28 Donde quiera que estuviere el cuerpo, allí se juntaran también las águilas."*

El Evangelio según San Marcos (Felipe Scío) dice: "*13:14 Y como viereis la abominación de la desolación estar, en donde no debe: quien lee, entienda: entonces los que están en la Judea, huyan a los montes: 13:15 Y el que esté sobre el tejado, no descienda a la casa, ni entre dentro para tomar alguna cosa de su casa: 13:16 Y el que estuviere en el campo, no vuelva atrás para tomar su vestido. 13:17 ¡Mas ay de las preñadas y de las que criaren en aquellos días! 13:18 Rogad pues, que no sean esas cosas en invierno. 13:19 Porque aquellos días serán tribulaciones tales, cuales no fueron desde el principio de las criaturas que hizo Dios hasta ahora, ni serán. 15:20 Y si el Señor no hubiera abreviado aquellos días, no se salvaría ninguna carne: más por amor de los escogidos, que escogió, abrevió aquellos días. 15:21 Entonces si alguno os dijere: He aquí está el Cristo, o hételo allí, no le creáis. 15:22 Porque se levantarán falsos cristos; y falsos profetas, y darán señales y portentos, para engañar, si puede ser, aun a los escogidos. 15:23 Estad pues vosotros sobre aviso: he aquí que todo os lo dije de antemano.*"

El Evangelio según San Lucas (Felipe Scío) dice: "*21:20 Pues cuando viereis a Jerusalén cercado de un ejército, entonces sabed que su desolación está cerca. 21:21 Entonces los que están en la Judea, huyan a los montes: y los que en medio de ella síganse: y los que en los campos, no entren en ella. 21:22 Porque estos son días de venganza, para que se cumplan todas las cosas, que están escritas. 21:23 ¡Mas ay de las preñadas y de las que dan de mamar en aquellos días! Porque habrá grande apretura sobre la tierra, e ira para este pueblo. 21:24 Y caerán a filo de espada: y serán llevados en cautiverio a todas las naciones, y Jerusalén será hollada de los gentiles: hasta que se cumplan los tiempos de las naciones."*

Los tres Evangelios hablan acerca de la Gran Tribulación. El Evangelio según San Lucas habla acerca de la gran apretura o gran desgracia, e ira en contra del pueblo.

Sin lugar a dudas la Gran Tribulación es el Gran Día de la Ira del Cordero, porque no habrá previamente a este Gran Día ira comparable a la que tendrá lugar en él; no hay dudas de que vendrá luego de que el séptimo sello sea abierto, cuando las siete trompetas sean sonadas y las siete copas sean derramadas.

Por esta razón el Evangelio según San Lucas, versículo 21:22 dice, "*porque estos son días de venganza, para que se cumplan todas las cosas que están escritas.*" Porque la gran tribulación de San Lucas ocurre en los últimos días, lo cual explica que no hay más profecías para ser cumplidas. Los días de venganza se refieren al castigo del Diablo, como ya he mencionado.

Por ello es que el Evangelio según San Lucas versículo 21:23 dice que habrá en este día ira en contra de la gente. Porque esta tribulación de la que habla el Evangelio según

San Lucas ocurrirá en el Gran Día de la Ira del Cordero, en el Gran Día de la Ira de Dios.

Por ello es también que el Evangelio según San Lucas (Felipe Scío) dice: "*Y caerán a filo de espada: y serán llevados en cautiverio a todas las naciones, y Jerusalén será hollada de los gentiles: hasta que se cumplan los tiempos de las naciones*"; porque la Gran Tribulación del Evangelio sucederá cuando los dos testigos del libro Apocalipsis del capítulo 11 actúan. Ocurrirá durante el Gran Día de la Ira de Dios, como veremos en el próximo punto.

La palabra griega ουαι (ouai) traducida "ay" en las Biblias, incluida en el Evangelio según San Lucas, no es casualidad. El Evangelio según San Lucas (Felipe Scío) dice: "*21:23 ¡Mas ay de las preñadas y de las que dan de mamas en aquellos días! Porque habrá grande apretura sobre la tierra, e ira para este pueblo.*" Recordemos que el libro Apocalipsis usa la misma palabra griega en el versículo 8:13, entre otros, diciendo (Felipe Scío): "*...Ay, ay, ay, de los moradores de la tierra, por las otras voces de los tres ángeles, que habían de tocar la trompeta.*" Recordemos que el libro Apocalipsis (Felipe Scío) se refiere a tres ay: "*9:12 El un ay pasó ya, y he aquí siguen aún dos ayes después de estas cosas.*" Y que cada uno de los "ay" corresponde a las trompetas 5, 6 y 7. Esto también nos confirma que la Gran Tribulación es el Gran Día de la Ira del Cordero.

Además el capítulo 7 del libro Apocalipsis ubica a la Grande Tribulación luego de la Venida del Hijo del Hombre, hablando en el versículo 7:14 de los que vienen de la Grande Tribulación, usando las mismas palabras griegas que usa el versículo 24:21 del Evangelio según San

Mateo. Dice el libro Apocalipsis (Felipe Scío): "*7:14 Y le dije: Mi Señor, tú lo sabes. Y díjome: Estos son los que vinieron de la grande tribulación, y lavaron sus ropas, y las emblanquecieron en la sangre del Cordero.*"[265]

Esta interpretación armoniza con los Evangelios, como se verá a continuación.

Armonización con el Evangelio según San Mateo

La única dificultad que presenta este Evangelio es la interpretación del versículo 24:29 que habla acerca de la tribulación de aquellos días, describiendo las señales de la Venida del Hijo del Hombre, generando la impresión de que estas ocurren después de la Gran Tribulación de la que hablan los versículos 24:15 a 24:23.

Sin embargo si se interpreta que los versículos 24:29 y subsiguientes, no continúan a la Gran Tribulación, sino que se refieren a la tribulación mencionada en los primeros versículos, más específicamente a la tribulación descripta en los versículos 24:7-14, entonces la dificultad se supera. Y no hay verdadera dificultad para realizar esta interpretación, que armoniza, no sólo con el libro Apocalipsis, sino también con el Antiguo Testamento.

El versículo 24:29 del Evangelio según San Mateo "dice tribulación de aquellos días" y no "Gran Tribulación" por esta misma razón, porque no se refiere a la Gran Tribulación. Primero el Evangelio según San Mateo habla acerca de la destrucción de Jerusalén, que ocurre en la Gran Tribulación que sigue a la Venida del Hijo del

---

[265] Ver libro del profeta Daniel, capítulo 12, versículo 1.

Hombre, y luego habla acerca de las señales de la Venida del Hijo del Hombre, siguiendo el orden de las preguntas que se le formulan a Jesús y que él responde. A Jesús, luego de que el hablara de la destrucción de Jerusalén, se le pregunta en el versículo 24:3: ¿Cuándo acontecerán estas cosas? y ¿qué señal habrá de tu venida, y de la consumación del siglo? Entonces Jesús contesta acerca de la Gran Tribulación y luego acerca de las Señales de su venida.

Mediante la profecía de la destrucción de Jerusalén, Jesús nos profetiza acerca de dos hechos distintos: uno es la destrucción material de Jerusalén que ocurre alrededor del año 70, luego de que Pablo de Tarso instala el ídolo de la abominación en la Biblia: sus epístolas que iban a recibir el trato de palabra de Dios; otro, es la destrucción simbólica de Jerusalén, entendiendo a la palabra Jerusalén como a la cultura Judaica que llevó a la construcción de este gran templo para Dios, de gran belleza material, pero muy poca espiritual, pues no abrazaba el espíritu de la verdadera palabra de Dios y sus valores. Aquella Jerusalén de la cual Jesús habla pocos versículos antes de responder a estas cuestiones. El Evangelio según San Mateo (Felipe Scío) dice: "*23:37 Jerusalén, Jerusalén, que matas los profetas y apedreas a aquellos que a ti son enviados, ¿cuántas veces quise allegar tus hijos, como la gallina allega sus pollos debajo de sus alas, y no quisiste?*"[266]

Armonización con el Evangelio según San Marcos

[266] Esta Jerusalén en la escatología final no está compuesta sólo de judíos que rechazaron a Jesús sino también cristianos que rechazaron a Jesús, como también de gentiles que rechazaron a Jesús.

Similar consideración se puede hacer con este Evangelio. Si se interpreta que el versículo 13:24 que habla acerca de las señales de la Venida del Hijo del Hombre, cuando dice después de aquella tribulación, se refiere a la tribulación mencionada en el versículo 13:8, y que las señales de la Venida del Hijo del Hombre no continúan a la tribulación mencionada en los versículos 13:14-23, toda dificultad se supera y toda la Biblia armoniza lógicamente.

Armonización con el Evangelio según San Lucas

En el caso del Evangelio según San Lucas su interpretación se soluciona si se interpreta que los versículos 21:25 no continúan los versículos inmediatos anteriores.

Capítulo 11:1-14. Los Dos Testigos

El capítulo 11:1-14 del libro Apocalipsis (Felipe Scío) dice: "*11:1 Y me fue dada una caña semejante a una vara y se me dijo: Levántate, y mide el templo de Dios: y el altar, y a los que adoran en él. 11:2 Mas el atrio, que esta fuera del templo, déjalo fuera, y no lo midas: porque se ha dado a las gentes, y hollarán la Ciudad Santa cuarenta y dos meses: 11:3 Y daré a mis dos testigos, y profetizarán mil doscientos y sesenta días, vestidos de sacos. 11:4 Estos son dos olivos, y dos candeleros, que están delante del Señor de la tierra. 11:5 Y si alguno les quisiere dañar, saldrá, fuego de la boca de ellos, y tragará sus enemigos, y si alguno les quisiere hacer daño, es necesario que también él sea muerto. 11:6 Estos tienen poder de cerrar el cielo, que no llueva en los días de la profecía de ellos; y tienen poder sobre las aguas para convertirlas en sangre, y para herir la tierra con toda suerte de plagas cuantas veces quisieren. 11:7 Y cuando acabaren su testimonio, lidiará contra ellos una bestia que sube del abismo, y los vencerá, y los matará. 11:8 Y los cuerpos de ellos yacerán en las plazas de la grande ciudad, que es llamada espiritualmente Sodoma, y Egipto, donde el Señor de ellos fue también crucificado. 11:9 Y los de las tribus, y pueblos, y lenguas, y naciones verán los cuerpos de ellos tres días y medio: y no permitirán que sus cuerpos sean puestos en sepulcros. 11:10 Y los moradores de la tierra se gozarán por la muerte de ellos, y se alegrarán: y se enviarán presentes los unos a los otros, porque estos dos profetas atormentaron a los que moraban sobre la tierra. 11:11 Y después de tres días y medio, entró en ellos el espíritu de vida enviado de Dios. Y se alzaron sobre sus pies, y vino un grande temor sobre los que los vieron. 11:12 Y oyeron una grande voz del cielo, que les decía: Subid acá. Y subieron al cielo en una nube, y los vieron los enemigos de ellos. 11:13 Y en aquella hora fue hecho un grande terremoto, y cayó la décima parte de la ciudad: y en el terremoto fueron muertos los nombres de siete mil hombres: y los demás fueron atemorizados, y dieron gloria a Dios del cielo. 11:14 Se pasó el segundo ay: y he aquí el tercer ay vendrá presto."*

Durante la Vendimia de la Viña, el Gran Día de la Ira del Cordero, la Gran Tribulación, los dos testigos de Dios mencionados en el capítulo 11 actúan. Ellos serán matados en la Gran Ciudad, que no es otra que la Gran Babilonia, el Diablo,[267]donde toda la sangre de los profetas, de los santos, y de todos los decapitados del mundo fue encontrada. Esta es una forma de decir que serán matados por el Diablo. El versículo 18:24 del libro Apocalipsis (Felipe Scío) dice acerca de la Gran Ciudad y de los profetas y de los santos: *"Y en ella ha sido hallada la sangre de los profetas, y de los santos: y de todos los que fueron muertos sobre la tierra."* El hecho de que la sangre de los profetas y de los santos fuera encontrada en la Gran Ciudad, que es el Diablo, significa que fueron matados por el Diablo; del mismo modo, el hecho de que los dos testigos hayan sido matados en la Gran Ciudad significa que su sangre fue encontrada en el Diablo, que el Diablo los mató.

Los dos testigos actúan durante 1.260 días, el cual es el periodo de las persecuciones, de las tribulaciones. Esto indica que los dos testigos actúan durante una tribulación, que no puede ser otra que la Gran Tribulación, en la cual el Diablo es liberado, y los puede matar. Sus poderes son similares a los de los ángeles de las trompetas, y al de las copas con las plagas.

La expresión de los primeros versículos del capítulo 11:2 que dice '*Mas el atrio, que está fuera del templo, déjalo fuera y no lo midas: porque se ha dado a las gentes, y hollarán la Ciudad Santa cuarenta y dos meses*', trae a memoria las palabras del Evangelio según San Lucas (Felipe Scío), que dicen: *"21:20 Pues cuando viereis a*

---

[267] Como dije al tratar el capítulo 17.

Jerusalén cercado de un ejército, entonces sabed que su desolación está cerca: 21:21 Entonces los que están en la Judea, huyan a los montes: y los que en medio de ella, sálganse: y los que en los campos, no entren en ella. 21:22 Porque estos son días de venganza para que se cumplan todas las cosas, que están escritas. 21:23 ¡Mas ay de las preñadas y de las que dan de mamar en aquellos días! Porque habrá grande apertura sobre la tierra, e ira para este pueblo. 21:24 Y caerán a filo de espada: y serán llevados en cautiverio a todas las naciones, y Jerusalén será hollada de los gentiles: hasta que se cumplan los tiempos de las naciones." El Evangelio según San Lucas confirma que los dos testigos actúan durante la Gran Tribulación.

Como dije, tomando el versículo que sigue en el Evangelio según San Lucas, el número 21:25, como un versículo aparte, que describe los momentos previos a la Venida del Hijo del Hombre, entonces el Evangelio según San Lucas armoniza perfectamente con el libro Apocalipsis.

La ubicación de los dos testigos en el libro Apocalipsis también sugiere que ellos actúan durante la Gran Tribulación.

Por otra parte, la expresión del versículo 11:14, que dice que el segundo 'ay' ha pasado, parece indicar que la acción de los dos testigos toma lugar, en parte al menos, durante el segundo 'ay', durante la sexta trompeta del Gran Día de la Ira del Cordero, de la Gran Tribulación, de la Vendimia de la Viña.

Con respecto a la identidad de los dos testigos, teniendo en cuenta que el versículo 11:4 los llama candeleros, y el capítulo 1:20 del libro Apocalipsis llama a las siete Iglesias 'candeleros', parece posible que los testigos no fueren dos hombres, sino dos Iglesias, y que ellas vayan a ser muertas y resucitadas en alguna forma simbólica; pero podría tratarse de dos personas perfectamente. Yo me inclino por la interpretación que dice que son dos personas.

Por último, y con respecto al versículo 11:13 del libro Apocalipsis, que dice que la décima parte de la ciudad cayó, en mi opinión esto significa que lo que quedaba de la ciudad, que es la Gran Ciudad, el Diablo, fue destruido, y que el número de 7000 muertes, constituye un número simbólico que representa totalidad, que nos está diciendo que todas aquellas personas que debían morir, murieron, ya sea siendo víctimas de la segunda muerte, que los excluye definitivamente del Reino de Dios, o sea convirtiéndose, en cuyo caso mueren a su antigua vida, para nacer de nuevo como miembros de la Iglesia Cristiana.

En el libro del profeta Isaías (Felipe Scío) dice: "6:10 *Ciega el corazón de este pueblo, y agrava sus orejas: y cierra sus ojos: no sea que vea con sus ojos, y oiga con sus orejas, y entienda con su corazón, y se convierta, y le sane.* 6:11 *Y dice: ¿Hasta cuándo, Señor? Y dijo: Hasta que queden asoladas las ciudades sin habitador, y las casas sin hombre, y la tierra quedará desierta. 6:12 Y echará lejos el Señor a los hombres, y se multiplicará la que había sido desamparada en medio de la tierra. 6:13 Y todavía en ella la décima parte, y se convertirá, y servirá para muestras como terebinto, y como encina, que extiende sus ramas: linaje santo será, que quedare en ella.”*

En mi opinión, la destrucción de la décima parte de la ciudad referida por el versículo 11:13 del Apocalipsis, ocurrirá luego de los eventos narrados por el capítulo 16:20, luego del derramado de la última copa. Estos versículos del libro del profeta Isaías dan la impresión de que durante la Vendimia, o Gran Día de la Ira del Cordero, o Gran Tribulación el número de hombres que toman parte de la misma, se va disminuyendo a partir de los que son salvados durante la misma, y a partir de los que reciben la segunda muerte durante la misma; y que los que quedan hasta el final son también salvados.

II.4. El Juicio Final – Los Capítulos 20:11-15 y 11:18

Los versículos 20:11-15 y el versículo 11:18 hablan acerca del Juicio Final. El capítulo 20:11-15 del libro Apocalipsis (Felipe Scío) dice: *“20:11 Y vi un grande trono blanco, y uno que estaba sentado sobre él, de cuya vista huyó la tierra y el cielo, y no fue hallado el lugar de ellos. 20:12 Y vi los muertos, grandes y pequeños, que estaban de pie delante del trono, fueron abiertos los libros: y fue abierto otro libro, que es el de la vida: y fueron juzgados los muertos por las cosas, que estaban escritas en los libros, según sus obras. 20:13 Y dio la mar los muertos que estaban en ella: y la muerte y el infierno dieron los muertos, que estaban en ellos: y fue hecho juicio de cada uno de ellos según sus obras. 20:14 Y el infierno y la muerte fueron arrojados en el estanque del fuego. 20:15 Y el que no fue hallado escrito en el libro de la vida, fue lanzado en el estanque del fuego.”* El versículo

11:18 del libro Apocalipsis (Felipe Scío) dice: "*Y las gentes se han airado más ha llegado la ira, y el tiempo de ser juzgados los muertos, y de dar el galardón a tus siervos los profetas, y los santos, y a los que temen tu nombre, a los pequeñitos, y a los grandes, y de exterminar a los que inficionaron la tierra.*"

Este es el juicio referido por el Evangelio según San Mateo (Felipe Scío), que dice: "*25:31 Y cuando viniere el Hijo del hombre en su majestad, y todos los ángeles con él, se sentará entonces sobre el trono de su majestad. 25:32 Y serán todas las gentes ayuntadas ante él, y apartará los unos de los otros, como el pastor aparta a las ovejas de los cabritos. 25:33 Y pondrá las ovejas a su derecha, y los cabritos a la izquierda. 25:34 Entonces dirá el rey a los que estarán a su derecha: Venid benditos de mi Padre, poseed el reino que os está preparado desde el establecimiento del mundo: 25:35 Porque tuve hambre, y me disteis de comer: tuve sed: y me disteis de beber: era huésped, y me hospedasteis: 25:36 estaba en la cárcel, y me vinisteis a ver. 25:37 Entonces le responderán los justos, y dirán: Señor, ¿Cuándo te vimos hambriento, y te dimos de comer: o sediento, y te dimos de beber? 25:38 ¿Y cuándo te vimos huésped, y te hospedamos: o desnudo y te vestimos? 25:39 ¿O cuándo te vimos enfermo, o en la cárcel, y te fuimos a ver? 25:40 Y respondiendo el Rey, les dirá: En verdad os digo, que en cuanto le hicisteis a uno de estos mis hermanos pequeñitos, a mí lo hicisteis. 25:41 Entonces dirá también a los que estarán a la izquierda: Apartaos de mí malditos al fuego eterno, que está aparejado para el diablo, y para sus ángeles. 25:42 Porque tuve hambre, y no me disteis de comer: tuve sed, y no me disteis de beber: 25:43 Era huésped: y no me hospedasteis: desnudo, y no me cubristeis: enfermo, y en la cárcel, y no me visitasteis. 25:44 Entonces ellos también le responderán, diciendo: ¿Cuándo te vimos hambriento, o sediento, o huésped, o desnudo, o enfermo, o en la cárcel, y no te servimos? 25:45 Entonces les responderá, diciendo: En verdad os digo: que en cuanto no lo hicisteis a uno de esos pequeñitos, ni a mí lo hicisteis. 25:46 E irán estos al suplicio eterno: y los justos a la vida eterna."*

El libro Apocalipsis y los Evangelios tratan a la Venida del Hijo del Hombre como un evento diferente del Juicio Final. El Juicio final no ocurre en el momento de la Venida del Hijo del Hombre. La Venida del Hijo del Hombre es el comienzo del Día del Juicio, que culmina con el Juicio Final. El Evangelio según San Mateo (Felipe Scío) usa la expresión 'día del juicio'. Dice: "*11:22 Por tanto os digo: Que habrá menos rigor para Tiro y Sidón, que para vosotros en el día del juicio. 11:23 ¿Y tú, Cafarnaum, por ventura te alzarás hasta el cielo? Hasta el infierno descenderás. Porque si en Sodoma se hubieran hecho los prodigios, que han sido hechos en ti, tal vez hubieran permanecido hasta este día. 11:24 Por tanto os digo, que en el día del juicio habrá menos rigor para la tierra de Sodoma, que para ti.*"

Luego de la Venida del Hijo del Hombre viene la Siega, la Vendimia de la Viña, que es también llamada el Gran Día de la Ira del Cordero o Gran Tribulación. La Vendimia de la Viña, culmina con el Juicio Final.

II.5. La Nueva Jerusalén. Capítulos 21 y 22

Los capítulos 21 y 22 hablan de la Nueva Jerusalén. Habrá un nuevo cielo y una nueva tierra. Luego del juicio de las naciones, del Juicio Final, habrá una Nueva Jerusalén.

Capítulo 21

El capítulo 21 del libro Apocalipsis (Felipe Scío) dice: "*21:1 Y vi un cielo nuevo, y una tierra nueva. Porque el primer cielo, y la primera tierra se fueron, y la mar ya no es. 21:2Y yo Juan vi la ciudad santa, la Jerusalén nueva, que de parte de Dios descendía del cielo, y estaba aderezada, como una esposa ataviada para su esposo. 21:3 Y oí una grande voz del trono, que decía: ved aquí el tabernáculo de Dios con los hombres, y morará con ellos. 21:4 Y limpiará Dios toda lágrima de los ojos de ellos y la muerte no será ya más: y no habrá más llanto ni clamor, ni dolor, porque las primeras cosas pasaron. 21:5 Y dijo el que estaba sentado en el trono: He aquí, yo hago nuevas todas las cosas. Y me dijo: Escribe, porque estas palabras son muy fieles y verdaderas. 21:6 Y me dijo: Hecho es. Y soy el Alpha, y la Omega: el principio, y el fin. Yo daré de balde a beber al que tuviere sed, de la fuente del agua de la vida. 21:7 El que venciere, poseerá estas cosas, y seré yo su Dios, y el será mi hijo. 21:8 Mas a los cobardes, e incrédulos, y malditos, y homicidas, y fornicarios, y hechiceros, y a los idólatras, y a todos los mentirosos, la parte de ellos será en el lago que arde en fuego, y en azufre: que es la segunda muerte. 21:9 Y vino uno de los siete ángeles, que tenían las siete copas llenas de las siete plagas postreras: y habló conmigo, diciendo: Ven acá, y te mostraré la Esposa, que tiene al Cordero por esposo. 21:10 Y me llevó en espíritu a un monte grande y alto, y me mostró la ciudad santa de Jerusalén, que descendía del cielo de la presencia de Dios, 21:11 Que tenía la claridad de Dios: y la lumbre de ella era semejante a una piedra preciosa de jaspe, a manera de cristal. 21:12 Y tenía un muro grande y alto con doce puertas: y en las puertas doce ángeles, y los nombres escritos que son los nombres de las doce tribus de los hijos de Israel. 21:13 Por el Oriente tenía tres puertas, por el Septentrión tres puertas, por el Mediodía tres puertas, y tres puertas por el Occidente. 21:14 Y el muro de la ciudad tenía doce fundamentos, y en estos doce los nombres de los doce apóstoles del Cordero. 21:15 Y el que hablaba conmigo tenía una medida de una caña de oro para medir la ciudad, y sus puertas, y el muro. 21:16 Y la ciudad es cuadrada, tan larga como ancha: y midió la ciudad con la caña de oro, y tenía doce mil estadios, y la longura, y la altura, y la anchura son iguales. 21:17 Y midió su muro, y tenía ciento y cuarenta y cuatro codos, de medida de hombre, que era la del ángel. 21:18 Y el material de este muro era de piedra jaspe mas la ciudad era oro puro, semejante a un vidrio limpio. 21:19 Y los fundamentos del muro de la ciudad estaban adornados de toda piedra preciosa. El primer fundamento era jaspe: el segundo, zafiro: el tercero, calcedonia: el cuarto, Esmeralda: 21:20 El quinto, sardónica: el sexto, sardio: el séptimo, crisolito: el octavo, beril: el nono, topacio: el décimo, crisopraso: el undécimo, jacinto: el duodécimo, ametisto. 21:21 y las doce puertas son doce margaritas, una en cada una, y cada puerta era de una margarita: y la plaza de la ciudad oro puro, como vidrio transparente. 21:22 y no vi templo en ella: porque el Señor Dios Todopoderosos es el templo de ella, y el Cordero. 21:23 y la ciudad no ha menester sol, ni luna, que alumbren en ella: porque la claridad de Dios la alumbró, y la lámpara de ella es el Cordero. 21:24 Y andarán las gentes en su lumbre: y los reyes de la tierra llevarán a ella su gloria y honra. 21:25 Y sus puertas no serán cerradas de día: porque no habrá allí noche. 21:26 Y a ella llevarán la gloria, y la honra de las naciones. 21:27 No entrará en ella ninguna cosa contaminada, ni ninguno, que cometa abominación y mentira: sino solamente los que están escritos en el libro de la vida del Cordero."*

En mi opinión, las dimensiones de la ciudad indican que sólo aquellos que vivieron conforme a la doctrina que Cristo expresó a los doce apóstoles serán admitidos en la Nueva Jerusalén. Los versículos 21:8 y 21:27 confirman que sólo los verdaderos siervos de Dios entrarán al Reino de los Cielos; sólo los verdaderos cristianos.

Capítulo 22

El capítulo 22 del libro Apocalipsis (Felipe Scío) dice: "*22:1 Y me mostró un río de agua de vida, resplandeciente como cristal, que salía del trono de Dios, y del Cordero. 22:2 en medio de su plaza, y de la una y de la otra parte del río el árbol de la vida, que da doce frutos en cada mes un fruto: y las hojas del árbol para sanidad de las gentes. 22:3 Y no habrá allí jamás maldición: sino que los tronos de Dios, y del Cordero estarán en ella, y sus siervos le servirán. 22:4 Y verán su cara: y su nombre estará en las frentes de ellos. 22:5 Y allí no habrá jamás noche: y no habrán menester lumbre de antorcha, ni lumbre de sol: porque el Señor Dios los alumbrará, y reinarán en los siglos de los siglos. 22:6 Y me dijo: Estas palabras son muy fieles y verdaderas. Y el Señor Dios de los espíritus de los profetas envió su ángel, para mostrar a sus siervos que cosas han de ser hechas presto. 22:7 Y he aquí vengo aprisa. Bienaventurado el que guarda las palabras de la profecía de este libro. 22:8 Y yo Juan, soy el que he oído, y he visto estas cosas. Y después que las oí y las vi, me postré a los pies del ángel que me las mostraba para adorarle. 22:9 Y me dijo: Guárdate no lo hagas: porque yo siervo soy contigo, y con tus hermanos los profetas, y con aquellos que guardan las palabras de la profecía de este libro: Adora a Dios. 22:10 Y me dice: No selles las palabras de la profecía de este libro: porque el tiempo está cerca. 22:11 El que daña, daña aún: y el que está en suciedades, ensúciese aún. Y el que es justo, sea aún justificado: y el que es santo, sea aún santificado. 22:12 He aquí, que vengo presto, y mi galardón va conmigo para recompensar a cada uno según sus obras. 22:13 Yo soy el Alpha, y la Omega, el primero, y el postrero, principio y fin. 22:14 Bienaventurados los que lavan sus vestiduras en la sangre del Cordero, para que tengan parte en el árbol de la vida, y que entren por las puertas en la ciudad. 22:15 Fuera los perros, y los hechiceros, y los lascivos, y los homicidas, y los que sirven a ídolos, y todo el que ama la mentira. 22:16 Yo Jesús he enviado mi ángel, para daros testimonio de estas cosas en las iglesias. Yo soy la raíz, y el linaje de David, la estrella resplandeciente, y de la mañana. 22:17 Y el Espíritu, y la Esposa dicen: Ven y el que le oye diga: ven. Y el que tiene sed, venga: y el que quiere, tome del agua de la vida de balde. 22:18 Porque protesto a todo el que oye las palabras de la profecía de este libro: Que si alguno añadiere a ellas alguna cosa, pondrá Dios sobre el las plagas que están escritas en este libro. 22:19 Y si alguno quitare de las palabras del libro de esta profecía, quitará Dios su parte del libro de la vida, y de la ciudad santa, y de las cosas, que están escritas en este libro. 22:20 Dice el que da testimonio de estas cosas: Ciertamente vengo presto. Amén. Ven, Señor Jesús. 22:21La gracia de nuestro Señor Jesucristo sea con todos vosotros. Amén."*

La palabra latina traducida en el versículo 22:15 como "lascivos" es "impudici." El texto griego dice πορνοι (pornoi) que significa fornicador, como expliqué al tratar la cuestión del divorcio. En mi opinión, esta palabra puede ser interpretada simbólicamente como 'infiel a Dios', o literalmente como siendo un practicante de actos descriptos en Levítico 18. En mi opinión, el significado "infiel a Dios" es el significado con el que se usa la palabra en este versículo.

Y una vez más, se nos hace recordar el asunto de la adoración en el versículo 22:9. El ángel no quiere que Juan lo adore. Los hombres no debemos adorar a otros hombres, ni siquiera debemos adorar a ángeles. Dios quiere que sólo lo adoremos a él. Los buenos ángeles no quieren ser adorados. Un hombre no debería mostrar sumisión a otro hombre. Debemos obedecer la autoridad, pero en un plano de igualdad, no mostrando sumisión a ella, y esto también nos marca la forma de Estado que debemos tener: una forma de Estado en la que los ciudadanos no requieran estar sometidos a los gobernantes.

Capítulo III.
El Antiguo Testamento

Los eventos profetizados en el Nuevo Testamento acerca de los signos previos a la Venida del Hijo del Hombre, la Siega, y la Vendimia de la Viña, o Gran Día de la Ira del Cordero, la Gran Tribulación y el Juicio Final, también son profetizados en el Antiguo Testamento. El libro Apocalipsis nos ayuda a ver esto claramente.

Una vez que el libro Apocalipsis es entendido, el estudio de la Biblia cobra otra dimensión, especialmente el estudio del Antiguo Testamento. Sin embargo, no es objeto de este libro profundizar en ese tema. Sólo quiero transcribir algunos pasajes que contienen profecías acerca del final de los tiempos, y haré breves comentarios acerca de ellos, que creo que son muy ilustrativos, y fortalecerán la certeza del lector respecto de lo dicho en este libro.

Antes de introducirnos en este asunto, es importante recordar nuevamente que hay diferencias entre autorizadas traducciones de la Biblia, especialmente en lo que concierne al Antiguo Testamento, por lo cual al interpretar la Biblia siempre es recomendable revisar más de una traducción.

Independientemente de ello, es importante tener presente que el Antiguo Testamento también usa mucho de simbolismos, y su interpretación puede tener más de un significado o mensaje. Si un simbolismo en el libro Apocalipsis puede tener más de un significado:[268] ¿por qué no también en el Antiguo Testamento? Y un mismo simbolismo puede ser aplicable al mismo tiempo a dos momentos históricos distintos.

Asimismo, es muy importante tener en cuenta que así como el libro Apocalipsis se refiere al Diablo de diferentes formas, utilizando diferentes simbolismos, por ejemplo, Babilonia, Egipto, Sodoma lo mismo ocurre en el Antiguo Testamento, donde el Diablo es denominado Babilonia, Sodoma, Egipto, Rey de Tiro, etc.[269]

Ello hace mucho más sencillo apreciar el hecho de que el Gran Día del Señor, que es tantas veces profetizado en el Antiguo Testamento, es único; ocurre al final de los tiempos, y no es otra cosa que el Gran Día de la Ira del Cordero, la Vendimia de la Viña, la Gran Tribulación.

Ello hace mucho más sencillo, a su vez, apreciar que muchas de las profecías dirigidas a los habitantes de la tierra de los judíos, también están dirigidas a los habitantes de la tierra de los cristianos, y a los no creyentes.

---

[268] El versículo 17:9 del libro Apocalipsis dice que las siete cabezas son siete colinas y también siete reyes.

[269] El Diablo es llamado Sodoma y Egipto en el capítulo 11:9 del libro Apocalipsis, siendo que la Gran Ciudad, que es el Diablo, como hemos visto, es llamado simbólicamente Sodoma y Egipto.

III.1. El Gran Día del Señor y los Profetas

Casi todos los profetas del Antiguo Testamento profetizan acerca del Gran Día del Señor, que he dicho no es otra cosa que el Gran Día de la Ira del Cordero, la Vendimia de la Viña, y la Gran Tribulación del libro Apocalipsis y de los Evangelios. De hecho, en el libro Apocalipsis, versículo 16:14, el Gran Día de la Ira del Cordero es llamado Gran Día del Dios Todopoderoso. Y el Día de la Ira del Cordero del versículo 6:17 del libro Apocalipsis es también el Gran Día del que está sentado en el trono, y el Gran Día del Dios Todopoderoso. Muchas de las profecías de los profetas del Antiguo Testamento se refieren al Gran Día del Señor.

El hecho de que el Gran Día de la Ira del Cordero del libro Apocalipsis es profetizado en el Antiguo Testamento es explícitamente declarado en el libro Apocalipsis. Los versículos 10:6 y 10:7 del libro Apocalipsis (Felipe Scío), antes de revelar los acontecimientos que suceden a la séptima trompeta, que desatan el derramado de las siete copas de la ira de Dios, dicen lo siguiente: *"...Que no habrá ya más tiempo: 10:7 Mas en los días de la voz del séptimo ángel, cuando comenzare a sonar la trompeta, será consumado el misterio de Dios, como lo anunció por sus siervos los profetas."*

Este día tiene tanta importancia, y Dios ha tomado tanta preocupación para prevenir a los hombres acerca de él, que es increíble como es ignorado por tantos cristianos y judíos.

A continuación transcribiré algunos versículos del Antiguo Testamento que enseñan acerca de este día.

Pero antes de hacerlo, recordemos brevemente algunas cosas que el libro Apocalipsis dice acerca del Gran Día de la Ira del Cordero y del Señor. El libro Apocalipsis habla acerca de los signos previos a la Venida del Hijo del Hombre, luego acerca de la Venida del Hijo del Hombre; que es el tiempo de la resurrección de los muertos. Dice que la Venida del Hijo del Hombre será seguida por la Siega, la Reunión de los Elegidos, el Marcado de los Siervos del Señor. Luego de la Siega, aquellos que no son elegidos tienen que enfrentar la Vendimia de la Viña, el Gran Día de la Ira del Cordero, la Gran Tribulación, que tiene por fin castigo, pero también purificación. El Diablo y las Bestias actúan durante este día, que comienza con la apertura del séptimo sello, y continúa con el soplado de las siete trompetas, y el derramado de las siete copas de la ira de Dios. Se habla de este día como un día de purificación para algunos, y de venganza con respecto a otros. Concluye con la derrota del Diablo, que da vengaza a la sangre de los sirvientes de Dios, y con el Juicio Final.

El Profeta Isaías

a. La Biblia (Felipe Scío), libro del profeta Isaías, dice: "*2:10 Entra en la peña, y en las aberturas de la tierra escóndete de la presencia espantosa del Señor, y de la gloria de su majestad. 2:11 Los ojos altivos del hombre han sido abatidos, y encorvada será la altivez de los varones; y sólo el Señor será ensalzado aquel día. 2:12 Porque el día del Señor de los ejércitos será sobre todo soberbio, y altivo, y sobre todo arrogante: y será abatido; 2:13 Y sobre todos los cedros del Líbano altos, y erguidos, y sobre todas las encinas de Basán. 2:14 Y sobre todos los montes altos, y sobre todos los collados elevados. 2:15 Y sobre toda torre eminente, y sobre todo muro fortificado. 2:16 Y sobre todas las naves de Tharsis, y sobre todo lo que es hermoso a la vista. 2:17 Y será encorvada la arrogancia de los hombres, y será abatida la altivez de los varones, y sólo el Señor será ensalzado en aquel día: 2:18 Y los ídolos serán del todo desmenuzados. 2:19 Y entrarán en las cavernas de las peñas, y en las profundidades de la tierra por causa de la presencia formidable del Señor, y de la gloria de su majestad cuando se levantare para herir la tierra. 2:20 En aquel día arrojará el hombre sus ídolos de plata, y sus simulacros de oro, que se había hecho para adorarlos, topos y murciélagos. 2:21 Y entrará en las hendeduras de las piedras, y en las cavernas de las peñas por causa de la presencia formidable del Señor, y de la gloria de su majestad, cuando se levantare para herir la tierra."*

Cedros del Líbano, altos y erguidos, y todas las encinas del Basán, montes altos y collados elevados, son simbolismos con los cuales la Biblia se refiere a los hombres poderosos, a los altivos, soberbios, que serán humillados, de acuerdo al libro del profeta Isaías. Los hombres en el Gran Día del Señor, dice el profeta Isaías, irán a esconderse entre las cavernas de las peñas y en las profundidades de la tierra de la ira del Señor.

El libro Apocalipsis dice que estas mismas cosas ocurren luego de la apertura del sexto sello. El libro Apocalipsis (Felipe Scío) dice: *"6:14 Y el cielo se recogió como un libro que se arrolla: y todo monte, y toda isla fueron movidas de sus lugares: 6:15 Y los reyes de la tierra, y los príncipes, y los tribunos, y los ricos, y los poderosos, todo siervo, y libre se escondieron en las cavernas, y entre los peñascos de los montes: 6:16 Y decían a los montes, y a las peñas: Caed sobre nosotros, y escondednos de la presencia del que está sentado sobre el trono, y de la ira del Cordero: 6:17 Porque llegado es el grande día de la ira de ellos: ¿y quién podrá sostenerse en pie?"*

Llama la atención la referencia a las naves de Tharsis, considerando que el primer cuerno de la Segunda Bestia es Pablo de Tarso.

b. El libro del profeta Isaías (Felipe Scío) dice: "*13:6 Aullad, porque cercano está el día del Señor; como asolamiento vendrá enviado del Señor. 13:7 Por esto todas las manos serán descoyuntadas, y todo corazón de hombre se consumirá. 13:8 Y será quebrantado. Se apoderarán de ellos toronzones y dolores; se dolerán como mujer que está de parto; cada uno quedará atónito mirando su vecino; sus rostros como carne quemadas. 13:9 He aquí que vendrá el día del Señor, cruel y lleno de indignación, y de ira, y de furor, para poner la tierra en soledad, y para destrizar de ella a los pecadores.*"

Es de destacar que estos versículos dicen que el Gran Día de la Ira del Señor vendrá como asolación o destrucción del Señor Todopoderoso, y que es un día cruel y lleno de indignación.

También es notable que se hable de la angustia de la gente. Este día también es llamado día de angustia en otras profecías de la Biblia.

Todo ello es de destacar porque son las características del Gran Día de la Ira del Cordero, de la Vendimia de la Viña, de la Gran Tribulación del libro Apocalipsis.

El Profeta Jeremías

a. El libro del profeta Jeremías (Felipe Scío) dice: "*46:10 Y aquel día del Señor Dios de los ejércitos, día será de venganza, para vengarse de sus enemigos: devorará la espada, y se hartará, y se embriagará con la sangre de ellos: porque la víctima del Señor Dios de los ejércitos será en tierra del Aquilón cerca del río Éufrates. 46:11 Sube a Galaad, y toma resina, virgen hija de Egipto: en vano multiplicas las medicinas, no habrá para ti sanidad. 46:12 Oyeron las gentes tu afrenta, y tu alarido llenó la tierra: porque el valiente tropezó con el valiente, y entrambos igualmente cayeron.*"

El libro del profeta Jeremías, versículo 46:10, lo mismo que el libro Apocalipsis versículo 6:10, presenta a este Día del Señor Todopoderoso como un día de venganza de sus enemigos.

Estos versículos indican a Egipto como como uno de los enemigos sobre los que recaerá la venganza. Egipto, es uno de los nombres que el Diablo recibe en el libro Apocalipsis (versículo 11:8).

Durante el Gran Día de la Ira del Cordero en el libro Apocalipsis, Babilonia es destruida, y el Diablo es enviado al horno de fuego para siempre. Estos pasajes del libro Jeremías están profetizando acerca del Gran Día de la Ira del Cordero.

El Profeta Ezequiel

a. El libro del profeta Ezequiel (Felipe Scío) dice: "*30:1 Y vino a mi palabra del Señor, diciendo: 30:2 Hijo de hombre, profetiza, y di: Esto dice el Señor Dios: Aullad, ay, ay de aquel día: 30:3 Porque cercano está el día, y se llega ya el día del Señor: día de nublado, será el tiempo de las naciones. 30:4 Y vendrá espada a Egipto: y habrá espanto en Etiopía, cuando cayeren heridos en Egipto, y fuere quitada su multitud, y destruidos sus cimientos.*"

Estos versículos introducen otra característica del Gran Día del Señor. Es el tiempo de las naciones; del juicio de las naciones. Recordemos que el Evangelio según San Lucas, versículo 21:24, hablando de la destrucción de Jerusalén y de la Gran Tribulación, a la cual llama gran apretura, se refiere al tiempo del cumplimiento de las naciones, confirmando que está hablando del Día del Señor, también llamado Gran Día de la Ira del Cordero, y Gran tribulación entre otros nombres.

Además, en el libro Apocalipsis, versículo 20:8, el Diablo, en el Gran Día de la Ira del Cordero viene a engañar a las naciones.

b. La Biblia (Felipe Scío), libro del profeta Ezekiel, dice: "*38:18 Y acaecerá en aquel día, en el día de la venida de Gog sobre la tierra de Israel, dice el Señor Dios, subirá mi indignación en mi furor. 38:19 Y en mi celo, en el fuego de mi ira he hablado. Porque en aquel día habrá una grande conmoción (terremoto) sobre la tierra de Israel. 38:20 Y se conmoverán en mi presencia los peces de la mar, y las aves del cielo, y las bestias del campo, y todos los reptiles que se mueven sobre la tierra, y todos los hombres que están sobre la haz de la tierra: y serán trastornados los montes, y caerán los vallados, y todo muro caerá en tierra.*" (La expresión entre paréntesis me pertenece).

El libro del profeta Ezequiel dice, refiriéndose al Gran Día del Señor, que Gog ataca la tierra de Israel. El libro de Revelaciones dice en el versículo 20:7 que Satán será liberado de su prisión, y en el versículo 20:8, que el Diablo vendrá a reunir para batalla a Gog y Magog, cuando es liberado.

c. El libro del profeta Ezequiel (Felipe Scío) dice: "*39:8 He aquí vino, y fue hecho, dice el señor Dios: este es el día de que hable.*"

Estas palabras confirman lo incontrastable: hay un solo Gran Día del Señor.

El libro del profeta Daniel

a. El libro del profeta Daniel (Felipe Scío) dice: "*12:1 Y en aquel tiempo se levantará Miguel, príncipe grande, que es el defensor de los hijos de tu pueblo: y vendrá tiempo, cual no fue desde que las gentes comenzaron a ser hasta aquel tiempo. Y en aquel tiempo será salvo tu pueblo, todo el que se hallare escrito en el libro. 12:2 Y muchos de aquellos que duermen en el polvo de la tierra, despertarán: unos para la vida eterna, y otros para oprobio para que lo vean siempre. 12:3 Mas los que hubieren sido sabios, brillarán como la luz del firmamento: y los que enseñan a muchos para la justicia, como estrellas por toda la eternidad. 12:4 Mas tú, Daniel, ten cerradas estas palabras, y sella el libro hasta el tiempo determinado: muchos lo repasarán, y se multiplicará la ciencia."*

Estos versículos confirman que el Día del Señor del que hablan acontece al final de los tiempos, y que la Gran Tribulación de los Evangelios acontece al final de los tiempos. Mencionan a la Gran Tribulación, diciendo que vendrá tiempo, cual no fue desde que las gentes comenzaron a ser hasta aquel tiempo. Mencionan a la resurrección de los muertos, diciendo que muchos de aquellos que duermen en el polvo de la tierra, despertarán: unos para la vida eterna, y otros para oprobio; y mencionan el libro en el cual están escritos los nombres de los que son salvados de ese día, del que habla también el libro Apocalipsis versículo 21:27.

b. La Biblia (Felipe Scío), libro del profeta Daniel, dice: *"12:8 Y yo lo oí, y no lo entendí. Y dije: Señor mío, ¿qué acaecerá después de estas cosas? 12:9 Y dijo: Anda, Daniel, que cerradas y selladas están estas palabras hasta el tiempo señalado. 12:10 Muchos serán escogidos, y blanqueados, y probados como por fuego: y los impíos obrarán con impiedad, y ningún impío entenderá, más los sabios entenderán."*

Estos versículos, que siguen a los que acabamos de citar y que se refieren al final de los tiempos hablan de purificación. Recordemos que en el libro Apocalipsis aquellos que no son elegidos tienen que enfrentar la Vendimia de la Viña, también llamada el Gran Día de la Ira del Cordero, o la Gran Tribulación, que no tiene exclusivamente el propósito de castigo, pero también el de propósito de purificar, mover a conversión a las personas, para que alcancen el Reino de Dios. El libro Apocalipsis (Felipe Scío) dice: "*7:13 Y tomando la palabra uno de los ancianos, me dijo: ¿Éstos que están cubiertos de vestiduras blancas quiénes son? ¿Y de dónde vinieron? 7:14 Y le dijo: Mi Señor, tú lo sabes. Y díjome: Éstos son los que vinieron de la grande tribulación, y lavaron sus ropas, y las emblanquecieron en la sangre del Cordero:*"

El libro del Profeta Joel

a. El libro del profeta Joel (Felipe Scío) dice: "*2:30 Y daré prodigios en el cielo, y en la tierra, sangre, y fuego, y vapor de humo. 2:31 El sol se convertirá en tinieblas, y la luna en sangre: antes que venga el grande y espantoso día del Señor. 2:32 Y acaecerá: todo el que invocare el nombre del Señor, será salvo: porque estará la salud en el monte de Sion, y en Jerusalén, como dijo el Señor, y en los residuos, que habrá llamado el Señor.*"[270]

Estos versículos son muy similares a los que analizamos al momento de tratar el capítulo 6 del libro Apocalipsis, que se refieren a las señales previas a la Venida del Hijo del Hombre. Y ellos también hablan acerca de la posibilidad de alcanzar la salvación en el Gran

[270] Los números de estos versículos son diferentes en algunas Biblias. Estos versículo se encuentran en la Biblia Reina-Valera (1960) comenzando en el versículo 2:31. En las demás Biblias se encuentran comenzando en el versículo 3:4.

Día del Señor, que, como dije, es el Gran Día de la Ira del Cordero y del Señor Todopoderoso, la Vendimia de la Viña, y la Gran Tribulación. Estos versículos del profeta Joel hablan acerca de la venida de Yahvé y el llamado del nombre del Señor como una forma de alcanzar la salvación. Ahora sabemos que Jesús es el Señor, y que el nombre que debemos invocar es Jesús.

b. El libro del profeta Joel (Felipe Scío) dice: "*1:11 confundidos están los labradores, dieron voces los viñadores por el trigo y la cebada, porque pereció la mies del campo. 1:12 La viña se perdió, y la higuera se secó: el granado y la palma, y el manzano, y todos los árboles del campo se secaron: y se ha desvanecido el gozo de los hijos de los hombres. 1:13 Ceñíos, y llorad, sacerdotes; dad voces, ministros del altar: entrad, dormid en saco, ministros de mi Dios: porque faltó de la casa de vuestro Dios el sacrificio y la libación. 1:14 Santificad el santo ayuno, convocad al pueblo, congregad los ancianos, todos los moradores de la tierra a la casa de vuestro Dios: y clamad al Señor. 1:15 ¡Ay, ay, ay del día: pues cerca está el día del Señor, y vendrá como estrago del poderoso!*"

Estos versículos describen los tiempos previos al Gran Día del Señor. Cuando el versículo 1:13 dice que faltó el sacrificio y la libación, significa en mi opinión que los hombres se han apartado de Dios, confirmando la posición sostenida en este libro acerca de las razones que desatarán el principio del fin de los tiempos, la Venida del Hijo del Hombre, con la Siega y la Vendimia de la Viña.

La Vendimia de la Viña es el Gran Día de la Ira del

Cordero, la Gran Tribulación, el Día del Señor, que traerá la destrucción del Todopoderoso, mencionado en el versículo 1:15 del libro de Joel, recién citado.

c. El libro del profeta Joel (Felipe Scío) dice: "*2:1 Sonad la trompeta en Sion, dad alaridos en mi santo monte, estremézcanse todos los moradores de la tierra: Porque viene el día del Señor, pues está cerca.*"

El libro del profeta Amos

El libro del profeta Amos (Felipe Scío) dice: "*5:19 Como si un hombre huyendo de la vista de un león, diere con un oso, y entrando en casa, y apoyándose con su mano en la pared, le mordiese una culebra. 5:20 ¿Pues no es tinieblas el día del Señor, y no luz: y oscuridad en él, y no resplandor?*"

El libro del profeta Abdías

a. El libro del profeta Abdías (Felipe Scío) dice: "*1:2 Mira que te he hecho pequeñuelo entre las naciones: tú eres despreciable en extremo. 1:3 La soberbia de tu corazón te ha engreído a ti, que moras en las aberturas de las peñas, que elevas tu asiento: que dices en tu corazón: ¿Quién que me derribará en tierra? 1:4 Si te remontares como águila, y si pusieres tu nido entre las estrellas: de allí te derribaré, dice el Señor.*"

b. El libro del profeta Abdías (Felipe Scío) dice: "*1:15 Porque cercano está el día del Señor sobre todas las gentes:*

así como hiciste, se hará contigo: tú galardón tornará él sobre tu cabeza. 1:16 Porque de la manera que bebisteis sobre mi santo monte, beberán de continuo todas las gentes: y beberán, y tragarán, y serán como si no fueren. 1:17 Y en el monte de Sion, habrá salvamento, y será santo: y la casa de Jacob poseerá a los que la habían poseído."

El libro del profeta Micheas

a. El libro del profeta Micheas (Felipe Scío) dice: "*5:9 Será tu mano ensalzada sobre tus enemigos, y todos tus enemigos perecerán. 5:10 Y acaecerá en aquel día, dice el Señor: Quitaré tus caballos de medio de ti, y destruiré tus carros. 5:11 Y arruinaré las ciudades de tu tierra, y destruiré todas las fortalezas, y quitaré las hechicerías de tu mano, y no habrá en ti adivinaciones. 5:12 Y haré perecer tus simulacros y tus ídolos de medio de ti: y nunca más adorarás las obras de tus manos. 5:13 Y arrancaré tus bosques de en medio de ti, y reduciré a polvo tus ciudades. 5:14 Y con saña* e *indignación haré venganza en todas las gentes, que no oyeron."*

La venganza, la indignación y la ira serán descargadas sobre las naciones que no obedecieron a Dios. Cuando dice a todos los que no oyeron nos hace saber que estos males caerán sobre vivos y muertos: sobre todos los que no oyeron.

El libro del profeta Nahum

El libro del profeta Nahúm (Felipe Scío) dice: "*1:6 ¿Ante la faz de su indignación quién subsistirá? ¿Y quién resistirá a la ira de su furor? Su indignación se derramó como fuego: e hizo que se hendiesen las peñas. 1:7 Bueno es el Señor, y confortador en el día de la tribulación: y que conoce a los que en él esperan. 1:8 Y con inundación impetuosa hará consumación del lugar de aquella; y tinieblas perseguirán a sus enemigos."*

El Profeta Habacuc

El libro del profeta Habacuc (Felipe Scío) dice: "*3:3 Dios vendrá del Austro, y el santo del monte de Farán: La gloria de él cubrió los cielos: y la tierra llena está de su loor. 3:4 Su claridad como la luz será: rayos de gloria en sus manos: Allí está escondida su fortaleza: 3:5 Delante de su rostro irá la muerte. Y saldrá el diablo delante de sus pies. 3:6 Se paró, y midió la tierra. Miró, y descoyuntó las gentes; y fueron reducidos a polvo los montes del siglo. Se encorvaron los collados del mundo, por los caminos de su eternidad. 3:7 Por la maldad vi las tiendas de Etiopía, se estremecerán las pieles de la tierra de Madián. 3:8 ¿Acaso, Señor, fue tu enojo contra los ríos, o contra los ríos tu saña, o tu indignación contra la mar? Tú que subes sobre tus caballos: y tus carros son salvación. 3:9 Tú de cierto despertarás tu arco, según los juramentos que hablaste a las tribus: Tú abrirás los ríos de la tierra: 3:10 Te vieron los montes, y se estremecieron: el remolino de las aguas pasó. El abismo dio su voz: la profundidad alzó sus manos. 3:11 El sol y la luna se pararon en su estancia, marcharán a la luz de tus saetas, al resplandor de tu lanza, que relumbra. 3:12 Con estruendo hollarás la tierra: y espantarás con furor las gentes.*"

El Profeta Sofonías

a. El libro del profeta Sofonías (Felipe Scío) dice: "*1:14 Cerca está el día grande del Señor, cerca está y mucho corre: amarga la voz del día del Señor, el fuerte se verá apretado en él. 1:15 Día de ira aquel día, día de tribulación y de congoja, día de calamidad y de miseria, día de tinieblas y de oscuridad, día de nublado y de tempestad. 1:16 Día de trompeta y de algazara sobre las ciudades fuertes, y sobre los rincones altos. 1:17 Y oprimiré a los hombres, y andarán como ciegos, porque pecaron contra el Señor: y será derramada la sangre de ellos como polvo, y sus cuerpos como basuras. 1:18 Y ni la plata ni el oro de ellos los podrá librar en el día de la ira del Señor: con el fuego de su celo será toda la tierra devorada, porque con prisa hará consumación de todos los que morasen en la tierra.*"

b. El libro del profeta Sofonías (Felipe Scío) dice: "*2:1 Venid juntos, congregaos, pueblos no amables. 2:2 Antes que la orden traiga este día como polvo que pasa, antes que venga sobre vosotros la ira del furor del Señor, antes que venga sobre vosotros el día de la indignación del Señor. 2:3 Buscad al Señor todos los humildes de la tierra, los que habéis guardado sus preceptos: buscad al justo, buscad al manso: por si podéis poneros a cubierto el día del furor del Señor.*"

Aquellos que son elegidos, los justos, los humildes, los mansos, serán salvados del día de la Ira del Señor. Y aquellos que se conviertan en ese día, también alcanzarán protección.

El Profeta Zacarías

a. La Biblia (Felipe Scío), libro del profeta Zacarías, dice: *"14:1 He aquí vendrán los días del Señor, y tus despojos serán repartidos en medio de ti. 14:2 Y reuniré todas las gentes en batalla contra Jerusalén, y será tomada la ciudad, y las casas serán derribabas, y las mujeres serán violadas; y la mitad de la ciudad irá en cautiverio, y el resto del pueblo no será quitado de la ciudad. 14: Y saldrá el Señor, y combatirá contra aquellas gentes, como combatió en el día de la batalla."*

En mi opinión, los males anunciados simbolizan otros males que ocurrirán en el día del Señor, aunque no nos informen concretamente que sucederá.

b. La Biblia (Felipe Scío), libro del profeta Zacarías, dice: *"14:6 Y acaecerá en aquel día: No habrá luz, sino frío y hielo. 14:7 Y habrá un día conocido del Señor, que no será ni día ni noche: mas al tiempo de la tarde habrá luz."*

La profecía de este libro explícitamente dice 'habrá un día' para referirse al Día del Señor. Como he dicho, no hay dos días del Señor. No hay un Día del Señor para los judíos que rechazaron a Jesús, un Día del Señor para los cristianos que rechazaron a Jesús y un Día del Señor para los gentiles que rechazaron al Señor. El Día del Señor es para todas las naciones.

El Profeta Malachías

a. La Biblia (Felipe Scío), libro del profeta Malachías,

dice: "*2:17 Molestos habéis sido al Señor con vuestros discursos, y dijisteis: ¿En qué le hemos causado molestia? ¿En qué le hemos causado molestia? En eso que decís: Todo el que hace mal, bueno es delante del Señor, y de tales se paga: o si no es así, ¿en dónde está el Dios de justicia? 3:1 He aquí yo envío mi Ángel, y preparará el camino ante mi faz. Y luego vendrá a su templo el Dominador, a quien vosotros buscáis, y el Ángel del testamento que vosotros deseáis. He aquí viene, dice el Señor de los ejércitos. 3:2 ¿Y quién podrá pensar en el día de su venida? ¿Y quién se parará para mirarle? Porque él será como fuego derretidor y como yerba de bataneros. 3:3 Y se sentará para derretir, y para limpiar la plata, y purificará a los hijos de Leví, y los afinará como oro, y como plata, y ofrecerán al Señor sacrificios con justicia. 3:4 Y será agradable al Señor el sacrificio de Judá, y de Jerusalén, como los días del siglo, y como los años antiguos. 3:5 Y me llegaré a vosotros para hacer juicio, y seré yo así pronto testigo contra los hechiceros, y adúlteros, y perjuros, y los que defrauden el salario de jornalero, a las viudas y pupilos y oprimen al extranjero, y no me temieron, dice el Señor de los ejércitos.*"

Adviértase la mención de la venida del Señor, del juicio, y también la referencia en el versículo 3:3 a la purificación.

b. La Biblia (Felipe Scío), libro del profeta Malaquías, dice: "*3:17 Y ellos, dice el Señor de los ejércitos, el día en que yo he de obrar, serán para mí una porción mía: y los atenderé, como atiende un hombre a su hijo que le sirve. 3:18 Y mudaréis de parecer, y veréis la diferencia que hay entre el justo y el injusto: y entre el que sirve a Dios, y el que no le sirve. 4:1 Porque he aquí vendrá un día encendido como horno: y todos los soberbios, y todos los que hacen impiedad serán como estopa: y los abrasará el día que debe venir, dice el Señor de los ejércitos, sin dejar de ellos ni raíz ni renuevo."*

Estos versículos hablan del Día del Señor. El día mencionado en el versículo 3:17 es el Día del Señor. En aquel día se distinguirá entre los justos y los malvados. El versículo 4:1 dice que estará encendido o quemará como un horno. Recordemos como el Evangelio según San Mateo versículo 13:36, hablando de la Siega del fin del mundo, dice que el Hijo del Hombre enviará sus ángeles, y que ellos arrojarán fuera del reino a todos los que causan escándalos y a los malos los arrojará al horno de fuego. Y la Parábola de la Red Echada al Mar del mismo Evangelio, versículos 13:47-50, también dice que en el fin del mundo, en el cierre de la era, los ángeles vendrán a separar a los malos de los justos para arrojar a los malos al horno de fuego.

III.2. El Gran Día del Señor y Otros Libros del Antiguo Testamento

No sólo los libros de los profetas hablan acerca del Gran Día del Señor.

El libro de los Salmos

El libro de los Salmos (Felipe Scío) dice: "*87:2 Señor Dios de mi salud: de día clamé, y de noche delante de ti. 87:3 Entre en tu presencia mi oración: inclina tu oreja a mi ruego:*

87:4 Porque rellena está mi alma de males: y mi vida se ha acercado al infierno. 87:5 He sido contado con los que descienden al lago: he venido a ser como hombre sin socorro, 87:6 Libre entre los muertos. Así como los heridos que duermen en los sepulcros, de quienes no te acuerdas ya más, y ellos son desechados de tu mano. 87:7 Hazme puesto en un hoyo profundo: en lugares tenebrosos, y en sombra de muerte. 87:8 Sobre mí se ha confirmado tu furor: y todas tus olas echaste sobre mí. 87:9 Has alejado de mí mis conocidos: me han tenido como abominación para ellos. Entregado fui, y no tenía salida. 87:10 Mis ojos han desfallecido de miseria. A ti Señor he clamado todo el día: he extendido hacia ti mis manos. 87:11 ¿Por ventura harás maravillas por los muertos: o los médicos los resucitarán, y te alabarán? 87:12 ¿Por ventura contará alguno en el sepulcro tu misericordia, y tu verdad en la perdición? 87:13 ¿Por ventura serán conocidas en las tinieblas tus maravillas, y tu justicia en la tierra del olvido? 87:14 Y yo a ti Señor he clamado: y mi oración madrugará a ti. 87:15 ¿Porqué, Señor, desechas mi oración, y apartas de mi tu rostro? 87:16 Pobre soy yo, y en trabajos desde mi juventud: y después de ensalzado, he sido abatido, y conturbado. 87:17 Sobre mí han pasado tus iras: y los terrores me han conturbado. 87:18 Me han cercado así como agua todo el día: me han cercado a una. 88:19 Has alejado de mí al amigo, y al pariente, y a mis conocidos por causa de la miseria."

En mi opinión, este salmo trata acerca de una persona que está viviendo el Gran Día del Señor.

b. El libro de los Salmos (Felipe Scío) dice: "*109:4 Juró*

el Señor y no se arrepentirá: Tú eres sacerdote eternamente según el orden de Melchisedéch. 109:5 El Señor está a tu derecha: quebrantó a los reyes en el día de su ira: castigará cabezas en tierra de muchos. 109:7 Del torrente beberá en el camino: por lo cual ensalzará la cabeza."

El Libro Deuteronomio

a. El libro Deuteronomio (Felipe Scío) dice: "*32:35 Mía es la venganza, y yo les daré el pago a su tiempo, para que resbale su pie: cerca está el día de su perdición, y el plazo se apresura a venir. 32:36 Juzgará el Señor a su pueblo, y será misericordioso con sus siervos, verá que se ha debilitado su mano, y que han desfallecido aun los encerrados, y que los que quedaron fueron consumidos. 32:37 Y dirá: ¿Dónde están sus dioses, en los que tenían confianza? 32:38 De cuyas víctimas comían las grosuras, y bebían el vino de sus libaciones: levántense, y vengan a vuestro socorro, y os amparen en la necesidad. 32:39 Ved que yo soy solo, y que no hay otro Dios sino yo: yo quitaré la vida, y yo haré vivir: heriré, y yo curaré, y no hay quien pueda librar de mi mano. 32:40 Alzaré mi mano al cielo, y diré: Vivo yo para siempre. 32:41 Si acicalaré mi espada como rayo, y mi mano se armará para hacer juicio: volveré la venganza a mis enemigos, y daré su retorno a los que me aborrecen. 32:42 Embriagaré mis saetas en sangre, y mi espada devorará carnes en la sangre de los muertos, y de los enemigos que están en cautiverio con la cabeza desnuda. 32:43 Alabad gentes a su pueblo, porque vengará la sangre de sus siervos: y retornará venganza a sus enemigos, y será propicio a la tierra de su pueblo.*"

En mi opinión estos versículos hablan acerca del Día del Señor, que es el Día del Juicio que culmina con el Juicio Final. Cuando el versículo 32:42 del libro Deuteronomio (Felipe Scío.) dice "*Embriagaré mis saetas en sangre, y mi espada devorará carnes en la sangre de los muertos, y de los enemigos que están en cautiverio con la cabeza desnuda*", en mi opinión está revelando que en ese día la espada caerá sobre los que no fueron elegidos, y sobre los enemigos del Señor, y también que es un día que ocurrirá luego de la resurrección de los muertos; luego de la Venida del Hijo del Hombre.

El Libro Levítico

La Biblia (Felipe Scío), libro Levítico, dice: "*26:14 Pero si no me escuchareis, ni cumpliereis todos mis mandamientos; 26:15 si despreciareis mis leyes y no hiciereis caso de mis juicios, dejando de hacer lo que tengo establecido e invalidando mi pacto, 26:16 ved aquí la manera con que Yo también me portaré con vosotros: Os castigaré prontamente con hambre y con un ardor que os abrasará los ojos y consumirá vuestras vidas. En vano haréis vuestra sementara, pues será devorada por vuestro enemigo. 26:17 Os dirigiré una mirada con rostro airado, y caeréis a los pies de vuestros enemigos, y quedaréis sujetos a los que os aborrecen: os entregaréis a la fuga sin que nadie os persiga. 26:18 Y si aun con eso no me obedeciereis, os castigaré todavía siete veces más, por causa de vuestros pecados, 26:19 y quebrantaré el orgullo de vuestra rebeldía, y haré desde lo alto que el cielo sea de hierro para vosotros, y de bronce la tierra. 26:20 Se irá en humo todo vuestro trabajo: la tierra no producirá su esquilmo, ni los árboles darán frutos. 26:21 Si quisiereis apostarlas conmigo, desobedeciendo mis órdenes, aumentaré siete veces más vuestras plagas, por causa de vuestros pecados; 26:22 y enviaré contra vosotros las fieras del campo, para que os devoren a vosotros y a vuestros ganados, reduciéndoos a un corto número y haciendo desiertos vuestros caminos. 26:23 Y si ni aun con eso quisiereis enmendaros, sino que prosiguiereis oponiéndoos a Mí. 26:24 Yo también proseguiré oponiéndome a vosotros, y os castigaré siete veces más por vuestros pecados, 26:25 y haré descargar sobre vosotros la espada, que os castigará por haber roto mi alianza. Y os refugiaréis a las ciudades muradas, os enviaré peste, y seréis entregados en manos de vuestros enemigos. 26:26 después que Yo os hubiere quitado el apoyo del pan, que es vuestro sustento; en tal extremo, que diez mujeres cocerán panes en un solo horno, y darán a sus hijos el pan por onzas; y comeréis, y nunca os saciaréis. 26:27 Pero si ni aun con todo eso me escuchareis, sino que prosiguiereis pugnando contra Mí, 26:28 Yo asimismo procederé contra vosotros con saña de enemigo, y os azotaré con siete nuevas plagas por vuestros pecados, 26:29 de suerte que vengáis a comer las carnes de vuestros hijos y de vuestras hijas. 26:30 Destruiré vuestras alturas en que adoráis a los ídolos, y despedazaré vuestros simulacros. Caeréis entre las ruinas de vuestros ídolos, y mi alma os abominará, 26:31 en tanto grado, que reduciré a soledad vuestras ciudades, y asolaré vuestros Santuarios, ni aceptaré ya más el olor suavísimos de vuestros sacrificios. 26:32 Talaré vuestra tierra, y quedarán atónitos viéndola vuestros enemigos, cuando entraren a morar en ella. 26:33 Y a vosotros os dispersaré por entre las naciones y desenvainaré mi espada en pos de vosotros, y quedará yerma vuestra tierra y arruinadas vuestras ciudades."*

Estos versículos, que describen el final de los tiempos, se refieren a tres series de castigos, que recuerdan los siete sellos, las siete trompetas, y las siete copas con las siete plagas del libro Apocalipsis.

III.3. El Antiguo Testamento y el Cristianismo

Todas las citas efectuadas previamente del Antiguo Testamento nos permiten percibir claramente que el Gran Día de la Ira del Señor del Antiguo Testamento es único y ocurre al final de los tiempos. Sin lugar a dudas, mucho de lo que se dice en la Biblia concerniendo a los judíos que rechazan a Dios se aplica también a los cristianos que rechazan a Dios. Los cristianos que rechazan a Dios, que rechazan a Jesús, recibirán la misma suerte, o peor, que los judíos que rechazan a Dios, conjuntamente con el resto de las personas que lo hicieron.

Conclusión

Espero que pronto llegue el día en el cual los cristianos reconozcan a Pablo como un falso profeta, y que esto traiga el cambio que el Cristianismo necesita, y permita a la palabra de Cristo actuar en los cristianos como debería, fortaleciendo el Cristianismo de muchos, y difundiendo el puro Evangelio de Jesús a todo el mundo, libre de toda levadura ajena al mismo.

En mi opinión, sólo los convertidos entrarán al Reino de Dios. El castigo no produce necesariamente conversión; sólo crea la oportunidad para la conversión. No se ingresa al reino de Dios a través del castigo. En esta vida, o en el Gran Día del Señor, los hombres que desean entrar al Reino de Dios deberán convertirse y entrar al Reino de Dios convertidos. Dios no previno al hombre en vano. Recomiendo enfáticamente a todas las personas a convertirse en esta vida y a morir convertidos.

La Biblia (Felipe Scío), libro del profeta Ezechiel, dice: *"6:10 Y sabrán, que yo el Señor no dije en balde, que les haría este mal."*

¿Cómo pudo todo esto haber ocurrido?

Cuando uno se detiene a pensarlo, no es tan difícil de entender. La discriminación en contra de la mujer perduró en la mayoría del mundo hasta hace poco tiempo, lo mismo que la esclavitud. El aborto, el homicidio de nuestros más indefensos niños, todavía es promovido y ejecutado hasta por gobiernos. Pocos países son verdaderamente democráticos. Los errores pueden ser transmitidos, defendidos y asegurados, especialmente con sumisión, haciendo que los hombres se sometan a otros hombres, y especialmente a autoridades corruptas.

En mi opinión, la razón por la que al comienzo esta verdad sorprende tanto es porque subestimamos al Diablo y sobrestimamos a la humanidad. Quien lea las epístolas varias veces, luego de haber leído este libro, podrá advertir al Diablo burlándose de nosotros, faltándonos el respeto. La Iglesia Cristiana en general ha pasado tanto tiempo tratando de encontrar mensajes subliminales del Diablo en las canciones de rock, cuando hay tantos mensajes en las Epístolas de Pablo.

De cualquier forma, lo que es claro e irrefutable es que lo que dice este libro es verdad. Y si es verdad, el asunto de como es posible, como puede ser que tantas personas hayan estado equivocadas, o como es posible que sea yo el que esté descubriendo o redescubriendo esta verdad carece de relevancia.

En el libro de John Stuart Mill "Sobre la Libertad" p. 310, se dice: *"[La verdadera ventaja que tiene la verdad, consiste en esto, que cuando una opinión es verdadera, podrá ser extinguida una, dos, o muchas veces, pero en el curso de los siglos, generalmente habrán personas que la redescubran, hasta que alguna de estas reapariciones caiga en un tiempo en el que a partir de circunstancias favorable escape a la persecución hasta que tenga suficiente difusión como para enfrentar todas las subsecuentes intentos de surprimirla.]"*[271]

Yo creo que debo estar redescubriendo esta verdad. La pregunta es: ¿Es éste un tiempo favorable para que esta verdad salga a la luz? ¿Permitiremos que la persecución la suprima de nuevo? ¿Es este el tiempo de la intervención de Jesús con su palabra y del encarcelamiento del Diablo y las Bestias, o no lo es? ¿Necesitará la humanidad de una tribulación para reconocerla? ¿Es nuestro amor lo suficientemente fuerte como para ser victorioso sobre la Bestia, su imagen y sobre el número de su nombre?

[271] "The real advantage which truth has, consists in this, that when an opinion is true, it may be extinguished once, twice, or many times, but in the course of ages there will generally be found persons to rediscover it, until some one of its reappearances falls on a time when from favorable circumstances it escapes persecution until it has made such head as to withstand all subsequent attempts to suppress it." Mill, John Stuart "On Liberty" [Sobre la Libertad], Edited by Alburey Castell, University of Oregon, Appleton-Century-Crofits, Inc. New York, 1947, capítulo II, punto 510.

Algunos Consejos para Tener en Mente a la Hora del Desafío de Ser Cristiano, Especialmente un Cristiano Fiel a Jesús

1. La Lectura de la Palabra de Dios

El Evangelio según San Juan (Felipe Scío) dice: *"6:64 El espíritu es el que da vida: la carne nada aprovecha. Las palabras que yo os he dicho, espíritu y vida son."*

La lectura de los Evangelios según San Mateo, San Marcos, San Lucas y San Juan acerca a las personas a Dios; guía a las personas a la gracia de Dios, y a entrar al Reino de Dios; nos da vida. El conocimiento de los Evangelios permite a la palabra de Cristo vivir y actuar en nosotros. Es indispensable que los cristianos conozcamos los Evangelios y los entendamos, y es muy importante que los leamos tan frecuentemente como podamos.

2. El Cumplimiento de la Voluntad de Dios – Empleos y Profesiones

El Evangelio según San Juan (Felipe Scío) dice: "*4:34:*

Jesús les dijo: Mi comida es, que haga la voluntad del que me envió, y que cumpla su obra."

Es muy importante para nosotros, que constantemente intentemos dirigir nuestras acciones a poner en práctica la palabra de Dios, a cumplir la voluntad de Dios, lo cual implica que al mismo tiempo procuremos hacer lo que es bueno para el resto de las personas, y nosotros mismos. Hacer la voluntad de Dios es como comer pan del cielo. Da vida en el reino de Dios, y conduce a las personas a estar en gracia con Dios.

La Biblia enseña que los hombres en general sufrimos adversidades por el pecado de Adán, por lo menos hasta la venida de Jesús. Yo entiendo que la Biblia enseña que los hombres podemos sufrir adversidades a causa de la acciones de un hombre o unos pocos hombres, y que también podemos ser beneficiados por la buena acción de pocos, y hasta de tan solo un hombre.[272]

Aun cuando no lo podamos advertir, cada acto de amor y virtud, por más sencillo que parezca, es bueno no solo para nosotros mismos sino para la humanidad. Ella es una de las razones por las cuales la gran vida de Cristo, nos salvó a todos. Cada una de nuestras vidas es importante. El Cristianismo necesita de la virtud de cada uno de los hombres del mundo.

Esto incluye nuestros actos cotidianos. El saludo; la forma como manejamos; lo que hablamos; el trato que le damos a otras personas; todos nuestros actos deben estar nutridos de Cristianismo.

---

[272] Génesis, capítulo 18.

Y por supuesto incluye también nuestras acciones en nuestros trabajos, nuestros negocios, que deben estar marcados por Jesús. No podemos dejar a nuestros trabajos o nuestros negocios afuera de nuestro Cristianismo. Tenemos que ser cristianos cuando trabajamos; cuando ejercemos nuestra profesión; cuando vendemos; sea lo que sea que hagamos. Si excluimos a nuestros trabajos de nuestro Cristianismo, ¡qué poco queda!

3. El Amor por Dios y por las Personas

El Evangelio según San Mateo (Felipe Scío) dice: "*10:37 El que ama a padre, o a madre más que a mí, no es digno de mí. Y el que ama a hijo, o a hija más que a mí, no es digno de mí. 10:38 Y el que no toma su cruz, y me sigue, no es digno de mí. 10:39 el que halla su alma la perderá: y el que perdiere su alma por mí, la hallará.*"

Amar a Dios implica querer lo que es bueno. Pero querer lo que es bueno no es suficiente. Debemos procurar tener nuestros sentimientos en sintonía con los sentimientos de Dios. Debemos compartir los sentimientos de Dios. Si alguien quiere saber si está en el camino correcto en su vida, debe preguntarse a sí mismo si ama a Dios; preguntarse a sí mismo si se preocupa e interesa por la voluntad de Dios, por los sentimientos de Dios; preguntarse a sí mismo si la alegría de Dios lo hace feliz; si uno es agradecido a Dios, si reconoce su bondad, y si diariamente piensa en Dios y le habla.

Quien no ama a Dios debe buscar amarlo. El amor,

como sentimiento, puede ser conquistado como consecuencia de actos voluntarios. Debemos esforzarnos por querer lo que es bueno para Dios, y por limpiar nuestro corazón. Debemos ocuparnos de tener un corazón sano. Tarde o temprano nuestros sentimientos acompañarán a nuestra voluntad. Si alguien hace un esfuerzo por querer lo que es bueno para Dios, si alguien es agradecido a Dios por todo lo que ha hecho por nosotros, si reconoce su bondad, si diariamente piensa en Dios, le habla, le reza, tarde o temprano se encontrará con sentimientos que le harán mucho más sencillo querer y hacer la voluntad de Dios, y lo que es bueno para él.

El amor por Dios debe ser fuerte. Para seguir a Jesús, debemos estar preparados para sufrir burlas, insultos, y toda clase de injusticias de parte de otros hombres, y hasta ser tratados como herejes, y apartados por otros cristianos todavía bajo la influencia de la doctrina de Pablo. El Evangelio según San Mateo (Felipe Scío) dice: *"5:10 "Bienaventurados los que padecen persecución por la justicia, porque de ellos es el reino de los cielos. 5:11 Bienaventurados sois, cuando os maldijeren, y os persiguieren, y dijeren todo mal contra vosotros mintiendo, por mi causa. 5:12 Gozaos y alegraos, porque vuestros galardón muy grande es en los cielos. Pues así también persiguieron a los profetas, que fueron antes de vosotros."* El Evangelio según San Lucas (Felipe Scío) dice: *"6:26 ¡Ay de vosotros, cuando os bendijeren los hombres: porque así hacían a los falsos profetas los padres de ellos!"*

Debemos estar preparados no sólo a sacrificar nuestros bienes materiales, sino también nuestro prestigio público y nuestro poder. Debemos preferir la gloria que viene de Dios a la que viene del hombre. Tal vez haya muchas personas que morirían por Cristo, pero no hay muchas que vivirían por Cristo. Debemos intentar vivir por Cristo y si algún día debemos morir por Cristo, que así sea.

No debemos permanecer en el estado o condición o situación en el que fuimos llamados, si en otro estado podemos servir mejor a Dios. Debemos intentar en todo momento alcanzar las posiciones más importantes en todo lo que hacemos, a los efectos de poder servir a Dios y cumplir su voluntad de mejor modo, si en tales posiciones pensamos que tendremos mejores oportunidades para hacerlo; pero debemos estar preparados para estar en las posiciones menos importantes entre los hombres, si el seguir a Cristo lo requiere.

Debemos incluso estar preparados para resistir a miembros de nuestra familia y amigos, si ello es necesario, para seguir a Jesús y a su palabra. El Evangelio según San Mateo (Felipe Scío) dice: "*10:34 No penséis que vine a meter paz sobre la tierra: no vine a meter paz, sino espada. 10:35 Porque vine a separar al hombre contra su padre, y a la hija contra su madre, y la nuera contra su suegra. 10:36 y los enemigos del hombre, los de su casa.*"

Necesitamos trabajar tiempo completo para Dios, aun cuando no seamos ministros. Debemos ayudar a aquellos hombres que vemos que realmente están trabajando para Dios. Si lo están haciendo merecen la ayuda que le demos, y estarán comiendo su propio pan si ellos comen de la ayuda que reciben. Si vamos a juzgar a los hombres no lo debemos hacer en función de cuanto dinero ganan, sino de cuanto bien producen. El Evangelio según San Mateo (Felipe Scío) dice: "*10:9 No poseáis oro ni plata, ni dinero en vuestras fajas. 10:10 Ni alforja para el camino, ni dos túnicas, ni calzado, ni bastón, porque digno es el trabajador de su alimento.*"

Asimismo, debemos amar a las demás personas, especialmente a las personas que son buenas, y ser sensibles a su bien y a sus sentimientos. Dios quiere que amemos al prójimo, como a nosotros mismos. Debemos amar a todos, pero debemos amar al prójimo como a nosotros mismos. Es prójimo el que es misericordioso. Esto es enseñado en la Parábola del Buen Samaritano. Yo entiendo que es prójimo el que hace el bien, conforme Jesús enseñó.

4. Misericordia

El Evangelio según San Mateo (Felipe Scío) dice: "*9:11 Y viendo esto los fariseos, decían a sus discípulos; ¿Por qué come vuestro Maestro con los publicanos y pecadores? 9:12 Y oyéndolo Jesús, dijo: Los sanos no tienen necesidad de médico, sino los enfermos. 9:13 Id pues, y aprended qué cosa es: Misericordia quiero, y no sacrificio: Porque no he venido a llamar a justos, sino pecadores.*"

Debemos ser misericordiosos. En mi opinión, es misericordioso quien por voluntad libre hace el bien con amor a quien ve en necesidad, sensibilizándose por el necesitado. Dios quiere que seamos misericordiosos; aun con nuestros enemigos en necesidad; aun con respecto de aquellos que parezcan no merecerlo; aun con respecto a aquellos que con seguridad no lo merecen. Si no somos misericordiosos no estamos siguiendo a Jesús.

Dios quiere que seamos misericordiosos con respecto a las personas que parecen no merecerlo, porque la vida de todas y cada una de las personas es importante para Dios y valorada por el mismo, y porque la virtud de la misericordia es crítica para el bien de la humanidad. Lo más importante de la ley, como Cristo enseñó, es la misericordia, la fe y la justicia.

Sin embargo, ser misericordioso no implica hacer cosas por personas que no lo merecen, y que no hacen al mejor interés y/o podrían conllevar mal irrazonable para otros, a los cuales debemos amar incluso más.

Para ser misericordioso debemos preocuparnos por todos los que tienen necesidad. Ser misericordioso implica estar interesado en las vidas de nuestros familiares y amigos; en las vidas de las personas de nuestro vecindario, y en los problemas de nuestro país y del mundo. Sabremos quien está en necesidad si primero miramos.

Ser misericordiosos implica pensar en que podemos hacer para el bien de aquellos que están en necesidad. Ser misericordiosos implica hacer cosas por nuestros familiares, amigos y comunidad. Implica dedicar tiempo a nuestros familiares y amigos. Implica dedicar tiempo a nuestra comunidad y a trabajar por tener un país con libertad, una Democracia Constitucional, en la cual los derechos naturales de las personas sean reconocidos, incluyendo el derecho natural a la libertad de religión.

También implica dedicar tiempo a la difusión de la palabra de Dios.

Para ser misericordiosos debemos mirar, ver, pensar y hacer. Debemos abrir nuestros corazones al dolor de otros. Sin embargo, esto no significa convertirnos en personas permanentemente tristes; porque también debemos abrir nuestros corazones a la felicidad de otros, y siempre tener presente el gran don y regalo que es la vida, y nunca olvidar cuan importante es nuestra felicidad, no sólo para nosotros mismos, sino también para los demás.

5. Buena Respuesta en Tiempos de Bonanza

Frecuentemente reaccionamos mejor cuando las cosas no nos salen bien, cuando enfrentamos dificultad. Nos hacemos fuerte ante la adversidad. Esto podría convertir a la adversidad en algo bueno o necesario para nosotros a los fines de alcanzar la salvación. Es muy importante dar lo mejor de nosotros mismos, sin necesidad de sufrir ninguna adversidad, estando conscientes y aceptando que de cualquier forma, en la mayoría de los casos, enfrentaremos adversidades, severas adversidades, y que algunas de ellas puedan ser buenas para nosotros. Debemos tratar de no quejarnos por ninguna mala situación que suframos. Esto es algo que debe distinguir al cristiano del resto de las personas. Los cristianos debemos quejarnos mucho menos y hacer mucho más que las otras personas.

El reconocimiento de las Epístolas de Pablo como escritos no inspirados, y la reconstrucción de la doctrina cristiana libre de la influencia de Pablo, serán promovidas por Dios. Debemos tener presente que Dios podría promover este reconocimiento a través de una tribulación, a través de una serie de desastres naturales, como por ejemplo, terremotos, huracanes, enfermedades, que traigan muerte y hambre. Esos eventos podrían ser producidos por Dios para estimular nuestro sentido religioso, y para llevar a las personas a tomar en serio la palabra de Cristo. Debemos procurar liberar la doctrina cristiana de la mala influencia de Pablo sin necesidad de padecer ningún mal.

6. Buena Respuesta ante la Adversidad

El Diablo, como enseña el libro Apocalipsis, todavía está actuando en el mundo. Su poder es más fuerte sobre aquellos que están más alejados de Cristo. Su herramienta principal es la tentación respecto de aquellos que están más cerca. Y su intención es alejar a las personas de Jesús.

Para estar protegidos del Diablo, por supuesto, es muy importante hacer el bien, pero también responder en el mejor modo en los tiempos de adversidad. El Diablo no nos tentará, ni perjudicará, si al hacerlo él produce bien, en lugar de mal; si al hacerlo nos acerca a Dios, en lugar de alejarnos.

Y aun cuando los hombres debemos estar preparados para responder en la mejor manera ante cualquier adversidad o circunstancia, es importante tener presente que una de las cosas que el Diablo hace es mostrarse con más poder del que tiene. Esto es lo que hizo cuando tentó a Cristo, diciéndole que le daría todos los reinos del mundo en un determinado momento.

Es muy importante no subestimar al Diablo, pero también lo es no sobreestimarlo. Dios repitió en el Antiguo Testamento, muchas veces, que él es el Señor del mundo, que nada ocurre en el mundo que él no permita, a los efectos de evitar que el Diablo nos engañe, y para que podamos ser salvados en el Gran Día de la Ira del Cordero, si nos toca enfrentarlo.

Es importante para nosotros, en el análisis de la actualidad, no subestimar al Diablo, pero al mismo tiempo no jugar a su favor, haciendo a los malvados aparecer más poderosos de lo que en realidad son. Tenemos que tener en cuenta que el Diablo puede hacer cosas para aparentar que tiene control de realidades respecto de las cuales en realidad no tiene control.

En mi opinión, ni subestimar ni sobreestimar a los malvados es parte de responder bien ante la adversidad.

7. Humildad

Es muy importante para nosotros ser humildes, aceptar que no sabemos, en la mayoría de los casos, que es lo que es verdaderamente mejor para nosotros, y debemos admitir que cosas que se presentan como buenas para nosotros puedan resultar siendo malas, y cosas que aparenten ser malas, pueden resultar buenas. También debemos reconocernos como pecadores.

La necesidad de ser humilde se aplica especialmente en la prédica de la palabra de Dios. Como he dicho, Cristo, Dios, pudo predicar con una actitud que el resto de la gente no puede. Él pudo actuar como alguien libre de pecado, porque lo era; pero el resto de la gente no puede predicar en tal forma.

Debemos evitar excesiva alabanza de hombres, y asegurarnos de que no se convierta en necesario para nosotros ni la alabanza de hombres, ni nuestro honor público; o al menos asegurarnos de llevar esa necesidad al mínimo posible.

8. La Aceptación de la Voluntad de Dios

Es muy importante para nosotros aceptar la vida tal como es, y tal como se presenta, con sus buenos y malos momentos, y saber ser agradecidos por la misma. Debemos entender que las adversidades son oportunidades para mostrar lo mejor que hay en nosotros. Como he dicho, si la buena respuesta de pocos hombres ante la adversidad puede ser tan significativa para el bien de la humanidad, adversidades son oportunidades para hacer grandes cosas por la humanidad. Y algunas veces superar adversidades es la única forma de conseguir determinados bienes. Esa es una de las razones por las cuales Cristo debió enfrentar la crucifixión, aceptando la voluntad de Dios. Es muy natural que un buen hombre deba enfrentar adversidades. Debemos aceptar la voluntad de Dios y aceptar la vida como es y como se presenta.

Aunque algunas adversidades puedan ser consecuencia de malos actos, no todas lo son. Como vengo diciendo, las adversidades son parte de la vida, y algunas son buenas y necesarias para nosotros. Nunca debemos olvidar que el hecho de que algo malo nos suceda, no significa que Dios no nos ama. Recordemos que Cristo sufrió. Juan Bautista fue decapitado. Los apóstoles fueron perseguidos, y algunos fueron matados. En muchas ocasiones adversidades y sufrimientos son oportunidades para servir, para dejar salir lo mejor de nosotros, para tener un gran rol en la historia de la humanidad.

9. Gratitud – Dar Honor a Dios

Las adversidades no deben impedirnos advertir todas las cosas buenas que hemos recibido, estamos recibiendo, y que recibiremos de parte de Dios. El cristiano debe ser reconocido por ser un hombre agradecido, no sólo con respecto a Dios. El efecto natural de la virtud de la gratitud es la felicidad. Ser agradecido y feliz en situaciones normales es una obligación para el hombre. Por supuesto, es natural estar triste en algunos momentos y ocasiones, pero parte de ser cristiano es saber derrotar la tristeza, con el espíritu y el conocimiento que Dios nos dio.

Si amamos a Dios, debemos pensar bien de Dios. No debemos considerar al mundo que Dios creó como una creación naturalmente injusta. Siempre debemos tener presente la buena nueva anunciada por Dios, y la realidad de la vida después de la muerte, cuando juzgamos a este mundo.

Debemos reconocer el bien que Dios nos hizo y hace por nosotros, aun cuando estemos en pobreza, aun cuando estemos sin salud, aun siendo objeto de persecución. Aun en pobreza, en enfermedad, en persecución, debemos ser agradecidos a Dios.

Esta es la forma como debemos valorar nuestra vida en estas situaciones, y es la manera como debemos valorar la vida de otros enfrentando esas situaciones. Una vida en pobreza, con enfermedad, objeto de persecución, no es una mala vida.

Debemos trabajar para eliminar estos males, pero no debemos deshonrar a Dios mientras lo hacemos. Debemos aceptar la voluntad de Dios, dar gracias a Dios por nuestra existencia, y por la existencia de nuestros seres queridos, aun atravesando los peores momentos.

Personas enfrentando adversidades, enfermedad, persecución, pueden ser agradecidas y felices. Si no podemos ayudarlas, al menos no los convenzamos de que no pueden ser agradecidos y felices, o peor, que no tienen motivos para ser agradecidos y felices. Mucha gente enfrentando pobreza, enfermedad, y persecución, son buenas personas. Si no podemos ayudarlas, por lo menos, no las convenzamos de que tienen derecho a ser malas personas en virtud de su situación.

Debemos reconocer todo lo que Dios hace por nosotros, y como sin él, seríamos nada. Sin embargo, esto no significa que no podamos sentirnos orgullosos por hacer algunas cosas bien, y darnos el debido crédito a nosotros mismos por ello. Lo que no debemos hacer es creer que podríamos haber logrado ellas sin Dios.

10. Educación – Libertad de Religión – Libertad de Pensamiento - Verdad

Nadie es verdaderamente cristiano sino está

hambriento de sabiduría, hambriento de verdad, y especialmente hambriento de la palabra de Jesús. Los cristianos debemos escuchar, leer y estudiar constantemente, y jamás debemos aceptar una enseñanza como verdadera, que creamos ser errada. Debemos buscar la verdad y tener fe en nuestra razón.

Al mismo tiempo nadie es verdaderamente cristiano sino valora la libertad de religión y expresión. Nadie es verdaderamente cristiano sino trabaja por la libertad en el mundo, especialmente por la libertad de religión y expresión.

El Diablo es el padre de la mentira. Debemos tener fe en la verdad. Si no tenemos fe en la verdad, si no honramos a la verdad, no tenemos fe en Dios, no honramos a Dios. No necesitamos mentir. No debemos tener miedo a la verdad. No debemos someternos a ninguna mentira.

Yo encuentro muy triste cualquier forma de sumisión, pero una de las más vergonzantes y peligrosas es la sumisión de nuestra juventud a sus maestros y profesores en la escuela, primaria, secundaria y universitaria. Debemos escuchar y respetar a nuestros maestros y profesores, pero no debemos someternos a ellos. La sumisión de nuestra juventud a sus maestros y profesores es un gran mal. Es muy vergonzoso y negativo afirmar que algo falso es verdadero, sostener algo equivocado, o injusto, a los fines de obtener una mejor nota en la escuela, o para evitar problemas con un maestro. Si queremos que nuestros hijos sean capaces de confrontar con un maestro o profesor para defender una verdad, debemos dar más importancia a tener un hijo con libertad de pensamiento y buenos valores que en tener un hijo con las mejores calificaciones en sus instituciones educativas.

Nuestros programas educativos deben tener más cuidado en formar ciudadanos libres, que en formar estudiantes obedientes. Los padres deberían trabajar duro por tener escuelas en los que sus hijos no reciben las mejores calificaciones por creer o sostener posiciones erradas.

El Evangelio según San Mateo (Felipe Scío) dice: "*6:24 Ninguno puede servir a dos señores: porque aborrecerá al uno, y amará al otro: o al uno sufrirá y al otro despreciará. No podéis servir a Dios y a las riquezas. 6:25 Por tanto os digo, no andéis afanados para vuestra alma, que comeréis, ni para vuestro cuerpo que vestiréis. ¿No es mas el alma, que la comida: y el cuerpo más que el vestido?*" No podemos llevar a nuestros hijos a preocuparse tanto en su carrera, y en su futuro económico, que al hacerlo, los alejemos de Dios. Debemos enseñar a nuestros hijos a buscar a Dios primero, y después a su carrera y a su futuro económico. Debemos llevar a nuestros hijos a estudiar y a trabajar por su futuro económico pero no al punto de que estudiar o trabajar por su futuro económico se constituya en su prioridad. Su prioridad debe ser Dios. Para poder seguir a Dios nuestros hijos necesitan tiempo libre. Necesitan tiempo para meditar. Necesitan independencia de sus profesores. Y tienen que competir con los hijos de este mundo, algunos de los cuales están dispuestos a dejar todo por seguir al dinero. Tenemos que enseñar a nuestros hijos a competir por esos puestos, sin dejar de buscar a Dios primero, lo que en muchos casos implicará competir dando ventaja. Debemos reconocer a nuestros hijos cuando no consiguen los "mejores" puestos, por buscar a Dios primero. No nos preocupemos tanto de que comerán nuestros hijos, sino de como está su alma.

11. Meditación y Oración

Es muy importante para nosotros meditar. Es muy importante tener tiempo para estar solos para pensar y para estar con Dios; al menos unas pocas horas en los fines de semana; y media hora durante los días de semana.

Es muy importante para nosotros rezar. Yo verdaderamente recomiendo rezar a la mañana y a la noche. Cristo rezó mucho para llevar adelante su misión. ¡Si él rezó, evidentemente nosotros necesitamos rezar! No vamos a conseguir todo lo que pedimos, en parte, porque la mayoría de las veces no será lo mejor para nosotros, pero sin dudas rezar siempre nos beneficiará, en formas perceptibles e imperceptibles.

Cristo enseñó que si tenemos fe nuestras oraciones serán muy poderosas. En mi opinión, quien tiene fe es el que se ha arrepentido de sus pecados, ha recibido el perdón de sus pecados, tiene conocimiento de la palabra de Dios, y hace su voluntad. Tener esa fe cuando oramos hace nuestra oración mucha más poderosa.

12. Fortaleza, Perseverancia y Entrenamiento Físico

Las personas, a los efectos de poder hacer lo que es bueno, necesitamos tener un fuerte y perseverante espíritu. El entrenamiento físico es muy importante para desarrollar fortaleza y perseverancia, como lo es también para desarrollar virtudes morales. Los cristianos deberíamos dar mucha importancia al entrenamiento físico, especialmente a la práctica de los deportes. Necesitamos tener una mente sana, y el entrenamiento físico contribuye a tener una mente sana.

13. Evitar Juzgar – Dar Importancia a Palabras y Pensamientos

Es muy importante para nosotros ser muy cuidadosos con nuestros juicios, y con lo que decimos, especialmente acerca de Dios. Y cuando se trata de juzgar si una persona será o no salvada, debemos definitivamente tratar de no hacerlo, al menos que por alguna circunstancia sea extremadamente necesario.

Debemos tratar de no equivocarnos en nada que pensemos o digamos, y debemos dar importancia a cada error que cometamos pensando y hablando. El Evangelio según San Mateo (Felipe Scío) dice: "*12:36 Y digoos, que de toda palabra ociosa, que hablaren los hombres, darán cuenta de ella en el día del juicio.*"

Sin embargo, es muy importante tener presente que esto no significa que debamos dejar de pensar o hablar para evitar cometer un error. Recordemos la Parábola de los Talentos.

Esta actitud no juzgadora se aplica por supuesto a aquellos cristianos que no reconocen a Pablo como un falso profeta. No debemos tener una actitud juzgadora respecto de ellos.

14. Renunciar a la Ira y al Insulto

Es también parte esencial de ser cristiano evitar la ira, renunciar a la ira, y al insulto. El Evangelio según San Mateo (Felipe Scío) dice: *"5:22 Mas yo os digo, que todo aquel que se enoja con su hermano, obligado será a juicio. Y quien dijere a su hermano raca, obligado será a concilio. Y quien dijere insensato, quedará obligado a la gehena del fuego."*

Por supuesto es natural enojarse en ocasiones excepcionales; pero en general debemos intentar no enojarnos con nadie, especialmente con un hermano cristiano, con un prójimo; ni siquiera por un segundo. No es suficiente que intentemos evitar dejar que el sol se oculte sin abandonar nuestro enojo. Debemos tratar de no enojarnos con nadie, especialmente con alguien que parezca ser un hermano, o un prójimo. Esto implica también evitar insultar. El cristiano no debería insultar nunca.

15. Hacer Uso de los Sacramentos

A los fines de asistirnos en el desafío de ser cristianos Jesús instituyó los sacramentos. Bautismo en el nombre del Padre, del Hijo y del Espíritu Santo (Mateo 28:19), Lavado de los Pies (Juan 13:1: 13:14), Perdón de los Pecados o Nuevo Baño (Juan 13:10; 20:23), Eucaristía (Mateo 26:26; Marcos 14:22: Lucas 22:17), Confirmación o Sacramento del Espíritu Santo (Mateo 15:26; Lucas 11:13, Juan 7:38, Hechos 2:38), Unción de los Enfermos (Marcos 6:13), son en mi opinión, sacramentos ciertamente instituidos por Jesús, sin perjuicio de otro u otros que pudieran haber sido instituidos por Jesús, a su vez. Debemos hacer uso de los sacramentos. Hacer uso de los sacramentos es poner en práctica la palabra de Jesús. Estos sacramentos no son exclusivos de la Iglesia Católica. Si usted es un ministro cristiano los puede administrar. Cualquier cristiano puede convertirse en un ministro cristiano, y cualquier cristiano puede ser un ministro extraordinario de la Iglesia Cristiana. Esto significa que en caso de necesidad, cuando no hay un ministro cristiano disponible para alguien que necesita recibir el Bautismo, cualquier cristiano puede oficiar de ministro del Sacramento. La misma Iglesia Católica reconoce que un cristiano que no es católico puede ser ministro del Bautismo, que cualquier cristiano puede ser ministro extraordinario del Bautismo, y que el Bautismo tiene por efecto el perdón de los pecados (Hechos 2:38). Del mismo modo que un ministro cristiano no católico puede ser un ministro del Bautismo, que tiene por efecto el perdón de los pecados, también puede ser ministro del Sacramento del Perdón de los Pecados Veniales y Mortales. Y cualquier cristiano puede ser un ministro extraordinario de este Sacramento también.

16. La Difusión de Esta Verdad y el Trabajo por la Obtención de una Iglesia Cristiana Fiel a Jesús

Nuestro bien individual y el bien del mundo dependen de nuestra fidelidad a Jesús, lo cual presupone el reconocimiento de Pablo como un falso profeta. Si amamos a Dios, si amamos a Cristo, debemos trabajar por una Iglesia Cristiana fiel a Jesús, debemos ser fieles a Jesús, y de esa forma tendremos la oportunidad de ser parte de la primera resurrección.

Debemos actuar conforme a nuestros talentos, de acuerdo a nuestra capacidad. Quien entiende lo que este libro dice, no tiene que esperar ninguna instrucción especial para ser fiel a Jesús; debe encontrar una manera de vivir un Cristianismo fiel a Jesús y para difundir esta verdad. Todos debemos trabajar para revelar el misterio del "Falso Apóstol Pablo", y trabajar para una Iglesia Cristiana fiel a Jesús. Yo creo que Dios bendecirá especialmente a los primeros ministros que comiencen a predicar esta verdad, y las verdaderas palabras de Dios, y a los primeros cristianos que se conviertan y permanezcan fieles a Jesús.

Recordemos lo que el Evangelio según San Mateo

(Felipe Scío) dice: *"13:45 Asimismo es semejante el reino de los cielos a un hombre negociante, que busca buenas perlas. 13:46 Y habiendo hallado una de gran precio, se fue, y vendió cuanto tenía, y la compró."* Si usted entiende la importancia de Jesús, si usted da importancia a Jesús, nada debería impedirle ser un cristiano fiel a Jesús. No hay nada más importante que ser un cristiano fiel a Jesús.

Bibliografía

1. *"La Santa Biblia"*, traducción al español de la Vulgata Latina y anotada conforme al sentido de los santos padres y expositores católicos por Felipe Scío de S. Miguel, publicado con parecer, examen y censura de la autoridad eclesiástica.

2. La Biblia *"Libro del Pueblo de Dios"*, (Buenos Aires: Fundación Palabra de Vida, 2003).

3. La Biblia *"Nueva Biblia de Jerusalén"*, nueva edición revisada y aumentada. Edición española. (España: Desclee de Brouwer, 1999).

4. La Biblia, *"La Biblia de las Américas"*, (China: The Lockman Foundation, 2000).

5. La Biblia "Reina-Valera", antigua versión de Casiodoro De Reina (1569), revisada por Cipriana De Valera (1602), revisada posteriormente y cotejada con diversos traducciones y con los Textos Hebreo y Griego en 1862 y 1909.

6. *"Biblia Sacra Iuxta Vulgatam Clementinam"*, Nova Editio, Logicis Partitionibus Aliisque Subsidiis Ornata, A

R.P. Alberto Colunga, O.P. et Dr. Laurentio Turrado professoribus sacrae scripturae in P. Universitate Eccl. Salmanticensi, Biblioteca de Autores Cristianos, (Madrid: Editorial la Católica S.A., MCMXLVI).

7. NESTLE – ALAND, "*Greek-English New Testament*', in the tradition of Eberhard Nestle and Erwin Nestle, edited by Barbara and Kurt Aland, Johannes Karavidopoulos, Carlo M. Martini, Bruce M. Metzger – English Text 2nd Edition of the Revised Standard Version – The critical apparatuses prepared and edited together with the Institute for New Testament Textual Research, Munter/Westphalia by Barbara and Kurt Aland. (Stuttgart: Deutsche Bibelgesellschaft, 1981).

8. Merk, Augustinus *"Novum Testamentum Graece et Latine"* septimam editionem.

9. Brenton, Lancelot C.L. "*The Septuagint with Apocrypha*: Greek and English", (U.S.A.: Hendrickson Publishers, 2009), originally published by Samuel Bagster & Sons, Ltd., London 1951.

10. *"A New English Translation of the Septuagint", and the Other Greek Translations Traditionally Included under That Title* (N.E.T.S.) Albert Pietersma and Benjamin G. Wright Editors, (New York: Oxford University Press, 2007).

11. "*La Biblia Griega Septuaginta*", El Pentateuco, traductores del volumen: Natalio Fernández Marcos, María Victoria Spottorno Díaz-Caro y José Manuel Cañas Reillo, (Salamanca: Ediciones Sígueme, 2008).

12. Rahlfs-Hanhart, "Septuaginta", editio altera, (Sttutgart: Deutsche Bibelgesellschaft, 2006).

13. Diccionario Ilustrado Latino-Español "*Spes*" cuarta edición, (Barcelona: Publicaciones y Ediciones Spes, S.A., 1958).

14. Diccionario Manual Griego-Español "Vox", por José M. Pabón S. de Urbina, décimocuarta edición, (España: Talleres gráficos Inelvasa, 1981).

15. LIddel and Scott´s Greek-English Lexicon Abridged, "*The Little Liddell*", (USA: Simon Wallenberg, 2007).

16. Holzner, Josef "*San Pablo Heraldo de Cristo*", (Barcelona; Editorial Herder, 1959).

17. B Llorca, G. Villoslada and F.J. Montalbán, "*Historia de la Iglesia Católica*", publicado por la Biblioteca de Autores Cristianos, segunda edición (Madrid, Editorial La Editorial Católica S.A., MCMLV).

18. Barraco Mármol, Mario Domingo, "*La Fecha de Nacimiento de Cristo*" (Sin publicar).

19. Juan Leal, S.J. in "*Sinopsis de los Cuatros Evangelios*" publicada por la Biblioteca de Autores Cristianos (Madrid; Editorial la Católica S.A., MCMLIV).

20. De Tuya Manuel and José Salguero "*Introducción a la Biblia*", publicado por la Biblioteca de Autores Cristiano), (Madrid: Editorial La Católica S.A., MCMLXVII).

21. Concilio Vaticano Segundo.

22. San Justino, "*Diálogo con Trifón.*"

23. Quasten, Johannes "*Patrología*", Biblioteca de Autores Cristianos, Edición Española preparada por Ignacio Oñatibia, (Madrid: La Editorial Católica S.A., MCMLXI).
24. Casti Connubii .

25. Denzinger, Heinrich "*Enchiridion symbolorum.*"

26. Zerwick, Max "*Analysis Philologica Novi Testamenti Graeci*", (Romae: Sumptibus Pontificii Instituti Biblici, 1953).

28. Bula Unam Sanctam. De Bonifacio VIII, del 18 de

Noviembre de 1302.

29. *"Biblia Comentada"*, Texto de la Nacar – Colunga VII, Epístolas Católicas. Apocalipsis, de José Salguero, O.P. Profesor de Sagrada Escritura de la Universidad Pontificia de Santo Tomas de Roma, (Madrid: La Editorial Católica S.A., MCMLXV.)

30. Encíclica Sapientiae Christianae de León XIII (1878-1903).

31. *"Colección Completa de Encíclicas Pontificias 18:30-1950"*, preparada por las Facultades de Filosofía y Teología de San Miguel (República Argentina), Editorial Guadalupe, Buenos Aires1952, pág. 452.

32. Carta Magna et Acerco, de Pío VII, al arzobispo de Mohilev, de 3 de septiembre de 1816.

33. Declaración de Independencia de los Estados Unidos de América.

34. Encíclica Diuturnum Illud, de León XIII, del 29 de Junio de 1881.

35. *"Sagrada Escritura"*, Texto y Comentario por profesores de la Compañía de Jesús, Nuevo Testamento Tomo III (Madrid: La Editorial Católica S.A., MCMLXII).

36. Concilio de Trento (1546-1563).

37. Concilio Vaticano Primero.

38. Carta Primera de Clemente.

39. Carta de Ignacio a los Filipenses.

40. San Justino "*Primera y Segunda Apologías.*"

41. Mill, John Stuart, *"On Liberty"*, edited by Alburey Castell (New York: Appleton-Century-Crofts Inc., 1947).

42. Mounce, William D. *"Basics of Biblical Greek Grammar"*, second edition (Michigan: Zondervan, 2003).

43. Quasten, Johannes, *"Patrología"*, edición española preparada por Ignacio Oñatibia, (Madrid: La Editorial Católica S.A., MCMLXI).

44. Ireneo "*Contra las Herejías*".

45. Washburn, Del, "*Theomatics II*", (Maryland: Scarborough House, 1994).

46. Himnos Homéricos.

47. Ilíada.

48. Goñi, Blas and Juan Labayen "*Gramática Hebrea Teórico-Práctica*", (Pamplona: Editorial Aramburu, 1945).

49. Suarez, Francisco "*Misterios de la Vida de Cristo*", traducida al español por los Profesores de la Compañía de Jesús (Editorial La Católica: Madrid, MCMXLVIII).

50. "*Padres Apostólicos*", edición completa bilingüe, introducciones, notas y versión española por Daniel Ruiz Bueno, (Madrid: La Editorial Católica S.A., MCML).

51. Santo Tomás de Aquino, "*Catena Aurea*", (Cursos de Cultura Católica, Buenos Aires 1946).

52. Robert Young L.L.D., "*Analytical Concordance to the Bible*", (New York: Fund & Wagnalls Company, 1912).

53. *Padres Apologistas Griegos (S.II)*", Introducciones, texto griego, versión española y notas de Daniel Ruiz Bueno, (Madrid: La Editorial Católica S.A., MCMLIV).

54. Natalio Fernández Marcos y María Victoria Spottorno Díaz-Caro, "*La Biblia Griega Septuaginta*", (Salamanca: Ediciones Sígueme, 2008).

55. Wohlberb, Joseph, "*201 Latin Verbs Fully Conjugated in all Tenses*", (New York: Barron´s Educational Series, 1964).

www.ingramcontent.com/pod-product-compliance
Lightning Source LLC
Chambersburg PA
CBHW061043110426
42740CB00049B/1266
9780692262184